Über den Autor

Oliver Bidlo, Dr. phil., arbeitet als freier Forscher aktuell im Bereich der Wissens- und Bildungssoziologie, der Medientheorie, dem Kommunikativen Konstruktivismus, Theatersoziologie sowie der Kriminologie. Dozent an verschiedenen Universitäten und Hochschulen darunter u.a. der Ruhr-Universität Bochum, Universität Duisburg-Essen, TU Kaiserslautern oder der Hochschule Düsseldorf. Letzte Veröffentlichung im Oldib Verlag: *Vom Flurfunk zum Scrollbalken. Mediatisierungsprozesse bei der Polizei* (2018).

Oliver Bidlo

Medienästhetik und Alltagswelt
Studien zur Mediatisierung

Bibliografische Information der Deutschen Nationalbibliothek
Die Deutsche Nationalbibliothek verzeichnet diese Publikation in der
Deutschen Nationalbibliografie; detaillierte bibliografische Daten sind im
Internet über http://dnb.ddb.de abrufbar.

© 2019, Oldib-Verlag, Essen

Oldib Verlag Oliver Bidlo
Waldeck 14
45133 Essen
www.oldib-verlag.de
Herstellung: BoD, Norderstedt

ISBN 978-3-939556-61-9

Inhaltsverzeichnis

6

1. Alltagswelt – Medienwelt: Im Fluss der Zeichen

Unsere Alltagswelt und ihre Ästhetik stehen in einem eigentümlichen Verhältnis. Beiden können wir nicht entfliehen. Die Alltagswelt ist die ureigene Behausung des Menschen, es ist die Welt der Routine, der Gewohnheiten der alltäglichen Erfahrungen. Doch auch der Ästhetik, hier und im weiteren Verlauf in erster Linie verstanden als *aisthesis*, d.h. als *Wahrnehmung* bzw. Theorie der Wahrnehmung, können wir nicht entkommen. Der Mensch ist ein Sinnenwesen, die Wahrnehmung – unabhängig, ob sie sich sehend, hörend, riechend, schmeckend oder fühlend vollzieht – zeigt ihm seine Existenz, das In-der-Welt sein an. Die Wahrnehmung kann ganz unterschiedliche Intensitäten besitzen, sie kann gewöhnlich, ausgeprägt oder neu sein, und entsprechend richten wir unsere Aufmerksamkeit mit ganz unterschiedlicher Stärke auf Dinge, Menschen und die Welt um uns herum. Die alltägliche Wahrnehmung ist nun dadurch gekennzeichnet, „dass es sich um eine äußerst reduzierte Wahrnehmung handelt" (Liessmann 2008: 1). Denn die Mehrzahl der Reize, die durch die Sinnesorgane aufgenommen werden und werden können, dringen erst gar nicht in das menschliche Bewusstsein vor. Würde die Wahrnehmung nicht selektiv sein und entsprechend nicht nur eine Auswahl aller Eindrücke ins Bewusstsein gelangen, wir wären handlungsunfähig und fänden keinen Fokus, der sich auf eine Sache legen könnte.[1] Der Alltag ist solcherart durch seine Gewohnheits- und Routineprägung dadurch ausgezeichnet, dass er Wahrnehmung reduziert. „Der Alltag kann überhaupt als ein Ort beschrieben werden, in dem es um Wahrnehmungsreduktion, nicht um Wahrnehmungsschärfung geht. Gerade weil es um das Gewohnte geht, muss man in der Regel nicht so genau hinsehen oder hinhören" (Liessmann 2008: 1). Der Grad unserer Bewusstseinsspannung (vgl. für die unterschiedlichen Grade Schütz/Luckmann 1994: 52ff.) ist also im Alltag nicht so hoch, als dass wir uns durchgehend hochfokussierend und reflexiv durch unsere Welt bewegen. Dennoch ist der Alltag unser primärer „Anpassungs-, Wahrnehmungs-, Erfahrungs- und Handlungsraum" (Soeffner 2004: 18), dem unsere Aufmerksamkeit gilt. Wir nehmen darin weniger

---

[1] Ein Beispiel für eine solche *Filterlosigkeit* findet sich (graduell) im Autismus, der als eine Wahrnehmungs- und Informationsverarbeitungsstörung des Gehirns verstanden werden kann.

Einzelheiten als vielmehr Gesamtheiten wahr (vgl. Liessmann 2008: 2) oder *Atmosphären*, wie Gernot Böhme den Titel seiner *Essays zur neuen Ästhetik* nennt (vgl. G. Böhme 1995). Die neue Ästhetik wird hier von der traditionellen Ästhetik insoweit getrennt, als sie sich nicht mehr genuin auf die Kunst und das Kunstwerk ausrichtet, sondern auf den Alltag. Sie ist eine „Ästhetik der Atmosphären. [...] Sie greift bei der Befindlichkeit des Menschen an, sie wirkt aufs Gemüt, sie manipuliert die Stimmung, sie evoziert die Emotionen" (G. Böhme 1995: 39). Ziemer sieht in der Gegenwart eine Ästhetik durchscheinen, die nicht über, sondern mit Kunst reflektiert und „dazu aufruft, nicht nur vorstellend, sondern vielfältig darstellerisch tätig zu sein" (Ziemer 2008: 12). Eine solche Ästhetik hebt nicht auf das Bewerten ästhetischer Artefakte ab, wie dies im Rahmen der traditionellen Ästhetik der Fall ist. „Sie verlangt – zunächst – eine gleichberechtigte Anerkennung aller Produkte ästhetischer Arbeit, von der Kosmetik bis zum Bühnenbild, von der Werbung über das Design bis zur sogenannten wahren Kunst" (G. Böhme 1995: 41). Ohne sich an ein Verdikt der Kunst halten zu müssen, wird dann der Blick frei für die ästhetische Gestaltung bzw. Ästhetisierung und den jeweiligen Entwurf der Alltagswelt. Eine solche Fassung von Ästhetik thematisiert nicht nur „die sinnliche Wahrnehmung im Sinne der aisthesis, sie produziert ebenfalls Sinnlichkeit" (Ziemer 2008: 12). Ästhetik ist in Anlehnung an Kierkegaard auch ein Lebensentwurf (vgl. Fürstenberg 2017: 35), die Öffentlichkeit selbst kann nicht nur politisch, sondern eben auch ästhetisch gefasst werden (vgl. allg. Büttner/Michaelis 2019).
Diese Gestaltung bzw. Ästhetisierung der Alltagswelt geschieht durch Zeichen – auch Dinge werden uns als Zeichen gewahr. Solcherart stehen Ästhetik und Semiotik sich nahe (vgl. Barthes 1980, Eco 1977, Morris 1988), insofern sie spezifische *Formatierungen* der Welt sind. Und so kann Barthes betonen: „Der Semiologe wäre im Grunde ein Künstler: er spielt mit dem Zeichen wie mit einem als solchen erkannten Köder, dessen Verlockung er auskostet, auskosten lassen und begreiflich machen möchte" (Barthes 1980: 59). Und Lorenz Engell formuliert programmatisch, wenn er über die Ästhetik des Bildpunktes schreibt:

„Lebensformen sind immer auch an Wahrnehmungsformen und an Dispositive gebunden und damit an Techniken und Ästhetiken, wie sie

Medien produzieren. Die Ästhetik des Bildpunktes ist eine solche dispositive Wahrnehmungsform, vielleicht im Sinne der griechischen *aisthesis*, also ein Weltverhältnis, in das wir immer schon eingesetzt sind und das vorstrukturiert, was immer wir an Lebensformen und Lebenspraxis entwerfen und entwickeln können" (Engell 2009: 238).

Die Alltagswelt ist gesponnen aus Zeichen, Symbolen, aus Codes, die die Menschen erschaffen haben. In der (Post-, Spät-, Nach-)Moderne erhält eine Sichtweise von der Repräsentation in Form des *aliquid stat pro aliquod* eine neue Dynamik hinsichtlich ihrer Ausrichtung und Leitidee: Man nimmt nun an, dass der Wert von Zeichen in ihren Relationen untereinander verankert ist (vgl. auch Krämer 2007: 12). Diese strukturalistische Sichtweise, die wir zuerst bei de Saussure finden, radikalisiert sich dann in poststrukturalistischen Denkweisen, in der die Zeichen ihre Bedeutung nicht nur aus der Relation zu anderen Zeichen erhalten, sondern jedes Zeichen Spuren anderer Zeichen enthält; damit drückt jedes Zeichen nicht nur seine Präsenz aus, sondern zugleich auch die Abwesenheit anderer Zeichen, die es bedeutet (vgl. Derrida 2004), ist mithin „ein Zeichen nie erstes Zeichen, sondern immer schon 'Parasit' eines anderen Zeichens, das seinerseits nicht das erste ist" (Hülk 2005: 12). Wir haben damit die Wirklichkeit selbst als einen Ausdruck symbolischer Formen zu verstehen. Der Mensch reicht nicht *unmittelbar* an das Sein, an die Wirklichkeit, wie sie unvermittelt existiert, heran. Alles Gegebene wird dadurch zu einem Interpretationskonstrukt; es gibt keinen zeichenfreien und interpretationsunabhängigen Zugang zur Welt.

„Der Mensch kann der Wirklichkeit nicht mehr unmittelbar gegenübertreten; er kann sie nicht mehr als direktes Gegenüber betrachten. Die physische Realität scheint in dem Maße zurückzutreten, wie die Symboltätigkeit des Menschen an Raum gewinnt. Statt mit den Dingen hat es der Mensch nun gleichsam ständig mit sich selbst zu tun. So sehr hat er sich mit sprachlichen Formen, künstlerischen Bildern, mythischen Symbolen oder religiösen Riten umgeben, dass er nichts sehen oder erkennen kann, ohne dass sich dieses artifizielle Medium zwischen ihn und die Wirklichkeit schöbe" (Cassirer 1996: 50).

Der Mensch kann nach Cassirer als Symbolwesen aufgefasst werden, als ein *animal symbolicum*, das sich innerhalb einer symbolischen Welt bewegt. Das Symbolhafte gilt ihm als herausragendes Merkmal der menschlichen Gattung und ihrer Kultur. Der Mensch *erschafft* sich erst durch den Gebrauch von Symbolen. Die Welt ist ihm in Form einer kulturell vorgeformten Sinnwelt gegeben, die die Erfahrungen und Wahrnehmungen der Menschen strukturiert. Symbole bieten dem Menschen erst seinen spezifischen Wirklichkeitsbezug.

Da wir auf Zeichen und Symbole angewiesen sind, wenn wir denken und handeln, ist auch ersichtlich, warum es kein gesellschaftlich voraussetzungsloses Handeln geben kann. Denn die Zeichen, derer die Menschen sich bedienen, sind keine Zeichen, die das Individuum selbst entwickelt und entworfen hat, sondern es findet diese vor, sie wandern von außen in das Individuum, das diese dann nach und nach verinnerlicht und gesellschaftlich adäquat benutzt. Das hat besonders George Herbert Mead (vgl. Mead 1993) verdeutlicht, in dessen Anlehnung sich dann pointiert formulieren lässt, dass das Ich nicht Voraussetzung, sondern Ergebnis von Kommunikation ist.

Wenn hier von Alltagswelt die Sprache ist, dann meint dies – in *loser* Anlehnung an Edmund Husserls *Lebenswelt* –, dass sie als fraglos gegebener Boden des menschlichen Handelns und Denkens verstanden werden muss. Die Lebenswelt Husserlscher und in Folge Schützscher Couleur ist ein egologisches Gebilde, das dem Bewusstsein des erlebenden Subjekts „gegeben und vorgegeben" ist (Hitzler 2008: 131) und als Fundament alle Deutungen der vorausliegenden Welt beinhaltet. Ohne an dieser Stelle die Intersubjektivitätsproblematik zu besprechen (vgl. Bidlo 2006a: 151 ff.), kann die Welt des Alltags – verstanden als ein zentraler, wenngleich begrenzter Sinnbereich der Lebenswelt – in Anlehnung an Alfred Schütz als eine intersubjektive Welt verstanden werden, als eine *ausgezeichnete* Wirklichkeit, in welcher die Menschen leben und handeln. Sie ist die unbefragte Hintergrundfolie (vgl. allgemein Schütz 1993, Schütz/Luckmann 1994a und b).[2] Wir sind der Alltagswelt nicht nur ausgeliefert, d.h., wir sind nicht nur ihre Re-

---

2   Lebens- und Alltagswelt fallen bei Schütz nicht zusammen. Die „Lebenswelt" ist der umschließende Horizont für alle begrenzten Sinnbereiche. Der „ausgezeichnete Sinnbereich des Alltags dagegen ist begrenzt und durch den spezifischen kognitiven Stil der Praxis gekennzeichnet" (Soeffner 2004: 21).

zipienten[3], wenngleich auch eine Vielzahl von Dingen und Strukturen bereits vorhanden waren, als wir geboren wurden (z.b. Straßen, Sprache, Gebäude, Gebräuche etc.). Wir aktualisieren durch unsere alltäglichen Handlungen Elemente der Alltagswelt, wir gestalten sie mit, indem wir Artefakte produzieren und diese zur Rezeption freigeben. Wenn nun von einer (Medien-)Ästhetisierung der Alltagswelt gesprochen wird, dann meint dies ein tiefes Eindringen in diese *primordiale Sphäre* der menschlichen Existenz. Damit wird eine solche Ästhetisierung nicht nur zu einem oberflächlichen Prozess, zu einem außenliegenden Umstand – wenngleich er an *Äußerlichkeiten* (Oberflächenästhetisierung) zu erkennen ist –, sondern er wird Teil einer menschlichen Sphäre, in der Weltbilder, Deutungsmuster und Denkweisen geprägt werden; Ästhetisierung wird damit zugleich auch eine Tiefenästhetisierung (vgl. Welsch 1996). Eine Medienästhetisierung des Alltags bzw. der Alltagswelt – zumal eine Medienästhetisierung durch vernetzte, digitale Medien, um die es im weiteren Verlauf hervorgehoben gehen wird – ist dergestalt eine grundlegende Ästhetisierung, die sich im Rahmen der menschlichen Existenz vollzieht (vgl. Bidlo 2013c). Und da Medien und der Umgang mit ihnen einen bedeutenden Teil im Alltag der Menschen einnehmen, spielt die Ästhetisierung durch die Medien eine gewichtige Rolle. Die Zeichen und Symbole, die den Menschen in der Alltagswelt umgeben, bestehen oder sind immer häufiger eingebettet in bewegte oder unbewegte Bilder. Und dabei spielt nicht nur der Umstand eine Rolle, „dass Alltag eine immer prominentere Rolle in medialen Deutungsangeboten spielt" (Röser/Thomas/Peil 2010b: 8-9), sondern zuvorderst, dass Medien und deren (rezeptive wie produktive) Verwendung mittlerweile ein unverrückbarer Bestandteil des Alltags geworden sind. Aber auch der Aspekt, dass Gespräche über Medieninhalte durch Medientechnologien ermöglicht werden, bildet sich hier ab. „Durch die Etablierung von aktuellen Medienangeboten im Internet wie *spiegel.de, stern.de* und *bild.de* dürfte die Häufigkeit der Gespräche über Medien weiter zugenommen haben. Zudem haben Videoplattformen wie *Youtube* oder soziale Netzwerke wie *facebook* neue Möglichkeiten zum Austausch über Medien geschaffen" (Kepplinger 2010: 259). Im weiteren Verlauf wird daher auf in erster Linie visuelle Aspekte und Artefakte abgehoben und damit die Optisierung und Dominanz des Sehsinnes (vgl.

---

[3]   Im Weiteren wird das generische Maskulinum genutzt, das alle Geschlechter einbezieht.

Hasse 1997: 25), ein „Okulozentrismus" (Mersch 2001: 286) in Rechnung gestellt. Akustische (vgl. z.b. Maeder/Brosziewski 2011) oder andere Sinne betreffende Beispiele werden weitgehend ausgespart.[4]

Dieser Arbeit liegt nun die These zugrunde, dass die Alltagswelt der Menschen nicht nur durchdrungen wird von medienästhetischen Artefakten wie Bildern, Videos und Texten, sondern dass die Rezeption und (Re)Produktion dieser – vorzugsweise digitalen – Artefakte zu einer eigentümlichen alltagsweltlichen Ästhetik, zu *eigenartigen* Formatierungen der Wahrnehmung, führen, die durch die digitalen Medien wesentlich bestimmt wird und deren wesentliche Hintergrundfolie die Distribution ist. Menschen rezipieren nicht nur Videos, Bilder oder Texte, sondern sie sind immer häufiger zugleich Teil derselben und ihre Produzenten und Distribuenten (z.b. youtube, myvideo, Leserreportern u.a.). Die Menschen werden in diesem Sinne zu Prosumenten bzw. Prodisumenten (vgl. Blättel-Mink/Hellmann 2010, ursprünglich Toffler 1983. Eine solche digitale Medienästhetik, die sich in den Alltag der Menschen einschreibt, ist gekennzeichnet von Performativität und Modularität. Der Mensch muss sich *ereignen* und das tut er in der Gegenwart über Bilder oder Videos. Die Menschen streben in der gegenwärtigen Gesellschaft somit mehr und mehr zu einer *projektiven*, entwerfenden Existenz (vgl. Flusser 1998), werden zu Projektoren und Produzenten von Bildartefakten. Dabei sind die Menschen keine Schöpfer im Sinne eines *creatio ex nihilo*, denn sie schöpfen nicht aus dem Nichts. Sie synthetisieren und verwirklichen vielmehr aus vorgegebenen Modulen, so dass als ein Kennzeichen einer digitalen Medienästhetik die Wiederholung ausgewiesen werden kann. Die Wiederholung selbst ist kultur- und mediengeschichtlich ein immer wieder behandeltes Thema (vgl. Kapitel 5) und ist nicht auf eine digitale Medienästhetik begrenzt. In Bezug zum Film hebt Engell hervor: „War die Welt des modernen Films diejenige der Transformation, so ist also diejenige des nachmodernen – des ‚postmodernen' Films und des Films der ‚zweiten Moderne' – diejenige der Wiederholung. Es ist zweifellos ein Konzept, das auch außerhalb des Films beobachtbar und sogar prominent und dominant ist. […] Gerade die Technologien und ästhetischen Praktiken des digitalen Bildes treiben dies im erheblichen Maße voran" (Engell

---

[4]   Wenngleich sich eine Reihe von Aspekten (z.b. die Modularität) auch auf die auditive Wahrnehmung und akustische Artefakte beziehen lassen.

2010: 27). Und eine der digitalen Medienästhetik inhärente Praxis ist ihre Modulhaftigkeit.

1.1 Bild, Bilder, Bildlichkeit

Die Bedeutung von bewegten und unbewegten Bildern ist in den letzten zwei bis drei Jahrzehnten in verschiedenen Wissenschaftsdisziplinen konstatiert worden. Der *visual* oder *pictural turn* (vgl. Mitchell 1994, 2008), *iconic turn* (vgl. Boehm 1994) oder der *aesthetic turn* (vgl. z.B. Welsch 1996, 2003) zollt einer der Zeitdiagnose entsprechenden Auffassung einer visuellen Kultur Aufmerksamkeit, die in ihren Grundzügen immer deutlicher als eine bildhafte und ästhetische verstanden wird. „Was immer der Pictorial Turn also ist, es sollte klar sein, daß er keine Rückkehr zu naiven Mimesis-, Abbild- oder Korrespondenztheorien von Repräsentation [...] darstellt. Er ist eher eine postlinguistische, postsemiotische Wiederentdeckung des Bildes als komplexes Wechselspiel von Visualität, Apparat, Institutionen, Diskurs, Körper, und Figurativität" (Mitchell 2008: 108). Bereits in den 1980er Jahren haben die Arbeiten von Vilém Flusser zur *Philosophie der Fotografie* (1983)[5] oder die durch die digitalen Medien erzeugten *Technobilder* (vgl. Flusser 1999) die Bedeutung derselben für eine (visuelle) Kultur und Gesellschaft unterstrichen. In der Soziologie hat der Begriff der Ästhetik eine Tradition, die bereits bei Georg Simmel in seinen Arbeiten zur *Soziologischen Aesthetik* (vgl. Simmel 1896/2009) ihren Niederschlag gefunden hat und auch aktuell finden Ästhetik und Aisthesis innerhalb der Soziologie ihre Anknüpfungspunkte (vgl. z.B. Staubmann 2017).
Ästhetik hatte in ganz unterschiedlichen Disziplinen in den letzten zwanzig Jahren „Kultur", zu ihr wurde viel veröffentlicht, sie wurde in ganz verschiedene Diskurse eingebettet. Es ist sicherlich kein Zufall, dass sich im selben Zeitraum mit dem pictorial oder auch iconic turn eine interdisziplinäre Bildwissenschaft (vgl. Hombach-Sachs 2005, 2006, 2009) ausbilden sollte, die eine *Sprachwissenschaft* des Bildes vorantreibt, die sich auf eine wachsende Bedeutung des Bildes in der Wissenschaft und im Alltag gründet (vgl. auch Eberle 2017). Bild und Ästhetik stehen in einem eigentümlichen Ver-

---

[5]   Die wiederum nicht unwesentlich von Walter Benjamins wegweisendem Band „Das Kunstwerk im Zeitalter seiner technischen Reproduzierbarkeit" aus dem Jahre 1935 inspiriert wurde.

hältnis, wenn auch dieses kein exklusives ist. Ästhetik geht nicht zwingend in Bildern auf, was einsichtig wird, wenn man allein an literarische und musikalische Werke und deren Ästhetik denkt. Dennoch liegt die Besonderheit der Beziehung von Bild und Ästhetik in der Dominanz des Sehsinnes, den dieser in der abendländischen Geschichte ausgebildet hat und damit eine Veränderung der Wahrnehmungsweise – Ästhetik als *aisthesis* – vollzogen hat. Und diese Dominanz hat durch die modernen visuellen Medien eine Beschleunigung erfahren. Obgleich nun beide Diskurse – pictorial turn und Ästhetik – zeitlich ähnlich und auch inhaltlich mit Überschneidungen versehen sind, geht es der Bildwissenschaft nicht zwingend um eine Ästhetik des Bildes, sondern um eine Klärung, was Bildsein bedeutet und wie Bilder Verwendung finden bzw. innovativ genutzt werden können.[6]

Wenn man nun von einer visuellen Kultur spricht, in der Bilder nicht nur eine besondere und wichtige Form von Kommunikation darstellen, sondern auch über deren Produktion und Distribution mittels digitaler Medientechnik sich der gesellschaftliche Alltag verändert hat, beinhaltet dies auch eine Vergesellschaftung des Visuellen diese Medien. Nun ist der Prozess der Visualisierung nicht neu, sondern ganz im Gegenteil ein den Menschen stetig begleitender Prozess. Darüber legen bereits die ersten Höhlenmalereien Zeugnis ab und die durch alle Zeitalter vorhandene Bildproduktion der Menschen. Und spätestens mit der Erfindung der erschwinglichen Handkameras Ende des 19. Jahrhunderts, die die Massentauglichkeit und die Produktion visueller Artefakte für nunmehr jeden Menschen auf Knopfdruck ermöglichte, war bereits die Entwicklung einer visuellen Fassbarkeit und Bannung der Welt eingeläutet. Die Verdichtung dieser Dynamik in der Nachmoderne ist nun durch die digitale Revolution nicht nur in vielfältiger Art quantitativ erfolgt (Geschwindigkeit der Filmentwicklung, der Bildproduktion, Reproduzierbarkeit, Bearbeitungsmöglichkeit, Auflösung der Bilder, permanente Verfügbarkeit von Kameras durch Smartphones, Kleinstka-

---

[6] In soziologischer Hinsicht wird in Abgrenzung dazu die Frage nach der Bedeutung von Bildern für den Aspekt der Wissensgenerierung und -kommunikation immer wichtiger. Denn das Wissen von und über die Welt ist Bestandteil unseres Handelns. Und damit wird auch die Frage aufgeworfen, wie sich die zunehmende Visualisierung der Gesellschaft auf das Wissen und die Ordnung desselben auswirkt (z.B. Knoblauch/Schnettler 2007). Verändern sich die Form und der Inhalt des Wissens durch seine visuelle Speicherung, Darbietung und Distribution und damit auch das Wissen über die und das Handeln in der Alltagswelt? Verändert sich letztlich die Alltagswelt selbst?

meras, Netbooks usw.), sondern führt zugleich zu einer qualitativen Veränderung in der Sichtbarmachung und Wahrnehmung der Welt, die über die Koppelung der quantitativen Elemente zu einer veränderten Wahrnehmung geführt hat.

Die hier vorgelegte Untersuchung folgt nun der Fragestellung, wie sich über den Prozess der Mediatisierung sowie die Möglichkeiten und Praktiken moderner Medientechnologien und ihren visuellen Artefakten die ihr inhärente Ästhetik von den Medien hinein in die Alltagswelt entwirft und die soziale Praxis verändert. Denn, wenn man davon ausgeht, dass die modernen Informations- und Kommunikationsmedien sich hinein in die Alltagswelt der Menschen entwerfen und jede Ebene von Gesellschaft vermitteln (vgl. Hepp/Hartmann 2010: 9; zur Mediatisierung vgl. auch Krotz 2001, 2007, Hepp/Kubitscho/Marszolek 2018, Hepp 2011, 2013, Hagenah und Meulemann 2012, Bidlo/Englert/Reichertz 2011 und 2012) – und damit der Aspekt der Mediatisierung angesprochen ist –, dann – so darf man vermuten – müssen sich auch Ästhetisierungsprozesse und -praktiken identifizieren lassen, die sich von den Medien hin in die Alltagswelt der Menschen entwerfen und aufgrund der Verflechtung von Medien und Alltag, Alltag und Medien umgekehrt von der Alltagswelt in die Medien. Das macht zugleich deutlich, dass beide *Spähren* sich zwar analytisch trennen lassen, sie praktisch aber ineinandergreifen. Dergestalt sollen auf der Basis einer solchen Wechselwirkung *„von medienkommunikativem Wandel einerseits und soziokulturellem Wandel andererseits"* (Hepp 2013: 102, Herv. im Original) die damit einhergehenden ästhetischen Figurationen markiert und untersucht werden. Ein solcher Wandel bzw. Prozess ist natürlich nicht neu: Neu sind aber die Dynamisierung und die zunehmende Totalität dieser Entwicklung und ihre zunehmende wechselseitige Bezüglichkeit, hervorgerufen durch die neuen technischen Möglichkeiten der Vernetzung. Bilder durchdringen unsere Kultur und verändern die Praxis unseres Handelns. Die Medien und ihre Technobilder umgeben uns nicht nur permanent, sondern sie prägen auch unsere Alltagswahrnehmung. Bilder sind Formen des menschlichen Weltzugangs und der Wirklichkeitsaneignung. Sie sind heute mehr als früher wesentlicher Teil des Prozesses gegenseitigen Entwerfens, Überwachens (zum Aspekt des Überwachens vgl. z.B. Zurawski 2011) und des von anderen Gesehen- und Verstandenwerdens (vgl. Raab 2008: 12).

Über audiovisuelle Artefakte werden zudem „Veränderungen in der Struktur und der Materialität kommunikativen Handelns" (Raab 2008: 165) innerhalb von Sehgemeinschaften angeschoben. „In Gesellschaften, die ihre Mitglieder zunehmend auch medial sozialisieren, sind die audiovisuellen Medien zusätzliche gesellschaftliche Institutionen. Sie bestimmen die soziale und kulturelle Ausformung des Sehens mit und führen es hin zu neuen, verfeinerten Formen der Erfahrung" (Raab 2008: 165). Nicht nur das Sehen, sondern die menschliche Wahrnehmung insgesamt ist nicht voraussetzungslos. Denn „in unsere Wahrnehmung [gehen] historisch-anthropologische bzw. kulturelle Voraussetzungen ein" (Wulf 2005: 44). Wahrnehmung im Allgemeinen und visuelle Wahrnehmung im Besonderen folgt nicht nur den Gesetzen der Optik, sondern ist vor allem kulturell und medial *eingestellt*. Für das Sehen betonen Soeffner und Raab: „Die durch [die] Medien vermittelten Sehmuster [...] wirken auf den sozialen Alltag und die Alltagswahrnehmung zurück, was sich in der Übernahme von Stilelementen und Konventionen – Einstellungen, Perspektiven, Blickwinkel, Schnitt- und Montagetechniken – in das von Medienrezipienten selbst produzierte filmische Bildmaterial dokumentiert" (Soeffner/Raab 2004: 255).

Das Besondere an der gegenwärtigen Entwicklung ist die bereits erwähnte produktive und distributive Dimension einer solchen Ästhetik der – besonders digitalen – Medien.[7] Die Menschen werden zu Prosumenten in posttraditionalen Gemeinschaften (vgl. Hitzler/Honer/Pfadenhauer 2009), mehr noch sie werden zu Produzenten, sind Konsumenten und Verteiler (Distribuenten) – und werden damit zu *Prodisumenten* – ihrer eigenen und anderer Artefakte und dabei mitunter auch zum selbst produzierten Gegenstand. Sie sind Projekt, Produkt und Projektor in einer Person, stellen dergestalt eine im Sinne Flussers *projektive*, entwerfende Existenz dar (vgl. Flusser 1998). Die selbst Hervorgetretenen und *Herausgeworfenen* werden zu Entwerfern und Spielern mit den ihnen und in einer Situation angelegten Möglichkeiten und damit Teil einer *Ästhetik des Erscheinens* (vgl. Seel 2003). Dabei synthetisieren und verwirklichen sie – wie bereits erwähnt – aus einer sehr großen, aber endlichen Anzahl von Möglichkeiten. Die Gegenwart ist

---

[7] Warum hier nicht ausschließlich auf digitale Medien und Medientechnologien rekurriert wird, verdeutlicht der Umstand, dass die digitale Produktion von Artefakten selbstverständlich auch in nicht-digitalen Medien (z.B. ein Foto, das in der Printausgabe einer Zeitung erscheint) präsent sind.

16

in diesem Zusammenhang davon gegenzeichnet, dass die Menschen zunehmend in Modulen denken, ihnen Module zur Erschaffung neuer Artefakte angeboten werden. Content Management Systeme (z.B. für die Erstellung von Internetseiten, zur Videoproduktion, zur Musikkomposition usw.) oder Modularisierung der Welt sind entsprechende Schlagwörter, die diese Form der Medienästhetisierung andeuten.

1.2 Ästhetik, Medien, Modularität

Was versteht diese Arbeit nun unter Ästhetik? Ästhetik wird im weiteren Verlauf als *aisthesis,* als Theorie der Wahrnehmung gefasst. Was, außer dem Austausch eines Begriffes durch einen anderen, ist damit gewonnen? Die Definition von Begriffen, um die es hier implizit geht, ist nicht nur ein schwieriges Unterfangen, sie kann sogar als fraglich angesehen werden. Analog zur Heisenberschen Unschärferelation lässt sich sagen, dass, je genauer man auf einen Begriff und seine Bedeutung schaut und je genauer man ihn „festschreiben" bzw. definieren will desto unschärfer wird er. Sinnvoller erscheint es da möglicherweise Begriffe eher auf operationaler Ebene zu fassen, was meint, dass ihre Bedeutung im Rahmen ihrer Arbeitsfähigkeit für diese Arbeit gefasst wird. Der Verweis auf den Begriff der Aisthesis ist dann auch ein Verweis auf historische Diskursverläufe und Verwendungsweisen, die in Kapitel 2 vorgestellt werden sollen. Aisthesis in einem weiten Verständnis betrifft alle Wahrnehmungen, in einem engeren Verständnis können darunter Sinneswahrnehmungen verstanden werden, die eine gewisse Affektivität und emotionale Involviertheit des Subjektes hervorrufen. Zugleich verweist der Begriff „mit der Wurzel *aistheton* zugleich auf den Doppelsinn von Berühren und Berührtwerden jenseits der Trennung zwischen Subjekt und Objekt oder Aktivität und Passivität" (Mersch 2001: 293). Daher ist eine solch verstandene Ästhetik – so kann man diesen Teil der Aisthesis bezeichnen, ohne eine Tautologie hervorzurufen – „kein bloßes innerpsychisches Phänomen, sondern bewegt sich in einem sozialen Raum von Subjekten und Objekten, in dem sich ständig perzeptiv-affektive Relationen knüpfen" (Reckwitz 2012: 24).
Mit einem analogen Blick auf den Begriff der Medien lässt sich Ähnliches konstatieren. Im Alltag wird unter Medien zumeist das verstanden, was man *in* der Presse, dem Hörfunk oder Fernsehen hört oder sieht (vgl. allgemein

vgl. Weber 2010, Kloock/Spahr 2007, Faulstich 2000). Gleichzeitig werden darunter auch die Anbieter und Unternehmen, die Medieninhalte produzieren und anbieten, verstanden. Und schlussendlich meint man im alltäglichen Sprachgebrauch mit Medien auch die physischen Medien und Endgeräte, „die als technische Mittel zur Übertragung von Zeichen dienen" (Hasebrink 2006: 9), z.b. die Kupferkabel oder die Sende- und Empfangsgeräte. Medien können dergestalt die physischen Grundlagen sein, wie z.b. das Papier einer Zeitung als Medium für die Druckerschwärze, die in Kombination mit dem Papier als Medium für die Buchstaben dient. Die Buchstaben zu Sätzen, Absätzen und Seiten geformt, dienen dann als Medium für das Ausgesagte.

Die Frage nach einem Medium impliziert zugleich die Frage nach seiner Grenze (vgl. Bidlo 2011f: 44). Wo ist beispielsweise die Grenze des Internets, wenn man es als Medium begreift? Muss man dazu nicht die eingeloggten Computer und deren Nutzer zählen und auch die Netzwerkkabel, Router und Netzwerkfestplatten, die den physischen Teil des Mediums bilden? Wenn von *den* Medien gesprochen wird, meint man oft die *Medienmacher* (z.b. Journalisten, Buchautoren oder TV-Produzenten), welche die Inhalte, die verbreitet werden sollen, erstellen oder die Medienunternehmen, die je nach ihrer inhaltlichen Ausrichtung die Linie des Programms vorgeben. Hinzu kommen abschließend die Rezipienten, die durch ihre Selektion mittelbar und unmittelbar das Programm mitbestimmen. Medien sind Mittel zur Kommunikation und werden gewöhnlich mit Bezug auf ihre Funktion und Bedeutung für den Kommunikationsprozess betrachtet. Eine solche instrumentell-funktionale Sichtweise stellt z.b. nachdrücklich die Frage nach der sozialstrukturellen Anlage der Mediennutzer, ihrer Verteilung oder der Wirkung der Medien auf die menschliche Kommunikation, z.b. in der Gegenüberstellung von vis-a-vis und massenmedialer Kommunikation (vgl. Bidlo 2011f: 45). Im weiteren Verlauf wird unter Medien in der Nähe zum alltäglichen Verständnis die Gesamtheit von „Institutionen und technischen Apparaturen, die wir als Menschen verwenden, um orts- und zeitübergreifend zu kommunizieren" (Hepp 2011: 9) verstanden, die ggf. attribuiert werden. Eine kulturwissenschaftliche Anschauungsweise erweitert das Verständnis der Medien hinsichtlich ihrer tiefgreifenden Auswirkung nicht nur auf soziale, sondern auch auf kulturelle Prozesse. „Sie sieht die Welt- und Selbstverhältnisse der Menschen, kulturelle Praktiken, ästhetische Symbolisierungsleistungen und geistige Tätigkeiten eingelagert in mediale Bedingungen, die an deren Formierung beteiligt sind. Medien sind in diesem Verständnis sehr viel mehr als Instrumente für Kommunikationen: sie sind Ermöglichungen und Bestimmungsfaktoren kultureller Praxen" (Karpenstein-Eßbach 2004: 8). Die Stellung der Medien fußt damit in ihrer Formierungsleistung für die Kultur selbst. Medien informieren und bringen dadurch etwas *in Formation*, nämlich Daten über die Welt.[8] Ihre Besonderheit liegt dabei in ihrem symbolischen Charakter, mit dem sie dies tun und der für ihre Formierungsleistung grundlegend ist; diese kann z.b. ästhetisch, politisch oder ökonomisch sein. Ein Beispiel ist die Dominanz eines Mediums zu historisch gewachsenen und kulturell sich verankernden Strukturen, wie man sie im Buchdruck (vgl. McLuhan 1968b) findet. Der Code der Schriftsprache wurde zu einer bzw. zwei Kulturtechniken (lesen und schreiben) und beschleunigte die Bevorzugung des Sehsinns. Medien und menschliche Sinne sind dergestalt miteinander verbunden. Besonders die digitalen Medien verringern den Einsatz des Körpers als Ausdrucksfläche und bieten zugleich medial überformte Möglichkeiten der Wahrnehmung und des eigenen Ausdrucks. Im Zuge der Verbreitung und der Etablierung der digitalen Medien und ihren Kommunikationsformen in der Alltagswelt kann man von einem Wandel im zwischenmenschlichen Verhältnis sprechen. Denn die Codes, mithilfe derer die Menschen kommunizieren, wandeln sich nicht nur (vgl. Flusser 2003, Bidlo 2008a), Vilém Flusser sieht sogar einen „Umsturz der Codes" durch TV, Video und Computer, den er in seiner Vehemenz mit der industriellen Revolution und ihrer Auswirkung auf die Arbeitswelt vergleicht. Wenn wir nun im weiteren Zusammenhang die Medien als (digitale) Massenmedien begreifen und damit ihren distributiven Charakter betonen, dann ist weiterhin die Rezipienten- und die Produzentenebene gemeint und das sich zwischen ihnen aufspannende Feld von Relationen. Und dieses sich aufspannende Feld wiederum wird gerahmt von kulturellen und gesellschaftlichen Sichtweisen, wie der Bedeutung von Bil-

---

[8] Wobei die Vorannahme dieses Gedankens ist, dass es so etwas wie *Uninformiertes* (Daten) – etwas noch nicht in Form Gebrachtes –, überhaupt gibt. Aber selbst, wenn man dem Argument, dass es etwas Uninformiertes nicht gibt, folgt, bleibt der Umstand erhalten, dass Medien dann Informationen *in Formation* bringen und damit eine Formierungsleistung erbringen.

dern und Texten oder der gesellschaftlichen Praxis der Handhabung dieser Medien auf Rezipienten- sowie Produzentenebene. Mit dem Letztgenannten ist der bereits erwähnte Alltagsmensch als Prosument angesprochen; d.h. er konsumiert bzw. rezipiert nicht mehr nur das, was von den Medien dargeboten wird, sondern er beteiligt sich aktiv an der Gestaltung und der Distribution der Inhalte. Das macht aus dem Menschen als Prosument dann den erwähnten Prodisumenten. Ein Beispiel hierfür sind die sog. Leser-, Bürger- oder Festivalreporter, Leserinnen und Leser, die Inhalte für das Medium (Print, Online) erstellen,[9] aber auch der Wikipedia- oder Open-Source-Aktive. Wenn hier nun von der alltagsweltlichen, durch die – in erster Linie digitalen – Medien beeinflusste Ästhetik in der gegenwärtigen Gesellschaft die Rede ist, muss auf das Besondere derselben abgehoben werden. Es ist das Zusammenspiel von ästhetischer Rezeption, Produktion und Distribution. Hartmut Winkler betont für die Medienwissenschaft, ausgehend allerdings von eher ökonomischen Modellen: „Innerhalb der Medienwissenschaften sind die Fragen der Distribution deutlich unterbelichtet" (Winkler 2004: 9). Der ökonomische Aspekt allerdings, wenngleich ein kaum gänzlich auszublendender Faktor, soll im weiteren Verlauf dieser Arbeit, wenn es um Distribution geht, nur eine untergeordnete Rolle spielen, sofern man nachfolgende Überlegungen zur Distribution nicht unter einer Aufmerksamkeitsökonomie subsumieren möchte. Aber auch aufmerksamkeitsökonomische Sichtweisen, die man insbesondere für das Internet anführen kann oder allgemein Aufmerksamkeit als „knappe[s] Gut der Informationsgesellschaft" (Goldhaber 1997) ausweisen, schließen den Begriff der Distribution für eine medienästhetische Sichtweise nicht auf. Gerade in Bezug zu den Möglichkeiten der digitalen Medien zur Produktion von Artefakten ist die Verteilbarkeit und die Zirkulierbarkeit, die Möglichkeit des Zurverfügungstellens der Artefakte grundlegend. Medienästhetische Artefakte entstehen

---

[9]   Auch an den Leserreportern wird übrigens deutlich, dass es keine eindeutig bestimmbare Grenzen des Mediums mehr gibt, zumindest, wenn man unter Medien ein Unternehmen mit Produktivmitteln versteht, das wie auch immer geartete Informationen verteilt und dafür Mitarbeiter einsetzt, um die Informationen hervorzubringen. Die Grenzen verschwimmen hier vielmehr. Denn freie Mitarbeiter oder die genannten Leserreporter sind in dem Augenblick Teil des Mediums, wo sie stellvertretend für dieses handeln z.B. durch eine Beitragsproduktion. Und manche Freelancer sind bei Pressekonferenzen sowohl für Print- als auch für Rundfunk und Fernsehen anwesend und liefern Beiträge für alle Formen.

daher auch und gerade erst aufgrund der Möglichkeit zur Distribution. Ein „Künstler"[10] nimmt zunächst wahr, lässt seine Sinne streifen über sein Arbeits- und Lebensfeld. Diese Wahrnehmungen prozessiert er und erschafft daraus wiederum ein wahrnehmbares Objekt, ein Anschauungsobjekt. Diese beiden Aspekte müssen zusammen gedacht werden und sind beide Teile eines Vorganges, nämlich der ästhetischen Schöpfung: Wahrnehmung und daraus entstehende Schöpfung bzw. Produktion eines Wahrzunehmenden. Folgt man diesem Gedanken weiter, finden sich in modernen digitalen Mediengesellschaften unzählige ästhetische Artefakte. Die Rede ist hier von den nahezu grenzenlosen Möglichkeiten digitaler Entwürfe und Gegenstände, die tagtäglich ihren Weg auf digitale Plattformen des Internets finden. Man denke hier an die zahllosen Videos, Fotos, Bilder und Texte, die dort ihre Anschauungsplattform finden. In der Tat sind diese digitalen Gegenstände ästhetische Auswürfe, denn sie entstammen einem mehr oder weniger prozessierenden Entwurf und seiner Umsetzung. Man kann diese Form der Mediennutzung als eine ästhetische Praxis bezeichnen, in der „immer wieder ästhetische Wahrnehmungen oder Objekte für eine solche Wahrnehmung routinisiert oder gewohnheitsmäßig hervorgebracht" (Reckwitz 2012: 25) werden. Zugleich stellt sich hier die Frage nach der bewussten oder unbewussten Einschränkung der Gestaltbarkeit solcher Artefakte. Denn diese ist zum einen bewusst begrenzt, z.B. durch eine gewisse Zeichenvorgabe, wie es bei Twitter der Fall ist. Zum anderen finden sich auch zumeist unbewusste Einschränkungen in Form der technischen Möglichkeiten, Begrenzungen und Vorgaben durch den Apparat. Vilém Flusser hat diese Einschränkung besonders anhand der Photographie nachgezeichnet (vgl. Flusser 1983) und die modernen Bilder in Abgrenzung zu den von einem Maler erschaffenen Werken als Technobilder bezeichnet. Hier zeichnet sich bereits ab, welche widerstreitenden Teile in diesem Umstand der technischen Produktion von digitalen Artefakten zu finden sind. Zum einen ermöglicht erst die Technik die Möglichkeit des Entwurfes und der Schaffung solcher Objekte. Nur mittels technischer Apparaturen und Möglichkeiten lassen sich Videos, Bilder und digitale Texte hervorbringen und anschlie-

---

[10] Wir streifen hier die Sichtweise, die in den 1970er und 80er Jahren an Bedeutsamkeit gewann und die *Auflösung des Kunstbegriffs* proklamierte: „Alles ist Kunst, jeder ist Künstler. Die exklusive Gegenposition der Kunst gegenüber dem Leben befindet sich in Auflösung" (Wellershoff 1981: 28).

ßend ins Internet stellen (das ja selbst bereits Ergebnis einer technisch-materialen Umsetzung ist) und darüber verbreiten. Die technisch-digitalen Möglichkeiten geben dem Alltagsmenschen ein Werkzeug für seine ästhetischen Produktionen an die Hand. Aus diesen Gründen kann zurecht vom Künstler oder Spieler gesprochen werden (vgl. z.b. Bauman 1997, Flusser 1999, Bidlo 2008b), wenn es um das Beschreiben des Menschen in der gegenwärtigen (Nach-, Post-, Spät-)Moderne geht. Die Menschen streben in diesem Sinne mehr und mehr zu einer *projektiven*, entwerfenden und dabei modulierenden Existenz. Und bereits Schiller sieht im durch den Spieltrieb sich vollendenden Formtrieb des Menschen seine anthropologische Grundbestimmung (vgl. Schiller 1997). Wenn der Mensch sich heute mit, in und durch Medien verwirklicht, sind damit zugleich medienanthropologische Implikationen im Rahmen einer Medienästhetik angedeutet, die nach anthropomedialen Relationen oder allgemein nach der konstitutiven Kraft der den Menschen umgebenden Medien für ihn selbst zu fragen haben (vgl. hierzu Kapitel 3).

Hinsichtlich der Gestaltungskraft der digitalen Medien für den Menschen ist zu vermerken: Der Mensch greift heute oft nur noch auf vorgeformte Versatzstücke zurück, egal ob in der Bildproduktion, dem Entwerfen von Internetseiten, Textversatzstücken, im Studium, im Rahmen von Apples *Garageband* oder sonstigen Loops, mit denen man komponieren kann (vgl. Sander/Werner 2005, auch Simanowski 2002). Die Kunst besteht heute zu einem großen Teil darin, die richtigen Versatzstücke miteinander zu kombinieren und so zu einem (neuen) Entwurf zusammenzufügen. Die Module selbst sind in sich geschlossene und möglichst konsistente Symbolcontainer (Symbol = das Zusammengeworfene). Filme, Musik, Studium, unser Denken, Wissen und Handeln werden dabei immer mehr modularisiert und zu größeren Modulen zusammengefasst, durch die wieder kleinere Einheiten konzeptionalisiert werden können. Doch nicht nur in der digitalen Welt zeigen sich Module als größere Sinneinheiten. Auch schon vor der digitalen Revolution, ja schon zu Anbeginn des gemeinschaftlichen und gesellschaftlichen Seins hat es solche größeren Sinneinheiten gegeben. Der Mythos ist hierfür ein Beispiel, ein Begriff wie Intertextualität zielt auf Ähnliches bzw. steht exemplarisch für das Arbeiten mit Kollektivsymbolen, Versatzstücken bzw. Moduleinheiten. Literatur besteht in einem großen Maße aus dem

Kombinieren von alten Motiven. „Die Kunst des Schreibens besteht zu einem nicht unerheblichen Teil darin, Ideen und Motive neu zu verbinden und darzustellen. […] So gut wie immer finden wir darin Topoi oder Motive aus älteren Mythen" (Schneidewind 2008: 9). Das Nachspüren, Re- und Dekonstruieren solcher Motive ist wesentlicher Teil des Literaturbetriebs, beziehen literarische Texte doch „häufig Kollektivsymbole als sozial aufgeladenes Zeichenmaterial" (Dörner/Vogt 2013: 26) aus solchen historischen und gesellschaftlichen Diskursen, um sie neu zu formatieren. Auf gesellschaftlicher Ebene ist es von Bedeutung gewisse vorgefundene Module bzw. Motive zu dekonstruieren, um die Grundvoraussetzungen des Handelns nachvollziehen zu können und die Gründe für ihre Deutungsmacht zu erklären. Roland Barthes hat dies exemplarisch in seinem Buch „Mythen des Alltags" mittels einer semiologischen Analyse (vgl. Barthes 2003) aufgezeigt. Er offenbart dabei auch die Machtstrukturen und -verhältnisse, die gewissen Mythen oder Motiven zugrunde liegen. Diese Mythen lassen sich ebenfalls im Sinne des hier verstandenen Moduldenkens als eben diese verstehen. Und durch das *Andocken* an andere Module kann ihre ursprüngliche Bedeutung verschleiert werden. Kultur-, Kommunikations- und Medienwissenschaft und letztlich all jene, die sich mit symbolischen Repräsentationsformen beschäftigen, sind in diesem Sinne „Mythenjäger" (Elias 1993: 51). „Diese Mythenjagd, die Entlarvung von zusammenfassenden Vorstellungsmythen als faktisch unfundiert, bleibt immer eine Aufgabe der Wissenschaften, denn innerhalb oder außerhalb der Gruppe von wissenschaftlichen Spezialisten verwandelt man wissenschaftliche Theorien selbst häufig genug in Glaubenssysteme" (Elias 1993: 54). Aus diesem Grund ist es nicht unerheblich die neuen, digitalen Entwürfe, ihre Entstehungsmöglichkeiten und ihre ästhetischen Formatierungen in den Blick zu nehmen. Die Produktion von solchen digitalen ästhetischen Artefakten findet nicht mehr nur in Ateliers, Bühnen oder anderen künstlerischen Welten statt, sondern in der Welt des Alltags: auf der Straße, im Büro oder am heimischen Bildschirm.

Hier ist die Wichtigkeit der Distribution, der dritten Seite der Ästhetik, wie sie hier verstanden wird, die Artefakte als wesentlichen Teil der Produktion hervorzuheben. Während in früherer Zeit ästhetische Artefakte in erster Linie in Studios, Ateliers oder auf Bühnen entstanden, ändert sich dies in der Gegenwart. Die Kontextualisierung von Künstler, Atelier (oder Studio oder

Bühne) und dort entstehendem oder präsentiertem Produkt (z.b. ausgestellt in einer Galerie) machte aus dem Produkt erst ein ästhetisches Artefakt. Heute ist dieser Kontext nicht mehr (zwingend) erforderlich; das Internet (aber z.b. auch belebte Einkaufsstraßen für Straßenmusiker oder -künstler) bieten die Distributionsmöglichkeit, die aus einem Produkt dann erst wieder ein Ästhetisches macht. Schon immer wurden ästhetische Produkte auch außerhalb der genannten Kontextualisierung erschaffen und nahmen eine wahrnehmbare Form an. Ein Gedanke allein kann nicht ästhetisch sein. Nur wenn er in eine Form gegossen wird, schriftlich, mündlich, als Bild,[11] Gleichung oder Theaterstück usw., kann daraus Ästhetik im Sinne von *Aisthesis* werden. Aber erst wenn das Produkt möglichst vielen zur Wahrnehmung dargeboten werden kann, erhöht sich die Wahrscheinlichkeit, dass es als ein ästhetisches – ein in gewisser Hinsicht formgebendes, ein perzeptiv-affektive Relationen knüpfendes – Produkt erfasst und verstanden wird. Und hier bieten die Massenmedien mit ihrer durchgängigen Darbietung und ihrer permanenten Erreichbarkeit Formatierungen an, die die Alltagswelt in ihrem Grund affizieren. Im vorliegenden Verständnis von Medien wird nun den Medien kein monokausaler manipulativer Charakter unterstellt, so wie es noch die ,Frankfurter' der ersten Generation mit ihrer Kultur- und Medienkritik taten.[12] Sie stellen vielmehr im Verständnis der *cultural studies* einen Wirkungsrahmen (neben Kultur und Macht) dar, der „auch Potential für eine produktive Lebensgestaltung" und „damit Orte der *Auseinandersetzung* um Wirklichkeitsdefinitionen" (Hepp/Winter 2008b: 11) ermöglicht. Zu kritisieren sind sie erst, wenn sie Handlungsspielräume und -praktiken von Menschen einengen.

Medien können aufgrund ihrer permanenten Präsenz einen Einfluss auf die Handlungsfähigkeit (agency) und (ästhetische) Ausgestaltung derselben von Menschen haben, wobei darunter nicht ein individuelles Interesse einzelner Personen, Gruppen oder ihre Handlungsmacht zu verstehen ist. Vielmehr meint es eher den Zugang zu Orten, Feldern (vgl. Bourdieu 1998 und

---

[11] Das kann auch ein durch bildgebende Verfahren in der Medizin erzeugtes Bild des Gehirns bzw. der Gehirnaktivitäten beim Denken sein. Hier wäre dann das Bild das ästhetische Artefakt, nicht aber das Denken selbst.

[12] Vgl. hierzu z.B. Adorno (1963): Eingriffe. Neun kritische Modelle; dort besonders die Aufsätze „Prolog zum Fernsehen" und „Fernsehen als Ideologie". Zudem dersl. (1971): Erziehung zur Mündigkeit; dort vor allem das Gespräch „Fernsehen und Bildung" aus dem Jahre 1963.

1999) und Diskursen (vgl. Foucault 2008), die die Welt formen und beeinflussen können. Und die Medien bilden hier einen wesentlichen Ort bzw. ein wesentliches Feld. „Entsprechend besteht nicht eine 'lebensweltliche Handlungsfähigkeit' von Menschen, die (möglicherweise) durch Medien bzw. mediale Diskurse beschränkt wird. Vielmehr sind Medien selbst Ressourcen der Schaffung von Handlungsfähigkeit in verschiedenen Lebenswelten, indem sie kommunikativ 'Landkarten' oder 'Geometrien' schaffen, die machtgeprägt bestimmte Räume von Handlungsfähigkeit postulieren" (Hepp/Winter 2008b: 12).

1.3 Performativität und Alltagswelt

Es ist mittlerweile ein Gemeinplatz, dass unsere Wahrnehmungen medial und sozial mitgestaltet sind. So gibt es gesellschafts- oder kulturkreisspezifische Seh- oder Hörgewohnheiten. Wie wir etwas sehen, hören, riechen, schmecken oder tasten ist somit zu einem großen Teil auch von unserem sozialen, gesellschaftlichen und kulturellen Kontext abhängig. Daher wird nicht jedes Objekt gleichermaßen als ein Ästhetisches – hier verstanden als Theorie des Schönen – begriffen. Der Aspekt der Ästhetik liegt also nicht im Objekt selbst, sondern wird an es herangetragen, und dieses Herantragen ist je nach kulturellem, gesellschaftlichem und sozialem Hintergrund etwas anders. Der Mensch, der ein Objekt hergestellt hat, wurde vielleicht zuvor schon als Künstler bezeichnet oder hat sich selbst als einen solchen verstanden. Er hat das Produkt in einem speziellen Raum entworfen und hergestellt (Studio, Bühne, Atelier usw.), das Produkt wird anschließend in einer spezifischen Art und Weise zur Schau gestellt (Buchladen, Galerie, Museum, Theater, Konzerthaus usw.) und darüber zugleich auch distribuiert. Es sind diese Kontextualisierungen, die dann aus einem Produkt ein ästhetisches Artefakt machen. Diese Beispiele sind gut geeignet, um den Wandel und gleichsam Prozess aufzuzeigen, wie durch digitale Medien eine Vielzahl der Kontextualisierungsvoraussetzungen aufgehoben wurde und diese in ihrer beschriebenen Form obsolet werden. Durch die neuen, digitalen Medien und die darin enthaltenen Möglichkeiten kommt dieser Prozess ins Stocken bzw. stellt sich neu auf. Man benötigt kaum noch eine materielle Ausstellungsfläche, durch den Digitaldruck können Bücher On-Demand von jedermann hergestellt und verteilt werden. Filme und Bilder können solcherart über entsprechende (kostenfreie) Internetplattformen vertrieben und zur Schau gestellt werden (Bild-, Foto- und Videodatenbanken).

All das führt zu einem nachhaltigen Eintritt der Medienästhetik in die Alltagswelt. Der Alltagsmensch produziert nun selbst Videos, Filme, Bilder, Musik oder andere Wahrnehmungsobjekte. Und diese verbleiben nicht mehr in seinen eigenen vier Wänden, sondern werden verteilt, zur Teilung und Wahrnehmung angeboten. Dieses Teilen ist wiederum Teil des Prozesses der Vorstellung, wie etwas ästhetisch gestaltet sein muss.

Eine sogleich Alltags- wie Medienfigur, die für diesen Vorgang im Rahmen des Vorhabens analysiert werden soll, bildet der erwähnte Leser-, Festival- oder Bürgerreporter (vgl. Bidlo 2011c), der mittlerweile zu einem festen Bestand vieler Online- und Printredaktionen geworden ist. Das Phänomen des Leserreporters ist nicht neu, hat jedoch zum einen durch die einfache Handhabung von Digitalkameras und Smartphones sowie der digitalen Übertragungsmöglichkeiten und die Möglichkeit, über das Internet (z.B. Kommentarfunktionen, Blogs, Foren etc.) selbst Inhalt zu produzieren, eine Beschleunigung erfahren. Es gibt kaum noch Zeitungsredaktionen, die nicht auf Aufnahmen und Texte von Leserreportern zurückgreifen, so z.B. die Saarbrücker Zeitung, die Bild-Zeitung, die Westdeutsche Allgemeine Zeitung (WAZ) mit ihren Stadtspiegeln, das Westfalen Blatt oder die Rheinische Post; besonders natürlich dann, wenn es z.B. um Unglücke geht und vor Ort erste Eindrücke festgehalten werden können. Mittlerweile laden eine Reihe von meist populären Tageszeitungen ihre Leser dazu ein, sich aktiv um die Inhalte der Zeitung zu bemühen. Schon immer gab es Umfragen unter den Lesern und Abonnenten einer Zeitung, um deren Interessenlagen klarer zu sehen und die eigenen Inhalte daran auszurichten. Auch über entsprechende Leserbriefe oder andere Rückmeldungen gelang es, Beiträge zu produzieren, die eine breite Leserschaft ansprechen. Ökonomische Gesichtspunkte spielen dabei schon immer eine zentrale Rolle. Aber auch das Profil und Selbstverständnis, das ein Medienunternehmen bzw. das dazugehörige Medium hat, wirken sich auf die Grundeinstellung und -darstellung der Beiträge und ihrer Aufmachung aus.

Die zur Fußball-WM in Deutschland 2006 von der Bild-Zeitung initiierte Aktion „Leserreporter", die von da an zu einer täglichen Rubrik ausgebaut wurde, unterscheidet sich in verschiedener Hinsicht von der bis dahin geltenden Praxis (vgl. Bernard 2006) und führt zu einer Veränderung.[13] Zum einen werden den Alltagsreportern einfache Handhabungen zugereicht, wie ein Artikel richtig aufgebaut oder ein Bild gemacht wird. Teilweise werden Beiträge in der Redaktion redigiert und „in Form" gebracht. Zum anderen aber bohrt das Phänomen *Leser-* bzw. *Bürgerreporter* die herkömmliche Form der journalistischen Gestaltung auf und füllt sie auf mit einer aus dem Alltag stammenden Formatierung. Solche Formatierungen können die Verarbeitung alltagssprachlicher Begriffe und Formulierungen sein, die die bisherige Gestaltung einer Zeitung oder Onlineplattform aufbrechen. Es stellt sich dergestalt die Frage, ob und wie sich diese ästhetischen Artefakte an die Alltagswelt, die schon immer den Boden anderer, sich ausdifferenzierter Sinnwelten gebildet hat, zurückkoppeln. Einen wichtigen Aspekt spielt hier die Performativität. „Der Zusammenhang von Performativität und Medialität wurzelt in der Aisthesis" (Krämer 2004: 13).

Wenn man heute in den Kulturwissenschaften von Performativität spricht, meint das soviel wie die Prozesshaftigkeit und den Aufführungscharakter (vgl. Fischer-Lichte 2012: 29, Hülk 2005: 10), in deren Rahmen sich gewisse Situationen abspielen. Und die Prozesshaftigkeit, der Ablauf des Erlebens, verweist auf die Verwobenheit einer Sache mit einer Situation. Performativität meint „zunächst die praktische, soziale und kulturelle Ordnung von Phänomenen, ihren Zusammenhang, ihre Entwicklung, ihre Synthesen und Differenzen, ihre aktiven und passiven Momente, kurz ihre Prozesse, Modalitäten, Logiken und Funktionen. [...] ,Performativität' verdeutlich[t] die Bedeutung der Form und der ästhetischen Dimension für das Gelingen sozialer Arrangements" (Wulf/Zirfas 2005: 13, vgl. zur Performativität besonders Fischer-Lichte 2004 und 2012). Solcherart soll die hier zu untersuchende medienästhetische Entwicklung hinsichtlich der Perspektive eines Kreislaufes bzw. einer Spirale – die Medienästhetik wird auch aus der Alltagswelt hervorgebracht und wirkt in ihrer besonderen Form wieder auf sie zurück – analysiert werden. Die klassischen Massenmedien, die zuvor durch Gatekeeper vor solchen Entwicklungen „geschützt" wurden, werden nun direkt durch die Produktion alltagsweltlich-ästhetischer Artefakte mitkonstituiert und verändern dadurch ihr ästhetisches Selbst- und Fremdverständ-

---

[13] An dieser Stelle sind im weiteren Verlauf besonders die ästhetischen – und damit die *formatierenden* – Auswirkungen interessant. Für andere Auswirkungen, z.B. einen Kontroll- und Überwachungsaspekt vgl. Bidlo (2011)

nis. Im Fernsehen heben besonders die sogenannten Scripted Reality-Formate (vgl. Englert/Roslon 2011) einen solchen Prozess hervor, die alltägliche Situationen, Probleme und Nöte von Laien auf Basis eines groben Handlungsskriptes darstellen lassen. Die Kunden (Zuschauer, Leser) werden nicht mehr nur einfach danach gefragt, *was* sie sich für Programme oder Beiträge im jeweiligen Medium wünschen, sondern sie werden aktiv aufgefordert, selbst Inhalte zu produzieren und diese dem jeweiligen Medium zur Verfügung zu stellen. Sie werden damit zu Prosumenten. Das Performative an einer solchen *populären Kultur* (vgl. Kleiner/Wilke 2013) ist der Entwurf und die Produktion von Ereignissen und nicht von Werken (vgl. Fischer-Lichte 2004, 2012, Mersch 2002). „Entscheidend für Populäre Kulturen, Popkulturen und Populäre Medienkulturen ist ihr Gegenwartsbezug. Dieser Gegenwartsbezug bedeutet Alltagsbezug und macht aus Populären Kulturen [...] Alltagskulturen und daher gerade keine Kunst bzw. ausschließlich künstlerische Phänomene. Vielmehr handelt es sich bei ihnen um *aisthetische* Alltagskulturen, die kontinuierliche Sinn(es)bildung betreiben" (Kleiner 2013: 22-23). Die dort entstandenen Produkte zielen auf eine Ereignishaftigkeit, die sich im Rahmen ihrer Rezeption vollzieht und die sich auf alltagsweltlicher Ebene in sozialen Praktiken niederschlägt. Das sich freiwillige Sichtbarmachen in den globalen digitalen Strömen und Kommunikationsfäden vermittelt ein Gefühl vom In-der-Welt-sein und der Teilhabe an der Welt (vgl. Hitzler 2009). *Bilder* sind hier das Medium, über das sich Performativität verwirklicht, wobei diese Bilder „immer auch ihre eigene Entstehungsgeschichte" inszenieren und „somit auf ihre Emergenzkontexte" (Wulf/Zirfas 2005a: 17) verweisen.

1.4 Zum weiteren Ablauf der Untersuchung

Die bis hierher nur aufgerissenen Themen- und Problemstellungen werfen mehr Fragen auf, als sie – dem Wesen einer Einleitung nach – beantworten. Zugleich ergeben sie das weitere Programm der Untersuchung. Wenn Ästhetik nicht als Theorie (oder Praxis) des Schönen gefasst wird, sondern als *aisthesis*, also eine Theorie der sinnlichen Wahrnehmung, dann ist dieser Schritt bereits einer in Richtung Alltag. Denn dann geht es zunächst nicht bzw. nicht nur um exaltierte oder besonders hervorgehobene Wahrnehmungsformen, die das Attribut *ästhetisch* im Sinne einer Theorie des Schönen tragen (und die in einer *aisthetischen* Fassung sehr wohl enthalten sein können), sondern um jene Konfigurationen, die man „Allerweltsformationen" oder Figurationen nennen könnte, weil sie fester Bestandteil des Alltages des Menschen sind, sozusagen zum allgemeinen (über die Zeit allerdings wandelbaren) Fundus der meisten Menschen gehören.

Damit impliziert die Kombination aus Medienästhetik und Alltagswelt, dass Medien nicht einfacher Teil, sondern fester Bestandteil des menschlichen Alltags geworden sind. Und dies im Rahmen eines langanhaltenden und „tiefen" Mediatisierungsprozesses (Hepp/Breiter/Hasebrink 2018), der zweifellos nicht erst mit den digitalen Medien eingesetzt hat. Medienästhetik und Alltagswelt stehen in einem Interdependenzverhältnis. Das 2. Kapitel möchte sich daher zunächst diesen *Dimensionen der Ästhetik* und exemplarischen Ästhetisierungsprozessen des Alltags zuwenden und die Darstellung eines ästhetischen Modells anbieten, das die Ästhetik im Allgemeinen und die Medienästhetik im Besonderen als wesentlichen Teil der Alltagswelt der Menschen ausweist, ihre konstitutive Funktion für selbige darlegt und fassbar macht. Ästhetik und ästhetisches Wahrnehmen können als eine spezifische Formatierungsleistung verstanden werden, die Zeichen bzw. Wahrnehmungen *in Formation* bringt. Das wiederum zeigt die Nähe zu den digitalen Medien, die zum einen Teil dieser Formatierungsleistung sind, indem das jeweilige Medium (z.B. Fotoapparat, Fernsehen, Radio, Internet) aufgrund seiner technischen Anlage eine gewisse Formatierung vorsieht, zum anderen durch ihre Rezeption und Potentialität für die Produktion spezifische Handlungspraxen anstößt. Da elektronische Medien zum festen Bestand des Alltags gehören, der auch über, mit und durch Medien in ihrer materiellen und immateriellen Form wahrgenommen, *entworfen* und weitergegeben bzw. vermittelt wird, wirft dies die grundsätzliche Frage nach dem Verhältnis von Mensch und Medium auf. Fragen der Wahrnehmung allgemein und besonders der Wahrnehmung mit, von, durch bzw. über Medien berühren dergestalt eine anthropologische Dimension (vgl. z.B., Engell/Siegert 2013, Pirner/Rath 2003a, 2003b, Hartmann 2002, Leroi-Gourhan 1988). Dieser soll im 3. Kapitel über die Darstellung anthropologischer und medienanthropologischer bzw. anthropomedialer Perspektiven nachgegangen werden, um so zugleich die besondere Verschränkung von Medium, Mensch und Wahrnehmung hervorzuheben. Denn medienästhetische und medienanthropologische Aspekte sind unmittelbar aufeinander bezogen.

Ausgestattet mit solchem Rüstzeug soll als Kern der Arbeit (Kapitel 4) die *medienästhetische Verfasstheit der Alltagswelt* anhand der Mediatisierung der Zeitwahrnehmung (4.1) und anhand von Beispielen des Wandels der Codes (4.2) vorgestellt werden. Die Schrift und ihre Linerarität sind seit Jahrhunderten der dominante Code der westlichen Gesellschaften gewesen. Im viel beschworenen Zeitalter der digitalen Medien ist die klassische Schrift zwar immer noch ein nicht wegzudenker Code, dieser allerdings unterliegt durch die digitalen Medien einer Transformation und einem Zurückdrängen durch andere Formen der Zeichenformatierung. Denn Texte, also die Zusammenstellung von Zeichen in größere Sinneinheiten, sind lange nicht mehr nur seriell angeordnet, sondern durch die im digitalen Medium angelegte Sprunghaftigkeit (zum Beispiel durch die mittlerweile altbekannten Hypertexte) wurde diese Einheitlichkeit aufgebrochen. Zudem nimmt das Technobild eine immer größere Bedeutung ein und gewinnt in diesem Sinne an Gewicht für die Konstitution der Alltagswelt der Menschen. Das Technobild löst den Text mehr und mehr als dominierenden Code innerhalb der Gesellschaft ab – ohne ihn derweil *aufzulösen* – und verändert dadurch auch die Art und Form gewisser Praktiken im Alltag.

Im Rahmen dieser Arbeit soll vorzugsweise der digitalen Medienästhetik nachgespürt werden, d.h. jenen Artefakten, die digitale Erzeugnisse sind und die man im Alltag z.B. durch Smartphones, Digitalkameras und allgemein den Computer kennt. Und diese wiederum sind heute kaum mehr von ihrer Internetgängigkeit und Ausgerichtetheit trennen. Während die Digitalität der Artefakte ihre Produktion weitgehend von zusätzlichen Materialien unabhängig gemacht hat, hat das Word Wide Web die massenhafte Distribution der digitalen Artefakte erst ermöglicht. Diese zunächst banal anmutende Feststellung gewinnt dann an Bedeutung, wenn man darauf schaut, wie tief sich die Distribuierbarkeit solcher Artefakte in Handlungs-, Wahrnehmungs- und Denkmuster eingeschrieben hat. Darum soll es im weiteren Verlauf des 4. Kapitels (4.3) gehen: Als erster Punkt von Dreien soll an Beispielen nachgezeichnet werden, wie sich Wahrnehmungsweisen oberflächenästhetisch und tiefenästhetisch ändern und verändert haben. Auf dem Feld der Ästhetik – so soll in Anlehnung und Erweiterung an die Ästhetikkonzeption von Jauß (vgl. Jauß 1970, 1977) und der Prosumentenfigur von Toffler (vgl. Toffler 1983) nachgezeichnet werden – wechselt der Blick hin von einer auf Rezeption und vereinzelt noch auf Produktion ausgerichteten Ästhetik zu einer (Medien-)Ästhetik, die dadurch gekennzeichnet ist, dass sie aus der Trias von Rezeption, Produktion und Distribution besteht, von der besonders der letzte Aspekt – die oft unbelichtet gebliebene Distribution – einen hervorgehobenen Stellenwert einnimmt und den *Prodisumenten* hervorbringt (Kapitel 4.4). Dabei sollen anhand einiger beispielhafter Materialanalysen diesen Veränderungen nachgespürt und *Prodisumentenfiguren* vorgestellt werden. Als digitale Artefakte werden Bild-, Text- und Videobeispiele von Leserreportern, die Open-Source-Konzeption und die mediale Konzeption von Tourismusräumen analysiert. Solche *Entäußerungen* von *Prodisumenten* verdeutlichen zugleich das modular-mediale Spiel von Produktion, Konsumtion und Distribution und ihrer alltäglichen Praxis, aus denen heraus diese neuen Formen medialer Entwürfe entstehen können. Die Besonderheit solcher Artefakte liegt in ihrem modularen Aufbau, das dem modernen Kreativitätsdispositiv (vgl. Reckwitz 2012) insofern zuspielt, als durch den modularen Aufbau digitaler Artefakte ein *Denken in Modulen* (Kapitel 5) den impliziten und expliziten Aufruf zur Kreativität ermöglicht. Gleichzeitig changiert ein solches Moduldenken zwischen dem Neuen und der Wiederholung, zwischen Original und Kopie. Den Abschluss der Arbeit bildet der Blick auf das *Unbehagen der Ästhetik* und das gegenwärtig nicht ausweichbare Thema der *Ästhetik der Überwachung*.

Die Arbeit selbst ist modular aufgebaut, die einzelnen Kapitel sind Sinnmodule, die mit Schnittstellen zum jeweils vorangegangenen und nachfolgenden Kapitel versehen sind. Die vorliegende Modulation der einzelnen Module (Kapitel) bietet somit zwar eine Sinnstruktur und Deutung, eine Remodulation der Kapitel bleibt jedoch problemlos möglich.

2. Dimensionen der Ästhetik

Der Begriff der Ästhetik, das hat bereits die Einleitung mit seiner kurzen Vorstellung angedeutet, ist – wie so viele andere Begriffe – in seiner Bedeutung wesentlich kontextabhängig und vielgestaltig. Im Verständnis dieser Arbeit ist Ästhetik eine besondere Formatierungsleistung der Wahrnehmung, die sich aus der Produktion, des Entwerfens von Artefakten, der Rezeption und der Distribution speist. Um diese Sichtweise zu verdeutlichen, sollen zunächst einige Aspekte ästhetischen Denkens und ästhetischer Theorie dargestellt werden. Dieser – reduzierte – Blick auf den Ästhetikbegriff und seine Geschichte dient vor allem der Pointierung des Produktions- und Rezeptionsaspektes in der Ästhetik, an dem sich im weiteren Verlauf der Arbeit dann der – wenn bisher überhaupt zur Kenntnis genommene und nicht bereits als gegeben vorausgesetzte – Aspekt der Distribution anschließen soll.

Die Ästhetik, so wie sie heute gemeinhin verstanden wird, hat drei Wurzeln: als Philosophie der Kunst, als Theorie des Schönen und allgemein als Theorie der Wahrnehmung. Alexander Gottlieb Baumgarten hat als einer der ersten „das Programm einer Ästhetik als einer eigenen philosophischen Disziplin entworfen" (Kutschera 1998: 1) und den Begriff der Ästhetik geprägt. In seinem Werk *Aesthetica* (1750/58) entwirft Baumgarten eine Lehre der sinnlichen Erkenntnis, die der bis dahin einseitigen Fokussierung auf rationale Erkenntnis, also der Lehre von der Verstandeserkenntnis, eine Betonung des sinnlich-anschaulichen Erlebens beistellte. Zu einem solchen Programm der Ästhetik gehörte ihm auch eine Theorie des Ausdrucks dieser sinnlichen Erkenntnis. Es ging ihm also nicht nur um eine „Rezeptionstheorie", sondern – so kann man Baumgartens Entwurf lesen – auch um eine „Produktionstheorie" im Sinne der Gestaltung des Ausdrucks, der auf der ästhetischen Wahrnehmung bzw. der ästhetischen Erfahrung beruht. Denn der Ausdruck ist ihm für die Vermittlung sinnlicher Erkenntnisse wesentlicher als für eine Verstandeserkenntnis. Ästhetische Erfahrung und ästhetische Produktion stehen demnach in einem ganz engen Verhältnis (vgl. Kutschera 1998: 1; einen aktuellen Überblick erhält man durch Lehmann 2016). Ästhetische Erfahrung ist nun ein zentrales Thema von Baumgartens

Theorie sinnlichen Erkennens, die ihm Grundlage einer Konzeption der schönen Künste werden sollte, „denn die spezifische Perfektion, auf die sinnliche Erkenntnis im Gegensatz zur Verstandeserkenntnis abzielt, fiel für ihn mit Schönheit zusammen" (Kutschera 1998: 2). Bei Baumgarten führt die ästhetische Erfahrung zum zentralen Aspekt der Theorie sinnlicher Erkenntnis. Dabei lässt sich für die westliche Welt eine Dominanz des Sehsinns konstatieren, das zu einem Teil auch der biologischen Grundvoraussetzung des Menschen zugeschrieben werden kann. Dennoch: Wir leben in einer visuellen Kultur, die Optisierung der Welt hat sich seit der Antike weiter verstärkt und findet in der Gegenwart ihren vorläufigen Höhepunkt. „Entlang der widersprüchlichen Konstellation kulturellen Geschehens betrachtet visuelle Kultur die Vielfalt an Formen und Praktiken, in denen Kultur erzählt, geschrieben und produziert wird. Sie stellt damit immer auch die Frage nach anderen, unbekannten und unbenannten Blickwinkeln, jenseits herkömmlicher Kanäle und Wissenskörper und außerhalb eingelernter Diskurse und etablierter akademischer Disziplinen" (Mörtenböck/-Mooshammer 2003: 5). Visuelle Kultur als Vielperspektiven-Programm kann als postdisziplinäre Taktik gefasst werden, „die Effekte des kulturellen Alltags nicht aus der Warte der Produzenten, […] sondern über die Perspektive von Konsumenten zu einer eigenständigen Neudefinition und Neugestaltung kultureller Realitäten" zu formulieren sucht (Mörtenböck/Mooshammer 2003: 5). Im Rahmen dieser Untersuchung soll derweil deutlich werden, dass ein striktes Verhältnis von Produzent-Konsument längst im Wandel ist, wie man an Tofflers *Prosumenten* sieht, dass aber darüber hinaus eine weitere, dritte Kategorie zu diesen beiden hinzutritt, nämlich die Möglichkeit der nahezu hürdenlosen Distribution. *Hinzutreten* ist natürlich insofern unscharf, als die Verteilung, Lieferung, Übersendung, also die Distribution immer schon ein Teil des Verhältnisses von Produktion und Konsumtion bzw. Produzent und Konsument war, aber für das sich daraus gegebene Verhältnis zwischen beiden nur selten thematisiert wird. Die Verbreitung und Etablierung der digitalen Medien und des Wegfallens einer solchen Distributionsschwelle[14] führen dann auch zu einer besonderen

---

14 Ganz verschwunden ist sie, einmal abgesehen von gewissen Hard- und Softwarevoraussetzungen, auch so noch nicht, da die Distribution als Möglichkeit verweilt. Ob ver- und geteilte digitale Inhalte dann tatsächlich rezipiert werden, folgt daraus nicht zwangsläufig.

Medienästhetik, die aufgrund der fortschreitenden Mediatisierung des Alltags sich auch auf diesen legt.

Der Begriff der Ästhetik hat nun in der Alltagswelt scheinbar eine klare und eindeutige Bedeutung. Derart versteht man gemeinhin das Ästhetische als das Schöne. Bei genauer Sicht, sei es philosophischer, wissenschaftlicher oder künstlerischer Natur, wird eine Eingrenzung des Ausdrucks Ästhetik jedoch schwieriger. Der Ausdruck Ästhetik leitet sich ab vom griechischen *aisthesis*, was soviel wie „sinnliche Wahrnehmung" meint. Bis ins 19. Jahrhundert hinein wird die Ästhetik allerdings mit der Kallistik (gr. kallistos = sehr schön) gleichgesetzt, d.h. mit der Lehre vom Schönen. Der Gegenstandsbereich der Ästhetik wird dort entsprechend bestimmt als das Schöne oder die Kunst. Der Ursprung beider, des Schönen und der Kunst, ist gleichwohl die Wahrnehmung. Der Mensch benötigt die Sinne, um sich in der Welt zurechtfinden und bewegen zu können. Die Fernsinne Riechen, Hören und Sehen erlauben es ihm, auch ohne unmittelbaren Körperkontakt – im Gegensatz zum Tasten und Schmecken – die Welt aufzunehmen. Die Bevorzugung des optischen Sinnes, die sich in der Moderne durch die zunächst visuellen Aufzeichnungsgeräte dynamisiert hat, lässt sich bereits bei Platon konstatieren, er verwendet für seine Ideenlehre den Begriff *eidos* (εἶδος), was „Gestalt" oder „das zu Sehende" meint (z.B. im Kratylos-Dialog). Dergestalt wurden die Sinne bereits früh mit dem Logos bzw. der Erkenntnis zusammengestellt. Aber die Sinne gehen über eine rein auf Erkenntnis angelegte Dimension hinaus, denn sie öffnen zugleich „eine vitale, empfindsame, eine pathische, lustvolle bzw. leidensvolle Seite. Sinnlichkeit meint auch lust- bzw. schmerzvolles Erleiden" (Liebau/Zirfas 2008b: 8). Aristoteles verstand das Sehen ebenfalls als höchsten Sinn, dem das Hören, Riechen, Schmecken und Tasten folgten (vgl. allgemein Aristoteles 2017). Diese Hierarchisierung der Sinne gepaart mit seiner empiristischen Überzeugung, dass uns die Sinne sehr wohl sicheres Wissen vermitteln vermögen, lässt eine Unterscheidung zwischen Aisthesis und Ästhetik emportauchen. Während Aisthesis auf die Wahrnehmung und Sinnlichkeit allgemein anspielt, zielt die Ästhetik auf „eine Abwertung des Sinnlich-Vulgären zugunsten einer höheren und besseren Form des Sinnlichen [...]. Das Sinnliche steht somit in Spannung zum Ästhetischen, welche als seine Vollendungsform gelten kann, da in ihm Momente des Kosmetischen, Schönen und der Versöhnung aufgehoben sind" (Liebau/Zirfas 2008b: 9). Aisthesis und Ästhetik stehen dergestalt – trotz ihrer Bruderschaft – in einem inneren Spannungsverhältnis zueinander. Und in einem äußeren Spannungsfeld steht die sinnliche Wahrnehmung zur Rationalität, dem Logos. Aisthesis oder entsprechend Ästhetik, verstanden als Theorie der Wahrnehmung, lässt sinnvoll keine Unterscheidung „zwischen einer pragmatischen Wahrnehmung, der es primär um die Objekte von Handlung und Erkenntnis geht, und einer ästhetischen Wahrnehmung, der es primär um den Zeit-Raum ihres Wahrnehmens selbst geht" (Seel 1993: 778), zu. Sie wäre in diesem Sinne vielmehr tautologisch („ästhetische Wahrnehmung"). Eine – wenn auch nur graduelle Unterscheidung – lässt sich dann etablieren, wenn man unter Ästhetik eine *besondere* Form der Wahrnehmung postuliert, die dann entsprechend der grundzusetzenden Anschauung den Gegenstandsbereich der Ästhetik ausmacht. So lässt sich dann von einer Ästhetik des Schönen (z.B. Platon), Ästhetik des Hässlichen (z.B. Karl Rosenkranz), Ästhetik der Geschwindigkeit oder des Verschwindens (Virilio) usw. sprechen.

Wie bereits erwähnt, galt in der Vormoderne die Ästhetik als ein Maß für die Proportionen des Schönen, nicht aber nur der Materialität und Körperlichkeit, sondern auch für die Welt, ihre Sozial- und Gesellschaftsstruktur. Mehr als 2000 Jahre galt das Schöne „als eine Eigenschaft, die den Dingen selbst anhaftete. Schönheit war ein objektiver Tatbestand" (Parmentier 2005: 300). Bereits in der Bibel ist verzeichnet, dass Gott die Welt entsprechend geordnet hat. Im Buch der Weisheiten steht geschrieben (Weish. 11,20): „Du aber hast alles nach Maß, Zahl und Gewicht geordnet." Und hier verband sich dann die Ästhetik mit der Ordnung der Zahlen und den Zahlenverhältnissen, die eine gewisse Proportion ausdrücken, Gott war der Baumeister eines Universums, das die perfekten Proportionen besaß (vgl. Schneider 2005: 8). Und auch das Antlitz und die Erscheinung der Menschen und damit die gesamte Ordnung der wahrnehmbaren Welt wurden laut Bibel von Gott nach einem solchen Verhältnis entworfen. Schon seit Jahrtausenden hat die Menschen das Gebiet der Zahlenverhältnisse und -proportionen fasziniert und sie sahen darin etwas Göttliches. Die immer wiederkehrenden Veränderungen in der Natur, Jahreszeitenwechsel, Auf- und Untergang der Sonne und des Mondes, der Sternenhimmel usw. ließen die Menschen spüren, dass den Zahlen, mit denen man diese Veränderungen, aber auch die Ordnung in der Natur beschreiben konnte, etwas Geheimnisvolles und Mysteriöses innewohnt. Sie waren überzeugt, dass, wenn man in der Lage sei, eine Zahl und ihre innewohnenden Kräfte zu kennen, man sich dieser geheimnisvollen Kraft bedienen könne, um damit zu zaubern, die Ordnung der wahrnehmbaren Welt zu ändern oder seinen Gebeten eine verstärkende Wirkungskraft zu verleihen. Die Kenntnis dieser geheimen Bedeutungen der Zahlen spiegelt sich auch in der hohen Literatur wider und kann in der mittelalterlichen Architektur und in der Musik, in der die Harmonie der Welt eingefangen ist, entdeckt werden (vgl. Endres/Schimmel 2001: 10).

Für die Pythagoräer war die Ästhetik, ausgedrückt in einer wohl geordneten, *schönen* Welt, geprägt durch Maß, Symmetrie und Proportion. Platon folgte dieser auf Proportionalität aufgebauten Ästhetik (vgl. Platon 1998, Bd. 6: 51ff.). In der gesamten Antike bleibt dieser objektivistische Begriff von Schönheit – und damit Ästhetik – vorherrschend. Und auch das mittelalterliche Denken war erfüllt von Zahlensymbolik, aus der sich die entsprechende Ästhetik ergab. Zahlenverhältnisse, Ästhetik und eine sich darauf gründende Zahlensymbolik – die es anschließend zu interpretieren galt – sind hier nicht voneinander zu trennen. Die Zahlen sind, wie Augustinus einmal betonte, die „in der Welt selbst präsente Form der Weisheit Gottes, die vom menschlichen Geist erkannt werden kann" (zit. n. Meyer 1975: 31). Das Mittelalter kannte noch keine dezidierte Ästhetik bzw. den Begriff der Ästhetik oder eine explizite Theorie des Schönen. Das Schöne war in der christlichen Ideenlehre im Rahmen der Proportionen und des Verhältnisses der Dinge untereinander gestellt, über die man zur Gotteserkenntnis gelangen konnte. Es gab derart zwar Reflexionen über das Schöne, aber sie standen dann im Zusammenhang dieser Gotteserkenntnis. Zudem wurde das Schöne bzw. die Kunst mitunter skeptisch betrachtet, da es eine besondere Form der sinnlichen Erscheinung war, die die Sinneslust beförderte und daher – wenn nicht *omnia ad maiorem Dei gloriam* – verdächtig, wenn nicht sogar negativ besetzt war. So konnte in diesem Zusammenhang z.B. eine Tätowierung[15] vor einem religiösen Hintergrund nicht positiv konnotiert sein. Sie durchbrach die visuelle, von Gott gegebene Proportion des

---

[15] Die Tätowierung wird hier als Beispiel gewählt, weil sich in einem späteren Kapitel beispielhaft mit der Tätowierung im Kontext zur Ästhetisierung des Alltags auseinandergesetzt werden soll.

Körpers (zudem war sie, d.h. die Hautveränderung, nicht-reversibel), sie hob die Sinnlichkeit und damit die Fleischeslust hervor und vermittelte als Bild etwas Scheinbares und war in diesem Sinne in doppelter Hinsicht verdächtig.

Die Ästhetik des Mittelalters – sofern man von einer solchen sprechen möchte – war dergestalt in besonderem Maße von Relationen geprägt. Dort, wo es nicht um gesellschaftliche oder kosmologische Dimensionen, sondern um Formen künstlerischer und kultureller Praktiken ging, wie z.b. der Rhetorik oder Poetik, gab es „erlernbare Muster [...], die einen gattungsmäßig besonders intendierten und auf eine spezifische Wirkung berechneten Text zu generieren gestatteten" (Schneider 2005: 10). Einzuübende Praktiken und die Bereitstellung von hermeneutischen Kriterien der Analyse gaben dergestalt deutliche Vorgaben für die Ausgestaltung von Texten und Vortragsreden. Ein solcher Entwurf folgt einer ästhetischen Nachahmungs- bzw. Darstellungstheorie „die bis an die Schwelle der Moderne unbefragt normative Kraft besaß" (Schneider 2005: 14). Solche Nachahmungstheorien, die z.B. von Platon in seinem Werk über den Staat (vgl. Platon 1998, Bd. 5) oder von Aristoteles (vgl. Aristoteles 2001) – der in ihr ein wesentliches Element der Fähigkeit des Lernens des Menschen verstand – vertreten wurden, folgen zu großen Teilen dem mimetischen *Ars imitatur naturam*, das sich als Ausspruch auf Aristoteles insoweit beziehen kann, als dass er das Kopieren, die exakte Wiedergabe der vorgefundenen Natur – und damit auf einen exogenen und objektivistischen Aspekt zielt – als eine wesentliche Aufgabe des künstlerischen Schaffens verstand (vgl. auch Büttner 2006: 62). Dennoch lässt auch Aristoteles kompositorische Aspekte zu, indem neue Kompilationen von Mythen in Dichtungen möglich sein dürfen, wenn sie *Mögliches* zeigen. „Aus dem Gesagten ergibt sich auch, daß es nicht Aufgabe des Dichters ist mitzuteilen, was wirklich geschehen ist, sondern vielmehr, was geschehen könnte" (Aristoteles 2001: 29). Auch solche möglichen Darstellungsweisen fallen bei ihm unter dem Begriff der *Mimesis* und machen den Unterschied zwischen einem Dichter und einem Geschichtsschreiber aus. Der Nachahmung ist damit auch und gerade der Impuls des *Probierens* inhärent, der – wie gesagt – nicht nur das Tatsächliche, sondern vor allem das Mögliche sucht. Erst in der Philosophie der Neuzeit gelangt man nun zu einer Theorie des Schönen im Sinne einer philosophischen Ästhetik, auch weil die Sinne und die Sinnlichkeit im Zuge der Aufklärung rehabilitiert und von ihrer zuvor religiös aufgeladenen negativen Bedeutung entkoppelt wurden.

Wahrnehmung bzw. Aisthesis in dem hier verstandenen Sinne meint nun keine physiologische Beschreibung des menschlichen Sinnesapparates oder der entsprechenden biologischen und neurologischen Verarbeitungsabläufe des Gehirns. Auch – und mit dieser Entscheidung betritt man bereits das Feld der Erkenntnistheorie – fußt doch das hier angenommene Verständnis von Aisthesis nicht auf der Annahme des naiven Realismus einer prinzipiellen, ungefilterten Wahrnehmbarkeit der Welt – was bereits die Existenz der Welt unterstellt. Allein der Begriff der Wahrnehmung führt letztlich zu einem zentralen Thema der Philosophie und ist mit allen anderen weit verstrickt. Existiert die Welt und wenn ja, kann man sie überhaupt erkennen und wenn nicht, was ist es dann, was uns die Sinne darreichen? Und wenn man die Welt als Gegeben annimmt, was lässt uns sicher sein, dass das, was wir dann wahrnehmen auch wirklich *wirklich* ist? So durchquert man zwangsläufig solipsistische, skeptizistische, (radikal) konstruktivistische, idealistische, realistische oder empiristische Gefilde und stößt auf den Kampf zwischen Logos und Aisthesis um den Vorrang zur Wahrheit und Erkenntnis. Platons Einteilung der Philosophie in die Gesetzmäßigkeit des Wahren, das durch die Logik zu entdecken ist, des Guten, das sich durch die Ethik erreichen lässt, und des Schönen oder Sinnenschmeichelnden, das durch die Ästhetik zu bestimmen ist, wirkte lange nach. Denn für Platon war es der Verstand – unabhängig ob als *noesis* und *dianoia* –, mit der man zu den *Ideen* gelangen konnte. Die Ästhetik, verstanden als Kunst, ist ihm ein niederes Tun, da es nur mimetischer Art ist. Es ist Nachahmung von Nachahmungen der ewigen Ideen. Die Aisthesis, die Wahrnehmung, steht bei ihm der ewigen Ideenwelt gegenüber. Während uns für die (vergängliche) Sinnenwelt die fünf Sinne zur Verfügung stehen, erreicht man die (ewige) Ideenwelt nur über die Vernunft.

Der nun durch die Jahrhunderte hindurch für den Verstand maßgefertigte Begriff der Erkenntnis ließ lange für die sinnliche Wahrnehmung der Welt, der man Korruptheit unterstellte, nur einen niedrigen Erkenntnisgewinn oder wenig Erkenntnispotential. Erst mit Alexander Baumgartens Konzept einer Ästhetik als „Lehre vom Menschen", einer cognitio sensiva und dem

Ausweis eines *felix aestheticus* wurde eine Sicht angestoßen, die die sinnliche Wirklichkeitserfahrung als ein unabhängiges Prinzip der Gestaltung von Wirklichkeit auffasst, in der nicht nur ihr rezeptives, sondern auch ihr gestalterisches Potential zur Geltung kommen. Für die oben angedeuteten philosophischen Grabenkämpfe bleibt in einer – je nach Lesart und Anteilszuweisung – medien- oder kommunikationswissenschaftlichen, soziologischen oder kulturwissenschaftlichen Arbeit nicht nur kein Platz, vielmehr ist sie der falsche Ort. Im Anschluss an den wissenssoziologischen Klassiker „Die gesellschaftliche Konstruktion der Wirklichkeit" von Berger und Luckmann lässt sich sagen: „Wenn man erkenntnistheoretische Erwägungen über den Wert soziologischer Erkenntnisse in die Wissenssoziologie miteinbezieht, so ist das, als wenn man einen Bus schieben will, in dem man fährt" (Berger/Luckmann 1971: 14). Gleichwohl ist es – um im Bilde zu bleiben – nötig, den Bus, in dem man sitzt und den man sich mehr oder minder eklektizistisch ausgesucht bzw. entwickelt hat, zu beschreiben, um ein Bild von ihm für jene zu bieten, die nicht im Bus sitzen (die Leser des Textes) und jenen so eine (ästhetische) Vorstellung vom Bus vermitteln zu können. Als Begründer der philosophischen Ästhetik als eigenständige philosophische Disziplin gilt, wie erwähnt, Alexander Gottlieb Baumgarten (1714-1762). Erst bei ihm findet man eine Systematisierung und Grundierung der Ästhetik als philosophische Disziplin. In seinem Werk *Aesthetica* (1750/58) stellt er die Ästhetik als Wissenschaft von der sinnlichen Erkenntnis der Logik gleichberechtigt gegenüber. Aber bereits Baumgarten verweilt bei der Ästhetik nicht als einer Wissenschaft sinnlichen Erkennens, sondern er versteht darunter auf der Basis seiner Semiotik und Psychologie bereits das sinnliche Darstellen und Ausdrücken. Damit wird sie sogleich zu einer Theorie der freien Künste, auf deren Fundus, besonders der Rhetorik und Poetik, Baumgarten selbst zurückgriff. Sein Entwurf der Ästhetik besaß einen großen Einfluss auf die weitere Ausbildung der Kunsttheorie im 18. Jahrhundert (vgl. Bidlo 2007a) und gilt für diesen Bereich als epochenbildend (vgl. Peres 2009: 140). Bereits 50 Jahre nach Erscheinen seiner Aesthetica konstatiert Jean Paul (Richter) in der Vorrede zu seiner „Vorschule der Ästhetik": „Von nichts wimmelt unsere Zeit so sehr als von Ästhetikern. Selten wird ein junger Mensch sein Honorar für ästhetische Vorlesungen richtig erlegen, ohne dasselbe nach wenigen Monaten vom Publikum wieder einzufordern für etwas ähnliches Gedrucktes" (Richter 2012: 15) und gesellt sich damit ebenfalls zu diesen Ästhetikern.

Peres sieht nun in sieben Punkten die Gründe für Baumgartens epochenbildende Bedeutung (vgl. Peres 2009: 141): Erstens entwarf er mit seiner neuen Konzeption eine neue philosophische Disziplin, der er zweitens den Namen „Ästhetik" gab, „sie drittens definierte und sie viertens in einem festgefügten [...] rationalistischen philosophischen System situierte. Und dort etablierte er sie fünftens als gleichberechtigte Parallelwissenschaft zur alteingesessenen Logik" (Peres 2009: 141). Daraus folgt der sechste Punkt, leicht redundant zum vorherigen, die Weiterentwicklung der Ästhetik im Gleichklang zur Logik; und siebtens implementiert er die Ästhetik in der Ontologie.

Sinnliche Erkenntnis besitzt nicht nur eine ergänzende Funktion zur Wahrheitsfindung oder zum Erkenntnisgewinn, sondern einen eigenen Zugang und damit eine eigene Gültigkeit für diese. Baumgarten weist der Ästhetik einen besonderen Weg zur Wahrheit, der *veritas aesthetica*; eine Frage, die auch später in der Theorie der Kunst und des Schönen immer wieder disputiert wurde und in der Bejahung zur Abgrenzung und Grundierung des eigenen Sinnbereiches der Kunst z.B. gegenüber der Wissenschaft, Theologie oder der Welt des Alltags.

Eine Besonderheit und eine Leerstelle zeigt sich bei der Frage nach der Reichweite von Wahrnehmungen. Wo beginnen und wo enden diese, wie gehören Wahrnehmungen, die nicht direkt ins Bewusstsein dringen, dazu? Hier hebt sich Leibniz insofern hervor, als er als einer der ersten unbewusste und dunkle Perzeptionen – die *petites perceptions*, die er aus dem Schlaf ableitet – für den Bereich der Erkenntnis mit einbezog (vgl. Peres 2009: 143; allg. Leibniz 1998). Das ist insofern kein unbedeutender Schritt, als in der Tradition Descartes' und auch des Empirismus sich Existenz immer nur über das Bewusstgewordene oder -werdende vollzieht. So impliziert das empiristische Prinzip des „esse est percipi" bewusste Wahrnehmungen; das kartesianische Cogito meint das Bewusstsein von etwas, das dann als existent konstatiert wird. Das cogito ergo sum benötigt dergestalt nicht nur das Bewusste, sondern muss es an erster Stelle setzen und das Unbewusste sogar ausschließen.

Mit dem angedeuteten Programm Alexander Baumgartens konturiert sich nun das Verständnis von Aisthetis/Ästhetik/Wahrnehmung dieser Arbeit. Die Ästhetik als einfache Theorie der Kunst zu verstehen, reduziert die ästhetischen Erscheinungen in unverhältnismäßiger Weise, denn die vielfältige Durchdringung von Ästhetik und Alltagswelt kann so kaum adäquat erfasst werden. Und auch eine Ästhetik als Einstellung und Theorie der sinnlichen Wahrnehmung verliert in diesem Zusammenhang im komplexen Spiel von ästhetischen Situationen, im Wahrnehmen, Erinnern, Reflektieren und Vorstellen, den besonderen Aspekt der Ästhetik. Hierzu bemerkt Hartmut Böhme:

„Die Analyse komplexer ästhetischer Situationen verdeutlicht, daß das ästhetische Phänomen in einem ebenso flüssigen wie integrativen Prozeß von Wahrnehmungsakten und Reflexion, von Wissen und Erinnern, von Imagination und Assoziation, von gespürten Atmosphären und analytischen Einsichten, von projektiven Entäußerungen und introjektiven Verinnerlichungen sich allererst konstituiert. Ästhetische Erkenntnis will in diesem Fluß und Gemenge keine Hierarchie und keine Zensur. Das heißt auch: Ästhetik steht nicht in der Führung durch sittliche oder theoretische Vernunft" (H. Böhme 1995: o.S.).

Ästhetik oder genauer ein ästhetisches Wahrnehmen muss dergestalt als ein Prozess verstanden werden; allerdings als ein Prozess, der nicht nur aus sich selbst heraus entsteht und voranschreitet, sondern durch ein tätiges Üben hervorgerufen und „eingeschleift" werden kann. Solcherart kann sich eine besondere Form der Aufmerksamkeit und des Wahrnehmens ausbilden, eben ein sinnliches Wahrnehmen, das animiert und anhält zur eigenen tätigen oder gedanklichen Verwirklichung. Nun darf dieses Üben nicht als methodisches Operieren des Verstandes oder als rationalistische Versuchsreihe missverstanden werden. Im Gegenteil beginnt die Ästhetik vielmehr mit dem Einspruch gegen eine rationalistische Skepsis des Sinnlichen. Sie versteht sich als eine neue Sichtweise der sinnlichen Aufnahme und Beurteilung. Während die rationalistische Vorstellung sinnliche Wahrnehmung als unscharf, unzuverlässig und täuschungsanfällig versteht, erkennt die Ästhetik – im Sinne Baumgartens – eine Wahrheit des Sinnlichen; sie erfasst etwas an Gegenständen, „was sich anders nicht erfassen lässt, was zu erfassen sich aber lohnt" (Menke 2002: 24). Denn das sinnliche Erfassen und Beurteilen im Rahmen einer ästhetischen Wahrnehmung folgt eigenen Kriterien und Ansprüchen der Richtigkeit. Diese Kriterien der Richtigkeit gewinnen ihren Sinn „aus der Erschließung einer Gegenstandsdimension, die dem methodisch prozedierenden Erkennen aus dem Geist der Geometrie grundsätzlich verschlossen ist" (Menke 2002: 25).

Die Aisthesis steht insofern implizit und explizit in einem Bezug zum Empirismus – oder seiner besonderen Ausformung im Sensualismus –, dessen Erkenntnisprinzip prägnant mit dem Sinnspruch bestimmt ist: „Nihil est in intellektu quod non antea [prius] fuerit in sensu" (nichts ist im Geiste, was nicht vorher in den Sinnen war). Eine Einschränkung des Grundgedankens des Empirismus, die wohl auf Leibniz zurückgeht, zeigt sich sodann in den Worten „nisi intellectus ipse" (ausgenommen der Verstand selbst) (vgl. Schüßler 1992: 81 ff.). Oder man denke an Berkeleys Negation des – letztlich ganzen – materiellen Universums, das in dem Prinzip des „esse est percipi" gefasst ist.

Mit dem Empirismus werden dergestalt wissenschaftsmethodisch nachvollziehbare Beobachtungen zur Überprüfung von aufgestellten Hypothesen zur Quelle und Überprüfungsinstanz für menschliche Erkenntnis – im Gegensatz zu deduktiven Schlussfolgerungen des Rationalismus. Dieser sieht in den fehleranfälligen Sinneswahrnehmungen (Sinnestäuschungen) einen Grund für den Vorrang deduktiv, vernunftsgeleitet erfolgter Schlussfolgerungen.

Hier kann und soll keine Auseinandersetzung dieser beiden philosophischen Strömungen erfolgen. Vielmehr soll die hier angedeutete philosophische und wissenschaftstheoretische Diskussion eine Sichtweise kennzeichnen, die sich auch auf der Ebene des Alltags wiederfindet. Die Sinnenhaftigkeit des Menschen und die Bedeutung seiner Wahrnehmungsweisen finden sich in unzähligen Alltagssprüchen. Der Spruch man glaube nur, was man sehe, deutet dann einen alltäglichen Empirismus an und ist zugleich Ausdruck des Visualprimats. „Es ist nicht alles Gold, was glänzt" zeigt dann wiederum die Fehleranfälligkeit der und die auf oberflächliche Sichtbarkeit angelegte menschliche Wahrnehmung an. Im deutschen Wort „Sinn" wird die empiristische Verquickung augenscheinlich. Der Sinn, der einmal die Wahrnehmung ermöglicht und der Sinn, der die Bedeutung einer Sache oder eines

Sachverhalts meint. Etwas ist sinnvoll, wenn es, aus vielen Sinneswahrnehmungen gespeist, in sich widerspruchsfrei ist. Nun ist die physische Basis
der Sinne von einer gewissen Konstanz gekennzeichnet. Das Augenlicht
oder das Hörvermögen können im Alter schlechter werden, der Ge-
schmacksinn lässt etwas nach. Manches lässt sich durch entsprechende Artefakte wie Brille oder Hörgerät ausgleichen. Nichtsdestotrotz zeigt sich eine
gewisse sinnliche Konstanz in der physiologischen Basis. Wenn nun dennoch von Veränderungen in der Aisthesis gesprochen wird, meint dies in erster Linie selbstredend keine Veränderungen der physiologischen Grundlage.[16] Wenn im weiteren Zusammenhang von Änderungen der Wahrnehmungsweisen die Rede ist, dann meint dies entsprechend Perspektiv- und
Sichtweisenveränderungen, die sozialen Ursprungs sind und die sich im
Rahmen der Mediatisierung, der medialen Durchdringung des Alltags ergeben. Und darüber hinaus fußen diese Veränderungen nicht nur in einer passiven Übernahme von Wahrnehmungsweisen, sondern gehen Hand in
Hand mit *Tätigkeiten* und Praktiken. Denn das Sinnliche wird zu einer eigenartigen subjektiven Handlung, nämlich zur Tätigkeit. Der Tätigkeitscha-
rakter der Ästhetik ist das Üben bzw. Einüben des sinnlichen Wahrnehmens. Ästhetisches Wahrnehmen kann durch Übung im Vollzug des sinnlichen Aufnehmens ausgebildet und verbessert werden. Dieses Einüben ist
der ästhetische Entwurf dessen, was innerhalb der rationalistischen Auffassung entweder Methodik oder Dressur des Wahrnehmungsapparates ist.
Übung ist nun gebunden an das eigene Selbst. Christoph Menke macht dies
deutlich, indem er betont: „Üben kann ich nur, was ich selbst tun kann.
Darauf zielt ja das Üben: Es selbst tun zu können. Und üben muß ich nur,
worüber ich nicht beliebig verfügen kann. Das macht ja das Üben nötig:

---

[16] Natürlich – ließe sich einwenden – findet eine solche auf der Ebene des Gehirns sehr
wohl statt, indem durch unterschiedliche Reizung auch neue neuronale Verknüpfungen
entstehen. Damit, so könnte man sagen, fänden neue Wahrnehmungsweisen auch Ent-
sprechungen im Gehirn. Insgesamt ist anzumerken, dass die Sinneswahrnehmungen genaugenommen im Gehirn stattfinden. Daher betonen ja z.B. der radikale Konstruktivismus und seine Spielarten zwar die energetische Offenheit, aber vor allem die informelle
Geschlossenheit des Gehirns. Der Radikale Konstruktivismus verneint dergestalt ein iso-
morphes Verhältnis zwischen unseren Wahrnehmungen und der ontologischen Welt.
Unsere Sinnesorgane nehmen in dieser Perspektive nur Unterschiede in der Außenwelt
wahr, keinesfalls jedoch Dinge in qualitativer Hinsicht. Die Wahrnehmungsorgane liefern damit ein nur begrenztes Material an Signalen. Vgl. hierzu Maturana/Varela 1987,
von Glasersfeld 1992, Schmidt 1991, 1992, 1996.

daß etwas tun zu wollen nicht ausreicht, um es tun (und erst recht nicht: um es gut tun) zu können" (Menke 2002: 27). Daher zeigt sich über die Einsicht der Bedeutung des Übens zugleich eine weitere Einsicht in die Art des geübten Inhalts. Übung ist Prozess und Praxis, Geübtes ist geronnener Vollzug und ausgeübte Praxis. Sinnliches Erfassen wandelt sich von einer passiven Empfindung zu einer Tätigkeit, die jedoch nicht durch Methodik oder Regelhaftigkeit gekennzeichnet ist, sondern durch Prozessualität. Ästhetik *handelt* dergestalt nicht mit Objektivität eines z.B. Gegenstandes, sondern verwirklicht sich im Prozess des Wahrnehmens und des Hervorbringens. Somit folgt die Tätigkeit des ästhetischen Wahrnehmens und Beurteilens nicht einer Methodik oder lässt sich allein durch wiederholendes, regelhaftes Tun erreichen, sondern findet ihren Anstoß in der Tätigkeit des Übens, das sich Aussetzens von Situationen, in denen sich Ästhetik entwickeln kann. Die Zeitlichkeit einer ästhetischen Wahrnehmung bzw. der ästhetischen Situation ist demzufolge die unmittelbare Gegenwart, das prozessierende Hier und Jetzt. Natürlich bleibt auch die Möglichkeit zur Reflexion, aber ein zu starker gedanklicher Fokus und kategorisierender Blick birgt die Gefahr des Verlustes des ästhetischen Prozesses für eine analytische Schau.

Nun sind unsere Sinne durch unseren Alltag, ist die Bilderschau in unserer Alltagswelt, vorgeprägt und bildet den Anschlusspunkt für die ästhetische Schau. Unsere Sinne haben im Alltag die Funktion, die Pragmatik und den Lauf des Lebens in Gang zu halten. Es gibt bei der Lösung von Alltagsproblemen aufgrund von Handlungsroutinen, die sich ausbilden, eine gewisse Typik beim Gebrauch der Sinne und des Verstandes. Bestimmt und geleitet wird sie zugleich durch unseren kulturellen Hintergrund. Bei ästhetischen Erfahrungen und Wahrnehmungen „versetzen wir unsere leibgebundenen Sinnesorgane und unser Denken in eine zweckfreie und doch nicht völlig ungeregelte Bewegung. [...] Wir nehmen etwas nicht bloß in seiner puren Faktizität wahr, sondern wir unterlegen dem Gesehenen eine Perspektive des Sinnes" (Paetzold 1990: 13).

Neben diesen erkenntnistheoretischen Fragen kommt in der neuzeitlichen Ästhetik schon früh die Frage nach dem Umgang mit Kunst im Rahmen einer Kultur der Lebensformen auf, die in der Frage nach dem guten Geschmack mündet. Kunst soll im Leben als Teil des adäquaten und richtigen

Handelns und sich Verhaltens eingebettet sein; es soll Teil des höflichen (höfischen) Lebens werden und wird damit Teil der menschlichen Alltagskultur – zumindest für eine gewisse gesellschaftliche Schicht (vgl. Gethmann-Siefert 1995: 14). Kunst und damit Ästhetik werden in dieser Ausprägung als Teil des Lebens gefasst und zielen dann auf eine Theorie des Handelns. Daneben kann Ästhetik aber auch als eine spezifische Erkenntnis der Welt aufgenommen werden und zielt mithin mehr auf eine Theorie der sinnlichen Wahrnehmung. Sinnliche Wahrnehmung ist gleichwohl einem sozialen Wandel unterzogen und ändert sich im Rahmen von Ästhetitisierungsprozessen.

2.1 Die moderne Ästhetisierung des Alltags

Die Ästhetisierung des Alltags oder „des Sozialen" kann als ein „Kennzeichen gegenwärtiger gesellschaftlicher Prozesse gedeutet und mit dem Aufkommen und der Verbreitung visueller Medien in Zusammenhang gebracht" werden (Hieber/Moebius 2011b: 7). Das wiederum heißt nicht, dass Ästhetisierung per se an Medien gekoppelt sein muss. Dennoch hatten Veränderungen in technischer oder medialer Hinsicht, hatten *Medienbrüche* meist auch Veränderungen der Wahrnehmung, der Selbst- und Fremdwahrnehmung der Menschen zur Folge. So haben beispielsweise die Erfindung und Etablierung der Schrift und die Entwicklung von oraler zu literaler Kultur (vgl. ausführlich Kapitel 4.2) oder die Erfindung des Fernrohrs, mit deren Hilfe später der Nachweis geführt wurde, dass die Erde um die Sonne kreist und die Sonne das zentrale Gestirn am Himmel ist, die Wahrnehmungsweisen der Menschen, ihre Weltsicht und ihr Selbstverständnis grundlegend verändert und geprägt. Die Geschwindigkeit und Dynamik, mit der dieser Prozess erfolgt, hat sich wesentlich erhöht, so dass die Anpassungsleistungen der Menschen in Bezug zur Wahrnehmung schneller erfolgen müssen. Die Bedeutung der Ästhetik für die gegenwärtige (westliche) Kultur und Gesellschaft hat sich auch in den Sozial- und Kulturwissenschaften verfestigt. Die Ästhetisierung des Sozialen (vgl. Hieber/Moebius 2011) kommt in unterschiedlichen Pointierungen in den Blick. Dabei fällt die Fokussierung und Betonung der Visuellen und ggf. noch der Audiovisuellen auf. Unbenommen ist der Vermerk des dominanten Sehsinnes, der ggf. noch durch auditive Aspekte untermalt wird (vgl. auch Kröger-Bidlo

2018). Diese Sichtweise *übersieht* gleichwohl die vielfältigen Ästhetisierungsprozesse des Alltags, die auf die anderen Sinne gerichtet sind. Shop-in-Shop Bäckereien versprühen Backduft, Autohersteller entwerfen Neudüfte für ihre Autos, Lebensmittel werden auch im Hinblick auf ihre Konsistenz und ihre Haptik entworfen und gestaltet. Auf die Gestaltung sog. Soundscapes, die den Alltag, Gegenstände und Räume *bedeuten* und untermalen, soll hier kurz verwiesen werden. „Wo Gesellschaft sich artikuliert und konkretisiert, geschieht dies geräuschvoll. Soziales Leben findet immer eingebettet in und begleitet von Geräuschen statt" (Maeder/Brosziewski 2011: 153). Maeder und Brosziewski sprechen in diesem Zusammenhang auch von „Ethnosonographie" und verweisen auf das Eingebettetsein des Menschen in eine klang- und tonvolle Umwelt, die „als conditio sine qua non jegliche Sozietät rahmt, strukturiert und beeinflusst" (Maeder/Brosziewski 2011: 153). So besitzen wir nicht nur sozial geprägte Seh-, sondern auch Hörmuster (vgl. Kröger-Bidlo 2018). Die Ästhetisierung geht dergestalt weit über rein visuelle Aspekte hinaus. Nun geht es dieser Arbeit nicht um den Gesamtaspekt im Sinne einer totalen Ästhetisierung des synästhetischen Wesens Mensch, sondern um jenen Teil, der besonders durch die neuen, digitalen Medien angestoßen wird. Dadurch findet sich bereits die Fokussierung auf audio-visuelle Ästhetisierungsprozesse, die an der ein oder anderen Stelle durch haptische Aspekte ergänzt werden.

Ästhetisierungs- und Mediatisierungsprozesse heben im Rahmen ihres Untersuchungskontextes auf die Untersuchung vom medienkommunikativen und soziokulturellen Wandel ab (vgl. auch Hepp 2013: 106), d.h es wird auch auf die Auswirkungen – allerdings weniger im Sinne einer Medienwirkungsforschung – dieser Prozesse auf die Menschen eingegangen. In Ergänzung dazu wird hier sowohl die rezeptions- bzw. wirkungsästhetische als auch die produktionsästhetische Perspektive verfolgt und, wie sich später zeigen wird, dazu eine Distributionsebene hinzutritt. Menschen sind nicht nur Ästhetisierungsprozessen ausgesetzt, sondern sind im Rahmen ihres Alltags selbst konstituierender, produzierender Teil derselben; sind „produktive Zuschauer" (Winter 1995). Dieser *produzierende* und *distribuierende* bzw. *kommunizierende* Teil[17] soll in einem späteren Kapitel (vgl. Kapitel 4.3) ge-

---

[17] Bereits an dieser Stelle sei betont, dass Distribution und Kommunikation natürlich nicht zusammenfallen, allerdings einige wesentliche Überschneidungen aufweisen (vgl. Kapitel 4.3.2.1) und in diesem Zusammenhang Ähnliches bezeichnen.

nauer beleuchtet werden.

Zunehmend werden die Elemente der Alltagswelt „ästhetisch überformt" (Welsch 1996: 10) und Welsch sieht eine Oberflächen- und Tiefenästhetisierung sich vollziehen. Die Oberflächenästhetisierung meint die Verhübschungsprozesse des urbanen Raumes, die Umgestaltung der Welt in einen inszenierten Erlebnisraum (vgl. auch Schulze 1995) und verweilt dergestalt noch bei der Implikation der Ästhetik als der Theorie des Schönen. Auch in der Landschaftsgestaltung, Stadtplanung und der Architektur ist seit Ende der 1980er Jahre „ein (postmoderner) Trend zur Ästhetisierung (zur sinnlichen Hervorhebung mit den Mitteln der Kunst) unübersehbar" (Hasse 1993: 20). Diese Oberflächenästhetisierung meint aber auch das Generieren einer neuen Erlebnisqualität. Dergestalt lassen sich die zwei Aspekte unterscheiden (vgl. auch Schneider 1998: 155): die Veränderungen von *Oberflächen*, d.h. zum Beispiel von Gebäuden oder dem Designen von Gegenständen im Sinne der Kallistik, also der Theorie des Schönen. Und als zweiter Aspekt dieser Oberflächenästhetisierung meint sie die (Neu)Gestaltung von Erlebnisräumen. Ein Beispiel für einen solchen *reproduzierten* und *rekonstruierten* Ort bzw. Raum sind die niederländischen *Center-Parcs*, in deren Binnenraum enthobene Sub-Welten entworfen werden. „Das funktionale Nebeneinander von allgemeinem gesellschaftlichem Leben und Freizeit, wie es bisher selbst in touristischen Zentren selbstverständlich war, ist aufgehoben. […] In Center-Parcs beginnt eine neue soziologische Etappe der 'Freizeithygiene'" (Hasse 1993: 43). Solcherart kann man diese ästhetisierten, entworfenen Räume nach Baudrillard (vgl. Baudrillard 2011) als *Simulakrum* dritter Ordnung bezeichnen, eine selbstreproduzierte und reproduzierende Welt, die zwar noch Verweisungspotenzial auf die *reale* Welt besitzt, sich aber wesentlich von ihr absetzt, Fiktion von Realität ist. Sie drückt sich an der Oberfläche aus, deutet aber auf einen Tiefengrund – Vilém Flusser würde hier von dem „Lob der Oberflächlichkeit" (Flusser 1993e) sprechen, von einer Oberfläche, die aus dem Punktuniversum emporsteigt und nur durch ein oberflächliches *Scannen* ihre Bedeutung gewinnt. Und damit verweist eine solche Oberflächenästhetisierung auf eine Ästhetisierung, die zugleich unter die Oberfläche reicht, wenngleich die Unterscheidung von Oberflächen- und Tiefenästhetisierung – anders als Welsch sie in seinem Entwurf versteht – keine kategoriale ist. Vielmehr wirken beide reziprok

aufeinander (vgl. auch Schneider 1998: 157). Die Tiefenästhetisierung vollzieht sich dabei auf einer grundlegenderen Ebene und meint Denk- und
Handlungsformen, aber auch die Veränderung bzw. Verschiebung der materialen Wirklichkeit durch die neuen Produktions- und Reproduktionspro-
zesse, die sich über die digitalen Medien verwirklichen. Und damit ist der
Prozess der Tiefenästhetisierung an den Prozess der Mediatisierung gekoppelt (vgl. Kapitel 4).

„Die einst für hart gehaltene Wirklichkeit erweist sich als veränderbar, neu kombinierbar und offen für die Realisierung beliebiger ästhetisch konturierter Wünsche. […] Ästhetische Prozesse überformen
nicht erst fertig vorgegebene Materien, sondern bestimmen schon deren Struktur, betreffen nicht erst die Hülle, sondern bereits den Kern.
[…] Der tägliche Umgang mit mikroelektronischen Produktionsver-
fahren bewirkt eine Ästhetisierung unseres Bewußtseins und unserer
gesamten *Auffassung* von Wirklichkeit" (Welsch 1996: 14-15).

Die „für hart gehaltene Wirklichkeit" löst sich selbst zunehmend in digitale
Formen auf, die dann noch schneller überformt und verändert werden können. Zugleich sind sie dann für jeden produzier- und distribuierbar, der so
aufgelöste *Gegenstand* bildet keinen *Widerstand* mehr.
Die ‚Ästhetisierungsthese' wird u.a. auch als eine Lesart des Modernisierungsprozesses gelesen (vgl. Scherke 2000) und steht damit z.B. neben der
Beschleunigungs- (vgl. z.B. Rosa 2005, Bidlo 2009a), Individualisierungs-
(vgl. z. B. Beck 1986) oder auch der Kreativitätsthese (vgl. Reckwitz 2012).
All diese Sichtweisen versuchen, den Modernisierungsprozess und die Entwicklung hin zur Spätmoderne zu erklären. Nun wird es im weiteren Verlauf der Arbeit nicht um eine Deutung des Modernisierungsprozesses
gehen, dennoch bleibt an der ein oder anderen Stelle ein Rekurs auf diese
Thesen und Theorien nicht aus, heben sie doch gewisse Praktiken hervor,
die sich im Rahmen des Modernisierungsprozesses ergeben haben und die
mit der jeweiligen These gefasst werden sollen. So zeigt sich z.B. anhand der
Veränderung der Zeitwahrnehmung der letzten 500 Jahre, deren letzte Entwicklung die Ausbildung einer Medienzeit darstellt (vgl. Bidlo 2009a), wie
eng Modernisierungsentwicklungen und Wahrnehmungsveränderungen

miteinander verknüpft sind – wie z.B. in einer „Modernisierung des Sehens" (Bruhn/Hemken 2008) – und letztlich Letztere auch Teil des Ersteren
sind bzw. als solche gelesen werden können.

Norbert Elias hat so beispielsweise ausgehend vom Spätmittelalter den Wandel von Umgangsformen herausgearbeitet (vgl. Elias 1997a und 1997b) und
im Rahmen des Zivilisationsprozesses eine zunehmende Distanzierung des
Menschen zu seiner Umwelt (vgl. Elias 2003) konstatiert, mit der zugleich
eine Veränderung der Wahrnehmungsformen einhergeht (vgl. Haring/-
Schercke 2000b: 21). Elias selbst spricht nicht ausdrücklich von Wahrnehmungsveränderungen, und damit von einer ästhetischen Dimension, sondern von „langfristigen Transformationen der Gesellschaftsstrukturen und
damit auch der Persönlichkeitsstrukturen" und vom Wandel „der Affekt-
und Kontrollstrukturen" (Elias 1997a: 10 und 11). Dennoch ist einsichtig,
dass solch ein Wandel sich im Erleben „etwa in Form des Vorrückens der
Scham- und Peinlichkeitsschwelle" (Elias 1997a: 13) einschreibt und damit
die Wahrnehmungsweisen *von* den Dingen und Situationen verändert. So
schieben Handlungs- und Verhaltensänderungen Wahrnehmungsänderun-
gen an, die wiederum zurückwirken auf die entsprechenden Handlungs-
und Verhaltensweisen. Der Wandel von Handlungen bzw. gesellschaftlichem Verhalten und entsprechenden Wahrnehmungsweisen stellt sich nach
Norbert Elias in einem „anfanglosen Prozeß [dar]. Wo immer man beginnt,
ist Bewegung, ist etwas, das vorausging" (Elias 1997a: 167). Ein solcher
Prozess kennt zwar keine klaren Brüche, aber – so kann man sagen – Ände-
rungsfelder. In einer noch mündlich geprägten höfischen Gesellschaft spielte so z.B. das Auswendiglernen

> „in der mittelalterlichen Gesellschaft, in der Bücher seltener und teu-
> rer waren, als Erziehungs- oder Konditionierungsmittel eine ganz an-
> dere Rolle als heute, und diese gereimten Vorschriften waren eines
> der Mittel, durch die man dem Gedächtnis der Menschen einzuprä-
> gen suchte, was sie in Gesellschaft, vor allem beim Tafeln, zu tun und
> zu lassen hätten" (Elias 1997a: 169).

So waren – als ein Beispiel – das Aufkommen der Gabel und ihre Nutzung
in Europa im Verlauf des 16. Jahrhunderts, wenngleich bis ins 17. Jahr-

hundert hinein ein Luxusgegenstand der Oberschicht, nicht nur eine höfische Spielerei. Sie bewirkte in einer mittelalterlichen Gesellschaft, in der mehrheitlich die Menschen mit den Fingern, aus einer Schüssel oder von einem Teller aßen und aus einem Becher tranken und mithin in einer anderen Beziehung zueinanderstanden, eine physische, psychische und ästhetische Distanzierung. Die den o.g. Beispielen inhärente übergreifende Körperlichkeit (aus einer Schüssel mit Händen essen oder einem Becher trinken) wird nicht nur durch das *neue* Artefakt der Gabel physisch distanziert. Auch eine innere, affektive Distanzierung tritt ein, die sich bei den heutigen im Gegensatz zu den damaligen Menschen in Bezug zu diesem Beispiel durch Scham, Peinlichkeitsgefühl oder Ekel ausdrückt. „Ihr Affekthaushalt war auf Formen der Beziehung und des Verhaltens konditioniert, die, entsprechend der Konditionierung in unserer Welt, heute als peinlich, mindestens als wenig anziehend empfunden werden" (Elias 1997a: 180). Die Formen dieser normativen Anpassung sedimentieren sich im Einzelnen und wirken im Nachgang wie eine Hintergrundfolie des Handelns. Elias formuliert diesen Prozess übrigens ähnlich wie Foucault später hinsichtlich der Gouvernementalität, in der die Fremdführung zur Selbstführung wird (vgl. allgemein Foucault 1993b und 2006). So betont Elias: „Der gesellschaftliche Standard, in den der Einzelne zunächst von außen, durch Fremdzwang, eingepaßt worden ist, reproduziert sich schließlich in ihm mehr oder weniger reibungslos durch Selbstzwang, der bis zu einem gewissen Grade arbeitet, auch wenn er es in seinem Bewußtsein nicht wünscht" (Elias 1997a: 265).

Darüber hinaus hatte die – zwar nicht allein durch die Einführung der Gabel – bildende Distanzierung auch eine ästhetische Dimension. Denn sie führte im Rahmen dieses Zivilisationsprozesses zu einer allmählichen Einschränkung des Tastens und damit des haptischen Sinnes. Wurde vorher distanzlos und unmittelbar mit den Händen gegessen – und damit war das Betasten ein Teil des Vorgangs der Nahrungsaufnahme –, wurde mithilfe des Bestecks der Tastsinn und damit eine ästhetische Qualität weitgehend zurückgedrängt; solcherart fiel dem Auge als distanzüberschreitender Sinn eine nochmalige höhere Bedeutung zu. Eine solche Hierarchisierung der Sinne findet sich übrigens auch bei Kant, der dem Tasten nur den niedersten Platz einräumt:

„Der Sinn des Gesichts ist, wenn gleich nicht unentbehrlicher als der des Gehörs, doch der edelste; weil er sich unter allen am meisten von dem der Betastung, als der eingeschränktesten Bedingung der Wahrnehmungen, entfernt, und nicht allein die größte Sphäre derselben im Raume enthält, sondern auch sein Organ am wenigsten affiziert fühlt (weil es sonst nicht bloß Sehen sein würde), hiermit also einer reinen Anschauung (der unmittelbaren Vorstellung des gegebenen Objekts ohne beigemischte merkliche Empfindung) näher kommt" (Kant 1980: 50-51).

Ohne zu sehr in den Bereich der Körpersoziologie (vgl. Gugutzer 2004) oder des *embodiments* abzugleiten, sei hier bemerkt, dass der Körper als Leib nicht nur Ausdrucksfläche, sondern zugleich Eindrucksfläche, d.h. in Gänze einen Wahrnehmungssinn (Haptik) darstellt. Während das Auge die (meisten) Grenzen unseres Leibes sehen kann, bildet die Haut als tatsächliche Grenze des Leibes dasjenige Wahrnehmungsorgan, auf das die Welt fortwährend einwirkt und damit die physische Grenze zwischen Leib und Welt, innen und außen festschreibt. Und dabei tritt der Leib, als Wahrnehmungsorgan verstanden, als *interpres* zwischen Geist und Körper auf. In dieser besonders von Merleau-Ponty und seiner phänomenologischen Leibphilosophie (vgl. Merleau-Ponty 1974) ausgearbeiteten Sichtweise ist der Leib das Dritte *zwischen* Geist und Körper, zwischen Subjekt und Objekt. Er ist weder nur ein Ding noch ist er an sich Bewusstsein. „Unser Leib, ein System von Bewegungs- und Wahrnehmungsvermögen, ist kein Gegenstand für ein 'Ich denke': er ist ein sein Gleichgewicht suchendes Ganzes erlebt-gelebter Bedeutungen" (Merleau-Ponty 1974: 184).
Genau besehen ist er das *Eigentliche*, ein Drittes zwischen Subjekt und Objekt liegende, bewohnt er doch die Welt, bildet Leib-Welt, bringt erst ein Verhältnis zur Welt hervor:

„Die Welt ist kein Gegenstand, dessen Konstitutionsgesetz sich zum voraus in meinem Besitz befände, jedoch das natürliche Feld und Milieu all meines Denkens und aller ausdrücklichen Wahrnehmung. Die Wahrheit 'bewohnt' nicht bloß den 'inneren Menschen', vielmehr es gibt keinen inneren Menschen: der Mensch ist zur Welt, er kennt sich allein in der Welt. Gehe ich, alle Dogmen des gemeinen Verstandes wie auch der Wissenschaft hinter mir lassend, zurück auf mich selbst, so ist, was ich finde, nicht eine Heimstätte innerer Wahrheit, sondern ein Subjekt, zugeeignet der Welt" (Merleau-Ponty 1974: 7).

Solcherart werden die Seinsstrukturen der Dinge und unsere Wahrnehmungsweisen zu einem reziproken Verhältnis und sich bedingendem Erzeugnis. Und damit beinhaltet die Wahrnehmung nicht nur eine rezeptiv-erkennende, sondern auch eine produktive Dimension; genauso übrigens wie der Leib in seiner gesamten Ambiguität – nach Merleau-Ponty bin ich mein Leib, der aber auch Körper in der Welt ist – selbst nicht nur Eindrucks-, sondern auch Ausdrucksfläche ist. Die Inszenierung des Leib/Körpers – Körper sein und Leib haben (vgl. allgemein Plessner 1975) –, der „Körperkult und Schönheitswahn" (APuZ 18/2007) stellt solcherart ebenfalls eine Ästhetisierung der Alltagswelt dar, die zwar zunächst abgekoppelt von medienästhetischen Erwägungen betrachtet werden kann, aber auf Vorgänge – Inszenierung, *In-der-Welt-sein*, Sich-Ereignen – hindeutet, die auch für medienästhetische Perspektiven bedeutsam sein können. Daher soll im anschließenden Kapitel ein exemplarischer Blick auf das Phänomen *Tattoo* geworfen werden, das einen solchen Übergang markieren kann.

In den oben exemplarisch beschriebenen Wandlungen von Handlungen und Wahrnehmungsweisen – und zwar im Hinblick auf Medien im Allgemeinen und digitale Medien im Besonderen – liegt ein Anschluss an diese Arbeit. Auch hier soll der Blick u.a. auf sich neu ausgebildete Praktiken gelegt werden – welche zugleich Ausdruck veränderter Wahrnehmungsweisen sind –, die mit den neuen, digitalen Medien und deren Nutzung einhergegangen sind, die mittlerweile für einen großen Teil der Bevölkerung alltagsprägend geworden sind. Und dies gelingt nur, wenn man Ästhetik nicht nur als zuvorderst rezeptiv ausgerichtet versteht, sondern als eine aus der Trias der Produktion, Distribution und Rezeption bestehende Aisthesis erfasst. Ästhetisierung meint immer auch ein verändertes Wirklichkeitsempfinden und eine entsprechende Auseinandersetzung mit demselben. So ist die Ästhetisierung auch Ausdruck und Eindruck – Hand und Auge – dieser Entwicklung. Hieber und Moebius (vgl. Hieber/Moebius 2011a) sehen –

wie erwähnt – eine „Ästhetisierung des Sozialen" hervorgerufen durch ge-sellschaftliche Transformationsprozesse, die im Zeitalter der digitalen Medi-en solche Wahrnehmungsveränderungen besonders hervorrufen. Für die vi-suellen Medien heben sie hervor, „dass bei den gesellschaftlichen Akteuren in früher unvorstellbarem Ausmaß die mediale Produktion und die Rezepti-on intensivierter sinnlicher Erfahrungen ins Zentrum der Lebenspraxis ge-treten ist – gleichsam als Erbe der Bestrebungen der historischen Avantgar-debewegungen (Dadaismus, Surrealismus, Bauhaus), die Kunst in Lebens-praxis aufzuheben" (Hieber/Moebius 2011b: 9-10). Die Verbreitung der di-gitalen Medien, ihre immer wieder neugestaltete Nutzung arrangieren und modifizieren soziale Prozesse und die Erfahrungen der Menschen. Gleich-wohl stehen diese Veränderungen in einer langen Reihe von Umwälzungen von Wahrnehmungsweisen, die beispielsweise von Georg Simmel hinsicht-lich der Veränderungen durch das Großstadtleben zu Beginn des 20. Jahr-hunderts aufgezeigt wurden. Simmel hat sich in seinem Werk mit einer Vielzahl ästhetischer – im aisthetischen und ästhetischen Sinne – Aspekte beschäftigt. In der Art eines Flaneurs hat er sich mit den Wahrnehmungs-veränderungen seiner Zeit zu Beginn des 20. Jahrhunderts auseinanderge-setzt. Seine Reflexionen entspringen Beobachtungen, die, ob der Themen-vielfalt, -breite und -heterogenität, durch ein Flanieren durch die Straßen der Großstädte jener Zeit hervorgebracht wurden.

Zunächst lässt sich in seinem Oeuvre ein großer Teil an kunstästhetischen Fragen ausmachen, man denke an die Abhandlungen über Michelangelo, Dante, Goethe, Rembrandt oder Rodin (vgl. Simmel 2008a und b). Aber auch die Mode, die Mahlzeiten oder allgemein das Großstadtleben werden in ästhetischer Hinsicht entschlüsselt. Augenscheinlich wird dieser Aspekt, wenn man sich seine Aufsätze „Soziologische Aesthetik", „Die Mode" oder „Die Großstädte und das Geistesleben" vergegenwärtigt. Simmel sieht den Menschen im Spannungsfeld eines „Unterschiedswesen[s]" (Simmel 2008b: 905), das auf Veränderungen und Differenzen gerichtet ist, aber auf der an-deren Seite auch auf Nachahmung, „der Bestrebung nach dem Allgemei-nen" (Simmel 2008b: 47) und sozialer Anlehnung.

> „Indem die Großstadt gerade diese psychologischen Bedingungen
> schafft – mit jedem Gang über die Straße, mit dem Tempo und den

54

Mannigfaltigkeiten des wirtschaftlichen, beruflichen, gesellschaftlichen Lebens – stiftet sie schon in den sinnlichen Fundamenten des Seelenlebens [...] einen tiefen Gegensatz gegen die Kleinstadt und das Landleben, mit dem langsameren, gewohnteren, gleichmäßiger fließenden Rhythmus ihres sinnlich-geistigen Lebensbildes" (Simmel 2008b: 905).

Simmel deutet hier die sinnereizende Veränderung und den Wandel, der sich besonders in der Großstadt zeigt, aber umgekehrt auch die Anpassungs- und z.B. zeitlichen Koordinierungs- und Synchronisationsleistungen als Merkmal der modernen Zeit. Diesbezüglich überrascht es etwas, dass Simmel nicht explizit das Kino nennt (vgl. Fritsch 2009) – das zu Beginn des 20. Jahrhunderts neue Sehgewohnheiten anstieß, die von Walter Benjamin in den 1930er Jahren dann als wahrnehmungspräformierend ausgewiesen wurden (vgl. Benjamin 1963) –, wenn er sich mit den Veränderungen der modernen Zeit auseinandersetzt, die in der Individualisierung, der Veränderung des Sehens und der sich schneller werdenden Veränderungen und damit einhergehenden Anpassungserfordernissen des Einzelnen am sichtbarsten sind.

Die Großstadt ist es, die den Menschen mit diesen Koordinierungs- und Anpassungserfordernissen besonders konfrontiert und übrigens selbst einen mediatisierten Raum darstellt (vgl. Hepp/Kubitschko/Marszolek 2018). Die Schnelligkeit und der Wandel der Zeit auf der einen Seite bedingen eine routinierte und wiederkehrende zeitliche Abstimmung auf der anderen Seite. Der Möglichkeit der Mode ein Unterschiedsbedürfnis (vgl. Simmel 2008b: 49) zu befriedigen, steht auf der anderen Seite der Nachahmungstrieb und der Anschluss an eine soziale Gruppe. Im letzteren Sinne „befreit sie das Individuum von der Qual der Wahl und läßt es schlechthin als ein Geschöpf der Gruppe als ein Gefäß sozialer Inhalte erscheinen" (Simmel 2008b: 49). Um der Herausforderung der Großstadt mit ihrem Maß an Wandel gerecht zu werden, reagiert der Großstadtmensch mit Intellektualität, d.h. dem Verstande, den man als Schutz „des subjektiven Lebens gegen die Vergewaltigung der Großstadt" (Simmel 2008b: 906) verstehen muss. Der Intellektualität spielt derweil auch die Geldwirtschaft zu. „Ihnen gemeinsam ist die reine Sachlichkeit in der Behandlung von Menschen und

Dingen, in der sich eine formale Gerechtigkeit oft mit rücksichtsloser Härte paart" (Simmel 2008b: 906). Letztlich zeigt sich hier wie dort „das gleiche Grundmotiv: der Widerstand des Subjekts, in einem gesellschaftlich-technischen Mechanismus nivelliert und verbraucht zu werden" (Simmel 2008b: 905).

Nun zielt Simmels Anwendung der Ästhetik auf soziologische Fragen nicht nur auf das Prinzip der Wahrnehmungsveränderung durch die Zeit, sondern zunächst auf die Frage nach ästhetischen Prinzipien und ihre Auffindbarkeit in sozialen und politischen Strukturen. Dies meint z.B. die Entschlüsselung gesellschaftlicher Formen durch eine eher künstlerische bzw. ästhetische Weltanschauung. Simmel dekliniert dies auf sozialpolitischer Ebene am Beispiel einer sozialistischen und individualistischen Weltsicht durch. So betont er: „Am Entschiedensten wird der Einfluß ästhetischer Kräfte auf soziale Tatsachen in dem modernen Konflikt zwischen sozialistischer und individualistischer Tendenz sichtbar" (Simmel 2008b: 811). Nun ist für Simmel der Anfang aller ästhetischen Motive die Symmetrie:

> „Um in die Dinge Idee, Sinn, Harmonie zu bringen, muß man sie zunächst symmetrisch gestalten, die Theile [sic!] des Ganzen unter einander ausgleichen, sie ebenmäßig um einen Mittelpunkt herum ordnen. Die formgebende Macht des Menschen gegenüber der Zufälligkeit und Wirrnis der blos [sic] natürlichen Gestaltung wird damit auf die schnellste, sichtbarste und unmittelbarste Art versinnlicht. So führt der erste ästhetische Schritt über das bloße Hinnehmen der Sinnlosigkeit der Dinge hinaus zur Symmetrie" (Simmel 2008b: 809).

Das Formgebende des Menschen ist es dergestalt, das die Ästhetik hervorbringt. Ästhetik wird hier als negentropische Handlung verstanden, die eine Ordnung – die Symmetrie – anstrebt.

Gleichwohl ist nun seine Formensoziologie, mit dem zentralen Stellenwert der Wechselwirkung, durch die Aisthesis grundiert. „Dass wir uns überhaupt in Wechselwirkungen verweben, hängt zunächst davon ab, dass wir sinnlich aufeinander wirken" (Simmel 2009: 116). Damit wird die Wechselwirkung zum zentralen Bestandteil für die Vergesellschaftung, die als Prozess gesehen die Gesellschaft meint.

„Als den Ausgangspunkt aller sozialen Gestaltung können wir uns nur die Wechselwirkung von Person zu Person vorstellen. Gleichviel wie die in Dunkel gehüllten historischen Anfänge des gesellschaftlichen Lebens wirklich gestaltet waren – seine genetische und systematische Betrachtung muß diese einfachste und unmittelbarste Beziehung zum Grunde legen, von der wir doch schließlich auch heute noch unzählige gesellschaftliche Neubildungen ausgehen sehen" (Simmel 1998: 319).

Dennoch bedarf es nicht nur eines Nebeneinanders von Individuen, um von Gesellschaft sprechen zu können. „Irgendeine Anzahl von Menschen wird nicht dadurch zur Gesellschaft, das in jedem für sich irgendein sachlich bestimmter oder ihn individuell bewegender Lebensinhalt besteht; sondern erst, wenn die Lebendigkeit dieser Inhalte die Form der gegenseitigen Beeinflussung gewinnt, wenn eine Wirkung von einem auf das andere – unmittelbar oder durch ein Drittes vermittelt – stattfindet, ist aus dem bloß räumlichen Nebeneinander oder auch zeitlichen Nacheinander der Menschen eine Gesellschaft geworden" (Simmel 1983: 5-6). Die Wechselwirkung benötigt Substanzen, die sich durch eine räumliche und zeitliche Relationierung zu einer Einheit verbinden.[18] Einheit besteht dergestalt bereits aus Wechselwirkungen. Wechselwirkung ist daher als dynamische Kategorie in ihrem Vollzug Einheit und erschafft diese nicht erst im Nachhinein zwischen den beteiligten Elementen (vgl. Krallmann/Ziemann 2001: 131-132). Damit wird die zwischenmenschliche Wechselwirkung, die Relation *zwischen* den Individuen, zu einer ontologischen Kategorie erhoben. Simmel folgt solcherart einer erkenntnistheoretischen Sichtweise, nach der der Sitz der Realität in den Relationen zu finden ist. Die Wechselbeziehungen und -wirkungen zwischen den Menschen bilden das soziale Leben, und dieses ist als Erleben wirklich und folglich der apperzeptiven Wahrnehmung zugänglich. Die Sichtbarkeit dieses Prozesses findet sich für Simmel im alltäglichen Leben zu dessen Chronist er für das ausgehende 19. und beginnende 20.

---

[18] Hier wäre dann z.B. auch zu fragen, ob man mit Simmel und seinem relationalen Ansatz von einer Online-Vergesellschaftung sprechen kann. Vgl. hierzu Jäckel/ Mai 2005.

Jahrhundert geworden ist. Der ein Jahr später geborene John Dewey (1859-1952) sieht im Alltag den wesentlichen Erfahrungsgrund der Menschen, und das auch und vor allem für künstlerische Artefakte. Artefakte sind „Produkte von äußerlicher, körperlicher Existenz" (Dewey 1980: 9), was soviel meint, als dass sie in einer materiellen Form vorgelegen haben, die über diese materiale Form zugleich auf den produktiven Akt des Gestaltens durch den Urheber verweisen. Digitale Artefakte besitzen zunächst keine körperlich-materielle Existenz, wenngleich sie anschließend, d.h. nach ihrer Produktion – wie zum Beispiel beim digitalen Fotodruck –, in eine solche übersetzt werden können. Der Widerstand, der sich aufseiten des Produzenten durch die Arbeit am Material einstellt – der Pinsel, über den man Farbe aufträgt und der den Widerstand der Leinwand oder der Farbe an den Körper trägt, Hammer und Meißel, die dem Bildhauer bei jedem Schlag Auskunft über das Material geben –, verliert sich zwar bei der Gestaltung digitaler Artefakte, da es keine materialen *Antworten* geben kann. Dennoch findet sich auch hier ein *Widerstand*, der zwar nicht unmittelbar von einem Material ausgeht, aber in Form von Praktiken, Bewegungen oder Techniken ihren Ausdruck findet. Damit ist gemeint, dass auch digitale Artefakte in „Entstehungsbedingungen" (Dewey 1980: 9) eingebettet sind. Hier ist es besonders John Dewey, der darauf verweist, dass Kunst seine Wurzeln zunächst im Alltag hat und damit nicht so sehr in einen Sonderbereich des Seins verfrachtet werden darf. Diese Verlagerung in einen Sonderbereich der Erfahrung liegt nicht der Sache selbst zugrunde, sondern ergibt sich aus äußerlichen Verhältnissen, ist „in Institutionen und Lebensgewohnheiten verankert" (Dewey 1980: 17). Das ist in diesem Zusammenhang insofern von Bedeutung, als sie erwähntermaßen von der Ästhetik als Aisthesis und nicht von der Ästhetik als Theorie der Kunst ausgeht. Dabei geht es bei dieser Unterscheidung weniger um eine kategoriale zwischen Wahrnehmung/Ästhetik und Alltag, sondern um eine graduelle. Und das zeigt sich mit Deweys „Kunst als Erfahrung" sehr deutlich, wenngleich er aus einer anderen Richtung kommend argumentiert, um den Graben zwischen dem Alltag und den alltäglichen Erfahrungen der Menschen und der Kunst zu überbrücken und versucht, „Kunst als Handeln" (Zug 2007) zu fassen. „Wer es unternimmt, ein Werk über die Philosophie der Kunst zu schreiben, muß daher zunächst einmal zwischen den Kunstwerken als verfeinerten und vertieften Formen der Erfahrung und den alltäglichen Geschehnissen, Betätigungen und Leiden, die bekanntlich die menschliche Erfahrung ausmachen, eine erneute Kontinuität herstellen" (Dewey 1980: 9). Wenn hier von einem Graben zwischen Alltag und Kunst als (gänzlich) unterschiedliche Seinsweisen gesprochen wurde, ist das eine Sichtweise, die z.B. dem antiken griechischen Denken zunächst fremd war. So hat doch besonders Platon von dem mimetischen Potential der Kunst gesprochen und damit die enge Verflechtung von Kunst und Alltag angedeutet. „Der Erfolg dieser Theorie liegt jedoch in ihrer Bestätigung der engen Verbindung zwischen Kunst und Alltagsleben" (Dewey 1980: 14). Und damit lässt sich sehr gut begründen, warum Ästhetik, selbst wenn man sie als Theorie der Kunst zu fassen gedächte, und Alltag eng miteinander verwoben sind. Ästhetik findet zu einem Großteil im Alltag statt.

„Um Ästhetik in ihren ausgeprägtesten und anerkanntesten Formen zu *verstehen*, muß man bei ihren Grundelementen ansetzen; bei den Ereignissen und Szenen, die das aufmerksame Auge und Ohr des Menschen auf sich lenken, sein Interesse wecken und, während er schaut und hört, sein Gefallen hervorrufen: Anblicke, von denen die Menge gebannt ist: Die vorüberrasende Feuerwehr; Maschinen, die riesige Löcher ins Erdreich graben; der Mensch, der einen Turm emporklimmt und von weitem wie eine Fliege aussieht" (Dewey 1980: 11).

Deweys Ausrichtung auf den Alltag steht insgesamt in einer Reihe mit den Überzeugungen des amerikanischen Pragmatismus mit seinem Fokus auf ein unmittelbares, lebenspraktisches Gemeinwesen und ein selbstbestimmtes Zusammenleben. Ästhetische Wahrnehmung wird so aus einer distinguierten Form herausgelöst, die man in ihrer institutionalisierten Form in Opernhäuser, Museen, also der Kunst vorbehaltene Orte erblicken kann. Sie stehen damit einer kommunitaristischen, auf Alltäglichkeit beruhenden Entwicklung im Wege. So versteht Dewey unter Erfahrung auch „die auf einer gemeinschaftlichen Kultur aufbauenden individuellen Anschauungen und Problemlösungen" (Dietrich/Krinninger/Schubert 2012: 49). Erfahrung und Erkenntnis dienen ihm solcherart als Mittel zur Verbesserung gesellschaftlichen Zusammenlebens oder allgemein gesellschaftlicher Zustände. Für das hier behandelte Thema kann Deweys Ausarbeitung neben der Betonung des Praktischen und Alltäglichen in einem weiteren Punkt als eine erste Hintergrundfolie dienen, auf die es später aufzusatteln gilt. Denn Erfahrungen besitzen nicht nur eine rezeptive, sondern auch eine praktische, produktive, d.h. aktive Seite. Diese produktive Seite ist am deutlichsten zu sehen, wenn man etwas *offensichtlich* tut. Aber auch die reine Rezeption ist nicht von ausschließlicher Passivität gekennzeichnet, sondern ist ein bewusstes und aktives Wahrnehmen.[19]

„Das Wesen der Erfahrung kann nur verstanden werden, wenn man beachtet, dass dieser Begriff ein passives und ein aktives Element umschließt, die in besonderer Weise miteinander verbunden sind. Die aktive Seite der Erfahrungen ist Ausprobieren, Versuch – man *macht* Erfahrungen. Die passive Seite ist ein Erleiden, ein Hinnehmen. Wenn wir etwas erfahren, so wirken wir auf dieses Etwas zugleich ein, so tun wir etwas damit, um dann die Folgen unseres Tuns zu erleiden" (Dewey 2000: 186).

Deweys Sichtweise auf die Ästhetik ist damit ähnlich konnotiert, wie seine Betonung der Praxisrelevanz von Wissen im Allgemeinen, das sich in dem Ausdruck „Learning by Doing" manifestiert, der mitunter auch salopp in „Learning by Dewey(ing)"[20] umformuliert werden kann. So kommt der produktive Aspekt der Ästhetik, das Tun und Herstellen von Artefakten bei ihm besonders in den Blick. Dewey ist damit ein Mitprotagonist einer Entwicklung ästhetischer Bildung, Kunsterziehung und handlungsorientierten Pädagogik, die von den 1960er Jahren bis in die 1980er Jahre reicht und die „sich als Alternative zur Geschmackserziehung und zur puren warenästhetischen Kritik auf die Alltagserfahrungen der Schüler einläßt" (Staudte

---

[19] Für die hier angezeigte Janusköpfigkeit der Wahrnehmung vgl. Kapitel 4.3.

[20] Der Ausdruck selbst hat es zwischenzeitlich zum Buchtitel gebracht, vgl. Bittner 2001. Der Ausdruck „Learning bei doing" stammt übrigens nicht von Dewey, sondern lässt sich bereits in anderer Formulierung in der „Nikomachischen Ethik" von Aristoteles ausmachen, in der er hervorhebt, dass man nur durch das Tun dasjenige wird, was man tut. Der Baumeister muss bauen, der Musiker musizieren. Vgl. hierzu Knoll 2011.

1980: 42). Die kritische Sichtweise auf die Warenästhetik, die sich über die Frankfurter Schule zunächst vor allem der ersten Generation etablierte, war stärkerer Bestandteil der 1960er und 70er Jahre. Als gemeinsame Basis dieses Zeitgeistes lässt sich die Fokussierung auf den Alltag (mal kritisch, mal als Chance) konstatieren, in dem gehandelt wird und so Erfahrungen gemacht werden. Besonders das eigene Handeln mit Medien, das Selbstproduzieren, z.b. über den Bürgerfunk oder dem Bürgerradio, war in diesem Zuge darauf ausgerichtet, sich durch das Handeln mit den Medien, sich von diesen zu emanzipieren und so – im Zuge des Habermasschen emanzipatorischen Erkenntnisinteresses – einen kompetenten, einer Manipulation zurückweisenden, Umgang mit Medien zu erlernen. Das ist hier insofern bedeutsam, als das begriffliche Thema „Medienästhetik und Alltagswelt" selbst in den 1960er, 70er und 80er Jahre hinein, im Zuge der ästhetischen Erziehung und Bildung (vgl. z.B. Eucker/Kämpf-Jansen 1980, Staudte 1980) ein breit Diskutiertes war. Das aber, wie erwähnt, zunächst aus einer Perspektive der Emanzipation von den Medien durch die Vermittlung einer aufklärerischen Medienkompetenz, die den Rezipienten *immunisieren* sollte, gegenüber der manipulativen Kraft der Medien. Enzensberger, in der Tradition der Frankfurter Schule und der Brechtschen Radiotheorie (vgl. Brecht 1967), sah entsprechend in seinem „Baukasten zu einer Theorie der Medien" nicht ausschließlich die manipulativen Impulse der Medien, sondern suchte auch nach deren noch ungenutzten emanzipatorischen Potentiale, die sie möglicherweise in sich tragen (vgl. Enzensberger 1970). Interessant hierbei ist vor allem, dass bereits Enzensberger – zwar aus einer marxistischen Sichtweise heraus – nicht nur die Rezeption, sondern auch die Produktions- bzw. wechselseitige Sendekraft der Medien hervorhob. Die Distribution mag in dieser Hinsicht, wenn man sie historisch betrachtet, ein Rückschritt sein, bleibt sie doch zunächst einseitig. Schon Brecht hatte anhand des Radios die visionäre Hoffnung, dass die Distribution in Kommunikation, d.h. in wechselseitiger Mitteilung, zu überführen sein müsste, um eine egalitäre Gesellschaft zu ermöglichen.

„Der Rundfunk ist aus einem Distributionsapparat in einen Kommunikationsapparat zu verwandeln. Der Rundfunk wäre der denkbar großartigste Kommunikationsapparat des öffentlichen Lebens, ein ungeheures

Kanalsystem, das heißt, er wäre es, wenn er es verstünde, nicht nur auszusenden, sondern auch zu empfangen, also den Zuhörer nicht nur hören, sondern auch sprechen zu machen und ihn nicht zu isolieren, sondern ihn in Beziehung zu setzen. [...] Undurchführbar in dieser Gesellschaftsordnung, durchführbar in einer anderen, dienen die Vorschläge, welche doch nur die natürliche Konsequenz der technischen Entwicklung bilden, der Propagierung und Formung dieser anderen Ordnung" (Brecht 1967: 152).

Wenn an dieser Stelle wiederum so viel Wert auf die Distribution gelegt wird, dann meint das die Möglichkeit zur Ansprache, zur Äußerung (und Entäußerung), die Möglichkeit des Teilhabenlassens von anderen an dem eigenen Leben. Kommunikation ist insofern darin angelegt, als die Distribution den Impuls zur Antwort bzw. zur Teilhabe in den digitalen Medien impliziert. Gleichwohl, lässt sich vermuten, zeigt sich in der alltäglichen Benutzung des Internets keine Paarigkeit zwischen der Rezeption und der Produktion sowie Distribution. Vielmehr darf davon ausgegangen werden, dass mehr rezipiert als selbst produziert und dann verteilt wird. Dennoch ist ihr Potential, dass aus jedem Empfänger ohne weiteres ein Sender werden kann – das Medium als *Produktions- und Distributionsmittel* –, ein wichtiges Merkmal, das bereits Enzensberger als wichtigen Schritt für einen „emanzipatorische[n] Mediengebrauch" (Enzensberger 1970: 278) vermerkte.

Mit Ästhetisierung ist nun daran anschließend in allgemeiner Form die Veränderung von Wahrnehmungsweisen gemeint und in besonderer Form die Ausbildung von Lebensformen, „die durch Wahrnehmung konturiert sind und auf Erweiterungen der Wahrnehmungsfähigkeit und -relevanz zielen" (Welsch 1993: 77). Und ein solches verändertes Wirklichkeitsempfinden ist nicht auf die Wissenschaft oder die Kunst beschränkt, sondern „vielmehr ist es die Welt des Alltags, auf die solche Verläufe wirken und sich schlussendlich widerspiegeln" (Scherke 2011: 15). Damit sind die Ästhetisierung und die Ästhetik nicht an die Kunst gebunden, sondern als eine Theorie der Wahrnehmung zu verstehen. Ähnlich wie Welsch sieht Scherge (vgl. Scherge 2000: 111 ff.) drei Ebenen der Wirkung einer Ästhetisierung im Verlauf des 20. Jahrhunderts. Zum einen ist dies die zunehmende Durchdringung künstlerisch gestalteter Artefakte im Alltag der Menschen, d.h. eine Oberflächenästhetisierung, die die Wahrnehmung der Menschen herausfordert. Als zweiten Aspekt kann die Ästhetisierung als eine Entfaltung und Erweiterung der Wahrnehmungsmöglichkeiten verstanden werden, die zuvorderst durch technische Möglichkeiten (z.b. Eisenbahn, Auto, Telefon, Fernsehen, heute besonders die digitalen Medien) ermöglicht werden. Dazu gehört auch die durch die Medien ermöglichte Teilhabe z.b. an Konzerten oder Sportereignissen oder „die Möglichkeit, das eigene Aussehen mit technischen Hilfsmitteln (fast) beliebig zu verändern [...]. Die Künste verarbeiten diese lebensweltlichen Veränderungen ebenfalls, bemächtigen sich zum Teil neuer Produktionstechniken (Fotografie, Film, Video) und erhalten somit die Chance, auf den Alltag von immer mehr Menschen einzuwirken" (Scherke 2000: 112). Dieses interdependente Verhältnis von Alltag und Kunst – Kunst schöpft aus Alltag und wirkt zurück auf diesen – wird heute durch die digitalen Medien und einfache Distribuierbarkeit der durch sie hergestellten Artefakte dynamisiert. Solche modulierten Wahrnehmungsmöglichkeiten und -weisen führen anschließend durch ihre fortlaufende Praxis auch zu einer Ästhetisierung des Denkens, indem die Wahrnehmungsweisen und die zunehmenden Möglichkeiten zugleich einen Horizont des Denkbaren markieren. Dabei ist eine solche Ästhetisierung nicht auf elektronische Medien beschränkt.

2.2 Die Ästhetisierung des Körpers. *Tattoo* – Ein kurzes Beispiel

Auch der eigene Körper steht im *Kreuzfeuer* der Ästhetisierung. Das Tattoo ist hierfür ein Beispiel und soll daher kurz beschrieben werden. Zugleich steht es an der Schnittstelle zu einer medienspezifischen Ästhetisierung und kann damit als Zeichen des Übergangs für eine medienästhetische Verfasstheit der Alltagswelt dienen. Denn in den letzten 20 Jahren ist die Tätowierung wieder stärker in das Bewusstsein und den Fokus der Öffentlichkeit geraten. Tätowierungen sind nicht neu, es gab sie sozusagen mit dem Aufkommen des Menschen als Kulturwesen. Aber die Dynamik und die Stellung, die es heute in der Gesellschaft einnimmt, ist dabei anders (vgl. Bidlo 2010: 23 ff., allgemein Bidlo 2015, Lobstädt 2005, 2011). Dass das Tattoo in den letzten Jahren stärker ins Bewusstsein der Gesellschaft gedrungen ist, ist sicherlich und vor allem seiner hohen medialen Präsenz geschuldet. Hier gab es schon in den letzten Jahren einige dezidierte Tattoo-Sendungen. So zeigte RTL2 im Herbst 2010 die Sendung „Tattoo Attack – Deutsche Promis stechen zu", die zwei Prominente – wie es auf der Internetseite bei RTL2 heißt – „auf ihrem spannenden Weg zum Wunsch-Tattoo durch Unsicherheit, Tränen und Freude" und ihren Tätowierungsbesuch begleitete. „Das sind große Emotionen, die unter die Haut gehen."

Weitere Sendungen wie „LA Ink" oder „Tattoo – Eine Familie sticht zu" auf DMAX und Berichterstattungen über tätowierte SchauspielerInnen, Musiker oder Sportler[21] trugen dazu bei, dass die Tätowierung eine breite gesellschaftliche Aufmerksamkeit und eine gewisse Akzeptanz erfahren hat. Die Selbstbeschreibung des Senders DMAX zur oben genannten Sendung unterstreicht dies: „Tattoo wirft einen Blick hinter die Türen eines deutschen Tattoo-Studios und begleitet den Alltag eines Teams, das sich selbst als Familie bezeichnet". Zudem verlieren das Tätowieren und die Tätowierung durch ihre permanente mediale Anwesenheit zumindest teilweise ihre subkulturelle Attitüde.[22] Überdies lässt sich als Verstetigung des „Phänomens" Tattoo auch die seit 2015 (letzte Staffel aktuell Nr. 3, bis Ende 2018) im Sender sixx laufende Dokuserie „Horror Tattoos. Deutschland, wir retten deine Haut" lesen, die über die Etablierung des Tattoos in der Gesellschaft ihre Wirkung findet.

Das Tattoo kann daran anschließend als ein „Medieneffekt" (Kepplinger 2010) bezeichnet werden:

„Medieneffekte sind das Ergebnis von mehreren Aktivitäten. Sie beginnen bei der Zuwendung zu Medien, setzen sich fort bei der Verarbeitung der genutzten Angebote, schlagen sich nieder im Verlauf von Gesprächen und beeinflussen dadurch auch Menschen, die die Medien selbst nicht genutzt haben" (Kepplinger 2010: Buchrückseite).

---

[21] Z.B. der Beitrag in der FAZ vom 18.11.2012: Tätowierte Sportler. Unter der Oberfläche. http://www.faz.net/aktuell/sport/mehr-sport/taetowierte-sportler-unter-der-ober-flaeche-11962859.html [06.06.19] oder der Beitrag von Hellmann (28.05.2019) „Tätowierungen im Fußball, https://www.sportschau.de/fussball/allgemein/taetowierungen-im-profifussball-100.html [06.06.19]

[22] Man schaue in diesem Zusammenhang z.B. einmal in die Mediatheken des öffentlichen Rundfunks. Ob ZDF, ARD, BR, Deutschlandradio usw,. es finden sich vielfältige Dokumentationen, Berichte, Podcasts usw. Die Eingabe „tattoo" ergab in der ARD-Mediathek (Stand: 15.04.14) eine Trefferanzahl von 120, Stand 06.06.19 waren es 73 Treffer.

In jeder größeren Stadt findet man nun mindestens ein oder mehrere Tattoo-Studios; und diese sind nicht mehr nur in den Hinterhöfen in entlegenen Stadtteilen, sondern sie sind auch architektonisch in der Mitte der Gesellschaft verortet, d.h. sind heute immer öfter in den Innenstädten zu finden. Das Tattoo ist in den Mainstream gewandert. Überdies kann man verzeichnen, dass das Tattoo im Vergleich von vor 30 Jahren breiter in der Gesellschaft verteilt ist. Nach Erhebungen der Ruhr-Universität Bochum aus dem Jahr 2014 sind knapp 15 % der erwachsenen Deutschen tätowiert (Frauen 18 %, Männer 13 %).[23] Zugleich wächst auch die Akzeptanz, zumindest aber die Duldung von Tätowierungen sowie von Tätowierten. Kontrovers bleibt es derweil immer noch; so war es Polizisten in Baden-Württemberg mit Erlass vom 01.02.14 untersagt, sichtbare Tattoos zu tragen.[24] Durch Kleidung verdeckbare und „dezente" Tattoos sind gleichwohl erlaubt. Das Tattoo verweist zugleich auf eine gesellschaftliche Ästhetik, vor deren Hintergrund es gezeichnet und getragen wird. So zielt es heute wie auch in früheren Kulturen und Gesellschaften, wie z.B. der polynesischen oder indianischen, immer auch auf die Wahrnehmung, ein Gesehenwerden durch andere Menschen, seien es Familie, Clan, Stamm oder andere Gruppierungen und Gemeinschaften. In der westlichen Kultur lässt sich die Mode zum Tattoo einmal durch die Individualisierung und den Wunsch nach Grenzüberschreitung erklären,[25] zugleich spielen die zunehmende Optisierung der menschlichen Wahrnehmung und die Produktion visueller Artefakte eine große Rolle. Vor diesem Hintergrund lässt sich auch die Neuentdeckung und Etablierung des Tattoos in zunehmend allen Gesellschaftsschichten lesen. Derweil sind die in die Haut gestochenen Symbole nicht kulturell präfiguriert, vielmehr sind sie eine freie Ansammlung von Zeichen, die von japanischen oder chinesischen Schriftzeichen bis hin zu fantastischen und mythologischen Konzeptionen alles einschließt, was mit der eigenen Identität und Biographie in Beziehung gebracht werden kann. Über Geschmack lässt sich bekanntlich streiten (oder eben nicht), die Geschmä-

---

[23] Abrufbar unter http://aktuell.ruhr-uni-bochum.de/mam/content/tattoo-studie.pdf [Zugriff 10.04.18].

[24] Für ein Beispiel der diesbzgl. Berichterstattung vgl. http://www.stuttgarter-zeitung.de/inhalt.polizei-in-baden-wuerttemberg-sichtbare-tattoos-sind-nicht-erlaubt.812f940f-16bc-4978-8801-dec0b5dd6901.html [20.05.19].

[25] Diese Grenzüberschreitung wird umso schwerer desto mehr das Tattoo an gesellschaftlicher Akzeptanz gewinnt.

cker mögen verschieden sein. Geschmack ist gleichwohl nicht nur eine rein persönliche Angelegenheit, die „außerhalb der Reichweite gesellschaftlicher Einmischung" (Vandekerckhove 2006: 42) liegt. Die individuelle Freiheitsmarge ist genauer gesagt durch gesellschaftliche und kulturelle Formung eingeschränkt. Zwar gibt es Derivate des Geschmacks innerhalb einer Gesellschaft. Dennoch zeigen sich auch hier Moden, der Geschmack ist eine Wahl vor gesellschaftlichen und kulturellen Hintergründen, aber auch vor gesellschaftlichen Begrenzungen. Das Tattoo ist ein Teil der Identitätskonstruktion des Trägers und hat darüber hinaus eine wesentlich ästhetische Komponente. Dem Tätowierer dient die Haut des Tätowierten als Leinwand, dadurch verändert er zugleich das Verhältnis zwischen ihm und dem Tätowierten, das nicht mehr nur das zwischen einem Kunden und einem Dienstleister ist, sondern es wird eines zwischen Künstler und Kunstwerk. „Tattoos zitieren aus der künstlerischen Ausdruckswelt der Menschheit, und nicht wenige Tätowierer interpretieren ihre Relation zum Tätowierten in Analogie zur Relation von Künstler und lebendigem Kunstwerk" (Mädler 2009: 712). Das Tattoo wird damit zum doppelten Ausdruckszeichen, dem des Trägers und des Tätowierers.

Kulturen haben ihre symbolischen Ordnungen, durch die sie sich ausdrücken und durch die sie mitgestaltet werden. In den Kulturwissenschaften bildete sich die Idee aus, dass Kulturen nicht nur Praktiken, sondern auch Körper brauchen, die ihre Deutungs- und Sinnmuster ausdrücken und aufführen (vgl. z.B. Schmincke 2009, Schroer 2005). Der Körper lässt vor diesem Hintergrund die über die Diskurse auftretenden und sich ausbildenden Bedeutungen und Sinnmuster gerinnen; sei es durch Bewegungen, Veränderungen des Körpers (body modification) durch Operationen, Sport oder durch die unterschiedlichen Veränderungen, zu denen auch das Tätowieren gehört. Bereits unsere Kleidung bzw. die Mode allgemein ist hier ebenso ein Beispiel (vgl. z.B. Simmel 2008b: 47 ff., Barthes 1985). Neben der Funktion des Schutzes vor Kälte und Nässe, schützt sie als soziale Funktion davor, Zeichen ungesteuert über unsere Körperoberfläche abzustrahlen. Die Kleidung ermöglicht es uns, unsere Ausstrahlung zu *steuern*, die Zeichen unseres Körpers in eine zusätzliche Hülle aus Zeichen zu kodifizieren. Wir kodifizieren und normieren den Ausdruck unseres Körpers, unserer Ausdrucksfläche mittels unserer Kleidung. Auch das Tattoo kann vor diesem

Hintergrund als Kodifizierungselement des Körpers verstanden. Aber es ist nicht nur das, sondern auch eine Einschreibung in den (subjektiven) *Leib* (vgl. zur Leib/Körper-Unterscheidung Plessner 1975). Denn es ist die Haut, in die das Tattoo gestochen wird. „Die Haut ist Hülle, Grenzorgan, bietet Schutz und gibt Form, nimmt am Stoffwechsel regen Anteil (Atmung, Stoffaustausch, Wasserhaushalt) und steht bei Warmblütlern im Dienste der Wärmeregulation" (Jung 2007: 1). Gleichzeitig ist sie Trägerin des Tastsinnes. Sie grenzt damit Innen und Außen ab – das Ich von der Umwelt –, ist aber zugleich eine Vermittlerin zwischen ihnen. Die Welt prallt auf die Haut und zeigt der Person an, dass sie von der Welt verschieden ist. Sie ist nicht nur Teil der Welt, sondern kann sich selbst dabei beobachten, wie sie in der Welt ist, kann *aus ihrer Haut fahren* und in ihrer Verkörperung wahrnehmen. Helmut Plessner sieht in dieser exzentrischen Positionalität des Menschen seine anthropologische Bestimmung (vgl. Kapitel 3.1). Die Haut dient in Form ihrer Neugestaltung durch Bemalung oder Tätowierung der Selbstdarstellung der Person. Damit wird die Haut zu einem Kulturträger, kann der Körper allgemein „als kulturelle Inszenierung und Statussymbol" (Villa 2007: 18) bezeichnet werden. Die Haut als Umhüllung des Selbst und Heimat des Tattoos ist daher etwas Besonderes, indem sie durch das Tattoo kultiviert wird. Das Tattoo steht hier in Anlehnung an Barthes (vgl. Barthes 1985) zum menschlichen Körper in einem Bedeutungsverhältnis. Das Tattoo unterstreicht den Übergang vom Sinnlichen zum Sinn (vgl. Barthes 1985: 264), vom Körper hin zum spezifischen Selbst, das sich zeichenhaft darüber repräsentiert. Der menschliche Körper ist aber letztlich keine vorsoziale und natürliche Entität, sondern ein soziales Produkt, das man an den unterschiedlichen Praktiken der Körpergestaltung ablesen und rekonstruieren kann.

Gesellschaft schreibt sich in die Körper ihrer Mitglieder. Und der Körper besitzt für solche Ein- und Zuschreibungen eine Form von Körpergedächtnis. An dieser Stelle sei kurz auf den Film „Memento" von Christopher Nolan aus dem Jahre 2000 verwiesen.[26] Denn dort dient der Körper über die

---

[26] Zunächst sei auf das Besondere des Films hingewiesen. Es ist seine Komplexität und das Spielen mit dem Aspekt der Zeit, ohne dass das Thema Zeit expliziter Gegenstand der Geschichte selbst wäre. Besonders sind die beiden Handlungsstränge, von denen jeweils einer vorwärts in der linearen Zeit und der andere chronologisch rückwärts verläuft. Ohne hier die ganze Geschichte auszubreiten, sei kurz der wesentliche Aspekt des Inhal-

Tätowierungen dem Protagonisten Leonard als Gedächtnis – als *Einschrei-bungsmedium* –, da sein Kurzzeitgedächtnis außer Funktion gesetzt ist. Er tätowiert sich wichtige Ereignisse, um zumindest kurz die Situation, in der er sich befindet und die es für ihn zu klären gilt, zu überschauen. Die Täto-wierungen sind dort unauslöschliche Erinnerungsanker, auf denen die Handlungen Leonards gründen. Der Körper übernimmt hier als Medium das, was im Rahmen einer digitalen Medienästhetik und den damit einher-gehenden Praktiken dann zu einem Teil von der Hard- und Software über-nommen wird. Er ist zum einen Trägermedium, zum anderen – im McLu-hanschen Sinne – Teil der Botschaft. Der Körper als Heimat des Tattoos dient damit als Produktions-, Rezeptions- und Distributionsebene. Die Be-deutung, mit der der Körper im sozialen Miteinander einer Gesellschaft ver-sehen wird, konstituiert und aktualisiert sich auch und gerade in und wäh-rend (also im Ablauf befindlicher) sozialer Situationen. Und damit werden der Körper und seine ihm eingeschriebenen Formen zu einem Gegenstand der sozialen Praxis und sind selbst soziale Praxis. Gugutzer gibt in seiner So-ziologie des Körpers (vgl. Gugutzer 2004: 6 ff.) zwei zentrale Aspekte an, die in diesem Zusammenhang ebenfalls von Bedeutung sind. Der Körper ist sowohl Produkt als auch selbst Produzent von Gesellschaft. Der Körper formt sich sozial aus durch Gesten, Haltungen und symbolträchtigen Arte-fakten und vermittelt sich auch dadurch. Er ist aktiv beteiligt an der Pro-duktion und Reproduktion von Gesellschaft und wird als Zeichenträger selbst Tätiger und Ausführer sozialer Praxis. „Als soziale Praxis hat der Kör-per eine wichtige Scharnierfunktion: er vermittelt zwischen Individuum

---

tes skizziert. Eines Nachts brechen zwei Männer in das Haus des Protagonisten Leonard ein. Sie vergewaltigen und ermorden seine Frau, und Leonard gelingt es, einen der Gewalttäter zu erschießen. Vom Zweiten wird er niedergeschlagen, trägt eine schwerwie-gende Kopfverletzung davon und erleidet eine anterograde Amnesie. Die letzte Erinne-rung in seinem Gedächtnis ist der Anblick seiner sterbenden Frau auf dem Badezimmer-boden. Bei einer anterograden Amnesie ist die Merkfähigkeit für neue Bewusstseinsin-halte gestört, das Kurzzeitgedächtnis ist beschädigt, sodass neue Wahrnehmungen nur für einige Minuten im Gedächtnis bleiben und dann vergessen werden. Das Langzeitge-dächtnis bleibt davon unberührt, es können nur keine neuen Wahrnehmungen ins Lang-zeitgedächtnis wandern. Der Protagonist Leonard entwickelt eine Methode, um trotz dieses Handicaps den Mörder seiner Frau zu finden. Er macht und beschreibt Polaroid-Fotos und tätowiert sich wichtige Erkenntnisse und Fakten auf seinen Körper, um so trotz seines fehlenden Kurzzeitgedächtnisses in seinen Ermittlungen weiter zu kommen. Das Tattoo steht hier für den Wunsch der Fixierung von Bewusstseinsinhalten. Es bildet im Film die Zeitebene des Permanenten und der ewigen Wiederkehr des Gleichen.

und Gesellschaft bzw. zwischen Handlung und Struktur" (Schmincke 2009: 97). Aber dadurch wird der Körper, wie erwähnt, zugleich Teil – Produzenten, Rezipient und Distribuent – gesellschaftlicher Strukturen, „vor allem Ungleichheits- und Machtstrukturen, Diskurse, Institutionen und Organisationen [, die] den Umgang mit dem Körper, Einstellungen zum Körper sowie das Spüren des eigenen Körpers prägen" (Gugutzer 2004: 141). Da das Tattoo in den Körper eingeschrieben ist, wirkt es auch auf den Körperausdruck; und darüber erhält es einen performativen Charakter, indem die (Selbst-)Inszenierung „mittels derer Performativität nicht nur wiederholt und zitiert, sondern auch verkörpert wird" (Hülk 2005: 13), hervorgehoben wird. Performativität betont „die praktische, soziale und kulturelle Ordnung von Phänomenen, ihren Zusammenhang, ihre Entwicklung, ihre Synthesen und Differenzen" (Wulf/Zirfas 2005a: 13) und beinhaltet zugleich eine ästhetische Dimension. Die Performativität des Tattoos zielt entsprechend einmal auf die (kulturelle) Situationsgebundenheit seiner Deutung; und zum anderen auf die Inszenierung seiner Erscheinung (vgl. auch Lobstädt 2005: 191ff.). Das Tattoo ist eine performative (Ent-)Äußerung, die in einem System von Handlungen und Zeichen eingebettet ist; und zwar sowohl das unspezifische Tattoo selbst als auch seine spezifische Darstellung. „Damit eine performative Äußerung gelingen kann, muss sie (je nachdem ob man eine zeichentheoretische oder kulturtheoretische Perspektive einnimmt) als zitathafte oder ritualhafte Form in einem System gesellschaftlich anerkannter Konventionen und Normen erkennbar und wiederholbar sein. Das heißt auch, dass die Möglichkeit des Scheiterns und des Fehlschlagens performativer Äußerungen dem Sprechen und der Sprache nicht äußerlich, sondern inhärent ist" (Posselt 2003: o.S.). Das Tattoo beinhaltet das für performative Praktiken *typische* Doppelgesicht: Auf der einen Seite ruft es im spezifischen Kontext geltende Normen und Regeln ab bzw. macht diese sichtbar. Dadurch kann es stabilisierend, weil reproduktiv für die herrschende Ordnung, wirken. Andererseits kann das Tattoo als performativer Akt – hier das Tragen und Zeigen im Kontext körperlichen und leiblichen Kontext – auch genau umgekehrt „transformativ und subversiv wirken, bedeutet doch das Vollziehen performativer Akte immer auch die Möglichkeit, im Vollzug selbst die Normen und Regeln außer Kraft zu setzen, sie zu ironisieren, umzucodieren" (Wulf/Zirfas 2005a: 13).

69

Das Performative am Tattoo – verstanden als (Haut- bzw. Körper-)Bild – ist hier der Akt des Präsentierens auf der einen Seite und des Blickens auf der anderen Seite. Im Augenblick des Erblickens tritt der Rezipient in das sich zwischen beiden aufspannende Sinnfeld. Das Tattoo erhält seinen ästhetischen Wert aus dieser Situation; und dabei ist es nicht entscheidend, ob das Tattoo dem Schauenden gefällt oder nicht; entscheiden ist, dass der Blick auf das Tattoo gebannt wird.[27] Damit wird zugleich unterstrichen: „Performative Äußerungen sind somit keine ausschließlich sprachlichen Ereignisse, sondern vielmehr grundlegend soziale Handlungen" (Kleiner 2013: 16). Die Welt bzw. die Kultur wird – anders als es noch seit dem *linguistic turn* der Fall war – als ein performativer Vorgang verstanden, der entsprechend aus Aufführungen, Inszenierungen bzw. Ereignishaftem besteht. Es ist das Tun, das nun in den Blick kommt; und das meint nicht nur das Tun an sich, sondern die *Aufführung* des Tuns und seine Wirkungsweise. Eine performative Perspektive „zielt auf die Untersuchung der inszenatorischen Seite und auf den Aufführungscharakter kulturellen Handelns und Verhaltens. Damit gewinnen Begriffe wie Körper, Sprache, Handeln, Macht eine neue Bedeutung" (Wulf/Zirfas 2005a: 7). Das Tattoo ist dabei in weiteren Formen performativ wirksam: während des Aktes des Tätowierens, der als Neukonstitution des Körpers verstanden werden kann. Aber die unter die Haut oder besser: zwischen Körperinnen- und Außenwelt gebannte Tätowierung wird selbst zu einem wichtigen inszenatorischen und konstitutiven Teil des (neuen) Körpers und des Subjektes und bringt auch Kontingenz in die Situation seiner Wahrnehmung, aus der heraus Neues entstehen kann. „Die körperlichen Handlungen, die als performativ bezeichnet werden, bringen keine vorgängig gegebene Identität zum Ausdruck, vielmehr bringen sie Identität als ihre Bedeutung allererst hervor" (Fischer-Lichte

---

[27] Natürlich kann und soll ein Tattoo oft etwas Schmückendes sein. Dennoch steht an erster Stelle die Möglichkeit zur Wahrnehmung. Die Betonung liegt hier auf die *Möglichkeit*. Tatsächlich sind gerade jene Körperpartien, die allzu offen ein Tattoo zeigen und nur bedingt gut zu bedecken sind, wie die Hände, Hals, Gesicht, nur selten ein Ort für den Hautstich. Ohne hier auf die Wahl der Körperpartien genauer einzugehen, die für eine Tätowierung bevorzugt ausgewählt werden, ist zu vermerken, dass es gerade die Körperstellen sind, die dem Tattooträger in einem gewissen Rahmen selbst die Wahl lassen, ob er das Tattoo offen zeigen oder bedecken kann (z.B. Oberarme, Schultern, Brust oder der Steiß). Zugleich lässt sich durch die Wahl der Körperstelle auch der Rezipientenkreis eingrenzen, z.B. durch die Verortung im Intimbereich. Dennoch zielt das Tattoo auf Wahrnehmbarkeit, es greift sozusagen nach einem Rezipienten (vgl. Bidlo 2010).

2004: 37). Da das Tattoo eine Permanenz besitzt, erlaubt es fortwährend diesen konstitutiven Akt vor seinem Träger und vor anderen, die das Tattoo wahrnehmen können. Und damit wird das Tattoo zu einer Technologie des Selbst, um sich ästhetisch zu transformieren (vgl. allgemein Martin/Gutman/Hutton 1993). Unter Selbsttechnologien „sind gewusste und gewollte Praktiken zu verstehen, mit denen die Menschen nicht nur die Regeln ihres Verhaltens festlegen, sondern sich selber zu transformieren, sich in ihrem besonderen Sein zu modifizieren und aus ihrem Leben ein Werk zu machen suchen, das gewisse ästhetische Werte trägt und gewissen Stilkriterien entspricht" (Foucault 1993a: 18). Vor diesem Hintergrund spielen die ästhetischen Aspekte des Tattoos seiner Performativität zu.

Für das Tattoo als Beispiel für die Ästhetisierung des Alltags lässt sich festhalten, dass es ein Beispiel für eine Oberflächen- und Tiefenästhetisierung ist. Die Oberflächenästhetisierung des Tattoos lässt sich als ‚Verhübschungsprozess' verstehen, der aus und mit dem Körper – und das wäre die tiefenästhetische Ebene – einen inszenierten Erlebnisraum zwischen dem Rezipienten und dem Träger des Tattoos aufspannt. Dabei steht das Tattoo in einer Linie mit Entwerfungs- und Inszenierungstechniken (des Selbst), wie Schönheitsoperationen, Piercings, transdermalen Implantaten, brandings oder anderen body modifications.

Für das Emporsteigen des Tattoos als Teil der Popkultur ist auch seine häufige und nachhaltige Thematisierung in den Massenmedien ein wichtiger Grund und lässt sich als Effekt eines Agenda-Setting-Prozesses (vgl. z. B. Bonfadelli 2004: 235 ff.) verstehen. Damit wird das Tattoo auch zu einer analogen Objektivation digitaler medienästhetischer Prozesse.

Dies zeigt sich u.a. auch daran, dass das Tattoo heute immer häufiger zu Werbezwecken eingesetzt wird.[28] Aufgrund des Rückgangs, aber der nicht vollständigen Loslösung des Tattoos von einer Stigmatisierung sowie seiner Akzeptanz oder zumindest Duldung aufgrund einer mittlerweile recht weiten Verbreitung in der Gesellschaft, bieten das Tattoo (und damit sind immer Tattoo und Träger als Einheit gemeint) bzw. der tätowierte Mensch als Werbeträger zwei wichtige Aspekte: Exklusivität sowie gleichermaßen Anschlussmöglichkeiten für den Rezipienten. D.h. das Tattoo beinhaltet ein Maß an Janusköpfigkeit, das der Werbung zuspricht: Es besitzt immer noch

---

[28] Vgl. für den nachfolgenden Aspekt „Tattoo und Werbung" ausführlicher Bidlo 2019b.

Exotik und Besonderheit, die ein zu bewerbendes Produkt bedeuten kann. Auf der anderen Seite wird ein Tattoo als körperliche Alleinstellung in unserer Gesellschaft gerade nicht mehr zwangsläufig gleichgesetzt mit Devianz, sondern besitzt zugleich ein Maß an Gewöhnung und dadurch an Gewöhnlichkeit, die auch durch die o.g. mediale Inszenierung von Tattoos über Fernsehserien oder der Distribution durch Sportler und Musiker erzeugt wird.

Wir begegnen heute nahezu täglich Menschen mit Tätowierungen in vielen sozialen Schichten, so dass das Tattoo allein hier nicht mehr ausschlaggebend ist für rein negative soziale Zuschreibungen. Aus einer rezeptionsästhetischen Perspektive kann man sagen: Ein Tattoo bietet gegenwärtig für die Werbung ein ausgewogenes Maß an Besonderheit und Gewöhnlichkeit an, so dass es für beide Formen der Zuschreibung durch die Rezipienten offen ist. Gleichwohl ist es nun nötig, das Tattoo und seine Semiotik kurz genauer zu beschauen, um die Ambivalenz des Tattoos auszuweisen. Daran anschließend sollen zwei werbespezifische Figuren unterschieden werden.

Das Tattoo besitzt etwas, dass es für die Werbung attraktiv macht: Authentizität. Allerdings eine Authentizität, die durch das Tattoo selbst bereits inszeniert ist. Das Tattoo ist die Inszenierung von Identität und mithin die Inszenierung von Authentizität. Es ist somit mehr theatral als authentisch. Aber dennoch ist der *Authentizitätsanspruch* des Tattoos ein wesentlicher Aspekt für die Werbung, da es die eigene (nötige) mediale Inszenierung, die für das Bewerben eines Produktes nötig ist, widerspiegelt. Das Tattoo stellt dergestalt im Zusammenspiel mit Werbung eine *mise en abyme* dar. Der medialen Inszenierung wird mit dem Tattoo ein Authentizitätsgewicht entgegen gestellt, um so einen Echt- und Wahrhaftigkeitsanspruch hinsichtlich des zu Bewerbenden zu unterstreichen.

Mediale Werbung ist dergestalt eine doppelte Inszenierung: Das, was beworben werden soll, soll in seiner Authentizität beworben werden, d.h. die Funktion bzw. das, was mit dem Produkt in Aussicht gestellt wird. Das Medium selbst weiß allerdings sehr wohl um seine eigene Inszenierung, um seine eigene Unwahrheit, die vonseiten der Rezipienten unterstellt wird oder zumindest werden kann. Daher: Will also das durch das Medium beworbene Produkt, die Handlung oder der Mensch, die allein durch die mediale Vermittlung zum Teil verlorengehende Authentizität zurückgewinnen, ohne überdies sein In-Szene-Setzen zu verlieren (das es ja für die Aufladung des Produktes mit Bedeutung benötigt), so bietet sich das Tattoo nachgerade für einen solchen Vorgang an. Ein Beispiel aus einem gänzlich anderen Kontext[29] möchte dies verdeutlichen (Abbildung 1). Die Aufnahmeperspektive, die den (anderen) Kameramann zeigt, der die Szene gerade filmt, ist nicht für eine bessere Perspektive des Zuschauers auf die Situation gedacht. Der Umstand „Das Medium filmt das Medium" dient einzig dem

Abbildung 1: © Tatort Internet vom 22.11.2010, RTL 2

Grund Authentizität zu erzeugen und sagt zugleich etwas über das Selbst- wie (erwartete) Fremdverständnis des Mediums aus. Das Medium „denkt", dass alles, was es zeigt, allein aufgrund der Darstellung im Medium bereits an „Echtheit" verliert bzw. wird dieser Glaube beim Zuschauer unterstellt. Aus diesem Grund „kämpft" das Medium gegen seine Inauthentizität an, indem es sich selbst bei der Aufnahme zeigt und damit ein Bild hinter dem Bild (d.h. hinter der Inszenierung) glaubt zu ermöglichen. Dem Zuschauer soll so das Gefühl gegeben werden, dass er nicht nur dabei ist, sondern das die von ihm rezipierten Aufnahmen wirklich *wirklich* sind. Das Medium will hinter sich selbst gelangen, aus sich selbst heraustreten, erzeugt aber letztlich nur einen (sogenannten) Unendlichkeitsspiegel.

Ähnlich verhält es sich wie o.a. zu einem Teil mit dem Tattoo in der Werbung. Das Tattoo ist ein Teil-Ausdruck der Identität seines Trägers. Auch wenn es bereits eine Inszenierung ist, so ist der Akt des Stechens bzw. Tätowierens ein Gegenstehen, und zwar gegen Flüchtigkeit, Wankelmütigkeit

---

[29] Das nachfolgende Bild wurde in dem Band Bidlo/Englert/Reichertz 2012 in einem anderen Zusammenhang für die hermeneutische Analyse der Sendung „Tatort Internet. Schützt endlich unsere Kinder!" genutzt.

oder Ängstlichkeit. Es ist ein Statement, der Ausdruck eines unveränderbaren Standpunktes, denn natürlich sind auch Bodypainting, Piercings oder allgemein Mode möglicher Ausdruck von Identität. Aber sie besitzen offenkundig eine andere Zeitlichkeit als das Tattoo. Konstituierend für das Tattoo ist seine Dauerhaftigkeit, seine Irreversibilität (und dagegen spricht auch nicht – zumindest noch nicht – die Möglichkeiten des Überstechens oder des Weglaserns).

Der Prozess des *aliquid stat pro aliquod*, nach dem Etwas für etwas anderes steht, findet in der Werbung von einem tätowierten Menschen für ein Produkt eine weitere Verweisungsstruktur. Phänomenologisch betrachtet, lässt sich das Tattoo als eine konservative Geste verstehen. Denn das Tattoo will etwas konservieren: Eine Überzeugung, eine Liebe, eine Motivation oder eine Erinnerung. Und die Entscheidung für ein Tattoo trägt die körperliche Ewigkeit noch immer in sich (trotz der heute möglichen Tattooentfernungen). Die Entscheidung wird dergestalt gerade durch das Tattoo von einer gewissen Beliebigkeit befreit und zu einem Fundament des eigenen Selbst. Und es ist nicht das Bereuen, sondern das tägliche Bejahen (durch das Tragen und auch durch das Zeigen), durch das das Tattoo bestimmt werden kann. In der Werbung lassen sich dergestalt gerade diese beiden ambivalenten Aspekte des Tattoos nutzen: Es ist progressiv wie auch konservativ. Und damit bietet es für eine Reihe von Produkten die Möglichkeit seine Akzeptanzreichweite zu erhöhen.

Zwei kurze Beispiele sollen dies verdeutlichen. Das erste Beispiel (Abbildung 2) stammt von REWE Group und dem Label Pro planet, das für nachhaltige Produkt bzw. Nachhaltigkeit allgemein wirbt. Das konkrete Bild zeigt eine junge Frau, die in einen Apfel beißt. Soweit sichtbar sind beide Arme, die rechte Hand sowie der Hals tätowiert. Vom Betrachter aus links neben der Frau steht der Schriftzug „SEI EIN TEIL VON GUT." sowie daneben das Pro Planet Logo.

Abbildung 2: © Rewe Group, Pro Planet, Werbetrailer „Sei ein Teil von gut", Screenshot

Das Bild beinhaltet eine Vielzahl von Bezügen, Deutungsangeboten und Hinweisen, die sich teilweise wechselseitig anspielen. Nachhaltigkeit und die Aussage „SEI EIN TEIL VON GUT." etablieren die positive Belegung der Marke bzw. des Logos.[30] In Bezug zum Tattoo bzw. zur tätowierten jungen Frau ergeben sich hier einige *Bedeutungen*. So wird einmal auf das Bad Boy- bzw. Bad Girl-Image von Tätowierten angespielt. Die Zuschreibung von Tätowierten als deviante Personen (Kriminelle, Bandenmitglieder usw.) spiegelt sich hier wider. Durch das richtige (nachhaltige) Handeln können auch solche Menschen ein „Teil von gut" werden.[31] Eine weitere (widerstreitende) Deutung dazu ist das Anspielen auf den Zeitfaktor von Tattoos. Jemand, der sich für ein Tattoo entschieden hat, zeigt bereits dadurch „Nachhaltigkeit", da das Tattoo immer noch den Klang der „lebenslänglichen Ewigkeit" in sich trägt (vgl. hierzu auch Bidlo 2015). Tiefer liegt der Aspekt, dass dem Zuschauer überdies ein mögliches Vorurteil (Tätowierte sind deviant) als ein altes Denken angezeigt wird, indem es mit dem Nachhaltigkeitsaspekt verbunden wird. Bisheriges (Konsum-)Handeln ist bzw. war in der Regel nicht nachhaltig (ökologisch, regional usw.). So wie Pro

---

[30] Die Schreibung mit Großbuchstaben hebt die Wichtigkeit überdies hervor.
[31] Überdies werden der Zuschauer mit diesen möglichen eigenen Vorurteilen im Verlauf des Werbefilms konfrontiert. Dort heißt es von zwei Frauen, die sich als ehemalige Schulkolleginnen ausweisen und die Tätowierte beobachten: „Ist das nicht die Julia, die mit uns zur Schule gegangen ist? Ja. Das war einfach schon immer 'ne Gute."

Planet das „alte" Konsumdenken ablöst, wird auch die Vorstellung von Menschen mit Tätowierungen als deviante Personen als altes (falsches) Denken ausgewiesen oder umgekehrt darüber (Tattoo und Nachhaltigkeit) Modernität angezeigt. Die Modernität wird überdies auch durch die Jugendlichkeit der Frau unterstrichen wird. Das nächste Bild (Abbildung 3), das mit tätowierten Menschen wirbt, bezieht sich auf das Bundesland Bayern. Hier wird das Tattoo zum einen in einen modernen „Hipster"-Kontext gestellt (Bart) und gleichzeitig wird mit beiden symbolischen Formen (also Bart, Axt und Tattoo) auf alte, lange Traditionen angespielt: das Tattoo als Kulturmedium einer Reihe von urwüchsigen Völkern (Kelten oder Germanen waren auch tätowiert). An dieser Stelle zeigt sich erneut die Ambiguität, indem die moderne Aufladung des Tattoos auf eine historische Kontextualisierung trifft. Moderne und Tradition in einem Bild.[32]

Abbildung 3: Foto: Peter von Felbert, www.bayern.by/dpa

Entsprechend soll als Übertrag das Bundesland Bayern als sowohl traditionell verwurzelt wie auch modern ausgerichtet ausgewiesen werden.

---

[32] Und hier könnte und müsste man bei einer tiefergehenden Analyse selbstredend auch noch die Symbole, die durch das Tattoo selbst ausgedrückt werden (u.a. Eule, Baum), ausdeuten.

2.3 Zusammenfassung – Ästhetisierung und Medienästhetik

Eine Ästhetisierung des Alltags, die Veränderung von Wahrnehmungsweisen findet zivilisationsgeschichtlich fortwährend (und nicht abschließend) statt, wie Norbert Elias es in seiner Untersuchung zum Zivilisationsprozesses im Zeitraum von etwa 800 bis 1900 n. Chr dargestellt hat. Der Alltag als sozialwissenschaftliche Kategorie ist zudem dadurch charakterisiert, dass in ihm besonders die routinemäßigen Abläufe, die *Gewissheiten* und wiederkehrende Zyklen verankert sind. Eine Veränderung solcher Routinen und Gewissheiten nimmt in der Regel viel Zeit in Anspruch. Der Prozess der modernen Ästhetisierung, so wie sie z.B. Simmel in seiner Beschreibung des Großstadtlebens zu Beginn des 20. Jahrhunderts vorgestellt hat, weist auf eine Veränderung im Prozess der Ästhetisierung hin, der nunmehr stärker durch Umbrüche in den Wahrnehmungsweisen gekennzeichnet ist. Solche Umbrüche sind nunmehr keine schleichenden, über Jahrhunderte dauernde kleinen Bewegungen, sondern sie sind durch Prozesse gekennzeichnet, die in wenigen Jahrzehnten und Jahren zu außergewöhnlichen Veränderungen in der Wahrnehmungsweise geführt haben. Diese Brüche können politischer[33], wirtschaftlicher oder technologischer bzw. medialer Natur sein, meist bewirken Veränderungen in einem dieser Bereiche auch Änderungen in den anderen Feldern. Im 20. Jahrhundert waren es neben den beiden Weltkriegen und der aus ihnen sich ergebenen politischen Trennungslinien zwischen Ost und West die *Medienumbrüche*[34], die zu veränderten Wahrnehmungsweisen geführt haben. „Medienumbrüche treten mit der Dynamik eines epochalen Durchbruchs auf" (http://www.fk615.uni-siegen.de). Die Ästhetisierung des Alltags ist im 21. Jahrhundert eine durch die Medien initiierte und ausgestaltete *Medien*ästhetisierung. Eine solche Medienästhetisierung ist nicht mehr nur auf das oder die Medien selbst oder jene Bereiche beschränkt bzw. wirkt nicht mehr nur medienimmanent, sondern wirkt im Alltag der Menschen, der heute in nahezu allen Bereichen mit Medien verkettet ist. Damit nimmt die Medienästhetisierung Grundzü-

---

[33] Für das Verhältnis von Ästhetik und Politik und ihre Bedeutung für die „Aufteilung des Sinnlichen" vgl. Rancière 2008.
[34] Vgl. auch die Seite http://www.fk615.uni-siegen.de/de/index.php „Medienumbrüche – Medienkulturen und Medienästhetik zu Beginn des 20. Jahrhunderts und im Übergang zum 21. Jahrhundert" des kultur- und medienwissenschaftlichen Forschungskollegs der Universität Siegen.

ge einer Medienanthropologie an, da der moderne Mensch ohne mediale Verortung kaum noch bestimmbar wird. Diese mediale Verortung ist ausgewiesen durch die Medienpraxis und -verwendung im Alltag und damit einhergehend durch die medial hervorgebrachten Artefakte wie Bilder, Videos, Webseiten usw.

Fasst man zudem das bisher Gesagte vor dem Hintergrund einer sich hier abzeichnenden Medienästhetik digitaler Medien zusammen, kann es weniger darum gehen, mithilfe einer Medienästhetik die ontologische Trennung zwischen Sein und Schein durch das Zuschlagen einer Seite aufheben zu wollen. Vielmehr muss es darum gehen, um es in Anschluss an Seel (vgl. Seel 1993, 2003 und 2007) zu formulieren, die medienästhetischen Formen des *Erscheinens* – als dritte Form zwischen Sein und Schein – und die damit einhergehenden Veränderungen der Wahrnehmung und der sich darauf gründenden Handlungen nachzuzeichnen. Die Trennung zwischen Sein und Schein lässt sich bereits bei Platon konstatieren, wenngleich hier die Ästhetik noch als die Theorie des Schönen besprochen wird (vgl. Kap. 2). Die Maler und Künstler wirken nur mimetisch, indem sie das Erscheinende nur nachbilden, „ein Schein des Erscheinenden" (Seel 1993: 770) hervorbringen. Ästhetik hat es dergestalt nach Platon mit *Schein* zu tun. Im Gegensatz dazu reicht das Kunstwerk bei Heidegger (vgl. Kap. 3.1) sehr wohl an den Bereich des Seins heran und weist auf einen alternativen Weg zur Wahrheit. Die Ästhetik ermöglicht also, je nach Ausrichtung, entweder einen besonderen Zugang zur Wahrheit und dadurch der Überwindung von scheinbehangenen Lebensverhältnissen oder sie erscheint „umgekehrt als eine Abwendung von Stabilität der verlässlichen Welt – und damit als ein Durchbrechen der Macht des Wirklichen" (Seel 2007: 12) und eröffnet erst eine (neue) Sphäre des Scheins. In beiden Alternativen führt die Ästhetik zu einer Abkehr von der Alltagswelt hier verstanden als unmittelbare Gegenwart. Seel schlägt nun, und das ist für eine medienästhetische Perspektive interessant, eine dritte Weise vor, das *Erscheinen*. Damit – und das ist für Seels Verständnis zentral – ist nicht die Aufhebung der Trennung zwischen Sein und Schein vollzogen, die er in einem medienästhetischen Diskursstrang erblickt,[35] sondern ausschließlich die Veränderung der Erscheinungs-

---

[35] Er bezieht sich hier (in kurzer polemischer Auseinandersetzung) auf den von Florian Rötzer herausgegebenen Band „Digitaler Schein" und die darin enthaltenen Beiträge. In Seels eigenen Worten: „Ich wäre bereit, dieses fürwahr ästhetische Denken als wissen-

form Wahrnehmungsweisen. Eine Veränderung der Erscheinungsform ist ontologisch keiner Seite zuzuschlagen bzw. wird das Sein nicht durch den Schein ersetzt.

> „Das Erscheinen des Kunstwerks meint hier nicht das Aufscheinen einer übergeordneten Wahrheit, sondern zunächst allein die Art, in der das Kunstwerk sich dem Wahrnehmungsvermögen seiner Betrachter präsentiert. Nicht im Erscheinen eines Wesens oder eines Scheins liegt sein Wesen. Es liegt im Erscheinen für eine Wahrnehmung, die sich in besonderer Weise zu ihm als Erscheinendem verhält. Das Sein des Kunstwerks ist sein Erscheinen" (Seel 1993: 771).

Das Erscheinen rekurriert nicht auf das Sein oder den Schein des Wahrzunehmenden (bei Seel das Kunstwerk), denn es kann entweder als eine „Offenbarung des Seins *oder* als eine Inszenierung von Schein aufgefaßt werden. [...] Vor der Alternative zwischen Sein und Schein liegt die Insistenz ihres Erscheinens" (Seel 1993: 771-772). Und gerade im Kontext der elektronisch-digitalen Medien und ihrer Ästhetik spielt das Erscheinen insofern eine besondere Rolle, als dass ihr „Code" – die entsprechende Spannung, die das *An* oder *Aus* z.B. von Transistoren ausmacht – selbst nicht wahrnehmbar ist, sondern nur ihre wahrnehmbaren Folgen z.B. Bildschirminhalte (vgl. Seel 1993: 772). Damit lösen sich diese digitalen Artefakte von einer unmittelbaren materialen Grundlage bzw. der sinnlichen Präsenz eines solchen bestimmten Materials, wenngleich sie immer noch eine *Hardware* benötigen, um

> „in die Sphäre des Leibes hineinreichen [zu] können. Denn nur dort sind ästhetische Phänomene gegeben. Das Erscheinen in der Sphäre sinnlicher Vernehmbarkeit – als Schrift, Klang, Bild, Bildfolge oder Bildraum – ist die unhintergehbare Voraussetzung dafür, daß etwas überhaupt als ästhetische Konstruktion verstanden werden kann. Auch das digitale Werk bleibt als Kunstwerk auf ein solches Erschei-

---

schaftlichen Humor abzubuchen – wäre dieser höhere Blödsinn nicht längst zur harten Währung eines ganzen Diskurses geworden. Daß die Differenz zwischen Sein und Schein heutzutage hinfällig geworden sei, ist die Losung, auf die die Propheten des Medienzeitalters eingeschworen sind" (Seel 1993: 782).

nen bezogen; sein Schicksal entscheidet sich an der ‚Schnittstelle'
zwischen Mensch und Apparatur" (Seel 1993: 773).

Und damit wird eine solche Ästhetik im besonderen Maße eine Ästhetik des
Erscheinens, die letztlich auf die Wahrnehmung rekurriert und nicht auf die
Sphären des Seins oder Scheins. An dieser Stelle soll derweil nicht unter-
schlagen werden, dass Seel das sinnliche *Sosein* von dem ästhetischen Erscheinen abgrenzt, wie er zugleich von einer ästhetischen Wahrnehmung
spricht und damit Ästhetik bereits als eine *besondere* Form und Theorie der
Wahrnehmung ausweist. „Das Verhältnis von Wahrnehmung und ästhetischer Wahrnehmung entscheidet sich innerhalb des Bereichs der sinnlich
zugänglichen *phainomena*. Ästhetisch sind Objekte, die sich in ihrem Erscheinen von ihrem *begrifflich fixierbaren* Aussehen, Sichanhören oder
Sichanfühlen mehr oder weniger radikal abheben. Sie sind uns in einer aus-
gezeichneten Weise gegeben" (Seel 2003: 47).
Diese Untersuchung versteht – ich verweise an dieser Stelle auf die Einleitung – Ästhetik als eine Theorie der Wahrnehmung, in der natürlich auch
ausgezeichnete Wahrnehmungen ihren Platz haben. Aber diese werden nicht
als ästhetische Wahrnehmungen aufgefasst, da eine solche Fassung als solche
tautologisch wäre. Zugleich würde sich dann ein großer Teil des eigentlichen hier behandelten Gegenstandsbereiches – Wahrnehmung mit, durch
und über elektronisch-digitale Medien – verflüchtigen oder man müsste
z.B. das Fotografieren mit dem Smartphone per se als ästhetische Wahrnehmung fassen oder die Unterscheidung des Soseins und des ästhetischen Erscheinens bzw. der ‚normalen' Wahrnehmung und der Medienwahrneh-
mung unterscheiden. Eine solche Unterscheidung würde aber gewisse *Praktiken des Wahrnehmens* und ihre dadurch angestoßenen weiteren Handlungen oder Sichtweisen verdecken bzw. würde diese kaum mehr erblick- und
damit beschreibbar machen. Denn die Praxis des Fotografierens mit einem
Smartphone im Alltag ist – unabhängig, ob der Produzent sich als ein
Künstler und damit als Produzent eines ästhetischen – im Sinne einer Theorie des Schönen – Artefaktes oder als typischer Mann auf der Straße versteht
– (auch) eine *medienästhetische Praxis* und *Situation*. Darüber hinaus wird
an dieser Stelle deutlich, und das soll an später besprochen werden (vgl.
Kap. 4.3), dass der in diesem Band zugrunde gelegte Ästhetikbegriff im

Rahmen einer Medienästhetik nicht nur eine rezeptive (also die rein passive Wahrnehmung betreffende) Ebene, sondern ebenso die Produktion und Distribution entsprechender Artefakte umschließt. Ästhetik, unabhängig davon, ob man sie zunächst als eine ‚einfache' Theorie der Wahrnehmung fasst oder ob sie ihm Rahmen der Wahrnehmung eine besondere Stellung zugewiesen bekommt und man dann von ästhetischer Wahrnehmung spräche (was im ersten Falle – wie erwähnt – tautologisch wäre), findet nicht in einem ganz eigenen Sinnbereich oder einer eigenen Spähre statt. Vielmehr ist sie eine grundlegende Art und Weise des menschlichen Seins. Solcherart findet sie auch im Alltag mit seiner je eigenen Bewusstseinsspannung statt. Nun gehören mittlerweile die elektronischen Medien ebenfalls zum festen Bestand des Alltags. Das wiederum ist insofern bedeutsam, als der Alltag auch über, mit und durch Medien in ihrer materiellen und immateriellen Form wahrgenommen, *entworfen* und weitergegeben bzw. vermittelt wird. Wenn man danach fragt, wie Medien und Ästhetik zueinanderstehen und wie Medien und Ästhetik miteinander *verfasst* sind, drängt sich zuvorderst die Frage auf, wie insgesamt das Verhältnis von Mensch bzw. wahrnehmendem Subjekt und Medium zu bestimmen ist. Steht der Mensch dem Medium im Sinne eines Subjekt-Objekt-Verhältnisses gegenüber? Oder ist der Mensch bereits immer schon eine Mensch-Medium-Relation? Diese Fragen berühren in zentraler Weise das hier verhandelte Thema von Medien und den menschlichen Sinnen. Das nächste Kapitel wirft daher zunächst einen Blick auf solche anthropologischen und medienanthropologischen Fragen, die der Medienästhetik vorgelagert sind oder – je nach Perspektive – sie durchdringen, um sich daran anschließend der medienästhetischen Verfasstheit der Alltagswelt zuzuwenden.

3. Anthropologische Aspekte der Medienästhetik

3.1 Anthropologische Implikationen

Vieles beginnt, zumindest im Rahmen der Anthropologie, mit der vierten Frage Kants: „Was ist der Mensch?", der man sich dann aus verschiedenen Perspektiven (vgl. z.b. Hartung/Herrgen 2019 und 2018) zuwenden kann. An dieser Stelle soll mit einem Blick auf die Bedeutsamkeit und Verwickeltheit der Medienanthropologie mit der Ästhetik der anthropologische Faden aufgenommen werden. Hierzu sollen einige synoptische Darstellungen anthropologischen Denkens dienen, die dann auf eine spezifische – eben medienanthropologische – Sichtweise zulaufen. Der zumindest implizit jetzt schon aufscheinende Zusammenhang zwischen Medienanthropologie und Medienästhetik soll daran anschließen verdichtet werden.

In einer medienanthropologischen Perspektive sind Menschen mediengebrauchende, mit und in Medien sich bewegende Wesen. Dergestalt verfügen sie über entsprechende Medienpraktiken auf der Basis der jeweiligen Medientechnik, die eben nicht nur rezeptives, sondern auch produzierendes Potential beinhalten. Dabei reduzieren sich Medien hier nicht nur auf rein technische Artefakte, sondern auch Sprache, Schrift oder andere Symbolformen wie z.B. Bilder sind hier mit eingeschlossen. Wenn man vom Menschen als einem *homo medialis* (vgl. Pirner/Rath 2003a, Rath 2003) oder einem *homo digitalis* (Capurro 2017) sprechen will, meint dies, dass Medien und Medientechnologien kein subtrahierbarer Teil des Menschen sind, sondern Bestandteil von Wahrnehmungen, Welterfassung, Selbst- und Weltverhältnis. Umgekehrt muss es nicht heißen, dass der Mensch als *homo medialis* bereits vollständig beschrieben ist. Die Anthropologie als „Lehre vom Menschen" versucht, wenn man sie pragmatisch (vgl. Kant 1980) fasst, dem Wesen Menschen auch „in seinen spezifischen Lebens- und Tätigkeitsbereichen nachzugehen" (Uhl 2009: 72). Und hier zieht sich sicherlich eine Trennungslinie zwischen naturwissenschaftlich ausgerichteten Anthropologien, die den Menschen in erster Linie als biologisch verfasst und grundiert betrachten – also eine rein naturalistische Sichtweise vertreten –, und den weit zu fassenden Kulturanthropologien. An dieser Stelle soll nicht erneut das alte „Fass" der zwei Wissenschaftskulturen und der sich darüber ausbreitende Streit aufgemacht werden. Eine transdisziplinäre Verknüpfung beider

(Medien-) Anthropologiewelten versucht Uhl (vgl. Uhl 2009), bleibt aber in ihrer Darstellung stärker einer naturalistisch grundierten Anthropologie verhaftet und schafft m.E. keine echte transdisziplinäre Verknüpfung, wenngleich Uhl immer wieder einen naturwissenschaftlichen Reduktionismus zurückweist. Dennoch erklärt er an den wenigen Stellen, an denen er sich mit zentralen geisteswissenschaftlichen Begriffen wie „Sinn" und „Bedeutung" auseinandersetzt, diese aus neurowissenschaftlicher oder biologischer Perspektive und bekommt daher die genuin geisteswissenschaftliche Perspektive dieser Begriffe erst gar nicht in den Blick.

Sieht man in der Lehre vom Menschen nicht nur seine biologische Verfasstheit und versucht die entsprechenden menschlichen *Entäußerungen* darauf zurückzuführen und diese als Effekte seiner biologischen Ausstattung zu verstehen – man sucht also dergestalt nach der *conditio sine qua non* –, bildet die Anthropologie in geisteswissenschaftlicher Hinsicht eine Reihe von offenen, anthropologischen Spielräumen. So kann der Mensch z.B. als „Mängelwesen" (Gehlen), in „exzentrischer Positionalität" zu sich selbst (Plessner), „weltoffen" (Scheler), mit einem Urhebertrieb versehen und als relationales Wesen (Buber, Flusser), als signifikante Symbole produzierendes und verwendendes Wesen (z.B. Mead, Cassirer, Buber) oder als *homo ludens* (z.B. Huizinga) verstanden werden. Auch wenn die Rückbindung an seine biologische und phylogenetische Verfasstheit mitunter einbezogen wird (z.B. Plessner, Scheler, Gehlen oder Mead), bleibt in der geisteswissenschaftlichen Tradition der Anthropologie die Suche nach kulturellen Handlungsmustern und steht die sich wandelnde Auseinandersetzung des Menschen mit der Welt und sich selbst im Vordergrund. „Die Frage nach dem Menschen ist nie endgültig beantwortbar, es ist seine Offenheit, welche das Projekt der Anthropologie im historischen Zeitverlauf bestimmt" (Pietraß/Funiok 2010b: 7). Und das auch vor dem Hintergrund, dass der Mensch „heute fragwürdiger als je" (Bolz/Münckel 2003: 9) ist. Eine Sichtweise zwischen biologischem und kulturellem Standpunkt steht derweil in der Tradition Kants, der die zwei Modalitäten anthropologischen Denkens betont: „Eine Lehre von der Kenntnis des Menschen, systematisch abgefaßt (Anthropologie), kann es entweder in physiologischer oder in pragmatischer Hinsicht sein. Die physiologische Menschenkenntnis geht auf die Erforschung dessen ein, was die Natur aus dem Menschen macht, die pragmatische auf das, was er, als frei handelndes Wesen, aus sich selber macht, oder machen kann und soll" (Kant 1980: 3).

Ein kleiner seitlich gerichteter Gedanke an dieser Stelle sei kurz dargelegt: Einer Anthropologie haftet – zumindest implizit – ein anthropozentrischer Impetus an, vor allem dann, wenn aus ihr – wie Kant es derweil verlangte – eine allgemeine Ethik folgen soll. Beschaut man es genau, so lässt sich konstatieren, dass sich erst mit Kant und seiner Erkenntnis, dass nicht wir uns nach den Dingen, sondern die Dinge nach uns richten, eine Rechtfertigung des anthropischen Prinzips vollzog. Für Kant waren es die reinen Formen der Anschauung von Zeit und Raum und Kategorien, die a priori das menschliche Erkenntnisvermögen formen. Gegenstände sind dergestalt bereits durch die menschliche Wahrnehmung präformiert. Und wenn alle Erfahrungsgegenstände menschlich geprägt sind, wird der Mensch letztlich zum Maß (vgl. Welsch 2011: 172) und Konstituent der Welt. „Alle Gegenstände sind ein Reflex des menschlichen Zugriffs auf die Welt" (Welsch 2011: 173). Eine darauf fußende Ethik steht dann auf den Säulen dessen, was den Menschen zum Menschen macht, ihn in seiner Besonderheit von der ihn umgehenden Umwelt abhebt. Pathozentrische Ansätze – also solche, die sich auf die Leidensfähigkeit beziehen – können entsprechend nur schwer auf solche anthropologischen Grundlagen aufsetzen, die ausschließlich den Menschen in seiner Sonderstellung zur Umwelt und Natur stellen bzw. ihn davon absetzen.

Hans Jonas hat in seinem „Prinzip Verantwortung" (vgl. Jonas 1980) auf den Umstand hingewiesen, dass die traditionelle Ethik eine anthropozentrische Ausrichtung habe und die Wirkung auf nichtmenschliche Objekte ethisch keine Bedeutung gewinne (vgl. Jonas 1980: 22). Zugleich führt er das Problem der Reichweite dieser Ethiken an. „Das Wohl oder Übel, worum das Handeln sich zu kümmern hatte, lag nahe bei der Handlung, entweder in der *Praxis* selbst oder in ihrer unmittelbaren Reichweite und war keine Sache entfernter Planung. […] Ethik hatte es dem gemäß mit dem Hier und Jetzt zu tun" (Jonas 1980: 22-23). Durch die Entwicklung moderner Techniken, die intensive Nutzung natürlicher Ressourcen, aber auch durch die mediale Erweiterung der Kommunikationsmöglichkeiten, die eine simultane Kommunikation weit über den unmittelbaren Nahbereich des Menschen alltäglich macht, stellt sich die Frage nach einer Ethik (und ihr implizit oder explizit inhärenten Anthropologie) neu, insofern diese Aspekte umfasst werden.

Die Anthropologie und die sich aus ihr ergebenen Explikationen neigen dergestalt zu einer klaren Trennung von Kultur und Natur, aber auch von Subjekten und Objekten, menschlichen und nichtmenschlichen Existenzen. Ein Ansatz, der diese Kluft versucht aufzuheben bzw. eine solche zunächst konstatiert, findet sich z.b. bei Latour (vgl. Latour 1995), der auf die Verflechtung von menschlichen, nicht-menschlichen Wesen und Objekten hinweist und solche Hybriden der Anthropologie zuschlägt. Latour sowie allgemein die Akteur-Netzwerk-Theorie heben den Relationismus hervor, der Dinge und Nichtdinge nicht miteinander verbindet. Und darin liegt auch ein Potential für eine Medienanthropologie, die den Menschen in Kombination mit einem Medium als etwas Neues fassen kann. Betrachtet man den Begriff der Medienanthropologie etwas genauer, so werden verschiedene Anknüpfungspunkte sichtbar. Man kann versuchen, sich mit einem Blick auf den Begriff „Medienanthropologie" ein Verständnis dessen zu erschließen, was sie umfassen kann und was mit ihr gemeint ist. Wenn „Anthropologie" die Lehre vom Menschen ist, was ist dann eine Medienanthropologie? Ist sie eine Anthropologie der Medien, also eine Lehre vom Menschen mit/von/über/durch Medien? Letztlich erschließt sich diese Wortbindung ähnlich wie z.B. bei den vielen Bindestrich-Soziologien wie Medien-, Familien-, Kultur- oder Medizinsoziologie. Sie alle sind Soziologie, sie sind aber nicht die gesamte Soziologie, sondern beschränken sich mit soziologischem Repertoire auf ein ausgewähltes Feld der Soziologie. Fischer sieht die philosophische Anthropologie insofern als komparatistisches Verfahren an, das über den „Umweg" des Vergleichs (Tier/Mensch, Maschine/Mensch, Mensch/Mensch) zu klären versucht, was der Mensch sei (vgl. Fischer 2019: 231). Analog kann man dann die Medienanthropologie insofern klären, als sie das Feld einer Anthropologie untersucht, das die Medien zum Gegenstand hat. Damit ist Medienanthropologie – zunächst – nicht *die* Anthropologie, sondern eine Anthropologie, die sich den Medien und ihren Verflechtungenund Wirkungen auf den Menschen und seinen Wahrnehmungen, Welt- und Selbstzuschreibungen zuwendet.[36] Und damit besitzt sie zu-

---

[36]   Für einen Widerspruch zur Sichtweise, dass Medienanthropologie nicht erste Anthropologie sei oder sein könne vgl. Kapitel 3.2.

gleich Potential für die Medien und die Ästhetik (Wahrnehmung). Macht man die Medien zu einem nicht verzichtbaren Teil des Menschen – ein Gedanke, der in heutiger Zeit kaum noch schwerfällt –, wäre die Medienanthropologie keine Medienanthropologie mehr, sondern (erste) Anthropologie, da der Mensch ja erst durch ein Medium zu einem Menschen wird. Und in zugespitzter Form, im Transhumanismus (vgl. z.B. Göcke/Meier-Hamidi 2018), findet zugleich eine Einverleibung der Technik durch den Mensch statt, werden Technik und Medien zu einem Teil des Leibes.

Fasst man nun – in einer abgemilderten Form – die elektronischen und digitalen Medien als eine Form des kulturellen Externalisierungspotentials des Menschen, werden sie zu einer spezifischen Form der anthropologischen Anlage und sie erhalten im Rahmen der Anthropologie ihren spezifischen Ausdruck durch das Präfix *Medien*-(Anthropologie). Stellt man zudem die Frage nach dem „Was" des Menschen um „auf Fragen nach dem Werden und Gemachtwerden des Menschen, nach seiner Hominisierung und ihren Diskursen, ihren Verfahren, Werkzeugen und Orten in Raum und Zeit" (Engell/Siegert 2013: 5) Antworten zu finden, ergeben sich Sichtweisen der Medienanthropologie. „Nicht so sehr was, sondern wo und wann, unter welchen Bedingungen und mithilfe welcher Instrumente und Operationen der Mensch sei, darum, so der Ausgangsgedanke, geht es der Medienanthropologie" (Engell/Siegert 2013: 5).

Eine grundlegende Frage, die hier flankiert wird, ist die Grenzziehung zwischen Natur und Kultur und der jeweilige Beginn der entsprechenden *Sphäre*. In der philosophischen Diskussion wird der Leib als eine solche Grenzkategorie verstanden. Er ist „nicht ahistorisch zu fassen. Er ist immer schon informiert und deshalb, obwohl physiologisch fundiert, keine biologische Kategorie" (Wiegerling 2006: 5). Besonders Cassirer hat mit seiner Philosophie der symbolischen Formen auf die Unhintergehbarkeit der Leib-Seele hingewiesen, die ein Gebilde eigener Art darstellt und die dann eine Scheidung in res extensa und res cogitans hinfällig werden lässt.

„Nicht jeder empirische ‚Nexus' läßt sich, mittelbar oder unmittelbar, in einen Kausalnexus auflösen; vielmehr gibt es gewisse Grundgestalten der Verknüpfung, die nur dann verstanden werden können, wenn man der Versuchung einer derartigen Auflösung widersteht, wenn man sie als Gebilde sui generis bestehen und gelten läßt. Und eben als der Prototyp einer solchen Verknüpfung stellt sich uns der Zusammenhang zwischen ‚Leib' und ‚Seele' ursprünglich dar" (Cassirer 2010: 111).

Der Leib selbst ist also immer bereits *informiert*, das meint auch kulturell *in Form gebracht*. Diese Informiertheit wiederum legt sich auf die hervorgebrachten Artefakte, die Ausdruck des menschlichen Externalisierungspotentials sind. Die Medien – unabhängig ob in einer weiten oder engen Definition – sind damit ebenso ein *In-Form-Gebrachtes*. Aber darin allein liegt selbstredend nicht ihre Besonderheit, sondern zum einen in ihrem Potential des In-Form-Bringens. Sie bieten erweiterte, neue, andere Möglichkeiten des *In-Form-Bringens*. Zum anderen in ihrer Wirkung, indem das von ihnen Hervorgebrachte selbst abermals auf den Menschen wirkt, ihn beeinflusst, sein Handeln, Denken und Wahrnehmen verändert.

Eine Medienanthropologie fragt und sucht daran anschließend ganz grundlegend nach den sich bereits vollzogenen und sich noch – protentiv – ergebenen Veränderungen des Menschen durch die Medien: Also Fragen nach den Wirkungen von Medien, durch sie angeschobenen veränderten Wahrnehmungsweisen, veränderte Welterschließung, Erkenntnisweisen und insgesamt der Verfassung der medialen Daseinsform des Menschen. Und in dem Maße, in dem Medien und ihre Nutzung nicht mehr nur fragmentarisch auftreten oder im Rahmen einzelner Sinnprovinzen von Bedeutung sind, und in einer Zeit, in der (besonders die digitalen) Medien in ihrer Erschaffung (Produktion) und Verwendung (Anwendung) und dem damit verbundenen Output (Entwürfe) sich dynamisch neu entwickeln und gestalten, werden solche medienanthropologischen Fragen evidenter und eindrücklicher. „Diese Veränderungen sind anthropologisch relevant, weil die Medien einen Möglichkeitsraum für menschliche Entwicklungspotenziale öffnen" (Pietraß/Funiok 2010b: 7).

Dabei beginnt eine Medienanthropologie nicht erst mit ihrer Bezeichnung als solche, sondern zeigt sich avant la lettre im Rahmen einer philosophischer und Kulturanthropologie z.B. bei Arnold Gehlen und seiner Sichtweise auf Technik als Hilfe für das Mängelwesen Mensch (vgl. Gehlen 1940). Aber auch der Ansatz von Leroi-Gourhan (vgl. Leroi-Gourhan 1988) hebt auf die Auslagerung, Entlastung und damit auch Befreiung des menschlichen Körpers ab. Die Befreiung der Hände durch den aufrechten Gang ermöglicht erst die Werkzeugerstellung und ihren fortlaufenden Einsatz. Medien sind in diesem Sinne nicht nur *Formationen* von z.B. Daten oder Wahrnehmungsinhalten, sondern zugleich materielle Techniken (verstanden als *Gebilde*). Hier zeigt sich zugleich die Schwierigkeit einer Trennung von Mensch und Technik respektive Medium in zwei ontologische Bereiche. Dieser Dualismus, der gedanklich durchaus vollzogen werden kann, löst sich in der Praxis zunehmend auf; und damit auch die Unterscheidung von Medienanthropologie und Anthropologie. Denn: „Menschen und Technologien, und im weiteren Sinn Medien, befinden sich in einem ko-evolutionären Verhältnis. Medien und menschliche Körper bilden eine spezifische Ordnung, ein physiologisches Feld, ein Ensemble oder ein ‚Amalgam' (Deleuze) von Techniken und Diskursen" (Hartmann 2002: o. S.). Dann wiederum wird die Unterscheidung zwischen anthropologischen Medientheorien, die „Medientechnik als Ergebnis oder als Mittel menschlichen Handelns" verstehen und technikzentrierten Medientheorien, welche Medien „dagegen als Determinante menschlichen Verhaltens" (beide Nitsch 2005: 81) ansehen, durchlässiger. Und dann ließe sich übrigens fragen, inwieweit Kultur- und Mediengeschichte zusammenfallen oder: „Hat die Mediengeschichte die Kulturgeschichte beerbt? Impliziert die Kulturgeschichte die Geschichte der Medien (oder umgekehrt oder gegenseitig)? Schaffen sie sich gegenseitig ab? Dient die eine zur Beobachtung der anderen?" (Engell u.a. 2006: 5)

Leroi-Gourhan setzt bei seinen Untersuchungen bereits bei den prähistorischen Werkzeugen an. Überhaupt sieht er den Menschen erst mit dem Erscheinen von Werkzeugen emportauchen. So wird das Werkzeug zu einer anthropologischen Bestimmung.

> „Das Erscheinen des Werkzeugs unter den spezifischen Merkmalen markiert genau die Grenze des Menschseins durch einen langen Übergang, in dessen Verlauf die Soziologie an die Stelle der Zoologie tritt. An dem Punkt […] erscheint das Werkzeug geradezu als eine anatomische Konsequenz, als einziger Ausweg für ein Wesen, das in seiner Hand und seinem Gebiß vollständig waffenlos dasteht und

dessen Gehirn in einer Weise organisiert ist, die es zu komplexen manuellen Operationen befähigt" (Leroi-Gourhan 1988: 119-120).

Für Leroi-Gourhan ist das Werkzeug kein „edles" Erzeugnis oder die Frucht des menschlichen Denkens. Es „ist vielmehr so, daß sein Gehirn und sein Körper die Werkzeuge gewissermaßen nach und nach ausschwitzte" (Leroi-Gourhan 1988: 139). Daher ist die Zweiteilung von Intellekt und Technik und das Verhältnis von Ursache (Intellekt) und Wirkung (Technik) für ihn fehlerhaft. Vielmehr ist die Technik bzw. das Werkzeug keine vom Menschen zu trennende Entität, sondern unabkömmlicher Teil des Menschen. Ihre Entwicklungslinien ähneln „in so hohem Maße denen der phyletischen Evolution, daß man sich fragen kann, wie weit sie nicht die unmittelbare Verlängerung der allgemeinen Entwicklung der Arten sind" (Leroi-Gourhan 1988: 139). Und nimmt man Leroi-Gourhan ernst, dann wiederum kann es den Menschen als Mängelwesen nicht tatsächlich, sondern nur als gedankliches Konstrukt geben, denn ein *Davor* existiert nicht, der Mensch beginnt erst mit der Werkzeugentwicklung zu existieren und verändert sich gleichwohl im Gleichtakt der Werkzeugentwicklung, so dass man den Menschen als eine „historische, eine diachronische Variable" (Engell 2010: 56) bezeichnen kann. Man könnte an dieser Stelle darauf hinweisen, dass man die Phylogenese und die Ontogenese unterscheiden muss. Die Menschheit (Phylogenese) tauchte erst zusammen mit der Entwicklung des Werkzeuges empor. Ontogenetisch wäre der Mensch dann zwar ein Mängelwesen (Neugeborenes), würde aber im Verlauf seiner Entwicklung zu Werkzeugen gelangen, die seine *Mängel* aufwiegen. Aber – lässt sich entgegnen – so wie Martin Buber den Menschen von Geburt an in Sprache gestellt sieht (auch wenn ein Säugling noch nicht sprechen kann), lässt sich analog im Anschluss an Leroi-Gouhan dazu formulieren: Der Mensch ist von Beginn an in Werkzeuge und Technik gestellt.
Medienanthropologische Überlegungen erhalten nun ihre Dringlichkeit und Aktualität im Rahmen ästhetischer Überlegungen zu den digitalen Medien auch dadurch, dass mittlerweile eine Generation herangewachsen ist, die sog. *digital natives* oder *born digitals*, die keine Zeit vor den technisch-digitalen Medien aus unmittelbarem Erleben kennen, die sozusagen die Nutzung und das Eingelassensein in solche Medien als *natürliche* Um-

welt kennen.[37] Mediensozialisation und Mediatisierung gehen hier Hand in Hand (vgl. Hoffmann/Krotz/Reißmann 2017). Dabei ist nicht zwangsläufig gesagt, dass der Umgang mit den digitalen Medien bei den *digital natives* ein grundsätzlich anderer ist als bei den Generationen, die auf die digitalen Medien erst im Verlauf ihres Lebens gestoßen sind und sich diese angeeignet haben. Aber das Verhältnis zu den digitalen Medien, ihren Möglichkeiten und ihre daran anschließende Vernetzung mit anderen Lebensbereichen ist oftmals unbefangener und selbstverständlicher. Wie so oft, wenn es um Menschen geht, geht es hier um Wahrscheinlichkeiten und nicht um Kausalitäten, auch soll hier keinem biologischen Reduktionismus das Wort gesprochen werden. Kommt man jedoch schon als Kind mit Computer, Internet und Mobiltelefon in Berührung und beobachtet und erlernt früh den Umgang mit ihnen, erhöht das die Wahrscheinlichkeit, digitale Medien leichter und umfassender in seinem Leben zu nutzen als im Gegensatz dazu die sog. *digital immigrants*. Diese adaptieren vielmehr die digitale Umwelt stärker funktional z.B. in beruflicher Hinsicht. „There are hundreds of examples of the digital immigrant accent. They include printing out your email (or having your secretary print it out for you – an even 'thicker' accent); needing to print out a document written on the computer in order to edit it (rather than just editing on the screen); and bringing people physically into your office to see an interesting web site (rather than just sending them the URL). I'm sure you can think of one or two examples of your own without much effort. My own favorite example is the 'Did you get my email?' phone call. Those of us who are Digital Immigrants can, and should, laugh at ourselves and our 'accent'" (Prensky 2001: 2).

Die Beschleunigung, mit der die elektronischen Medien eine grundlegende Bedeutung in der Gesellschaft und für den Einzelnen erhalten haben und die immer noch vorhandene Dynamik in diesem Bereich affirmiert „die Frage nach grundlegenden, tragfähigen und für verantwortungsvolles Handeln hilfreichen Deutungen des Verhältnisses von Mensch und Medium"

---

[37] Eine persönlich erlebte Gegebenheit soll zumindest den Aspekt der veränderten *Praktiken* kurz verbildlichen. Ein etwa zweijähriges Kind aus dem Bekanntenkreis versuchte kürzlich die Seiten einer Zeitschrift mit der Geste des *Wischens* umzublättern, also jener Geste, derer man sich betätigt, wenn man bei einem Smartphone oder Tablet-PC eine Seite umschlagen oder den Ansichtsbildschirm wechseln will. Das klappte verständlicherweise nicht und das Kleinkind war zumindest kurzzeitig irritiert.

(Pirner/Rath 2003b: 11). Letztlich kann man das Verhältnis von Mensch und Medium heute als eine „Invasion aus der Mitte" (Aufenanger 2003: 83) bezeichnen, einen Zustand, hinter den es kaum noch möglich ist, zurückzufallen. Die Frage nach dem Menschen, seiner Stellung in der Welt und nach seinem Wesen überhaupt, begleitet, wenngleich nicht immer unter dem Namen der Anthropologie, den Menschen seit Beginn der Menschheitsgeschichte und hat ganz unterschiedliche Antworten hervorgebracht. Einigen dieser Antworten will sich dieses Kapitel – immer vor dem Hintergrund ästhetischer Bedeutsamkeit – widmen.

3.2 Grundzüge anthropologischen Denkens

Im Nachfolgenden sollen kurz einige allgemein philosophisch-anthropologische Denkansätze vorgestellt werden. Die kleine Auswahl ist eher rhapsodischer Art und zielt – im Rahmen eines wiederkehrenden Motivs – zum einen auf die Bedeutsamkeit des jeweiligen Ansatzes für nachfolgende Denker. Sie dient zudem als Ansatzpunkt für die im darauffolgenden Unterkapitel vorgestellten medienanthropologischen Konzepte.[38] Nicht zu vergessen ist, dass die philosophische Anthropologie „vermutlich eine der wirkungsvollsten Theorien in der deutschen Soziologie nach 1945" (Fischer 2006: 322) war, vor allem wenn man an die Namen Arnold Gehlen und Helmut Plessner denkt, die auf soziologische Lehrstühle wechselten. Darüber hinaus lässt sich anhand der beiden letztgenannten Autoren auf den Medienumbruch in den 1950er Jahren hinweisen,[39] der über die Opposition Mensch und Medium und einer entsprechenden anthropologischen Aufladung die „mediale Modernisierung als Gegenteil von humaner Entwicklung" (Käuser 2007: 132) ausweist. Die kritische Sichtweise auf die Wirkmacht der Medien und ihr unterstelltes manipulatorisches Potential implizieren zugleich eine Krise der Wahrnehmung. Denn: „Ein zentrales Thema unserer Zeit ist der Medienumbruch. Jede Zeit gefällt sich in der Thematisierung eines Bruchs, denn das macht sie zu etwas Besonderem. Man konstatiert eine Krise und bietet gleich neue Perspektiven an, das schafft dann Mehrwert"

---

[38] Wengleich diese nicht als dezidiert medienanthropologische Ansätze von den jeweiligen Autoren bezeichnet werden.

[39] Hier sei zudem an die Arbeiten der Frankfurter Schule – vor allem der ersten Generation – erinnert, vgl. z.B. Horkheimer/Adorno 2010.

(Hartmann 2002: o.S.). Allerdings bedarf es nicht nur des Bruches und der damit häufig konstatierten Krise, um neue Perspektiven zu gewinnen. Beschaut man es genau, wird der Umbruch und das ihn Auslösende (hier: die Medien) selbst als Ursache der Krise gesehen. Daran anschließend bleibt dann zu oft nur das negative Potential sichtbar, das Medien beinhalten oder das man ihnen unterschiebt. Bei Vilém Flusser lässt sich z.b. im Gegensatz dazu erkennen, wie die technischen Möglichkeiten der neuen Medien das Potential beinhalten, eine gerechte und demokratische Gesellschaft entstehen zu lassen. Schaut man im Rahmen philosophischer Anthropologie auf das Verhältnis von Mensch und Medium – je nach Reichweite des verstandenen Medienbegriffes – lässt sich mit Greschonig konstatieren:

„Grundsätzlich ist die philosophische Anthropologie Arnold Gehlens, Helmuth Plessners und Max Schelers als konstitutiv für eine Anthropologie der Medien zu bewerten. Lässt sich doch mit Gehlen und einiger Polemik auf den Punkt bringen, was sowohl für die Kultur als schöpferisches Produkt des Geistes im Allgemeinen und im Besonderen für Medien gilt. Die Kultur des Menschen ist dessen zweite Natur" (Greschonig 2007: 5).

Gleichwohl nähert sich die klassische philosophische Anthropologie dem Wesen des Menschen über die Natur in Ab- und Angrenzung zum Tiere. Bezieht man nun die nichtmenschlichen Erweiterungen des Menschen mit ein – und diese reichen von einer Brille, Zahnfüllung, Gehhilfe bis hin zu digitalen Medien und implantierter Technik wie Herzschrittmachern, künstlichen Organen usw. – dann eröffnet sich ein Feld der Anthropologie – besonders, wenn man auf Aspekte der Sinne und der Wahrnehmung abhebt –, das in der Gegenwart die Relevanz einer Medienanthropologie hervorhebt.

3.2.1 Immanuel Kant
Als Ausgangspunkt für die nachfolgende kurze anthropologische Reise sollen die Arbeiten von Kant dienen. Kant war nicht der Erste, der sich mit dem Wesen und der Stellung des Menschen auseinandergesetzt hat. Aber er hat mit seiner Ausgangsfrage „Was ist der Mensch?" den nach ihm kom-

menden Denkern die entsprechende Leitfrage als Bezugspunkt gegeben, insoweit er mit dieser Frage die Anthropologie als Feld der Philosophie auswies. Kants eigene Ausarbeitungen zur Anthropologie, die er im Rahmen einer über viele Jahre gehaltenen Vorlesung erstellte und in seiner Schrift „Anthropologie in pragmatischer Hinsicht" festhielt, sind derweil weniger reine philosophische Anthropologie – im Verständnis des Begriffes des 20. Jahrhunderts –, sondern zielen oft auf die Ethnologie und Volkskunde. Der Band selbst ist im Diskurs zur kantischen Philosophie bisher ohne nachhaltige Wirkung geblieben (vgl. Jörissen 2002: 153).

Im Rahmen der Kantschen anthropologischen Auseinandersetzung steht nicht die Frage nach dem, was die Natur dem Menschen mit auf den Weg gibt – also die Sicht einer physiologisch oder biologisch geprägten Anthropologie –, sondern er fragt danach, was der Menschen „als freihandelndes Wesen aus sich selber macht, oder machen kann und soll" (Kant 1980: 3). Er grenzt solcherart die physiologische von der pragmatischen Fassung der Anthropologie ab. „Die pragmatische Erörterung sucht keine Wesenserkenntnis von Grund auf, sondern will eine ‚Vorübung' für ‚künftige Erfahrungen im Umgang mit Menschen' sein. Der *Zweck* dieses Diskurses selbst ist also pragmatisch" (Jörissen 2002: 160).

Vernunft und freier Wille spielen bei Kant eine zentrale und wiederkehrende Rolle – Kant geht als Ausgangspunkt vom animale rationale aus. Das frei handelnde Wesen und nicht das Naturwesen Mensch bildet den pragmatischen Rahmen. Für Kant öffnet sich ein Spalt zwischen dem frei handelnden und dem Naturwesen Mensch, insoweit der Mensch von Natur aus mit Vernunft (animale rationale) versehen bzw. vernunftbegabt ist. Die Kluft liegt hier in der Potentialität und der Verwirklichung dieser Vernunft, die für ihn eine Unterscheidung erzwingen. Dergestalt unterscheidet er das vernunftbegabte und das vernünftige Tier.

> „Es bleibt uns also, um dem Menschen im System der lebenden Natur seine Klasse anzuweisen und so ihn zu charakterisieren, nichts übrig als: daß er einen Charakter hat, den er sich selbst schafft, indem er vermögend ist, sich nach seinen von ihm selbst genommenen Zwecken zu perfektionieren; wodurch er als mit Vernunftfähigkeit begabtes Tier (*animal rationabile*) aus sich selbst ein vernünftiges Tier (*ani-*

male rationale) machen kann" (Kant 1980: 275).

Der Mensch schöpft sich solcherart – zwar auf Basis seiner Anlagen – selbst, er gibt sich selbst die Zwecke nach oder für die er leben möchte. „Übrigens soll und kann die Menschengattung selbst Schöpferin ihres Glückes sein; nur daß sie es sein wird, läßt sich nicht *a priori* aus den uns von ihr bekannten Naturanlagen [...] schließen" (Kant 1980: 284). Und darin liegt ein wesentlicher Unterschied zu den im 18. Jahrhundert verbreiteten physiologischen Anthropologien (vgl. auch Sturm 2009: 55). Kant sieht in der Kultur – und damit lässt er sich zugleich als kulturanthropologisch markieren – und dem menschlichen Handeln, den Weg für eine „Perfektionierung des Menschen" (Kant 1980: 275). Der Mensch soll sich solcherart weg vom Natur- und hin zum Kulturwesen entwickeln, wenngleich Kant selbst immer wieder auf physiologische Aspekte eingeht, um z.B. gewisse menschenspezifische Handhabungen zu erklären. So sieht er im Menschen eine technische Anlage zur Handhabung von Dingen, die es ihm ermöglicht *Techniken* zu entwickeln (z.B. das Schwimmen), um sich in seiner Umwelt besser zurechtzufinden. Und diese Techniken und Handhabungsmöglichkeiten sieht er u.a. in der natürlichen Organisation der Hand begründet:

„Die Charakterisierung des Menschen als eines vernünftigen Tieres liegt schon in der Gestalt und Organisation seiner Hand, seiner Finger und Fingerspitzen, deren teils Bau teils zartem Gefühl, dadurch die Natur ihn nicht für eine Art der Handhabung der Sachen, sondern unbestimmt für alle [...] gemacht und dadurch die technische oder Geschicklichkeitsanlage seiner Gattung als eines vernünftigen Tieres bezeichnet hat" (Kant 1980: 277-278).

Der Mensch – freigestellt von der Natur – besitzt demzufolge keine Technik, sondern ist frei darin, eigene Techniken zu entwickeln. Hier scheint bereits der von Gehlen so bezeichnete Mensch als *Mängelwesen* durch, dessen Mangel gerade seine größte Freiheit ist, da der Mangel es zum Handeln aufruft. Es ist besonders Friedrich Schiller, der unter dem Einfluss der Kantischen Philosophie sein Menschenbild und den damit verbundenen *Form-*

trieb hervorhebt, der durch den Spieltrieb erst zur Vollendung des Menschseins führt.

3.2.2 Friedrich Schiller

Friedrich Schiller sieht die Wendung des Menschen in einem sich am Horizont abzeichnenden industriell-technischen Zeitalter mit einer zunehmenden Entzauberung der Welt. Anders als Rousseau zieht es ihn nicht zurück
zur Natur, sondern zu einer ästhetischen Haltung zur Welt. Er hebt den
Aspekt des Spiels hervor – den homo ludens –, der in der Moderne und
darüber hinaus zu einem geforderten oder zu konstatierenden Element des
Menschen werden soll: „Denn, um es endlich auf einmal herauszusagen, der
Mensch spielt nur, wo er in voller Bedeutung des Worts Mensch ist, und er
ist nur da ganz Mensch, wo er spielt" (Schiller 1997: 63).
Schiller gilt von Beginn an als ein philosophischer Dichter und philosophie-
render Künstler (vgl. im Nachfolgenden auch Bidlo 2006b: 29 ff.). Aus diesem Grund soll hier auch über einen Zugriff auf ein Drama – „Der Verbrecher aus verlorener Ehre" – seine philosophischen und anthropologischen
Ansichten verdeutlicht werden (vgl. Schiller 1998). Darüber ist allerdings
nicht zu vergessen, dass Schiller ausgebildeter Arzt war und sein Medizin-
studium mit der Dissertation „Philosophia physiologiae" abschloss.[40] Schiller fühlte sich der Revolution bzw. der Veränderung der politischen und gesellschaftlichen Umstände im Vollzug der Vernunftsgesetze verbunden.
„Den Geist der bürgerlichen Revolution, wenn auch nicht ihrer konsequent
plebejischen und jakobinischen Fraktion, atmet Schillers gesamtes Werk"
(Mayer 1987: 15). Schillers Erzählungen müssen solcherart in einem engen
Zusammenhang mit seinen historischen und philosophischen Schriften gesehen werden. Bis zum Ende der 80er Jahre des 18. Jahrhunderts folgte er
der Wolffschen Populärphilosophie, die zu jener Zeit für kurze Zeit die
deutsche Philosophie beherrschte, bis sie durch das Erscheinen von Kants
Transzendentalphilosophie abgelöst wurde. Inhaltlich war sie im Wesentlichen eine Systematisierung der damals bekannten Leibnizschen Grundge-

---

[40] Dass seine medizinischen Kenntnisse sich sehr wohl in das Profil Schillers integrieren lassen, stellt Riedel (Riedel 1985) dar. Die Brücke in Schillers Werk ist letztlich die Erforschung des Menschen in seiner Vielfalt und in seinen Möglichkeiten. Das lässt dann so
grundverschiedene „Disziplinen wie Medizin und Moralphilosophie, Geschichte und Ästhetik" (Riedel 1985: V) zusammenrücken.

danken und stellte eine Entfaltung und Anwendung dieser auf allen Gebieten des Wissens dar. Eine Grundthese ist die Unvollkommenheit des Individuums, die mit der von Gott gegebenen Freiheit eines menschlichen Wesens auch zu Bösem in der Welt oder zum Übel führen kann. Aber gleichzeitig besitzt der Mensch auch die Möglichkeit zur wahren Sittlichkeit zu gelangen. Zu Beginn der 1890er Jahre wechselte Schiller nun die Wolffsche Philosophie, die noch in seiner Dissertation über die tierische Natur des Menschen eine grundlegende Rolle spielte, gegen die Philosophie des Kantischen Kritizismus (vgl. Eisler 1912: 635). Dies bedeutete zugleich einen Wechsel des philosophischen Systems. Ohne hier im Einzelnen auf die Unterschiede zwischen Kant und Wolff bzw. Leibniz einzugehen, sei darauf hingewiesen, dass Kant sich unter anderem mit Wolff in der sogenannten vorkritische Periode beschäftigte. Gerade Kants Moralismus war für Schiller von entscheidender Bedeutung. Kant verband den in der Natur wirkenden Determinismus, mit dem im Menschen freien Willen: Für den Menschen als Erscheinung, d.h. als Objekt möglicher Erfahrung, gilt die Form (Kategorie) der Ursache ebenso wie für alle anderen empirischen Objekte. Gleich ihnen steht er nun in einer Kette von Ursachen und Wirkungen; genau hierin wurzelt der Determinismus. Was aber ist der Mensch an sich – unabhängig von seinem Status als Objekt? Theoretisch findet man hier keine Antwort, da dies die Grenzen jeder möglichen Erfahrung überschreiten müsste. Praktisch jedoch, d.h. als moralisch handelnde Person, kann man davon ausgehen, dass man über einen freien Willen verfügt und durch ihn über die Determiniertheit der Naturerscheinungen steht. Was theoretisch eine unentscheidbare Möglichkeit ist, wird in der Ethik zum praktischen Postulat. Denn zum Handeln nach den unveränderlichen moralischen Gesetzen, die in ihm selber gründen, ist der Mensch nur in der Lage, wenn er sich als indeterminierte freie Person versteht. Hier verknüpfen sich demnach Ethik und Anthropologie.

Im Rahmen seines Dramas „Der Verbrecher aus verlorener Ehre" spielt Schiller durch die Namenswahl seines Protagonisten auf diese philosophisch-anthropologischen Implikationen an, die die Doppelnatur des Menschen verdeutlichen und Anthropologie, Ästhetik und Ethik zusammenführen. Schiller hat den Namen Christian Wolf für den Protagonisten seiner Novelle somit in dreifacher Hinsicht belegt. Zunächst ist die Namensgleichheit mit dem Philosophen Christian Wolff zu nennen, wobei dieser mit zwei „f" geschrieben wird, hingegen der Protagonist der Erzählung nur mit einem. Die Verbindung aber dürfte deutlich geworden sein; Schiller vertrat wie erwähnt lange Zeit die Wolffsche Philosophie, die die Freiheit des Menschen, also einen Indeterminismus vertrat, und erst später wendete er sich dem Kantischen zu; obgleich auch Kant sich mit dem Wolff-Leibniz-System auseinandersetzte und hierdurch die Verbindung Wolff-Schiller-Kant gewahrt bleibt. Darüber verdeutlicht Schiller mit seiner Namensgebung die Doppelnatur des Menschen, denn im Vor- und Nachnamen sind die gegensätzlichen Möglichkeiten zum Guten und zum Bösen angelegt. Die dritte Belegung des Namens Wolf ist als eine Erweiterung des letztgenannten Aspekts zu verstehen. Der Name Wolf steht hier für den Rückfall in das Naturrecht; hier herrschen die Instinkte, keine übergeordneten Normen oder Gesetze, jeder ist sich selbst der Nächste. Schiller hat jene Doppelnatur des Menschen in seinen Briefen „Über die ästhetische Erziehung des Menschen" (Schiller 1997) behandelt. Demnach beinhaltet der Mensch einmal einen Stofftrieb, d.h. sein stoffliches und physisches Dasein. Zum anderen ist der Mensch gekennzeichnet durch seinen Formtrieb, d.h. seiner in ihm angelegten Vernunft, die ihm eine Bewegung zur Freiheit ermöglicht. Der Mensch ist dergestalt Gefühls- und Vernunftwesen. Aber erst in der Vereinigung beider Triebe – Stoff und Form – im *Spieltrieb,* für den eine *ästhetische Kultur* nötig ist, kann der Mensch sein menschliches Potential gänzlich entfalten. Und so sind letztlich bei ihm Ästhetik und Anthropologie miteinander verschmolzen, hat die Ästhetik einen „theapeutische[n] Anspruch" (Bolten 1985: 166). Sie dient hier als Mittler der Ausgewogenheit der Sinnlichkeits- und Vernunftpotentiale des Menschen (vgl. hierzu auch Bidlo 2017: 52 ff.).

3.2.3 Friedrich Nietzsche

Die Frage nach dem Wesen des Menschen bestimmt bei Nietzsche das Denken und Schreiben und findet sich dergestalt implizit und explizit in seinem Werk. Mehr noch kann man sagen: „Nietzsches besonderes Interesse am Menschen ist zu allen Zeiten und in allen Werken unübersehbar. Der Mensch als Gattungs- wie als Einzelwesen steht bei ihm so häufig im Mittelpunkt, dass man sein Denken nicht nur, aber zu einem Großteil als eine

Philosophie vom Menschen, gewissermaßen als eine philosophische Anthropologie verstehen kann" (Oberfeuchtner 2008: 1). Nietzsche lässt *Zarathustra* den Menschen als ein Zwischenwesen ausweisen, ein Wesen des Überganges, das sich im Rahmen der Entwicklung verflüchtigen wird. „Der Mensch ist ein Seil, geknüpft zwischen Tier und Übermensch – ein Seil über einem Abgrunde. Ein gefährliches Hinüber, ein gefährliches Auf-dem-Wege, ein gefährliches Zurückblicken, ein gefährliches Schaudern und Stehenbleiben. Was groß ist am Menschen, das ist, daß er eine Brücke und kein Zweck ist: was geliebt werden kann am Menschen, das ist, daß er ein Übergang und ein Untergang ist" (Nietzsche 1954: 282).

Nietzsches Sichtweise auf den Menschen ist gekennzeichnet von dem Wunsch seiner Überwindung und der Etablierung einer transanthropologischen Ebene, die solcherart im *Übermenschen* ihren Ausdruck findet,[41] wenngleich er den Menschen zunächst als das nicht festgestellte Tier versteht und von einer anthropozentrischen Ebene ausgeht (vgl. Joisten 1994: 3). Denn der Mensch ist ihm der Ist-Zustand, über den es hinauszugehen gilt zu einem Nicht-mehr-Menschsein, eine Position hinter die z.B. Max Scheler zurückfällt. „Nietzsche erteilt daher der Anthropologie im überlieferten Sinne eine radikale Absage [...]. Aus dieser Sicht kann die fundamental-anthropologische Position Max Schelers als ‚Rückschritt' bezeichnet werden" (Joisten 1994: 13). Und das deshalb, weil Scheler immer noch vom Menschen ausgeht, ihn als Ausgangspunk und Ziel hat. Nietzsche geht es derweil ausschließlich um die Überwindung des Menschen.

Gleichwohl lässt sich das Dasein in Nietzsches Augen nur ästhetisch fassen. Ästhetik und Anthropologie lassen sich bei Nietzsche dergestalt zusammenlesen. Nietzsche selbst hat seinen Begriff der Lebensformen insofern ästhetisch aufgeladen, als er in der Figur des Künstlers eine Möglichkeit zu einer lebensdienlicheren Wirklichkeit sah und Nietzsche sich dadurch zudem als Produktionsästhetiker[42] auswies.

---

[41] Für eine ausführliche Auseinandersetzung mit Nietzsches Anthropologie und seinem Versuch der Überwindung der Anthropozentrizität vgl. Joisten, Karen (1994).

[42] Nietzsche folgt insoweit einer produktionsästhetischen Sichtweise, als er rezeptionsästhetisch orientierte Theorien ablehnt (vgl. Reuber 1988: 100). Allerdings gerinnt das Ästhetische nicht im *Werk* des Künstlers, sondern in der Art und Weise des Lebens als *Künstlersein*, einer ästhetischen Lebensform.

„Nietzsche ist auch der Theoretiker, der in allen diesen Entwicklungs-
phasen seines Denkens, die in unterschiedlicher Pointierung in seinen Theoremen der Kunst und des Schönen antizipierend, distanzie-
rend kritisch oder aber in statu nascendi auftauchen, in immer wieder anderer Art und Weise die Frage gestellt und beantwortet hat, ob
wir aus unserem Dasein ein Kunstgebilde machen können und sollen, und statt der Ästimierung der *ausgestellten* u n d *aufgeführten*
Kunst selber ästhetische Lebensformen propagieren und durchsetzen
müssen, um die als ‚grausam‘ empfundene ‚Wirklichkeit‘ ins Lebens-
dienliche umzubiegen" (Reuber 1988: IX).

Und für Nietzsche ist das Künstlersein eine Weise des Lebens und erfüllt
sich nicht nur durch die Produktion ästhetischer Artefakte. Vielmehr grenzt
sich das prozessuale Künstlersein vom statischen *Kunstwerk* ab und setzt gegen die Kunst der Kunstwerke eine Kunst der Feste, die sich in der „Umgestaltung des eigenen Lebens zum Fest" (Reuber 1988: 80) verwirklicht.
Nietzsches Sichtweise vom „Leben als Fest" finden in gewisser Hinsicht in
den modernen und postmodernen Entwicklungen der Eventkultur, des Situationismus oder Fluxus einen Widerhall.[43]
Für die Darstellung und Prozesshaftigkeit seines ästhetisch-romantischen
Weltbildes steht bei ihm die Bewegung zweier Kräfte. Dafür entlehnt Nietzsche bei den Vorsokratikern zwei grundlegende Weisen der Weltbegegnung
und der Kunst, das apollinische und das dionysische Prinzip. Für Nietzsche
spiegelt sich der Weltwille im dionysischen Prinzip wider. Das Dionysische
steht für den Rausch, es ist der gestaltlose Urwille. Dem steht das apollinische Prinzip gegenüber, das für den Intellekt und die Rationalität steht; der
Gott, die Lichtgottheit, der zugleich die Welt der Phantasie und des Scheins
dominiert. Das Apollinische sieht Nietzsche entsprechend als die Kunst des
Scheins und der Wahrnehmung:

„Ja es wäre von Apollo zu sagen, daß in ihm das unerschütterte Vertrauen auf jenes principium und das ruhige Dasitzen des in ihm Be-
fangenen seinen erhabensten Ausdruck bekommen habe, und man
möchte selbst Apollo als das herrliche Götterbild des principii indivi-

---

[43] Für diese Aspekte vgl. Kapitel 5.

duationis bezeichnen, aus dessen Gebärden und Blicken die ganze Lust und Weisheit des ‚Scheines' samt seiner Schönheit, zu uns spräche" (Nietzsche 1998a: 28).

Auf der Grundlage dieser Unterscheidung – des Apollinischen-Dionysischen – rekonstruiert er die menschliche Geschichte. Während zunächst der apollinische Grundsatz im Dienst des Dionysos stand, verselbstständigte sich die apollinische Weltaneignung, ein überbordender form- und ordnungsgebender Rationalismus, auf Kosten des dionysischen Prinzips. Diese Trennung von Vernunft und Wille dauert nach Nietzsche bis in die Gegenwart an. Da in seinen Augen das dionysische Willensprinzip das dominantere von beiden ist, die Welt vom Willen dominiert wird, ist der Versuch der Philosophie, das apollinische Rationalitätsprinzip zu betonen, ein Zeichen von Degeneration und Untergang. Das Ziel muss es entsprechend sein, die dionysische Weltsicht erneut hervorzuheben. Denn unter „dem Zauber des Dionysischen schließt sich nicht nur der Bund zwischen Mensch und Mensch wieder zusammen: auch die entfremdete, feindliche oder unterjochte Natur feiert wieder ihre Versöhnung mit ihrem verlorenen Sohne, dem Menschen" (Nietzsche 1998a: 29).

Bei Nietzsche wird das Dionysische zu einem Vorbild für den Menschen hinsichtlich seiner Produktivität und der Schöpferkraft, wenngleich die Bipolarität seines Ansatzes nicht aufgelöst werden soll. „Der Reichste an Lebensfülle, der dionysische Gott und Mensch, kann sich nicht nur den Anblick des Fürchterlichen und Fragwürdigen gönnen, sondern selbst die fürchterliche Tat und jeden Luxus von Zerstörung, Zersetzung, Verneinung; bei ihm erscheint das Böse, Unsinnige und Hässliche gleichsam erlaubt, in Folge eines Überschusses von zeugenden, befruchtenden Kräften, welcher aus jeder Wüste noch ein üppiges Fruchtland zu schaffen im Stande ist" (Nietzsche 1882: 309). Und in diesem Kontext sind dann auch Nietzsches Spielemetapher und sein Bild vom Freigeist zu sehen, die er u.a. im *Zarathrustra* in den Zusammenhang mit dem Übermenschen stellt. Spiel und Ernsthaftigkeit werden hier zusammengeführt.

So ist Nietzsches Grundverständnis des Menschen eines, das den Menschen selbst als einen Prozess des Werdens betrachtet. Daher geht in seinen Augen alle vorherige Anthropologie von einem falschen Verständnis des Menschen aus – ein „Erbfehler der Philosophen" – wenn sie ihn als etwas Unveränderliches begreifen (vgl. auch Oberfeuchtner 2008: 4). „Unwillkürlich schwebt ihnen ‚der Mensch' als eine aeterna veritas, als ein Gleichbleibendes in allem Strudel, als ein sichres Maß der Dinge vor. Alles, was der Philosoph über den Menschen aussagt, ist aber im Grunde nicht mehr als ein Zeugnis über den Menschen eines *sehr beschränkten* Zeitraumes" (Nietzsche 1878: 155). Der Mensch ist ein Gewordenes und ein Werdendes, so dass von unveränderlichen Tatsachen den Menschen betreffend als Ausgangspunkt für eine Anthropologie nicht die Rede sein kann. Die Überwindung des statischen Menschenbildes zeigt sich auch durch Begriffe, die Veränderung und Dynamik implizieren, „z.B. ‚Hinüber', ‚Auf-dem-Wege', ‚Brücke', ‚Übergang', ‚Untergang'" (Oberfeuchtner 2008: 8). Und damit geht es Nietzsche immer auch um die Potenzialität, die Möglichkeiten, die der Mensch ergreifen, durch die er sich entwickeln kann. In einer spielenden und wahrnehmungsvariablen – einer ästhetischen – Lebensform (vgl. Reuber 1988) und Lebensführung sieht Nietzsche dann das dynamische Leben am besten ausgespielt. Und damit werden Nietzsche und seine Sicht auf den Menschen auch eine Folie für den postmodernen Menschen, der Möglichkeits- und Wahrnehmungsräume kreativ und dynamisch nutzt und zugleich hervorbringt.[44] Diese Sichtweise Nietzsche zusammen mit seiner Proklamation des Todes Gottes führte vor dem Hintergrund der großen wirtschaftlichen und sozialen Umbrüche und Beschleunigungs- und Modernisierungsschübe des 19. Jahrhunderts und beginnenden 20. Jahrhunderts zu einer „metaphysisch ungeschützte[n] subjektive[n] Wahrnehmungsform" (Zelle 1995: 306) der Menschen, die weniger durch bisher verbürgte Ordnungsmuster geleitet und ohne eine metaphysische Rahmung fundiert ist, sondern durch selbst hervorgebrachte Sinn- und Ordnungsformationen getragen wird. So hat u.a. Georg Simmel diesen Umbruch in der Wahrnehmung analysiert (vgl. z.B. Simmel 2008a, 2008b) und z.B. zugleich den transzendentalen Wandel von Gott zu Geld, insofern Geld immer universeller wird, erklärt.

---

[44] Hinsichtlich des Künstlers und der Kunst muss man zwei Sichtweisen bei Nietzsche unterscheiden. „Man muss klar unterscheiden zwischen den Stellen, an denen er Kunst und Künstler im engeren, wörtlichen Sinne, also die Dichtung, Musik oder bildende Kunst anspricht und ihre Protagonisten in der Tat als unverbesserliche Anti-Freigeister schmäht, und eben jenen viel interessanteren Stellen, an denen er dem künstlerischen Wirken eine weitere Bedeutung gibt, welche aus diesem Wirken eine allgemeinmenschliche, eine anthropologische Konstante macht" (Oberfeuchtner 2008: 44-45).

Wie oben erwähnt zeigt auch Nietzsche solche Wahrnehmungsveränderungen an und wird u.a. dadurch zum „Stichwortgeber der Medien- und Kulturwissenschaft" (Balke 2011: 11), wenn er z.b. darauf hinweist, dass die Schreibwerkzeuge an der Bildung unserer Gedanken ihren Anteil haben. Nietzsche markiert im Rahmen seiner Anthropologie – der bipolaren Bewegung zwischen dem Dionysischen und Apollinischen – somit den Versuch der Selbstüberwindung des Menschen durch Selbstschöpfung. Der (Über)-Mensch ist Schaffender und Kunstwerk zugleich. Und damit ist er anthropologisch betrachtet frei; aus sich selbst heraus und in seinen Entäußerungen.

3.2.4 Ernst Cassirer

Einen plastischen Ausdruck der anthropologischen Gedanken des Neukantianers Cassirer findet sich in dem Ausdruck *animal symbolicum*, dem Menschen als symbolverwendeten Tier. Cassirer sucht nach einem neuen Ansatzpunkt im Rahmen der philosophischen Anthropologie. „Steht uns neben der biologischen Beobachtung, dem biologischen Experimentieren und der historischen Untersuchung noch ein anderer Weg offen?" (Cassirer 1996: 109-110). Nach Cassirer kann der Mensch nur funktional und nicht substantiell bestimmt werden. Daher macht es für ihn keinen Sinn über sein metaphysisches Wesen oder die Feststellung besonderer, angeborener Anlagen die Antwort auf die Frage nach dem Eigentümlichen des Menschen zu geben. Das, was den Menschen wirklich auszeichne, sei „sein Wirken" (Cassirer 1996: 110), und damit meint Cassirer sein Tun und die sich daraus ergebenen Systematisierungen, die er als symbolische Formgebung ausweist.

Der Begriff des *animal symbolicum* fasst dies zusammen, muss aber auch als Erweiterung des vernunftbegabten Tieres (animale rationale) verstanden werden. Cassirer verwirft dergestalt nicht „die Definition des Menschen als eines *animale rationale*" (Cassirer 1996: 50, Herv. i. Original), sondern sieht den Begriff der Vernunft als nicht ausreichend an, um die Fülle und Mannigfaltigkeiten der Kultur zu erfassen. Denn der Mensch ist nicht nur mit einem Verstande ausgestattet, der ihm zueigen ist, sondern im Rahmen seines symbolischen Weltbezuges finden auch irrationale Elemente ihren Platz, die sich gleichwohl symbolhaft vermitteln. „Deshalb sollten wir den Men-

schen nicht als *animale rationale*, sondern als *animal symbolicum* definieren"
(Cassirer 1996: 51, Herv. i. Original).

Nach Cassirer baut sich die Welt sowie das Ich durch symbolische Formen
auf, die die Bezüge zur Welt ermöglichen, zugleich aber auch präfigurieren.
Solche symbolischen Formen sind beispielsweise Wissenschaft, Kunst,
Sprache oder Religion. Die symbolischen Formen können je nach Kultur
unterschiedlich ausgeprägt, gewichtet oder aufeinander bezogen sein. Entscheidend für Cassirer ist, dass es keinen *Zugriff* auf die Welt gibt, der nicht
bereits durch symbolische Formen – zum Beispiel die Sprache – geformt ist.
Das Wesen des Menschen lässt sich dergestalt allein durch Kultur – also
kulturanthropologisch – erklären. Und da Kultur wie bereits dargestellt
auch irrationale Momente beinhaltet, die zur Formgebung beitragen, übersteigt das *animal symbolicum* das *animal rationale*. Letztlich ist die Formgebung bzw. die Symbolisierung, die eigentliche Fähigkeit, die den Menschen
als solchen ausweist: „Die einfachste und praegnanteste Definition, die eine
philosophisch-gerichtete ‚Anthropologie' für den Menschen zu geben ver-
möchte, wäre daher vielleicht die Bestimmung, daß er der ‚Form fähig' ist.
[…] Seine charakteristische Stellung zur Welt wie seine Stellung zu den Gegenständen ist hierin beschlossen" (Cassirer 1995: 44).

Die Formfähigkeit spielt hier einen entscheidenden Punkt an. Denn diese
rührt in erster Linie nicht aus der Wahrnehmung, d.h., der Mensch ist
„beim Aufbau seiner Welt nicht von der Beschaffenheit des Materials abhängig […], das ihm seine Sinne liefern" (Cassirer 1996: 63). Cassirer
grenzt sich dergestalt von einem Sensualismus ab, da in seinen Augen die
menschliche Kultur in ihrer intellektuellen Vielfalt, ihren Werten und in ihrem spezifischen Charakter allein auf die Form, auf ihre „architektonische
Struktur" (Cassirer 1996: 63) zurückgeht und nicht auf das Sinnesmaterial,
in dem sie sich ausdrückt. So ist z.B. nicht die sinnliche Wahrnehmung der
Sprache in Form von auditiver Verlautbarung oder schriftlicher Darrei-
chung entscheidend, denn sie kann z.B. auch taktil erfolgen. Die dahinter-
liegende Form (z.B. in Form von Grammatik, d.h. Pragmatik, Semantik
und Syntax), also dasjenige, in das die Wahrnehmung eingebettet wird, ist
vielmehr das bestimmende Moment. Damit spielt die Wahrnehmung selbstredend eine wichtige Rolle im Rahmen der Formgebung, die zugleich auch
Sinngebung ist. Genau genommen sind sie eng verwoben und spielen sich

wechselseitig zu, da bereits das Wahrnehmen ein Akt der Gestaltung ist, aus der heraus wiederum Symbol- und Sinnformen gebildet bzw. bestätigt werden. Wenn man sie als wechselseitigen Prozess auffasst, kann die Frage danach, was genau zuerst da war – Wahrnehmung oder Formgebung – nicht beantwortet werden. Cassirer bringt diesen Prozess in dem Begriff der „symbolischen Prägnanz" der Wahrnehmung, der die Basis seiner Symbolphilosophie bildet, zum Ausdruck und wertet damit den Aspekt der Aisthesis im Vergleich zu Kant und seiner Kategorienlehre – der Strukturierung der Wahrnehmung durch die nicht an Erfahrung gebundenen Kategorien – wesentlich auf. Bei Cassirer verweben sich prägnante Wahrnehmungen und sinnliche Zeichen, Eindrücke werden geordnet und der Mensch kann sich ihnen formgebunden und vergegenständlicht zuwenden (vgl. auch Lauschke 2007: 133).[45]

Cassirer kann aus gutem Grund einer Kulturanthropologie zugeschlagen werden, da es in seinen Augen die intersubjektiv hervorgebrachten Formen, Organisationen und Ordnungen sind (z.B. Sprache. Religion, Mythos oder Kunst), über die die Feststellung des Menschen gelingen kann. Er selbst verweist dabei einerseits auf Platon als einen der Ersten, der die Notwendigkeit der Erforschung des gesellschaftlichen Lebens des Menschen sah, und zum Zweiten auf Auguste Comte, der trotz seines Positivismus' die Grundlage für einen „soziologischen Blickwinkel" (Cassirer 1996: 104) bei der Erklärung des Menschen legte.

Cassirers Symbolphilosophie kann mithin als Hintergrundfolie im Rahmen medienanthropologischer und -ästhetischer Überlegungen gesehen werden, auf der die Medien als eine besondere Symbolform betrachtet werden. Dann nämlich lassen sich die formgebenden und sich auf die Wahrnehmung legenden Prozesse ausweisen.

---

[45] Ein Beispiel aus der Hirnforschung zeigt eine analoge Verfahrensweise z.B. bei der Einbettung neuer Gerüche, zumindest bei Kaninchen: Bei EEG-Wellenanalysen der regio olfactoria (Geruchszentrum) von Kaninchen zeigte sich, dass das Auftreten eines neuen Geruchsreizes in dieser Region des Gehirns, zu einer Produktion nicht zufälliger Wellenform führte. Einer daraus entstehenden lokalen Stabilität wurde dann der entsprechende Geruchsreiz zugewiesen. Diese relativ stabilen und lokal begrenzten Zustände bezeichnet man als Attraktoren. Diesem Attraktor wird also die durch den Geruchsreiz verursachte Erregung zugewiesen. Dieser neue Attraktor wird in Relation zu den schon vorhandenen Attraktoren für bekannte Gerüche gesetzt und in dieses System eingebunden. Jeder weitere Geruchsreiz bekäme auf diese Weise einen Platz in einem solchen Relationsnetz zugeordnet. Siehe hierzu Stadler/Kruse 1991: 254.

3.2.5 Martin Buber

Martin Buber hat sich in seiner Dialogphilosophie aus verschiedenen Richtungen der Anthropologie genähert. Vor allem in Kants Ausarbeitungen und seiner vierten Frage „Was ist der Mensch?" sieht er die am eindringlichsten ausgesprochene Aufgabe einer philosophischen Anthropologie, die letztlich die Grundfrage des menschlichen Philosophierens darstellt und derart fundamentale philosophische Wissenschaft ist. Buber sieht bei Kants tatsächlicher Ausarbeitung seiner Anthropologie dann allerdings eine zentrale Leerstelle: Denn

> „danach, was der Mensch ist, wird hier überhaupt nicht gefragt, und von den Problemen, die für uns zugleich mit dieser Frage implizit gegeben sind, wie: die Sonderstellung des Menschen im Kosmos, sein Verhältnis zum Schicksal, seine Beziehung zur Welt der Dinge, sein Verstehen des Mitmenschen, seine Existenz als Wesen, das weiß, daß es sterben muß, seine Haltung in all den gewöhnlichen und außergewöhnlichen Begegnungen mit dem Geheimnis, die sein Leben durchziehen" (Buber 1962: 311).

Dergestalt findet Buber bei Kant nur die Formulierung der Aufgabe einer philosophischen Anthropologie. Das grundlegende Problem, das die Anthropologie nach Buber in den Blick nehmen muss, ist – und das klingt zunächst trivial –, den Menschen als Untersuchungsgegenstand zu haben.

> „Eine legitime philosophische Anthropologie muß wissen, daß es nicht bloß eine Menschengattung, sondern auch Völker, nicht bloß eine Menschenseele, sondern auch Typen und Charaktere, nicht bloß ein Menschenleben, sondern auch Altersstufen gibt; erst aus der systematischen Erfassung dieser und aller anderen Differenzen, aus der Erkenntnis der innerhalb jeder Sonderheit und zwischen ihnen waltenden Dynamik und aus dem stets neuen Erweis des Einen im Vielen kann sie die Ganzheit des Menschen erblicken. Aber eben deshalb kann sie den Menschen nicht in jener Absolutheit fassen, wie sie zwar nicht aus der vierten Frage Kants spricht, aber sich sehr leicht einstellt, wenn man sie zu beantworten sucht" (Buber 1962: 314).

Aber erst in der Gegenwart tritt für Buber das anthropologische Problem als ein selbstständiges philosophisches Problem richtig hervor. Der Mensch ist aus dem Haus eines Systems geworfen worden und befindet sich nun unbehaust wie auf einem freien Feld und auf sich selbst zurückgeworfen. In dieser zwanglosen *Fassungslosigkeit* stellt sich dem Menschen die Frage nach sich selbst, das Sich-in-Frage-stellen. Und das ist für Buber die eigentliche anthropologische Frage. Dafür, dass der Mensch überhaupt in eine solche unbehaute Situation gelangen konnte, gibt Buber soziologische Gründe an: die auseinanderbrechenden Formen unmittelbaren menschlichen Zusammenlebens, der Verlust von Gemeinschaften, die durch größere soziale Formen ersetzt oder verdrängt werden. Im Zuge des Ausbildens immer größer werdender Formen des menschlichen Zusammenlebens vollzieht sich der schleichende, gleichwohl kennzeichnende Prozess der Individualisierung und Vereinzelung in Industriegesellschaften. Wenngleich die alten gemeinschaftlichen Formen des menschlichen Miteinanders (z.B. Familie) äußerlich erhalten bleiben, so Buber, verlieren sie ihre innere Bindungskraft. Der Mensch sieht sich einer Beziehungslosigkeit gegenüber, die ihn hauslos macht. Nicht zufällig findet man hier eine Verwandtschaft zu den soziologischen Klassikern Ferdinand Tönnies und Georg Simmel, die ihm Rahmen der von Buber ausgegebenen Schriftenreihe *Die Gesellschaft* aktiv waren.

Eine geeignete philosophische Anthropologie muss für Buber lebensmäßig sein. Darunter versteht er die (dialogische) Hinwendung des Anthropologen zu seinem Untersuchungsfeld, die eben nicht unter Ausschluss seiner Subjektivität als unberührter Beobachter durchgeführt werden darf, da er sonst nicht die „Ganzheit der Person und durch sie die Ganzheit des Menschen erkennen kann" (Buber 1962: 316). Dem Anthropologen ist es geboten in einem Akt der Selbstbesinnung vollkommen in die Wirklichkeit einzugehen, „um der menschlichen Ganzheit innewerden zu können. Mit anderen Worten: er muss diesen Akt des Hineingehens in jene einzigartige Dimension als *Lebensakt* vollziehen, ohne vorbereitete philosophische Sicherung, er muß sich also alledem aussetzen, was einem widerfahren kann, wenn man wirklich lebt" (Buber 1962: 316). Im sozialwissenschaftlichen Jargon kann man in diesem Zusammenhang auch vom Erwerb der Mitspielkompetenz im Rahmen teilnehmender Beobachtungen in der Feldforschung sprechen.

Bubers dialogische Anthropologie geht von einem Doppelprinzip des Menschseins aus. „Die erste sei die Urdistanzierung, die zweite das In-Beziehungtreten genannt" (Buber 1962: 412). Die erste Bewegung ist zwar hier Voraussetzung der Zweiten, da man nur zu einem distanzierten Seienden in Beziehung treten kann. Aber daraus folgt nicht, dass sie gleichsam ihre Herkunft ist. Sie bereitet ihr den Raum, ob und wann und wie sich die zweite Bewegung manifestiert, ist nicht von der Ersten aus zu bestimmen. Der Mensch ist Mensch durch seine Fähigkeiten des sich Distanzieren-Könnens und des In-Beziehung-tretens. Buber entwickelt die menschliche Sonderposition anhand eines Vergleichs zum Tier. Auch das Tier nimmt Dinge wahr und konstruiert aus dem seine Lebensbedürfnisse betreffenden Elemente den Umkreis seines Daseins. „Das ›Weltbild‹, vielmehr Bereichsbild des Tiers ist nichts weiter als die Dynamik der Präsenzen, die durch das leibliche Gedächtnis in dem Maße miteinander verbunden sind, als es die zu leistenden Lebensfunktionen erfordern. [...] Erst der Mensch setzt an Stelle dieser unsteten Konglomerate deren Reihe der Lebenszeit des individuellen Organismus eingepaßt ist, eine von ihm als für sich seiend vorstellbare oder denkbare Einheit" (Buber 1962: 412f.).

Für die Tiere gibt es nur eine Umwelt, die durch ihre Bedürfnisse gestaltet ist. Es gibt solcherart nichts Abgehobenes oder Distanzhaftes, mit dem es in Beziehung treten kann. Erst für und durch den Menschen gibt es *eine* Welt, denn er kann das Ganze der Welt als einen Seinszusammenhang innehaben, weil er sich von der Welt als abgerückt und distanziert verstehen kann. Es ist die Doppelbewegung der Distanzierung und des In-Beziehung-Tretens, die den Menschen besonders auszeichnet. Buber stellt sich daran anschließend die beiden Fragen: „Wie ist der Mensch möglich?" und „Wie verwirklicht sich das Menschsein?" Und seine Antwort lautet darauf: „Die Urdistanz stiftet die menschliche Situation, die Beziehung das Menschwerden in ihr" (Buber 1962: 416). Menschwerdung entsteht dergestalt in diesen *dialogischen* Begegnungen.

Buber hat die Entstehung der neuen digitalen (Dialog-)Räume nicht mehr miterlebt. Derweil hat er – protentiv – auf den Umstand hingewiesen, wie es um die Menschwerdung bestellt sei, sollte sich der unmittelbare Dialog in der face-to-face-Beziehung aufgrund von Technik gänzlich verlieren: „Wenn wir je dazu gelangten, uns nur noch durch den Diktographen, also kontaktlos, miteinander zu verständigen, wäre die Chance der Menschwerdung bis auf weiteres vertan" (Buber 1962: 421). Folgt man ausschließlich diesem Zitate Bubers, so ließe sich für die heutige Zeit die Chancenlosigkeit auf Menschwerdung im Sinne Bubers konstatieren. Denn die Enklaven unmittelbarer Kommunikation sind durch den Siegeszug der digitalen Vernetzung kleiner geworden. Buber hat das Aufkommen des Computerzeitalters und die Möglichkeiten, die in den modernen, digitalen Medien enthalten sind wie erwähnt nicht mehr miterlebt, so dass sein Urteil in dieser Hinsicht eher explorativ als konstativ war. Vilém Flusser, der sich explizit auf Buber berief, hat in seinem Entwurf einer telematischen Gesellschaft und seinen medienanthropologischen Vorstellungen die Idee des Dialogs nicht nur aufgenommen, sondern ebenfalls als (medien)anthropologische Grundvoraussetzung verstanden (vgl. auch Bidlo 2009b, 2013b).

3.2.6 Martin Heidegger

Martin Heidegger in den Rahmen von Vertretern der (philosophischen) Anthropologie zu stellen, mag insofern überraschen, als im Rahmen der Heidegger-Forschung gerade die Frage, ob er ein solcher Vertreter oder nicht doch ihr größter Gegenspieler sei, sehr zugegen ist (vgl. z.B. Wunsch 2010, Munôz-Perez 2008). Gleichwohl sind seine Einsichten zum Wesen des Menschen und zur Technik bei einigen nach ihm kommenden Medientheoretikern auf fruchtbaren Boden gestoßen (z.B. bei Kittler oder Flusser). Daher sollen an dieser Stelle einige wenige Aspekte des Denkens Heideggers, die sich auf den Menschen und seine Technikverwendung beziehen, als Übergang dienen für die im Anschluss stehenden medienanthropologischen Darstellungen. Dass sich Heidegger mit dem Wesen der Technik auseinandergesetzt hat (z.B. Heidegger 1962), mag auch daran liegen, dass Technik nicht nur durch einen *homo faber* hervorgebracht wird, sondern umgekehrt der *homo faber* – der Mensch als Techniker – auch ein Auswurf bzw. *Entwurf* der Technik selbst ist. Für Heidegger ist nun zunächst ganz in phänomenologischer Manier die erste Frage, was denn das Wesen der Technik sei. Und bereits hier betont er, dass Technik und das Wesen der Technik nicht das Gleiche sei: „So ist denn auch das Wesen der Technik ganz und gar nichts Technisches" (Heidegger 1962: 5). Solange man dergestalt die Technik nur als Technisches sich vorstellt und sie im Rahmen des Technischen betreibt, also nur ihres Instrumenten- oder Werkzeugcharakters gewahr wird, „bleiben wir unfrei an die Technik gekettet" (Heidegger 1962: 5). Denn Technik ist nichts Neutrales, und gerade ihr scheinbarer Instrumentencharakter, ihr Sein als Mittel zum Zweck, lässt den Blick auf ihr wahres Wesen nicht zu. Daher ist auch der Blick mit technischen Hilfsmitteln auf die Welt nichts Neutrales, sondern hält vielmehr an, das, was man sieht, wiederum als *Bestand* zu verstehen, das in Instrumente und Mittel zur Weiterverwendung genutzt wird.[46] Das Wesen der Technik ist anders, es ist nach Heidegger eine Weise des *Entbergens*, ein Hervorbringen „aus der Verborgenheit her in die Unverborgenheit" (Heidegger 1962: 11). Technik bringt etwas Verborgenes hervor – etwas, das sich nicht von selbst zeigt –, und dieses Etwas trägt Wahrheit und Sinngebendes. Technik ist dieses Entbergen und überschreitet daher bei Weitem den Instrumentencharakter, wenngleich sie die Dinge auf ihre Verwendbarkeit hin in die Welt stellt. Und dieses *Ge-stell* ist die wahre Weise des Entbergens. Technik ist nach Heidegger solcherart janusköpfig.[47] Sie entbirgt, bringt also Wahrheit zum Vorschein, zugleich kann sie durch ihr Stellen-in-die-Welt (Ge-stell), „das Scheinen und Walten der Wahrheit" (Heidegger 1962: 27) verdecken. Aber erst, wenn der Mensch erfasst, dass Technik nicht nur ein einfaches Mittel ist, das wir fortlaufend meistern wollen, sondern eine Weise des Entbergens, kann sie ihm einen Blick – durch die Ge-stelle hindurch – auf die Freiheit bieten. Wenn „wir uns dem *Wesen* der Technik eigens öffnen, finden wir uns unverhofft in einen befreienden Anspruch genommen" (Heidegger 1962: 25). Und damit steht Technik zugleich in einer Reihe mit z.B. der Kunst, die eine andere Weise des Entbergens ist. Die Kunst spielt für Heidegger in diesem Zusammenhang eine wichtige Rolle. Zunächst weist er darauf hin, dass Technik und Kunst beide ihre Wurzeln in der *techne* haben. Kunst sei „jenes Entbergen, das die Wahrheit in den Glanz des Scheines hervorbringt" (Heidegger 1962: 34).

Technik und Kunst besitzen dergestalt beide einen Zugang zur Wahrheit bzw. Erkenntnis, obwohl sie völlig unterschiedlich sind. Da das Wesen der

---

[46]   Das von Jürgen Habermas später bestimmte technische Erkenntnisinteresse lässt sich hier unschwer erkennen (vgl. Habermas 1973).

[47]   Oder in den Worten Heideggers: „Das Wesen der Technik ist in einem hohen Sinne zweideutig. Solche Zweideutigkeit deutet in das Geheimnis aller Entbergung, d.h. der Wahrheit" (Heidegger 1962: 33).

Technik gerade nichts Technisches an sich hat, gelingt die Zuwendung des Menschen zur Technik – will er dem Wesen der Technik gerecht werden – nur dann, wenn er das Technische in der Technik hinter sich lässt. Und dies gelingt dem Menschen nach Heidegger, sofern er sich in einem anderen Bereich mit der Technik auseinandersetzt. Und dieser Bereich ist die Kunst. Hier deutet sich das künstlerische *Spielen* mit der Technik und den Möglichkeiten, die sie bietet, an, das man auch bei Vilém Flusser findet. Und bei beiden – an dieser Stelle zeigt sich ebenso der Rekurs Flussers auf Heidegger, der in Heideggers Daseinsanalyse als zwei zentrale Grundstimmungen des Daseins den Entwurf und den Verfall erkennt (vgl. Kroß 2009: 79) – liegt dann auch ein positives Potential in der Technik zur Befreiung des Menschen. Oder anders ausgedrückt: Verweilt der Mensch in einer rein technischen Bezugnahme zur Technik, z.B. in dem er sie als ein reines Instrument oder Mittel versteht, wird er ein Appendix der Technik, ist er ihr „ohnmächtig und auf Gedeih und Verderb ausgeliefert" (Heidegger 1962: 37). Erst wenn er über den Bereich der Kunst das eigentliche Wesen der Technik erkennt, bietet sie die Möglichkeiten zur Freiheit. Hierfür jedoch muss dem Menschen zunächst das wahre Wesen der Kunst gewahr werden und das wiederum liegt für Heidegger nicht in der Ästhetik als einer Theorie des Schönen (vgl. Heidegger 1986). Er will das Kunstwerk als ein eigenes *Ding* verstanden wissen und nicht als eine nur in der Subjektivität und der subjektiven Anschauung sich wiederfindende Wahrnehmung. Ein Werk ist etwas Eigenständiges, Heidegger bestimmt es aus seinem Seinsdenken, wie er es in „Sein und Zeit" entwickelt hat. Und nur deshalb kann sich die Wahrheit *ins Werk* setzen (vgl. Heidegger 1986: 31). Mehr noch kann die Wahrheit sich erst verwirklichen, wenn sie durch ein Kunstwerk von der Verbergung in die Entbergung, *aletheia*, überführt wird. Dergestalt sind bei Heidegger Ästhetik, Anthropologie und Technik miteinander verwoben.

3.2.7 Max Scheler

Scheler gehört zusammen mit Plessner und Gehlen – so kann man es salopp ausdrücken – zum Dreigestirn der modernen philosophischen Anthropologie und fungiert als deren Gründungsvater. Mit Helmuth Plessner verbindet Scheler zudem der Umstand, dass beide mit einem Stufenmodell arbeiten. Der Mensch fasst nach Scheler „alle Wesensstufen des Daseins überhaupt, und insbesondere des Lebens, in sich zusammen" (Scheler 1962: 16). Schelers anthropologischer Ansatz ist als eine Diagnose seiner Zeit und als Antwort auf eine Entwicklung in den Wissenschaften zu verstehen, in der der Mensch und seine Stellung in der Welt durch zu viele Einzelwissenschaften zergliedert und problematisch geworden sind. Auch die Lehre Darwins hat letztlich keine zureichende Erklärung geben können. Was ist der Mensch? Die Frage sieht Scheler in seiner Zeit nicht nur nicht beantwortet, sondern kommt zu dem Schluss:

> „Die immer wachsende Vielheit der Spezialwissenschaften, die sich mit dem Menschen beschäftigen, verdeckt, so wertvoll diese sein mögen, überdies weit mehr das Wesen des Menschen, als daß sie es erleuchtet. Bedenkt man ferner, daß die drei Ideenkreise der Tradition heute weiterhin erschüttert sind, völlig erschüttert ganz besonders die darwinistische Lösung des Problems vom Ursprung des Menschen, so kann man sagen, daß zu keiner Zeit der Geschichte der Mensch sich so *problematisch* geworden ist wie in der Gegenwart" (Scheler 1962: 9).

Damit deutet Scheler zugleich den Anspruch an, den eine philosophische Anthropologie hat, nämlich ein Fundament zu bilden auch für andere Wissenschaften. Ohne an dieser Stelle alle Wesensstufen dazustellen, sollen kurz einige prägnante anthropologische Ansichten Schelers vorgestellt werden. So sieht er in der Verwendung (nicht durch den Besitz) von Intelligenz den Menschen vom Tier geschieden und hebt dabei auf einen produktiv-ästhetischen Aspekt ab. Intelligenz ist bei ihm insofern immer praktisch, „da ihr Endsinn immer ein *Handeln* ist, durch das der Organismus sein Trieb-Ziel erreicht (bzw. verfehlt). Dieselbe Intelligenz kann beim Menschen in den Dienst spezifisch *geistiger* Ziele gestellt werden" (Scheler 1962: 32). Das „produktive Denken" (Scheler 1962: 33) gewährt Einblick in Sachverhalte, die nicht nur durch Reproduktion verfügbar sind (z.B. durch reine Beobachtung und Nachahmung), sondern durch Antizipation. So erst lassen sich neue Situationen durch neue Handlungsweisen bewältigen, die antizipativ bereits *vor* erneuten Probierversuchen geistig vollzogen werden können.[48]

---

[48] Auch das neue Handeln zählt in der Durchführung natürlich als Versuch, da ein Erfolg

Dabei ist dies von einer gewissen Plötzlichkeit gekennzeichnet. Was Scheler hier bereits andeutet, ist das kreative und innovative Potential des Menschen. Der Mensch ist kreativ im Sinne des Erschaffens – unabhängig davon, ob es sich um ein neues Artefakt oder eine Handlungssequenz handelt –, und dafür muss er mitunter mit Vorhandenem *spielen*, um zu neuen Arrangements zu kommen. Gleichwohl sieht Scheler in der Intelligenz allein noch keinen *Wesensunterschied* vom Menschen zum Tier, da auch Tiere eine gewisse Intelligenz besitzen (z.b. Werkzeuggebrauch bei Schimpansen) und solcherart man nur einen graduellen Unterschied unterstellen könnte. „Das Wesen des Menschen und das, was man seine ‚*Sonderstellung*' nennen kann, steht *hoch* über dem, was man Intelligenz und Wahlfähigkeit nennt" (Scheler 1962: 37). Diese Ebene, die nur dem Menschen vorbehalten ist, bezeichnet Scheler als Geist und er umfasst den zur Reflexion und Distanzierung (z.B. von der Welt oder seinen Trieben) fähigen Menschen. Damit wird bereits die Frage nach dem Menschen ein Ausweis für seine Sonderstellung.

Der *Geist* ist ein dem Leben entgegengesetztes Prinzip (vgl. Scheler 1962: 38), ist entbunden vom Organischen und daher umweltfrei und weltoffen. Er ist in Bezug zur Welt und den darin befindlichen Gegenständen nicht mehr determiniert. Der Drang oder Trieb, ausgelöst durch Sinnesreize, verwirklicht sich in der Natur und findet auf den Geist keine Anwendung. Denn der Geist hat Selbstbewusstsein – Scheler spricht auch vom „Bewußtsein des geistigen Aktzentrums" (Scheler 1962: 41) – und hat sich damit physisch wie psychisch selbst. Damit kann der Mensch bzw. das Aktzentrum des Menschen auch ein produktives Denken ausbilden, ein Spielen mit Möglichkeiten, das Gegenstände nicht mehr als bloße Werkzeuge zur Triebumsetzung und -befriedigung versteht, sondern das außerhalb natürlicher Kontexte steht. Denn der Mensch ist nicht *in* der Welt, sondern *hat* die Welt. Schelers – man könnte sagen – metaphysischer Dualismus (vgl. auch Bek 2011: 25) von Geist und Leben lässt ihn daran anschließend alle naturalistischen Theorien, seien es mechanistische, die er u.a. bei Demokrit, Epikur oder David Hume identifiziert, oder vitalistische Theorien wie bei Machiavelli, im amerikanischen Pragmatismus oder bei Nietzsche ausmacht, verwerfen. Dennoch ist der Geist allein bei Scheler nicht schöp-

---

nicht gesichert vorausgesagt werden kann. Es kann ebenso zu einem Misserfolg führen.

ferisch, ihm fehlt dazu die Kraft.

„Die höhere Seinsform ‚determiniert' wohl sozusagen das *Wesen* und die Wesensregionen der Weltgestaltung – *verwirklicht* aber wird sie durch ein anderes Prinzip, das ebenso ursprünglich [...] ist: durch das realitätsschaffende und die zufälligen Bilder bestimmende Prinzip, das wir ‚*Drang*' bzw. bilderschaffende ‚Drangphantasie' nennen" (Scheler 1962: 67).

Damit wäre eine Ästhetik im Schelerschen Sinne nicht im *Geist* angesiedelt, sondern schöpft aus dem *Drang*. Darauf aufmerksam gemacht zu haben, gesteht Scheler den vitalistischen Theorien zu, indem sie „zur Einsicht gebracht [...] haben, daß das, was im Menschen im eigentlichen Sinne schöpferisch mächtig ist, nicht das ist, was wir ‚Geist' (und die höheren Bewusstseinsformen) nennen, sondern die dunklen unterbewußten Triebmächte der Seele" (Scheler 1962: 84).
So wie Scheler in der Weltoffenheit einen Garant für die Sonderstellung des Menschen in der Welt sieht, erblickt nun Helmut Plessner nahezu gleichzeitig zu Scheler in der exentrischen Positionalität, die er in seinem Werk „Die Stufen des Organischen und der Mensch" (1928) ausarbeitet, die zentrale Kategorie seiner philosophischen Anthropologie.

3.2.8 Helmuth Plessner

Plessners zentraler Aspekt im Rahmen seiner philosophischen Anthropologie, mit der er den Menschen im Besonderen kennzeichnet, ist die „exentrische Positionalität", die er in seinem Buch „Die Stufen des Organischen und der Mensch" (1928) einführt. Mit dieser Kategorie grenzt Plessner den Menschen von anderen biologischen Organisationsformen wie z.B. dem Tier („geschlossene Positionalität") und den Pflanzen („offene Positionalität") ab, die eine zentrische Positionalität besitzen. Unter Positionalität versteht Plessner die „Gestelltheit des lebendigen Körpers" (Plessner 1975: 129). Der lebendige Körper steht in einem besonderen Verhältnis zu seiner Grenze, er reicht nicht nur (wie unbelebte Dinge) bis zu seiner Grenze, sondern er steht in einer Beziehung zu seiner Umgebung und greift über die eigene Grenze hinaus: Pflanzen wachsen, Tiere bewegen sich und beide *erfah-*

ren durch die Umwelt zugleich ihre Grenzen, sie stehen dergestalt in einer Auseinandersetzung mit ihr, anders als beispielsweise ein Felsbrocken. „Ein Lebewesen ist nicht nur *in* seine Umgebung, sondern auch *gegen* sie gestellt. Er lebt in einer Bezogenheit sowohl *auf* sein Umfeld als auch im Gegensinne *zu* ihm, dem lebendigen Ding, *zurück*, d.h. also im Doppelaspekt ineinander nicht überführbarer Richtungsgegensätze" (Plessner 1982: 9). Das Lebendige ist prozesshaft. Die zentrisch-offene Form der Positionalität zeigt sich bei Pflanzen, die noch kein Zentrum besitzen. Ihre einzelnen Teile sind zwar funktionalisiert, aber noch kaum auf Differenzierung angelegt. Tiere hingegen zeigen eine geschlossene Form, da ihr Positionsfeld nicht begrenzt ist, sie können sich bewegen. Ihr Körper bildet damit ein festumgrenztes Ganzes, das der Umwelt gegenübersteht. Zentrisch positionalisiert ist auch das Tier, weil ihm „sein selber Sein verborgen ist" (Plessner 1982: 9). Es lebt daher aus seiner Mitte heraus und in seine Mitte hinein, ohne sich selbst als Mitte zu erfahren. Der Mensch hingegen kann sich selbst bei seinem Erleben in den Blick nehmen und sich außerhalb seines Zentrums stellen. Er kann *aus der Haut fahren* und sich in seiner Verkörperung wahrnehmen. Der Mensch verkörpert sich nämlich dergestalt nicht erst durch seine Artefakte, sondern sein Körper selbst ist Ergebnis und Ausdruck seiner Verkörperung. Und damit ist der Mensch durch eine exzentrische Positionalität gekennzeichnet. „Er lebt und erlebt nicht nur, sondern er erlebt sein Erleben" (Plessner 1982: 9).[49]

Plessners Sichtweise auf den Menschen als ein radikal offenes Wesen lässt dergestalt eine *feste* Definition des Menschenwesens gerade nicht zu, der Mensch bleibt *unbestimmbar* und erfährt dadurch seine Bestimmung. Damit lässt Plessner in progressiver Art und Weise die Möglichkeit zu, das *Menschsein* auch eine andere Gestalt als die bisher verstandene einnehmen kann. „Menschsein ist an keine bestimmte Gestalt gebunden und könnte daher auch [...] unter mancherlei Gestalt stattfinden, die mit der uns bekannten nicht übereinstimmen" (Plessner 1975: 293). Deutlich ist aber auch, dass der Mensch bei Plessner nicht zuvorderst als Kultur- oder Naturwesen gefasst wird, sondern in seiner Ganzheit diese beiden Positionen umfasst.

---

[49] Henkel (2019) sieht im Anschluss daran die Möglichkeit zu einer digitalen Positionalität „als Reflexivwerden des exzentrisch-positionalen Möglichkeitspotentials" (Henkel 2019: 41).

Nun deutet Plessner auf einige Aspekte, die dem Menschen zueigen sind. Denn die Offenheit des Menschen zwingt ihn in gewisser Hinsicht zur Anpassung an seine Umwelt. Diese Anpassung gestaltet sich in doppelter Hinsicht als Anpassung an die Umwelt und Anpassung der Umwelt an die Belange des Menschen. In beider Hinsicht weist Plessner das *Schöpfen* bzw. das *Erfinden* und damit die Verbindung von Mensch und Ding als einen wichtigen Akt aus.

> „Seine Produktivität ist nur die Gelegenheit, bei welcher die Erfindung Ereignis wird und Gestalt gewinnt. Es wiederholt sich hier das früher besprochene Verhältnis der Koerrelativität des apriorischen und aposteriorischen Elementes, wie es die Situation des Lebewesens oder die Anpassung an seine Umgebung allgemein beherrscht, ja geradezu ausmacht, in der Schicht bewußten Machens, das nur schöpferisch wird, wenn ihm die spezifische Anpassung an die objektive Welt gelingt. Das Geheimnis des Schöpfertums, des Einfalls besteht in dem glücklichen Griff, in der Begegnung des Menschen mit den Dingen. Nicht das Suchen nach etwas Bestimmten ist das Prius der eigentlichen Erfindung, denn wer nach etwas sucht, hat in Wahrheit schon gefunden" (Plessner 1975: 321 f.).

Offenheit und schöpferisches Handeln führen bei Plessner auch zur Technik im Sinne einer Herstellung von Künstlichkeit. Diese ist im Wesen des Menschen insoweit angelegt, als er aufgrund einer exzentrischen Distanziertheit zu sich selbst und im Erblicken seines Umfeldes die Notwendigkeit künstlich hergestellter Dinge erkennt. Erst diese ermöglichen es ihm, sich dort zu behaupten und seinen Bedürfnissen nachzukommen. Hierin ist das wesentliche Motiv zur Herstellung eines festen Bestandes von Werkzeugen und letztlich der gesamten künstlichen Sphäre der Kultur zu sehen; ein Aspekt, der Plessners Anthropologie auch anschlussfähig an die Digitalisierung und die digitale Welt macht (vgl. Burow u.a. 2019). Nach dem *Verlust* der Natur als Heimat erschafft er sich eine zweite, künstliche Heimat, die als *Kultur* auch Bräuche, Sitten, Normen, aber auch die Kunst, Technik und jedwedes Werkzeug oder künstliches Mittel umfasst (vgl. Oldemeyer 2007: 132). Und damit ist eine vortechnische Stufe des Menschseins und der Gesellschaft nicht möglich. Mehr noch erhebt Plessner die Künstlichkeit zur conditio sine qua non des Menschen. Denn der Mensch ist ihm „von Natur, aus Gründen seiner Existenzform künstlich" (Plessner 1981: 384f.). Damit avanciert der Mensch zu einem Zwischenwesen, das sich *zwischen* Natur und sich selbst gebender Kultur bewegt. Das zeigt sich auch an der Plessnerschen Doppelfassung des Menschen als ein Wesen, das einen Körper hat, aber zugleich Leib ist, das sich zu sich selbst *verhalten* kann und so aus einer (zumindest für Tiere) festschreibenden Natur heraustreten kann. Das Verhältnis von Mensch zur Technik ist daran anschließend janusköpfig, und das mag auch an dem Changieren des menschlichen Wesens zwischen den Sphären *Natur* und *Kultur* liegen. Denn sie müssen sich im Gleichgewicht befinden. Plessner sieht, dass ein bewusstes Zurückdrehen der Entwicklung nicht möglich ist, denn sie auch Teil des menschlichen Wesens. „Von den Maschinen fortlaufen und auf den Acker zurückkehren, ist unmöglich. Sie geben uns nicht frei und wir geben sie nicht frei. Mit rätselhafter Gewalt sind sie in uns, wir in ihnen" (Plessner 1985: 38).

Gleichwohl sieht Plessner aus sozialphilosophischer Sichtweise in der Technik der Moderne eine Gefahr – ohne zugleich einer ausschließlich kulturpessimistischen Sichtweise zuzuschlagen –, die sich anschickt „das Antlitz dieses Planeten umzugestalten, die, über alle die Vorstellungen von einer sozialen Verantwortung, über alle die Vorstellungen, die wir aus der Geschichte und aus der Tradition überkommen haben hinausgreifend, berufen ist, einen ganz ungeahnten Lebensraum des Menschen zu gestalten!" (Plessner 1932: o.S.). Sie löst den Menschen, z.B. im Prozess des Arbeitens, nicht nur aus seinen Bindungen, sondern beinhaltet eine funktionale Formgebung, die letztlich auf den Menschen zurückschlägt. Der Mensch ist bei ihm damit zugleich *homo faber* und *homo ludens*, also durch Triebüberschuss ausgezeichnet, der im Spiel mündet. Beide stehen in einem gleichgewichteten Wechselspiel des Produzierens von Artefakten und des Spielens bzw. der Spielfreude. Für das 20. Jahrhundert diagnostiziert Plessner einen Konflikt zwischen diesen beiden Wesensformen, der das Gleichgewicht zugunsten des *homo faber* kippen könnte. Der Mensch trägt die Verantwortung für die von ihm geschaffenen Techniken und Dinge. Technische Entwicklung ist in dieser Perspektive dann auch menschliche Entwicklung. Dennoch folgt daraus nicht eine unkritische und verantwortungslose Haltung gegenüber jedweder technischen Entwicklung (vgl. Fohler 2003: 63). Der neuralgische Punkt, auch wenn Plessner ihn nicht exakt markieren kann, ist dort, wo die technische Entwicklung dominiert und den Menschen aus allen anderen möglichen Kontexten löst.

Die Technik hat mit dem Menschen gemein, dass sie unabgeschlossen, *offen* ist, dass technische Produkte eine beliebige „Erweiterungsfähigkeit und Umbildungsfähigkeit" (Plessner 2001: 77) besitzen. Die Unabgeschlossenheit und das Geöffnetsein für die Zukunft – man kann hier von Anschlussmöglichkeiten sprechen – bilden wiederum die Möglichkeit des Erfindens, Weiterführens und Spielens mit Möglichkeiten, die dann in Wirklichkeit übersetzt werden.

> „Aber niemand wird behaupten wollen, daß damit das Wesen der Erfindung und des glücklichen Griffs voll charakterisiert sei. Erfindung heißt auch Umsetzung aus der Möglichkeit in die Wirklichkeit. Nicht der Hammer hat existiert, bevor er erfunden wurde, sondern der Tatbestand, dem er Ausdruck verleiht. Das Grammophon war sozusagen erfindungsreif, als es feststand, daß Schallwellen sich mechanisch transformieren lassen, und diesen Tatbestand hat kein Mensch geschaffen. Trotzdem musste es erfunden werden, d.h. die Form dafür mußte gefunden werden. Der schöpferische Griff ist eine Ausdrucksleistung. Dadurch erhält der realisierende Akt, der sich auf die von der Natur dargebotenen Materialien stützen muß, den Charakter der Künstlichkeit" (Plessner: 1975: 321 f.).

Damit vereint Plessner den homo ludens mit dem homo faber und weist den Menschen als Teil der Technik und die Technik als Teil des Menschen aus. Aber mehr noch ist es das Spielen mit den Dingen sowie das daraus resultierende Schöpfen und Verwirklichen von Möglichkeiten, das Plessner – im Vorgriff auf spätere Kapitel – als Apologet einer medienästhetischen Sichtweise ausweist, die nicht nur der Rezeption (und Distribution), sondern auch der Produktion eine besondere Stellung einräumt. Beschaut man die menschlichen Sinne aus der Perspektive der exentrischen Positionalität, dann wird deutlich, dass diese gerade nicht nur Sinnesinformationen bieten, sondern vielmehr im Akt des Wahrnehmens bereits gestaltend tätig sind, z.B. indem sie dem Wahrgenommenen einen Sinn verleihen. Die menschlichen Sinne sind dann nicht mehr nur Informationsleiter, sondern bereits Sinnkonstituenten und bleiben darüber dann nie nur Rezipienten, sondern sind zugleich Produzenten der Welt. Natürlich muss man darauf hinweisen, dass das *eigentliche* Sehen, Hören, Schmecken, Tasten oder Riechen im Gehirn stattfindet und dort auch die Bedeutungszuweisung geschieht. Tatsächlich sind in dieser Sicht die physischen Sinne „nur" Impulsleiter, deren Übertragungen anschließend im Gehirn verarbeitet werden. Die Verarbeitung allerdings geschieht so, wie oben besprochen. Die Impulse treffen nicht auf eine *tabula rasa*, sondern werden sogleich eingewoben in Vorhandenes (woraus auch immer dieses *Vorhandene* besteht). Wahrnehmung ist damit sozial eingebunden, darüber auch hermeneutisch rekonstruierbar und steht mithin „zwischen Erkenntnistheorie und Anthropologie" (Breyer 2018).

Wir belassen es dabei, wie es sich aus der Sprachroutine heraus gebildet hat, von den Sinnen als Wahrnehmungsorgane zu sprechen, deren Provenienz natürlich im Gehirn liegt.

3.2.9 Arnold Gehlen

Arnold Gehlen fasst im Anschluss an Johann Gottfried Herders Sprachanthropologie den Menschen als ein Mängel-, aber zugleich als ein handelndes Wesen auf. Bereits Herder sah den Menschen als ein solches Mängelwesen:

> „Nackt und bloß, schwach und dürftig, schüchtern und unbewaffnet, und was die Summe seines Elendes ausmacht, aller Leiterinnen des Lebens beraubt. Mit einer so zerstreuten [sic], geschwächten Sinnlichkeit, mit so unbestimmten, schlafenden Fähigkeiten, mit so geteilten und ermatteten Trieben geboren, offenbar auf tausend Bedürfnisse verwiesen, zu einem großen Kreise bestimmt – und doch so verwaiset und verlassen, daß es selbst nicht mit einer Sprache begabt ist, seine Mängel zu äußern – Nein! ein solcher Widerspruch ist nicht die Haushaltung der Natur. Es müssen statt der Instinkte andre verborgne Kräfte in ihm schlafen!" (Herder 1978: 142)

Weiterhin ist er gekennzeichnet durch seine Unspezialisiertheit und Offenheit, die ihn zwar zu *nichts* von Natur aus fähig, ihn aber zugleich lernfähig für nahezu *alles* macht. Den Mangel, den der Mensch von Natur aus mitbekommen hat – z.B. die Instinktarmut –, muss und kann er durch seine Fähigkeit zur Kultur ausgleichen. So ist der Mensch wesentlich durch seine Kulturfähigkeit, ist er als Kulturwesen ausgewiesen. Er ist „von Natur ein Kulturwesen" (Gehlen 1940: 80). Die Kultur kompensiert und ersetzt das fehlende oder nur wenig ausgeprägte Instinktsystem. Zur Stabilisierung seiner eigenen Offenheit und Ungerichtetheit, und damit letztlich zur Ermöglichung des dauerhaften menschlichen Zusammenlebens, muss er Institutionen ausbilden, die Stabilität und Halt vermitteln und ihm von einem Improvisationsdruck befreien. Dort und darüber werden Handlungs- und Verhaltensweisen festgehalten und internalisiert. Im Kleinen wiederum sind es technische Artefakte oder Werkzeuge, deren Herstellung und Verwendung zu einer physischen wie psychischen Entlastung des Menschen führen. Der Mensch setzt dergestalt Mittel bzw. Technik ein, um einen Organmangel zu kompensieren, sich zu entlasten und zu erweitern. Gehlen sieht den Menschen physisch frei bzw. unspezialisiert, d.h. nicht auf eine vorgegebene Umwelt fixiert und daher in mehr als nur in seinem geistigen Potential vom Tier unterschieden.

> „Die physische Unspezialisiertheit des Menschen, seine organische Mittellosigkeit sowie der erstaunliche Mangel an echten Instinkten bilden also unter sich einen Zusammenhang, zu dem die ‚Weltoffenheit‘ (M. Scheler) oder, was dasselbe ist, die Umweltenthebung den Gegenbegriff bilden [...]. Wir haben damit einen Strukturbegriff des Menschen, der nicht auf dem Merkmal des Verstandes, Geistes usw. allein beruht" (Gehlen 1940: 35f.).

Der Mensch muss sich dergestalt, aufgrund seiner Bestimmung als nicht festgestelltes oder besser als unbestimmtes Wesen seine Bestimmung zuerst selbst geben. Und dieses Suchen, das dem Finden vorausgeht, wird vollzogen – wie bereits erwähnt – durch Handlungen, womit der Mensch als ein handelndes Wesen in Gehlens Anthropologie ausgewiesen wird.
Eine besondere Stellung, wenn bereits von Kultur und Handlung gesprochen wurde, nimmt bei Gehlen die Technik ein. Genau genommen defi-

niert Gehlen den Menschen zugleich auch über seine Technikherstellung und -nutzung. „Die Technik ist so alt wie der Mensch" (Gehlen 1953: 93). Mensch und Technik sind gleichursprünglich. Gehlens Anthropologie ist insofern technomorph, als dass sie „bereits einen Begriff des Mittelbrauchs voraussetzt" (Luckner 2008: 39), d.h. zugleich technisches Handeln bedingt.

Gehlen bringt in dem Zusammenhang von Mensch und Technik dann die Aspekte der Organentlastung, der Organüberbietung und schließlich des Organersatzes (vgl. Gehlen 1953: 94). So ist der Schlagstein in der Hand eine Entlastung und Überbietung der Faust, das Flugzeug ein Organersatz für die dem Menschen nicht vorhandenen Flügel. Bei Gehlen korrelieren Technik- und Kulturentwicklung bzw. -geschichte. In der Waffentechnik z.B. wurden Steine durch Holz, diese dann durch Metalle ersetzt und bezeichnen eine eigene Kulturstufe im Rahmen der Menschengeschichte (Bronze- oder Eisenzeit). Der Aspekt „eines Wesenszusammenhanges von Mensch und Technik, also zwischen der erfinderischen Intelligenz des Menschen, seiner Organausstattung und der Expansionsfähigkeit seiner Bedürfnisse" (Gehlen 1953: 94) lässt sich nach Gehlen sinnhaft nur aus einer Anthropologie heraus entwerfen, die den Menschen als ein Mängelwesen erfasst. Und damit wird das menschliche Konstitutionsmerkmal des *Mangels* eine Grundvoraussetzung der (extensiven) technischen Betätigung des Menschen. Und hier verketten sich Mangel, Technik und der Begriff des *Handelns*. Denn der handelnde Mensch, „die Handlung als das umkonstruierende Tun eines weltoffenen und konstitutionell mit bloß organischen Mitteln lebensunfähigen Wesens ist so zentral wie irgendein anderer Wesenszug und kann nicht veroberflächlicht werden" (Gehlen 1953: 95).

Das Mängelwesen Mensch ist dergestalt gezwungen, die Natur entsprechend seiner Bedürfnisse zu seiner Umwelt umzuwandeln. Und für dieses Umwandlungs- und Anpassungswirken entwirft der Mensch Techniken, die als Organersatz, -entlastung und -verstärkung fungieren – ein Motiv, das sich später bei McLuhan ebenfalls zeigen wird. Neben der Technik sind es Institutionen, die dem Menschen ein soziales, wechselseitig anerkanntes Handeln ermöglichen, ihn entlasten und stabilisieren.

„Wie bringt es denn der Mensch angesichts seiner Weltoffenheit und der Instinktreduktion, bei aller potentiell in ihm enthaltenen unwahrscheinlichen Plastizität und Unstabilität eigentlich zu einem voraussehbaren, regelmäßigen, bei gegebenen Bedingungen denn doch mit einiger Sicherheit provozierbaren Verhalten, also zu einem solchen, das man quasi-instinktiv oder quasi-automatisch nennen könnte, das bei ihm *an Stelle* des echt instinktiven steht und das offenbar den stabilen sozialen Zusammenhang erst definiert? So fragen, heißt das Problem der *Institutionen* stellen. Man kann geradezu sagen, [dass] so die menschlichen durch Institutionen und die darin erst ‚feststellenden‘ quasi-automatischen Gewohnheiten des Denkens, Fühlens, Wertens und Handelns, die allein als institutionell gefasste sich vereinseitigen, habitualisieren und damit stabilisieren. Erst so werden sie […] einigermaßen zuverlässig, d.h. voraussehbar" (Gehlen 1940: 79).

So lässt sich zusammenfassen, dass es bei Gehlen die biologische Mittellosigkeit ist, die ihn zu einem tätigen und handelnden Wesen drängt, das derweil durch seine Intelligenz zu einem solchen Handeln befähigt ist. Technik und Institutionen sind daran anschließend geronnene und sichernde Formen dieses Handelns und Wirkens. Für Gehlen steht auch die Produktivität durch das entsprechend schöpferische Handeln selbst in Bezug zu diesen Ansprüchen. Daher ist das schöpferische Handeln bei ihm weniger dem Künstler als vielmehr den Politikern, Organisationen oder Erfindern zuzeigen, denn es muss im Sinne von Handlungsstabilisierung oder Mangelauflösung zielführend und sinnerfüllend sein (vgl. Gehlen 2004: 107 ff.). Das schöpferische Handeln ist also alles andere als voraussetzungsfrei. Vielmehr legen sich die von Gehlen herausgearbeiteten anthropologischen Voraussetzungen auch auf die Wahrnehmung des Menschen und zwar – wie er in Zustimmung zu Scheler sieht – durch „geschichtliche Transformationen gewisser Bewusstseinsstrukturen, auch der Wahrnehmung" (Gehlen 2004: 115). Und da es in seinen Augen keine vorkulturelle menschliche Natur gibt, sind unsere Wahrnehmungen, so lässt sich schlussfolgern, entsprechend kulturell präformiert.

3.3 Medienanthropologische Implikationen

Mit dem Aufkommen der modernen Massenmedien wurde und wird die Frage nach dem, was Medien mit den Menschen und umgekehrt die Menschen mit den Medien machen, dringlicher. „Daß die Medien Mittel für einen Zweck sind, verschwindet in ihrem Vollzug. Sie arbeiten vielmehr mit an einer ‚zweiten Natur' des Menschen" (Kamper 2002: 304), Lindemann spricht hier auch von einer „Verschränkung von Leib und Nexistenz" (Lindemann 2019: 47). Und damit muss sich eine „anthropologische Erforschung des Medialen von der [...] Zwischenmenschlichkeit lösen" (Faßler 2003: 39) oder zumindest einen solchen *dialogischen* (vgl. Buber 1962) Spalt überspringen. Die hier vorgenommene Auswahl von Denkern, deren Denken als medienanthropologisch verstanden wird, folgt der These, dass in ihrem Denken wesentliche Kennzeichen markiert werden können, von denen nicht nur eine wie auch immer ausfallende Wirkung der Medien auf den Menschen ausgeht, sondern die letztlich eine Modulation des Denkens und Wahrnehmens und einem Zusammenwachsen von Medien und Menschen deklarieren.

3.3.1 Marshall McLuhan

Marshall McLuhans „The medium is the message", seine Definition von Medien in kalte und heiße – unabhängig von der Tragfähigkeit dieser Unterscheidung – und seine Definition von Techniken (zu denen auch die Medien gehören) als eine Ausweitung des menschlichen Körpers müssen als grundlegend medienanthropologische und -ästhetische Sichtweise verstanden werden (vgl. auch Engell 2013: 111). So sieht er in „Die magischen Kanäle" (*Understanding Media*) das Leitmotiv seiner Untersuchung in dem Gedanken, „daß alle Techniken Ausweitungen unserer Körperorgane und unseres Nervensystems sind, die dazu dienen, Macht und Geschwindigkeit zu vergrößern" (McLuhan 1968a: 99). In eine ähnliche Richtung geht Paul Virilio (z.B. Virilio 1998), wenn er in der Geschwindigkeit der Medien und den allgemeinen Beschleunigungsprozessen durch die elektronischen Kommunikationsmedien ein bestimmendes Moment für Macht, Reichtum, aber auch für die Wahrnehmung des Menschen sieht. Die durch die technischen Artefakte erzeugte Informationsübertragung – und vor allem die Erhöhung der Geschwindigkeit als solche – schlägt über die Wahrnehmung wieder zurück auf den Menschen und verändert nicht nur die Wahrnehmung, sondern auch die Organisation des Zusammenlebens. Die Erhöhung der Geschwindigkeit der Informationsbewegung „bedeutet eine wesentlich größere Kontrolle über viel größere Entfernungen" (McLuhan 1968a: 100). McLuhans Betonung des Mediums impliziert zugleich eine Vernachlässigung der semiotischen Ebene und zielt nun ebenfalls auf die Veränderungsweisen der Wahrnehmung, die mit einer Veränderung des Mediums einhergehen. So sieht er diesen Prozess besonders durch den Wandel vom Manuskript zur Druckerpresse bzw. zum gedruckten Text in der Gleichförmigkeit des Druckbildes, in der *Typographie*, begründet. Die *Typographie* bringt den typographischen Menschen hervor, der sich in der *Gutenberg-Galaxis* (vgl. McLuhan 1968b) bewegt. McLuhan sieht durch Guttenbergs Erfindung den Menschen erst in den Mittelpunkt, ins anthropozentrische Bewusstsein gestellt, „um sogleich wieder durch Kopernikus auf den Rang einer [sic] Randpartikel degradiert zu werden. [...] Jedenfalls zerstörte Darwin ein anthropozentrisches Bewußtsein, ähnlich wie Kopernikus den anthropozentrischen Raum zerstört hatte" (McLuhan 1968a: 338). Auch hier deutet sich an, dass alle wesentlichen Veränderungen in der Menschheitsgeschichte durch Medien hervorgerufen wurden. In *Understanding Media* weist McLuhan dann schon im Untertitel die anthropologische Komponente seiner Sichtweisen aus, in dem er – *The Extensions of Man* – die Medien als Extensionen des Menschen versteht.

McLuhan zeigt in seinen Überlegungen deutlich die invasive Wirkung der Medien auf die Sinne und verbindet so ästhetische und anthropologische Elemente. Und nicht zufällig sieht er in dem Künstler den Fachmann für Wahrnehmung, der solche Sinnesmodulationen erkennen kann: „Die Auswirkungen der Technik zeigen sich nicht in Meinungen und Vorstellungen, sondern verlagern das Schwergewicht in unserer Sinnesorganisation oder die Gesetzmäßigkeiten unserer Wahrnehmung ständig und widerstandslos. Der ernsthafte Künstler ist der einzige Mensch, der der Technik ungestraft begegnen kann, und zwar nur deswegen, weil er als Fachmann die Veränderungen in der Sinneswahrnehmung erkennt" (McLuhan 1968a: 25).

Die Technik als eine Organverlängerung (s. Gehlen) wird bei McLuhan überraschend in den Kontext der Amputation gestellt. Über den Narziß-

Mythos erläutert er die Narkosewirkung[50] der Verliebtheit der Menschen in seine Apparate (vgl. McLuhan 1968a: 50), die auch Folgen dieser *Amputationen* sind. Die Erweiterung bei Narziß bzw. die Ausweitung (Amputation) seiner selbst vollzieht sich über sein Spiegelbild, in das er sich verliebt und das seine Sinne betäubt. McLuhans folgt einer Auslegung des Mythos, die sich in einem wichtigen Aspekt zur herrschenden Sichtweise unterscheidet, und zwar verliebt sich Narziß in sein Spiegelbild im Glauben, einen anderen zu erblicken.[51] Zentral ist hier, dass das Bild bzw. die Sage von Narziss verdeutlichen soll, dass Ausweitungen dazu dienen, entstandenen Druck oder Überreizung zu kompensieren. So wie das zentrale Nervensystem des Menschen mit physischer *Verkapselung* oder Absonderung ('Amputationen') auf Reizüberflutung (z.B. Stress) reagieren kann, so kann der Mensch bewusst Technik und Medien erfinden, die Gleiches außerhalb des menschlichen Körpers tun können. „Mit dem Aufkommen der Elektrotechnik schuf der Mensch ein naturgetreues Modell seines eigenen Zentralnervensystems, das er erweiterte und nach außen verlegte" (McLuhan 1968a: 50). Darin liegt „der Sinn der Sage von Narziß. Das Bild des jungen Mannes ist eine Selbstamputation oder eine durch Reizdruck hervorgerufene Ausweitung. Als Gegenreizmittel verursacht das Abbild eine generelle Betäubung oder Schockwirkung, die jede Erkenntnis unmöglich macht. Selbstamputation schließt Selbsterkenntnis aus" (McLuhan 1968a: 51-52). Jean Baudrillard sieht übrigens in der heutigen Bilder- bzw. Videokultur ganz im Gegenteil dazu die Ablösung von der sog. Spiegelkultur. Diese Videokultur habe „nichts mit Narzißmus zu tun, und man irrt, wenn man den Terminus zur Beschreibung dieses Effekts mißbraucht. Die Video- und Stereokultur erzeugt nämlich kein narzißtisch Imaginäres, sondern ist ein Effekt äußerster, verzweifelter Selbstreferenz" (Baudrillard 1989: 120).
Dass McLuhan neben dem Begriff der Ausweitung zugleich den Begriff der Amputation nutzt, mag auch daran liegen, dass durch den Letztgenannten eine physische (nicht mehr Teil des unmittelbaren Körpers) wie psychische Abtrennung (Betäubung) und damit die Verobjektivierung der nun auslie-

---

[50] Von Narziss, lat. *Narcissus*, leitet sich auch die *Narkose* ab.
[51] Bekanntlich leitet sich der *Narzissmus* also die Selbstliebe bzw. Selbstverliebtheit, die mit einer hohen Eitelkeit einhergeht, vom Narziss-Mythos ab. Der Begriff des Narzissmus folgt dergestalt offenkundig der Interpretation, dass Narziss sich selbst erkannte und von seiner eigenen Schönheit betört und verzückt war.

genden Artefakte deutlicher wird. Der Mensch erkennt dergestalt nicht, dass die Liebe zu solchen Ausweitungen (z.B. dem Medium Fernsehen) letztlich Narzissmus ist. Diese Auslagerungen schlagen derweil wieder auf den Menschen und die Gesellschaft zurück und bringen „ein neues Arrangement der Sinne und der Sinneswahrnehmung und somit gleichfalls des Zusammenlebens der Menschen" (Abarbanell 1993: 5) hervor. Für McLuhan ist diese unmittelbare Koppelung folgerichtig. „Das Sehen, Verwenden oder Wahrnehmen irgendeiner Erweiterung unserer selbst in technischer Form heißt notwendigerweise auch sie einbeziehen […], diese Ausweitungen unserer selbst in unser persönliches System aufzunehmen und die ‚Schließung‘ oder die Verdrängungen der Wahrnehmung, die darauf automatisch folgt, mitmachen" (McLuhan 1968a: 55).

Und damit sind Medien ästhetisch wirksam. Mehr noch ist der Mensch – das zeichnet sich bei McLuhan ab – Produzent und Produkt von Medien, er lässt sich als nicht abschließbarer Prozess verstehen, der faktisch nicht ist, sondern fortwährend wird und zwar in Form von Relationen. Und damit ist der Mensch – im Vorgriff auf Vilém Flussers Sichtweisen – kein Etwas, „sondern [ein] Wie-sich-Relationen-verketten" (Flusser 1993a, S. 77). Eine Sichtweise, die die Medien noch stärker betont und voranstellt, findet sich bei Friedrich Kittler.

3.3.2 Friedrich Kittler

Friedrich Kittlers Plädoyer von der „Austreibung des Geistes aus den Geisteswissenschaften" und sein Wunsch, die Geisteswissenschaften auf den Grund einer Medienwissenschaft zu stellen, deutet bereits ein medienanthropologisches Programm an. Denn die Geisteswissenschaften arbeiten implizit (manchmal auch explizit) bereits mit der anthropologischen Voraussetzung des Geistes, der letztlich den Menschen zu einem Menschen macht. Setzt man den Geist als Erstes an, können Medien letztlich nur als Werkzeuge gefasst werden, die keinen ontologischen Status über diesen reinen Gebrauchscharakter erlangen können. Kittler hingegen sah – und darin folgte er Heidegger – den Geist und das Denken den Medien folgend, die die jeweilige Zeit und Epoche zur Verfügung stellt. Medien *bestimmen* unsere Lage (vgl. Kittler 1986: 3) und entziehen der Anthropologie damit ihren Protagonisten, den Menschen. „Von den Leuten gibt es immer nur das, was

126

Medien speichern und weitergeben können" (Kittler 1986: 5). Dergestalt forderte Kittler mit der Austreibung des Geistes zugleich die Hinwendung der Geisteswissenschaftler zu den Techniken und Medien, derer sie sich bedienen. Kittler trat dergestalt an – um es mit den Worten Hartmut Winklers auszudrücken –, um „den Menschenwissenschaften [...] ihr medientechnisches Apriori nachzuweisen" (Winkler 2003: 222).

In seiner poststrukturalistischen Sichtweise trennt er sich – man könnte sagen zwangsläufig – von der traditionellen geisteswissenschaftlichen Tradition des Deutens von subjektivem Sinn, d.h. der Hermeneutik und damit auch vom Subjekt als Träger und Produzent solcher Sinneinheiten. Anstelle des Bewusstseins der Subjekte als Kulturproduzenten treten bei Kittler eher die Schaltungen und die sie bedingende Hardware, die Aufschreibesysteme verstanden als ein Netzwerk aus Techniken, die letztlich über ihre Hardware Einschreibe- und Festschreibungsprozesse beim Menschen vornehmen. Die (Medien-)Technik und ihre Strukturen werden dann bestimmend für das, was Geist genannt wird.

Kittler sieht dergestalt anders als McLuhan in den Medien keine *extensions of man*, wesentlich mehr sind sie ihm Kulturtechniken, die unsere Wahrnehmungen von der Welt und damit unser Wissen über sie formen. Erst über und durch die Medien wissen wir etwas über unsere Sinne. Somit ist die Kultur, ist letztlich der Mensch bestimmt durch die Formen und Arten der technischen Medien; ändern sich diese, ändern sich zugleich die Kultur und der Mensch. Damit wird die Medientechnik zu dem bereits erwähnten Apriori der Kulturgeschichte und der „historischen Formationsweisen" (Karpenstein-Eßbach 2004: 95). Und in dieser Hinsicht zielt Kittler weniger auf die Untersuchung von Medieninhalten als auf die „Aufschreibesysteme" (Kittler 1987), die Speicherungs- und Verarbeitungsformen, eben die Hardware. Hier wären beispielsweise die Schrift, der Film oder das Bild zu nennen und zwar ihre hardwareseitigen Techniken. In der Betonung der Hardware der Medientechnologie folgt Kittler einem grundsätzlichen Materialismus. Als zunächst letzter Schritt in dieser Entwicklung lässt sich die Digitalisierung bezeichnen, d.h. die Speicherung und jederzeitige Formierung elektrischer Ladungen in binärer Form, mit dem Bit als kleinster Einheit, die allerdings quasi materielos erfolgt und erst durch die Hardware eine materielle Form erhält. Kittler selbst betont in diesem Zusammenhang:

„In der allgemeinen Digitalisierung von Nachrichten und Kanälen verschwinden die Unterschiede zwischen den einzelnen Medien. Nur noch als Oberflächeneffekt, wie er unterm schönen Namen Interface bei Konsumenten ankommt, gibt es Ton und Bild, Stimme und Text. Blendwerk werden die Sinne und der Sinn. […] Und wenn die Verkabelung bislang getrennte Datenflüsse alle auf eine digital standardisierte Zahlenfolge bringt, kann jedes Medium in jedes andere übergehen. Mit Zahlen ist nichts unmöglich. […] ein totaler Medienverbund auf Digitalbasis wird den Begriff Medium selber kassieren. Statt Techniken an Leute anzuschließen, läuft das absolute Wissen als Endlosschleife" (Kittler 1986: 7-8).

Im Rahmen einer solchen Endlosschleife der Datenströme wird der Mensch selbst Teil der Datenströme und damit – in Umkehrung der klassischen Perspektive – selbst ein Objekt der Medien, zu „Schaltungen" (Kittler 1986: 5). So werden die Medien zentraler Bestimmungsgrund des Menschen, wenn der Mensch zunächst „in Physiologie und Nachrichtentechnik" (Kittler 1986: 28) zerfällt, um dann durch die elektronischen Medien wieder zusammengesetzt, neu geboren zu werden. Verantwortlich für einen solchen (historischen) Zustand sind für Kittler nicht gewisse Diskurse, sondern die technischen Möglichkeiten der Datenverarbeitung – Aufschreibesysteme –, die dann für eine bestimmte Form des Denkens, Sprechens oder Verhaltens, und damit gleichwohl für gewisse Diskurse, verantwortlich sind (vgl. auch Rothe 2005: 45). Die Arten und Formen der Aufschreibesysteme, die Formen der Speicherung und Übertragung von Daten werden zu Determinanten. Kittler formuliert im Nachwort zu den *Aufschreibesystemen* programmatisch:

„Spätestens seit der zweiten industriellen Revolution mit ihrer Automatisierung von Informationsflüssen erschöpft eine Analyse nur von Diskursen die Macht- und Wissensformen noch nicht. Archäologien der Gegenwart müssen auch Datenspeicherung, -übertragung und -berechnung in technischen Medien zur Kenntnis nehmen. Gerade die Literaturwissenschaft kann nur lernen von einer Informationstheorie, die den erreichten technischen Stand formalisiert anschreibt, also Leistungen oder Grenzen von Nachrichtennetzen überhaupt meßbar macht" (Kittler 1987: 429).

Damit dreht Kittler den Gegenstandsbereich der Literatur- und Medienwissenschaft insofern auf den Kopf, als nicht mehr die *Bedeutung* von Zeichen und damit die Interpretation von Texten oder anderen Artefakten im Mittelpunkt stehen. Vielmehr wäre die Aufgabe, die Liebe zum Wort gegen ein analytisches Interesse der technischen und medialen Bedingtheit der Worte auszutauschen. Und eine solche Bedingtheit beginnt bereits mit der medialen Bedingtheit des Menschen selbst; und damit beginnt bzw. muss jede Anthropologie, muss jeder Mensch – auch der *Philologe* – mit einem technischen Medium beginnen.

3.3.3 Vilém Flusser

Bei einer – wenn auch synoptischen – Darstellung von medienanthropologischen Ansätzen, dürfen die Überlegungen Vilém Flussers heute nicht mehr fehlen. Denn neben einer Reihe von innovativen Gedanken zu Themen der Medien, Geschichte, der Zeit, des Designs, Architektur oder phänomenologischen Erkundungen gewisser kultureller *Gesten*, ist besonders seine optimistische Grundhaltung zu technischen Medien und ihrem Einsatz- und Wirkmöglichkeiten hervorzuheben. Damit ist selbstredend nicht eine unkritische Haltung Flussers den Medien gegenüber gemeint. Flusser stand den technischen Entwicklungen sehr wohl kritisch gegenüber, aber er sah in ihnen zugleich das Potential zur Etablierung einer durch sie generierten freiheitliche und demokratische Gesellschaft. Einige Gedanken Vilém Flussers sind über diese gesamte Untersuchung verteilt, in einem späteren Kapitel sollen einzelne seiner Aspekte genauer beschaut werden. Dennoch sollen bereits hier die medienanthropologischen Gesichtspunkte besprochen werden. Flussers Ideen über den Menschen sind eingelassen in einer Vielzahl von Gedanken, die um Gesellschaft, Kommunikation und Welt kreisen (vgl. allgemein Bidlo 2008a), wenngleich er in seinem Band *Vom Subjekt zum Projekt. Menschwerdung* (vgl. Flusser 1998) dann explizit eine Anthropologie entwirft.

Zunächst sieht Flusser den Menschen in Existenz geworfen; und durch die Sprache, die der Mensch erfindet, um der Einsamkeit seines Seins und existentiellen Not zu entkommen, spinnt er Beziehungen.

„Zweck der menschlichen Kommunikation ist, uns den bedeutungslosen Kontext vergessen zu lassen, in dem wir vollständig einsam und
incommunicado sind, nämlich jene Welt, in der wir in Einzelhaft
und zum Tode verurteilt sitzen: [...] Die menschliche Kommunikation ist ein Kunstgriff, dessen Absicht es ist, uns die brutale Sinnlosig-
keit eines zum Tode verurteilten Lebens vergessen zu lassen" (Flusser
2003: 10).

Nimmt man es genau, lässt sich der Mensch dann auch bei Flusser als Mängelwesen fassen, das zunächst die Erfindung der Sprache benötigt, um seiner
Existenz Herr zu werden.
Und diese *Erfindung* der Sprache ist zugleich die Verneinung der Entropie
und der Mendelschen Gesetze (vgl. hierzu Bidlo 2008: 82 ff.). Für Flusser
kann sie „als das für Menschen kennzeichnende Merkmal angesehen werden" (Flusser 2000: 16). Derweil kann die Verneinung der Vergänglichkeit,
der Verlust des Formhaften, der sich gegen die Entropie stemmt und damit
ein Erheben gegen den Tod ist, nur vorläufig sein. Denn alle Informationen,
alle *Formationen,* zu denen auch der aus Informationsrelationen bestehende
Mensch gehört, zerfallen schließlich spätestens, wenn das Universum den
Wärmetod stirbt. Diese Unmöglichkeit der Entropie zu entkommen, lässt
sich für Flusser als anthropologische Grund(be)stimmung des Menschen
ansehen und verweist auf die existentielle Conditio des Menschen. Sie ist
der zum Scheitern verurteilte Versuch durch Kommunikation von Informationen von Mensch zu Mensch dem unvermeidlichen Tod zu entgehen und zugleich dem Leben einen Sinn zu geben (vgl. Flusser 2000:
16).[52] Für Flusser liegt ein Teil der anthropologischen Bestimmung des
Menschen in der Verkettung mit anderen Menschen. Flussers utopischer

---

[52] Insofern bietet sich das Bild des *Sisyphos* für den Menschen und seinen fortlaufenden
Versuchen den Tod zu überlisten an. So gelesen wird der Mensch z.B. in Camus' „Der
Mythos des Sisyphos" und seiner Philosophie des Absurden. Der Mensch ist Urheber
und Herbergsvater des Absurden durch den Zwiespalt, der sich aus der menschlichen
Sehnsucht nach Sinn auf der einen und der sinnlosen (existentiellen) Situation des In-
die-Welt-geworfen-seins. Dass Vilém Flusser ein autobiographisches Fragment „Auf der
Suche nach Bedeutung" und seine philosophische Autobiographie „Bodenlos" nannte,
birgt vor diesem Hintergrund – neben aller Tragik – auch ein Maß an Ironie.

Entwurf einer telematischen Gesellschaft fußt wie erwähnt auf einer Anthropologie, „wonach der Mensch nicht ein Etwas ist, sondern Wie-sich-Relationen-verketten und wie sich durch diese Verkettung die Möglichkeiten des Relationsfeldes immer mehr realisieren" (Flusser 1993a: 77). An anderer Stelle hebt er daran anschließend die Bedeutung des echten Dialogs (nach Martin Buber), d.h. sein beziehungsstiftendes Potential für die Menschen hervor:[53]

> „Wir sind in Bindungen eingebettet. In dem Moment, in dem wir auf die Welt kommen, fallen wir in Bindungen. [...] Also eine Sache ist sicher: Wir müssen davon ausgehen, daß wir nicht etwas sind, sondern ein Wie-sich-in-Bindungen-verknoten. Um das anders zu sagen: Das ›ich‹ [sic] ist jenes Wort, wozu ›Du‹ gesagt wird. Das ist ein Relationsbegriff: ›ich‹ ist das ›du‹ des Gegenübers" (Flusser 1993a: 77).

Daran anschließend fasst er die modernen, digitalen Kommunikationsmedien, allen voran das Internet bzw. die dadurch mögliche Vernetzung als Weiterentwicklung zur Verwirklichung des Menschen. Kommunikationen, zumal die quantitativ vielfältigen Kommunikationsmöglichkeiten der digitalen Medien, werden bei Flusser dadurch zu einem anthropologischen Imperativ. Kultur und Zivilisation bestehen aus einem Netz von *verknoteten* Beziehungen. Konkret sind nur die Beziehungen, die Felder zwischen den Polen, nicht die Pole (Objekte oder Subjekte) selbst. Die Beziehungen der Menschen bilden ein intersubjektives Relationsfeld; und dieses Feld wiederum ist mit anderen Feldern – ökologischen, psychischen oder elektromagnetischen – verkettet. Kennzeichnend für das intersubjektive Feld ist seine gerade erwähnte negativ entropische (negentropische) Wirkung: Es sammelt Daten, ordnet und formt sie zu Informationen, die nach der Erzeugung gespeichert und weitergegeben werden. Daran anschließend sieht er die durch *In-Formation* bewirkte Negentropie als utopisches Potential:

> „Denn die Apparate sind menschliche Produkte und der Mensch ist ein Wesen, das gegen die sture Tendenz des Universums zur Desin-

---
53 Für Flussers Bezugnahme auf Martin Buber vgl. Bidlo 2006a, 2008a und 2013b.

formation engagiert ist. Seit der Mensch seine Hand gegen die ihn angehende Lebenswelt ausstreckte, um sie aufzuhalten, versucht er auf seinen Umstand Informationen zu drücken. Seine Antwort auf den ‚Wärmetod' und den Tod schlechthin ist: ‚informieren'" (Flusser 1999: 23).

Für das Spielen mit Daten, das Ordnen, Figurieren und Formatieren, um neue Informationen zu generieren und so der Entropie zu entgehen und negentropisch zu wirken, bieten Apparate viele Möglichkeiten und avancieren somit selbst zum Teil des entropischen Prozesses. Flusser nimmt insbesondere dort, wo er sich mit den menschlichen *Gesten* (vgl. Flusser 1993d) auseinandersetzt, zumindest implizit Anleihen an o.g. anthropologischen Perspektiven. Die Gesten sind es auch, in denen Flusser immer wieder das Verhältnis von Mensch und Werkzeug, Mensch und Maschine zu bestimmen sucht; so die Geste des Schreibens, des Fotografierens oder des Filmens. Der Mensch besteht in erster Linie aus Kommunikationsrelationen, und durch die Hervorbringung eigener, neuer, nicht auf die konstitutiven Kommunikationsrelationen reduzierbarer Entäußerungen lässt sich der Mensch in Anlehnung an Flusser selbst als emergentes Ergebnis von Kommunikation bezeichnen. Mensch und Medium wiederum, wenngleich Flusser sie eng ineinander stellt, bilden für Flusser selbst nicht zwingend eine emergierende Einheit. Vielmehr sieht er den Menschen als Handlungs- und Taktgeber, auch wenn der Mensch diese Eigenschaft immer wieder an die Apparate zu verlieren droht: „Die beklemmende Herrschaft, die das Werkzeug auf unser Denken ausübt, findet auf vielen Ebenen statt, und einige darunter sind weniger offensichtlich als andere. Wir dürfen den Werkzeugen nicht erlauben, im Sattel zu sitzen und uns zu reiten" (Flusser 1993d: 102). Hier tritt der ambivalente Aspekt von Werkzeugen und Medien in Bezug zur Freiheit hervor. Sie ermöglichen Neues, begrenzen aber zugleich über ihre Gebrauchspraxis. Während der Mensch auf der einen Seite seine Werkzeuge und Medien selbst erzeugt, entwirft und mittels Medienpraktiken die Welt gestaltet, geben die Medien dem Menschen neue Weisen an die Hand aus der Welt als Möglichkeitsfeld zu schöpfen und schlagen wiederum durch ihr Potential auf den Mensch selbst zurück. Der Mensch steht dergestalt Medien gegenüber in einer zweifachen Beziehung. Er erschafft sie, wird aber immer auch zu einer Funktion des Mediums, das den Benutzer benötigt, um verwirklicht zu werden.

Flusser changiert beim anthropologischen Verhältnis von Mensch und Werkzeug bzw. Medium zwischen dem bestimmbaren Gebrauchscharakter und dem (zumindest teilweise) unbestimmbaren schöpferischen Zusammenspiel zwischen Mensch und Apparat, zwischen Subjekt und Objekt, in der der Apparat und das Ergebnis des Zusammenspiels von Mensch und Apparat auf den Menschen zurückschlagen. Der Mensch entwirft sich im Rahmen eines solchen *Spiels*, entwickelt sich vom Subjekt zum Projekt auch über seine mediale Nutzung und Entäußerung.

Eine Sichtweise, die nun explizit diese Objekt-Subjekt-Unterscheidung aufzulösen versucht, findet sich bei Bruno Latour.

3.3.4 Bruno Latour

„Die Hybriden breiten sich aus" (Latour 1995: 7), so beginnt Latour seinen Versuch zu einer symmetrischen Anthropologie. Geprägt ist eine selbige Anthropologie von der Überwindung der alten Subjekt-Objekt-Dichotomie, die zwei unabhängige ontologische Sphären voraussetzt. Latour hingegen spricht vielmehr „von Menschen und nichtmenschlichen Wesen" (Latour 1995: 11). *Dinge* werden dann keine unrelationalen Objekte mehr, sondern nach Latour *Mischwesen* (Hybriden oder Quasiobjekte), d.h. Verschränkungen von Menschen und Nichtmenschlichem, von Natur und Kultur respektive Gesellschaft. Diese Verschränkungen bezeichnet er als Kollektiv im Gegensatz zur Gesellschaft, die nur „jenen Teil unserer Kollektive [bezeichnet], der durch die von den Sozialwissenschaftlern gezogene Trennungslinie erfunden worden ist" (Latour 1995: 11). Gleichwohl betont Latour, dass es nicht darum geht, „so zu tun, als wären sie [die Quasi-Objekte oder Hybriden, Anm. d. Verf.] lediglich eine Mischung von Naturding und sozialem Symbol" (Latour 1995: 71), also eine reine Mittelposition. Vielmehr handelt sich um eine Verschmelzung beider Bereiche.

Mit Latour bzw. allgemein mit der diesen Relationismus hervorhebenden Akteur-Netzwerk-Theorie (ANT) lässt sich das Verhältnis zwischen Mensch und Medien neu befragen und über eine reine Werkzeugrelation hinausgehen. Latour sieht in den Hybriden oder Quasiobjekten Akteure „und nicht bloß die glücklosen Träger symbolischer Projektion" (Latour 2010:

25). Und aus dieser Perspektive entwirft Latour dann einen neuen Begriff des Sozialen, den man als „Verknüpfungstyp zwischen Dingen" (Latour 2010: 17) verstehen kann. Dabei ist das Soziale kein eigener Bereich oder eine besondere Art von Dingen, sondern meint den Prozess des Wiederversammelns und die Arten des Verknüpftseins. Aus diesem Grund kann es dann auch kein Handlungssubjekt geben, denn an jedem Handeln sind eine Reihe anderer Kräfte beteiligt, die nicht vom unmittelbaren Handlungssubjekt stammen. All jene zusätzlichen Aspekte, die Teil des Handelns sind, aber nicht aus dem kontrollierten Bewusstsein stammen, jene Unbestimmtheiten bezeichnet Latour als Akteur-Netzwerk. „Handeln ist ein Knoten, eine Schlinge, ein Konglomerat aus vielen überraschenden Handlungsquellen, die man eine nach dem anderen zu entwirren lernen muss" (Latour 2010: 77). Der Akteur im Ausdruck Akteur-Netzwerk darf hier nicht als Handlungssubjekt missverstanden, sondern muss als ein Pol begriffen werden, zu dem hin mannigfache Möglichkeiten strömen und sich mit ihm *verflechten*, so dass letztlich ein eindeutiger Handlungsursprung nicht mehr anzuzeigen ist.

Gerade der Aspekt der Unschärfe bzw. der Unbestimmtheit ist bei Latour im Zusammenhang mit Handlungen bzw. dem Handeln wichtig. So lässt sich zugleich – das sei nebenbei angemerkt – die Nähe des Begriffs und des Konzepts der *Unbestimmtheit* bei Latour zur Unbestimmtheits- oder Unschärferelation von Heisenberg anzeigen.[54] Das Handeln ist unterdeterminiert, unbestimmt, und daher lässt sich nicht eindeutig aussagen, „wer und was handelt, wenn ‚wir' handeln – und daß es selbstverständlich keine Möglichkeit gibt zu entscheiden, ob die Quelle der Unbestimmtheit im Analytiker oder im Akteur liegt" (Latour 2010: 80).

Für eine Medienanthropologie beinhalten Latours Gedanken insofern zwei wesentliche Merkmale. Zum einen lässt sich der Mensch als Mensch nicht ohne die Quasi-Objekte fassen (das können z.B. Medien sein). Zum ande-

---

[54] Die Heisenbergsche Unschärferelation, die eine Grundlage der Kopenhagener Deutung der Quantenmechanik ist, formuliert die Nichtmöglichkeit der beliebigen Bestimmbarkeit z.B. des Ortes und des Impulses eines Teilchens. Je genauer man das eine bestimmt (z.B. den Ort), desto unschärfer wird das Ergebnis für das andere (Impuls) und umgekehrt. In der Kopenhagener Deutung der Quantenmechanik wird dies als Hinweis für einen Indeterminismus quantenphysikalischer Naturvorgänge gesehen. Damit geht zugleich die Unmöglichkeit des Laplaceschen Ungeheuers einher. Für Heisenberg vgl. auch Heisenberg 1979.

ren kann das Handeln nicht letztgültig auf *ein* Handlungssubjekt zurückgeführt werden, sondern lässt sich nur aus der Verschränkung mit anderem heraus verstehen. Medien verlieren daher bei Latour folgerichtig ihren reinen Instrumentencharakter und werden Teil eines Hybridakteurs. Der Mensch hantiert mit einem oder nutzt dann nicht einfach ein Smartphone, sondern beide konstituieren ein gemeinsames Handeln und stellen dergestalt eine hybride Einheit dar. Eine solche Perspektive unterläuft dann die Fragen, was der Mensch mit den Medien oder umgekehrt, was das Medium mit den Menschen macht (vgl. Schäffer 2009: 43) und gebiert eine dritte, ausgewogene Perspektive aufgrund der neuen, hybriden Einheit zwischen beiden. Zugleich zeigt sich, dass die ANT an den Praktiken interessiert ist, die sich aus der Verbindung Mensch und Medium ergeben, während z.B. McLuhan, aber auch Kittler stärker auf die Veränderungen der Wahrnehmungsweise abheben (vgl. auch Wieser 2012: 109). Allerdings versteht Latour die Medien bereits als *mediators*, d.h. als grundlegende Dritte z.B. im Rahmen eines Vermittlungsprozesses zwischen zwei Personen. Die Medien sind dergestalt immer auch Akteure (vgl. Bidlo/Englert/Reichertz 2011, 2012) und keine reinen Vermittler. Darüber hinaus werden allein durch die Gestaltungsweise des Mediums bzw. der zugrunde liegenden Technik gewisse Handlungsweisen nahegelegt oder erforderlich. Latour hat das am Beispiel des Berliner Schlüssels (vgl. Latour 1996) veranschaulicht, ein Schließzwangschlüssel, der so konzipiert ist, dass er nach dem Aufschließen der Tür durch das Schloss gesteckt und die Tür von der anderen Seite wieder abgeschlossen werden muss, um den Schlüssel abziehen zu können. Ein anderes Beispiel ist die Zeichenreduktion bei *Twitter* oder dem früheren SMS-Versand. In der Technikphilosophie spricht man in diesem Kontext von persuasiven Technologien. Dies sind solche „technischen Artefakte, die gezielt mit der Absicht entworfen werden, das Verhalten und/oder die Überzeugungen der Benutzer zu verändern (ohne dabei Zwang oder Manipulation auszuüben)" (Spahn 2011: 1).

Latours symmetrische Anthropologie hebt wie bereits erwähnt die Relationalität des Menschen mit seiner belebten und unbelebten Natur hervor. Eine solche Sichtweise findet man übrigens auch bei dem französischen Anthropologen Philippe Descola (vgl. Descola 2013), der die seit der Renaissance ausgeprägte dualistische Trennung in (belebter und unbelebter)

Natur und Kultur in einen Monismus überführt, indem er aufzeigt, „daß der Gegensatz zwischen Natur und Kultur nicht so universell verbreitet ist, wie behauptet wird, nicht nur, weil er für alle anderen außer für die Modernen sinnlos ist, sondern auch, weil er im Verlauf der Entwicklung des abendländischen Denkens selbst erst spät in Erscheinung trat" (Descola 2013: 15). Die Unterscheidung von Natur und Kultur wird bei ihm zu einer figurativen Trennung des Denkens, die mit Blick auf andere Formen des Zusammenlebens als solche enttarnt wird. Descola führt hier beispielsweise die Achuar-Indianer an, verweist aber auch auf das griechisch-aristotelische Denken (vgl. Descola 110 ff.), die die Natur weder als „eine transzendente Instanz noch ein zu sozialisierendes Objekt, sondern das Subjekt einer sozialen Beziehung [verstehen]" (Descola 2013: 25). Die Trennung zwischen Natur und Kultur ist bereits eine kulturelle Leistung, hinter die man gedanklich zurückfinden kann. Die Ausweitung auch auf nicht lebende Artefakte, folgt hier gleichwohl einer ähnlichen Perspektive.

3.4 Von der anthropomedialen Beziehungen als Emergenzeffekt zur Maschine-Maschine-Beziehung

Mit dem *medial turn*, der sich durch die rasante Entwicklung der elektronischen und digitalen Medien für die zweite Hälfte des 20. Jahrhunderts konstatieren lässt (z.B. Münker 2009), sind Fragen nach dem präformativen Potential der technischen Medien für den Menschen drängender geworden. So zeigt beispielsweise Ritzer dies unter anderem mit dem Konzept der „Mise-en-scène" an:

> „Wie Sichtbares und Hörbares erscheinen in ihrer Präsentation, wird bestimmt von der Mise-en-scène als Ausdruckseinheit. Zwar bleibt sie auf ein medientechnologisches Apriori verwiesen, das wiederum bestimmte handwerkliche Verfahren impliziert, jedoch zieht die bloße Existenz spezifischer Technologien abseits des Basisapparats nicht zwangsweise auch deren Mobilisation nach sich. Verstanden als inszenatorischer Signifikant ist die Mise-en-scène nicht die Form des Mediums selbst, sondern vielmehr dessen ästhetische Strukturierung. […] Sie transportiert ästhetische Bedeutungspotentiale, bildet also

ein vermittelndes Element zwischen Produktion und Rezeption. Ihre konstitutive Tätigkeit als gestalterische Instanz – d.h. ihre Medialität – schafft Differenzierungen, die Differenzen evozieren. Beide Qualitäten der Mise-en-scène, die Operation als signifikative Praxis und als mediale Instanz sind aufeinander bezogen: *Sie vermittelt nicht eine fixe Bedeutung von Sendern zu Empfängern, sondern eröffnet vielmehr einen Diskurs zwischen besagten Polen, die im Prozess der medialen Signifikation sowohl konstruiert werden als auch in ihm enthalten sind"* (Ritzer 2017: 65-66; Hervorh. i. Org.).

Grundlegender lässt sich überdies die Frage stellen, ob der Mensch ohne Technik und Medien überhaupt denkbar ist und eine Verschiebung der anthropologischen hin zu einer medienanthropologische Perspektive und damit eine „mediale Anthropologie" (Voss/Engell 2014) zwingend werden. Der Mensch und das ihn Betreffende werden dergestalt medial substituiert, damit werden aus der Ontologie, Ethik oder Ästhetik nun Medienontologie, Medienethik oder Medienästhetik. Und wenn man mit Nietzsche eine *ewige Essenz* des Menschen verwirft und den Menschen als ein kulturell, onto- und phylogenetisch fortlaufend Werdendes betrachtet, dann kann man heute von der Medienanthropologie als erster Anthropologie sprechen, insoweit der Mensch weitgehend rückgebunden an Medien ist. Auch Heideggers Fassung des Menschen bzw. seines Wesens fußt darauf, das es sich nur im Lebensvollzug – Existenz – vollzieht: „Das ‚Wesen' des Daseins liegt in seiner Existenz" (Heidegger 1963: 42). Zudem erinnert eine Medienanthropologie daran, dass neben den biologischen Voraussetzungen des Menschen die Grundbedingungen des Menschseins an „artefaktische[.] mediale[.] Körper und Materialien, in denen sie stattfinden" (Engell/Siebert 2013b: 6), gebunden sind. Die Rückgebundenheit an Medien tritt ebenso bei Baudrillard hervor, wenn er in Anlehnung an McLuhan vom Übergang des menschlich-physischen Wesens in die mechanischen Prothesen spricht. „Sofern man die Elektronik und die Kybernetik als Ausdehnung des Gehirns bezeichnet, ist unser Gehirn selber gewissermaßen zum artifiziellen Auswuchs des Körpers geworden, der also an sich selbst *gar nicht mehr zum Körper gehört"* (Baudrillard 1989: 115, Herv. i. Original). Folgt man diesen Überlegungen, dann lassen sich zunehmend keine *eindeutigen* Grenzen mehr definieren zwischen Mensch und Medium, Subjekt und Objekt. Sieht man dergestalt die „mechanischen und energetischen Prothesen als einen Auswuchs des Körpers [...], wird der Körper selbst zum künstlichen Auswuchs des Menschen und der Mensch zum künstlichen Auswuchs seiner eigenen Prothesen" (Baudrillard 1989: 115).

Eine weitere und die zuvor angedeuteten relationalen Aspekte zwischen Mensch und Medien betonende Sichtweise firmiert in der medienphilosophischen Debatte unter dem Begriff „anthropomedialer Relationen" (Voss 2010: 169), die eine Bewegung von der anthropozentrischen hin zu einer medienzentrischen Orientierung proklamiert und entsprechend mit einer medialen Anthropologie (vgl. Voss/Engell 2015) hinterlegt ist. Eine solche Perspektive will nicht, wie man zunächst denken könnte, die Medien alleinig anstelle des Menschen setzen oder die Medien in einer Mensch-Medium-Konstellation als Dominante fassen. Es geht ihr vielmehr um die unterschiedlichen Verschränkungen von Mensch und Medium, aus denen eine irreduzible Relationalität erfolgt.

> „Ein möglicher Ausgangspunkt für eine relationstheoretische Behandlung anthropomedialer Verhältnisse wäre die Beobachtung, dass aus der Verschränkung von Mensch und Medium jeweils spezifische Existenzformen freigespielt werden, die sich auf keine der beiden Seiten dieser Verhältnisse verrechnen lassen" (Voss 2010: 171).

Damit kann ein solcher Ansatz auch als „Überschreitungsbewegung gegen eine humanozentrische Lesart des Menschlichen, das hier nicht als Essenz oder Bestimmungsstück gelesen wird, sondern eben als relational und immer schon als in ein mediales Feld, eine Mediasphäre, ein Medien-Habitat eingelassen begriffen" (Engell/Siebert 2013: 9) werden.

Anthropomediale Beziehungen lassen sich dergestalt als poietische Emergenzeffekte verstehen. Und diese gehen nicht in Perspektiven von Zweck-Mittel-Relationen, Hierarchisierung von Mensch und Medium oder utilitaristischen Auffassungen von anthropomedialen Relationen auf, da eine solche Sichtweise immer noch einen Spalt bzw. eine Kluft zwischen Mensch und Medium impliziert, die es zu überbrücken gilt und so das genuin Neue und *Eigenartige* solcher Relationen nicht erfassen kann oder unzureichend reduziert. Daraus wächst aber zugleich die Schwierigkeit, wie sich das genuin Neue solcher anthropomedialer Relationen fassen lässt, ohne zugleich einem Reduktionismus auf der einen oder anderen Seite zuzuschlagen. Voss sieht in dem Bewegungsimpuls, der sich ausgehend von den affizierend wirkenden Medien auf den Menschen richtet, eine solche eigene anthropomediale Dimension. Eine solche *Taxis* ist davon gekennzeichnet, dass die Wechselwirkungen von Mensch und Medium

„als orientierende Bewegungsdynamiken gerahmt werden können [in denen es] zur Fabrikation von Existenzformen [kommt], die ihrerseits wahrnehmbar, beobachtbar und reflektierbar sind. Die den anthropomedialen Beziehungen entspringenden Existenzformen sind weder Dinge noch Lebewesen, sondern bewegliche Veränderungen von situativ-konstellativen, psychischen, physikalischen und/oder praktischen Ausgangszuständen" (Voss 2010: 176-177).

Eine solche Perspektive, die von „Existenzformen" spricht, lässt dann auch die Möglichkeit bestehen, dass aus unterschiedlichen Mensch-Medien-Relationen (z.B. Kino, Fernsehen, Computer usw.) unterschiedliche Existenzformen entstehen können, die zwar gewisse Ähnlichkeiten besitzen, aber medienspezifische Unterschiede aufweisen können. Lorenz Engell stellt dies mit Hinweis auf Edgar Morin für den „kinematographischen Menschen" fest:

Der Mensch des Kinos ist nach Morin weder der schöpferische Filmemacher, noch der abgebildete und gestaltete Mensch auf der Leinwand noch der geprägte und formierte zuschauende Mensch im Kino, sondern etwas Drittes dazwischen. Er entsteht, so Morin, aus dem Zusammenspiel zwischen den realen Menschen im Zuschauerraum und dem imaginären Menschen auf der Leinwand. […] Es gibt demzufolge einen kinematographischen Menschen, der nur im Lichtspielhaus sein Habitat findet, wo er ständig hervorgebracht wird, und dessen Verfertigung man nur dort beiwohnen kann" (Engell 2013: 111).

Der Kinozuschauer fungiert hier als Leihkörper (Voss 2013a), der seinen Körper der filmischen Realität zur Verfügung stellt und damit fester und materialer Bestandteil des Filmes und des Filmgeschehens wird. Der Kinozuschauer wird sozusagen filmisch *einverleibt*, mehr noch ist diese Einverleibung eine durch das Medium Film intendierte und in ihrer Form antizipierte. Film und Zuschauer bilden dergestalt ein Relationsfeld mit der konstituierenden Kraft eines *Zwischen*, das ein Drittes ist. Eine ähnliche Perspektive zeigt sich bei Voss, wenn sie den *Humor* und seine durch ihn implizite anthropozentrische Sonderstellung dekonstruiert und ihn und den Menschen in (Medien-)Relationierungen und Konstellationen eingebettet sieht. „Anstatt einfach vorauszusetzen, dass Humor eine menschliche Eigenschaft ist und sich dann zu fragen, wo wir diese Eigenschaft noch außerhalb des menschlichen Organismus sekundär ausgedrückt finden (etwa in Witzen und Komödien), gilt es, Humor als objektive Funktion von Relationierungen und Konstellationen zu fassen, in die Menschen als aktiv-passive Teilgrößen funktional eingebaut sind" (Voss 2013b: 119). In einer solchen medienanthropologischen Perspektive ist Humor keine dem Menschen inhärente, anthropologische Besonderheit oder eine eingeschriebene Repräsentation in den Medien oder den ausgeworfenen Artefakten selbst. Es ist vielmehr „etwas Drittes: anthropomediale Überschreitungen innerhalb ihrer vielen möglichen Relationierungen in beide Richtungen" (Voss 2013b: 132).

Damit wird zugleich die Affizierung, d.h. die sinnliche Erregung und weitere Anstifterin derselben, die sich durch das Wechselspiel von Mensch und Medium einstellt, zur nachführbaren und erfahrbaren Dimension solcher Relationen. Und zugleich wird die Affizierung, die Teil der anthropomedialen Relation ist, damit zu einer (medien-)ästhetischen Figur (vgl. auch Ott 2010), die zugleich formbildenden Charakter für Verhaltens-, Handlungs- und Wahrnehmungsformen hat. Der formgebende Charakter wird im nachfolgenden Kapitel an Beispielen vorgestellt und damit die medienästhetische Verfasstheit der Alltagswelt exemplarisch verdeutlicht. Darüber hinaus öffnet das digitale Zeitalter die eher singulär angelegte anthropomediale Relation – z.B. des Fernsehens und des Zuschauers oder Buchlesers – hin auf eine Vielzahl von verketteten Relationen. In den anthropomedialen Relationen, in denen die digitalen Medien eine Rolle spielen, erweitert sich eine solche emergierende Verkettung von Mensch und Medium um weitere Menschen-Medium-Relationen. Damit können anthropomediale Relationen dann ein Netzwerk aus prinzipiell unendlich vielen an- und ineinader verketteten Relationen bilden. Während also anthropomediale Relationen aus einem nicht additiven Verhältnis von Mensch und Medium bestehen, emergiert dann ein Netzwerk aus der Verkettung[55] solcher anthropomedialer Relationen. Wenn in diesem Zusammenhang die digitalen Medien ins Feld geführt werden, meint dies nicht, das solche Verkettungen von anthropomedialen Relationen nicht auch schon vorher vorhanden gewesen wären. Aber mit den Möglichkeiten digitaler Vernetzungen haben diese sich insofern beschleunigt, als sie eine neue Qualität erhalten.

Solche neuen Qualitäten lassen sich an der damit einhergehenden Medienästhetik markieren, die gekennzeichnet ist von der triadischen Struktur von Produktion, Distribution und Rezeption. Damit schlüsselt weder eine reine Produktionsästhetik auf der einen Seite noch eine Rezeptionsästhetik (vgl. Dreher 2017) auf der anderen Seite die digitalen Phänomene auf, übersehen beide doch den konstituierenden Charakter der Distribution, die in den digitalen Artefakten angelegt ist. Diese Distribution muss keine Teleologische sein, sondern kann zunächst ziellos einzig mit dem Wunsch zur Rezeption erfolgen. Die Verschränkung von Alltag, als hervorzuhebenen Ort sozialer Praktiken, Medienästhetik und Medienanthropologie liegt dann auch in der *Verwicklung* des Menschen mit seiner technisch-medialen Umwelt.

„Es sind kulturwissenschaftlich rekonstruierbare soziale Praktiken in ihrer Verschränkung mit jeweils sich wandelnden technisch-medialen Umwelten, die den Status des Menschen bestimmen. Und ihre Rekonstruktion wäre es, die das Programm einer Medienwissenschaft würde begründen können. Dieses Programm, historisch ausgerichtet, technisch informiert und (sozial)theoretisch angeleitet, müsste die jeweils sich wandelnden Sachstände mitsamt ihren Auswirkungen auf den Menschen zum Dreh- und Angelpunkt der Analysen erheben –

---

[55] Der Begriff der Verkettung soll deutlich machen, dass es sich um ein In-sich-verhaken und Ineinandergreifen handelt. Der gleichzeitig konnotativ enthaltene mechanistisch und deterministische Bedeutungsgehalt ist hier selbstredend nicht gemeint, spielt er ja gerade den emergenten Charakter solcher Relationen entgegen.

ohne den zeitüberdauernden Wesen- und Wissenserklärungen der Anthropologie aufzusitzen oder diesen gar zu erliegen. Hier könnte sich vielleicht sogar das Programm einer eigens ausgewiesenen Medienanthropologie abzeichnen, die den Menschen sich in Abhängigkeit von den technischen Umwelten selbst je anders konstituieren lässt" (Rieger 2013: 204-205).

Eine diese Sichtweise überschreitende Perspektive zeigt sich dann in den Formen humanmedialer Beziehungen, in denen das Medium selbst ein Emergenzeffekt zwei oder mehrerer miteinander kommunizierender intelligenter Maschinen ist. Solche KI-Maschinen-Maschinen sind zwar noch nicht vollumfänglich Realität, lassen sich aber für die Zukunft extrapolieren und stellen (zunächst) eine Auflösung des Human-Subjekts dar. Ohne an dieser Stelle die Diskussion über das Subjekt der Hermeneutik voranzutreiben (vgl. Poferl/Schröer 2014) soll im Nachfolgenden kurz die KI-Maschine-Maschine vor dem Hintergrund einer wissenssoziologisch-hermeneutischen Perspektive als Abjekt angezeigt werden (vgl. hierzu und nachfolgend Bidlo 2019a). Hinterlegt sind diesen Überlegungen und Projektionen die schneller werdende Entwicklung der KI, die zunehmend den Menschen als Referenz bzw. Bezugspunkt ihrer Konzepte auflösen und der KI eigene Formen der Wissensentstehung ermöglichen. Die Episode in der Entwicklung der KI, die hier angesprochen ist, fand 2016 und anschließend statt. 2016 ließ Google eine KI gegen die Nummer 1 der Go[56]-Weltrangliste antreten. Da es bei Go, anders als beim Schach, nahezu unendlich viele Zugkombinationen gibt, reicht hier Rechenkraft allein nicht aus, um siegreich zu sein. Daher galt es lange als ein Spiel, das von Computern und entsprechender Software in einem Spiel gegen Menschen kaum zu gewinnen war. Die entsprechende Google KI-Maschine gewann nun gegen einen der besten Spieler der Welt 4:1. Eine anschließend nochmals verbesserte Version gewann erneut, hier sogar gegen den Weltranglistenersten 3:0. Interessanter und für die nachfolgenden Aspekte wichtig ist, dass bereits ein Jahr später eine neue, dritte KI (AlphaGo Zero) entworfen wurde. Im Gegensatz zu den ersten beiden wurde diese nicht mit mehreren zehntausend (menschli-

---

[56] Ein ursprünglich aus China stammendes strategisches Brettspiel für zwei Spieler mit nahezu unendlich vielen Stellungsmöglichkeiten.

chen) Spielen trainiert, sondern bekam nur die Regeln des Spiels sowie einen Algorithmus programmiert, der sie gegen sich selbst spielen ließ und ein „eigenes" Lernen ermöglichte (d.h. ohne weiteres menschliches Vorwissen). Ohne jemals ein menschliches Go-Spiel gespielt oder analysiert zu haben, gewann die KI gegen die Versionen 1 und 2, die zuvor die menschlichen Großmeister 4:1 und 3:0 besiegt hatten, nach drei Tagen in 100 von 100 Spielen. Go-affine Zuschauer sprachen von Zügen, die wohl ein Mensch niemals gemacht oder gedacht hätte (vgl. ausführlich Bidlo 2019a).[57]

In diesem Zusammenhang zeigt sich, dass auch techniksoziologische Lesarten zumeist in einer hybriden, also Mensch-Maschine-Perspektive verweilen. „Dahinter steckt die These, dass Techniken nicht ohne Referenz zu den Praktiken des Entwurfs und der Nutzung und zu den institutionellen Einbettungen angemessen verstanden werden können und umgekehrt, dass menschliches Handeln, Interaktion und soziale Institution nicht ohne Referenz zu materialen Rahmungen und medialen Vermittlungen richtig analysiert werden können" (Rammert 2016: 229). Eine KI-Maschine-Maschine-Perspektive kommt hier weder bei den Soziologen noch bei Informatikerinnen in den Blick. Unter einer KI-Maschine-Maschine-Perspektive wird hier verstanden, dass KI-Maschinen auch untereinander und miteinander kommunizieren und dabei eigene Formen des Kommunizierens und Denkens entwickeln, die für den Menschen nicht ohne weiteres einsehbar und verstehbar sind.

Dergestalt ließen sich vonseiten z.B. einer wissenssoziologischen Hermeneutik solche Gedanken elegant mit einer Ausweichbewegung ins Leere laufen lassen, indem man ihnen entgegnete, dass solche KI, sofern es sie überhaupt jemals in einem nennenswert intelligenten Rahmen geben sollte, gar nicht Teil der verstehenden Soziologie wären, da diese ja zum Ziel hat, menschliches Handeln erklärend zu verstehen. Und da hier – zumindest auf der emergenten Ebene der interagierenden KI – keine Menschen mehr am Werk wären, fiele sie (die KI) ohnehin aus dem Untersuchungsfeld einer wissenssoziologischen Hermeneutik (vgl. Bidlo 2019a).[58] Dann würden al-

---

[57] Für die Berichterstattung sei hier allgemein auf das frei zu recherchierende Archiv des Technikportals heise.de verwiesen (letzter Zugriff 10.01.19). Für die technisch-fachliche Umsetzung der Software-KI vgl. Silver et al. (2016).

[58] Ähnlich verhielte es sich wohl auch bei einer außerirdischen, nichtmenschlichen Intelli-

143

lein alle Effekte davor, die vorbereitenden Intentionen, Motive und von Menschen programmierten Algorithmen auf der einen Seite und die Auswirkungen der KI auf die Subjekte auf der andern Seite als Untersuchungsgegenstand verbleiben. Die KI verbliebe eine BlackBox, die selbst keiner Analyse zugänglich ist. In negativer Abgrenzung könnte man eine solche Konstellation, der sich das Subjekt der Formation Maschine-Maschine gegenübersieht in Anlehnung an Kristeva (1982) als *abjekt*, die KI-Maschine-Maschine als Abjekt bezeichnen.

„The abject is not an ob-ject facing me, which I name or imagine. Nor is it an ob-jest, an otherness ceaselessly fleeing in a systematic quest of desire. What is abject is not my correlative, which, providing me with someone or something else as support, would allow me to be more or less detached and autonomous. The abject has only one quality of the object – that of being opposed to I. If the object, however, through its opposition, settles me within the fragile texture of a desire for meaning, which, as a matter of fact, makes me ceaselessly and infinitely homologous to it, what is abject, on the contrary, the jettisoned object, is radically excluded and draws me toward the place where meaning collapses" (Kristeva 1982: 1-2).

Die (wissenssoziologische) Hermeneutik sieht sich an dieser Stelle einem hermetischen, bedeutungsimplodierenden Abjekt gegenüber, das sich über die fundamentale Hinterlegung der Generalthesis des Alter ego oder universalpragmatischer Projektionen nicht mehr erschließen lässt. Das so skizzierte Abjekt ist dergestalt nicht mit der Berger/Luckmannschen Verdinglichung zu verwechseln, in der sich urheberschaftsvergessene oder auch verleugnete Wissensformen in Dingen niederschlagen können.[59]

„Verdinglichung bedeutet, menschliche Phänomene aufzufassen, als ob sie Dinge wären, das heißt als außer- oder gar übermenschlich.

---

genz, vor der die wissenssoziologische Analyse gleichwohl kapitulieren müsste.

[59] Bieber und Schetsche skizzieren über die Verknüpfung von Luckmannscher Verdinglichung und der Abjektvorstellung von Kristeva eine interessante Theorie kultureller Abjekte, die allerdings den hier beschriebenen Aspekt nicht mit einschließt. Vgl. Biebert und Schetsche 2016.

Man kann das auch so umschreiben: Verdinglichung ist die Auffassung von menschlichen Produkten, *als wären* sie etwas anderes als menschliche Produkte: Naturgegebenheiten, Folgen kosmischer Gesetze oder Offenbarung eines göttlichen Willens. Verdinglichung impliziert, daß der Mensch fähig ist, seine eigene Urheberschaft der humanen Welt zu vergessen" (Berger/Luckmann 1971: 94-95).

Das emergente KI-Maschinen-Maschinen-Abjekt lässt sich nur noch mittelbar als ein menschliches Produkt verstehen. Der Mensch ist als Schöpfer erster Impuls und hat auch (s)einen Sinn hinterlegt. Man kann die Programmierung als den menschlichen Impuls ansehen, die KI überschreitet diese jedoch insofern, als sie ja gerade über die Programmierung hinaus geht, sozusagen „unintendierte" Folge intendierten Handelns (Programmierung) ist[60] und in der Übersteigung der eigenen Programmierung letztlich eine fulgurativ neue, emergente Ebene darstellt. Daraus entstünde übrigens eine interessante, auf den Kopf gestellte Form der klassischen Hermeneutik. Diese suchte in ihren Anfängen den Willen des Schöpfers (Gott) zu erkennen und ihm entsprechend gerecht zu werden. In der hier angezeigten Situation würde nun umgekehrt der Schöpfer (Mensch) die Hermeneutik benötigen bzw. anwenden, um sein emergiertes Geschöpf erkennen und verstehen zu können. Der Schöpfer wäre im Augenblick des Geschöpften sodann nur noch ein Interpret unter *anderen*. Die Rekonstruktion des subjektiv gemeinten Sinns des Schöpfers würde sich auflösen. Als Ziel müsste zunächst die Rekonstruktion des Selbstverständnisses der Neuschöpfung stehen.[61]

Schlussendlich muss das Abjekt – die KI-Maschine-Maschine – in die symbolische Ordnung einer Gesellschaft integriert werden, um ihm Sinn verleihen zu können. Ein subjektiv gemeinter Sinn wäre dann, sofern nicht selbst von der Maschine formuliert,[62] nicht vorhanden, sondern allein als Zu-

---

[60]   In dieser Version wären der Informatiker oder die Informatikerin das für die KI, was ein Mediziner oder eine Medizinerin für den Menschen wäre. Aber auch hier sind sich selbst weiterprogrammierende KIs längst keine weit in die Zukunft ragende science fiction.

[61]   Die hier hinterlegte Vorannahme, dass mit Intelligenz zugleich auch Freiheit einhergehe, kann und soll hier nicht weiter problematisiert werden.

[62]   Es wäre zu fragen, ob eine Formulierung allein ausreiche. Denn der monolithische Block „subjektiv gemeinter Sinn" enthält ja gerade jene Reziprozitätsannahmen, von denen man hier zunächst nicht ausgehen kann.

schreibung von außen existent. Der bedrohliche Charakter, den das Abjekt besitzt, lässt sich solcherart über die Leerstelle ausweisen, die die KI-Maschine-Maschine über den Verlust einer Reziprozität für den Menschen als eine Art *black box* zum Ausdruck bringt.[63]

Zum Abschluss lässt sich die Frage stellen, ob oder wann in einem Fall von KI-Maschine-Maschine-Kommunikation (als Teil einer Medienanthropologie ohne *Anthropos*) die verstehende Soziologie und mit ihr die wissenssoziologische Hermeneutik tätig werden soll. Um überhaupt ein Maß an Reziprozität, an Generalthesis eines alter Egos oder die Form einer Universalprojektion von Verstehen etablieren zu können, wären hier zunächst Ethno-Technologen angesprochen und aufgerufen, um Kontakt und Wege des Verstehens im weitesten Sinne herzustellen. Gleichwohl ist die KI-Maschine eingelassen in eine Gesellschaft, so dass sie rezipientenseitig an gesellschaftsbezogenen Schnittstellen (z.B. wo, wie und in welchen Kontexten findet die KI-Maschine in Bezug zu den Menschen, Organisationen oder Institutionen statt, wie handelt, wie kommuniziert sie?) wahrgenommen und ihr dergestalt eine Verortung und zugeschriebene Ästhetik im sozialen Raum zuteil wird und damit auch gewisse soziale Zuschreibungen einhergehen. Ob überhaupt und ggf. wie diese sozialen Zuschreibenden dann wirksam in der KI sind und wie diese ggf. entäußert werden, wäre ein erster Schritt in Richtung der Rekonstruktion des Maschinen-Sinns und damit der Überwindung der KI-Maschine-Maschine als etwas Abjektivem. Ausgehandelt würde hier auch, wer eigentlich der „Bestimmer von Wirklichkeit" (Berger/Luckmann 1971: 124) sei, vor allem, wenn die KI-Maschinen bereits Teil gesellschaftlicher Organisationen wären und damit zu einer „Stütze für Sinnwelten" (ebd.) würden. Die KI-Maschinen könnten jedoch – in ihrer ungelenkten Form – auch solches Wissen emportauchen lassen, „welches das gesellschaftliche Konstrukt der Wirklichkeit in seinen Grundfesten bedroht. Solches Wissen, das der Wirklichkeitsordnung zuwiderläuft, muss vor jeder Rationalisierung negiert werden, weil es mit dem implizit internalisierten Verständnis einer sinnhaften und gesellschaftlichen Wirklichkeit kollidiert und nicht legitimiert werden kann und darf" (Biebert/Schetsche 2016: 105). So könnten z.B. neue Wissensordnungen emportauchen, die den

---

[63] Natürlich liegt hierin auch der Versuch der Technik begründet, künstliche Intelligenz möglichst in eine menschenähnliche Form zu bringen, um die eigentlich parasoziale Form näher in Richtung menschlicher sozialer Beziehungen zu schieben,

menschengemachten entgegenstehen oder zumindest mit diesen konkurrieren. Auch wenn ein Beitrag wie „‚Künstliche Intelligenz' sucht nach neuer Physik" (Hummel 2018) heute noch immer menschengelenkt ist, würden an den Bewegungen und Entäußerungen einer frei sich entfaltenden KI und der Gegenüberstellung menschlicher Wissensordnungen (vgl. o.g. Go-Spiel) gerade die menschlichen Vorannahmen und latenten Setzungen sichtbar werden, deren Nachspüren ein Movens der hermeneutischen Wissenssoziologie ist. Und damit würde zugleich auch die Lenkungsmacht bisheriger (menschlicher) Wächter der Wirklichkeit (vgl. ebd. 101)[64] in Frage gestellt.[65]

3.5 Abschluss – Medienanthropologie und Medienästhetik

Die Verknüpfung zwischen Medienanthropologie und -ästhetik tritt nach der bisherigen Darstellung deutlicher hervor. Der Mensch steht in einer Verbindung zur Technik und zu technischen Medien, wenngleich an der Art der Verbindung in der Gegenwart immer weniger eindeutig ist, wie viel dem Menschen und wie viel der Maschine zugeschlagen werden kann. Bereits LaMettrie hat im 18. Jahrhundert mit seinem Werk *L'homme machine* den Menschen als Maschine ausgerufen und rein materialistisch zu erklären versucht. Unabhängig von der Frage, ob wir heute den Menschen materialistisch zu fassen suchen – ein apriori der modernen Hirnforschung –, bleibt zweifellos die Verbindung von Mensch und (technischem) Medium als ein zu befragendes anthropologisches und ästhetisches Reservoir, müssen die Mit-Verhältnisse des Menschen zu organischen wie technischen „Durchkreuzungen" (Schütte 2019: 165) und die daraus entstehenden Relationen mitgedacht werden. „Medienapparate tangieren diese basalen Sinnestätigkeiten, überformen und modifizieren sie" (Karpenstein-Eßbach 2004: 15). Die Verbindung zwischen Mensch und Technologie, Mensch und Medium nimmt aktuell eine neue, alltagstaugliche Dimension an, die sich unmittel-

---

[64] Biebert und Schetsche 2016 verstehen darunter: „So nennen wir alle individuellen und kollektiven Akteure (etwa wissenschaftliche Institutionen, Massenmedien, zivilgesellschaftliche Organisationen), die es entweder als ihre Aufgabe ansehen, die geltende Wirklichkeitsordnung zu verteidigen, oder die eine entsprechende Funktion als Legitimations- und Absicherungsinstanz faktisch wahrnehmen" (ebd. 101).

[65] Der Aspekt des Abjekts und der KI-Maschine-Maschine folgt in Teilen und angepasst Bidlo 2019a.

bar auf die menschliche Wahrnehmung legt. Die Rede ist hier von einer Entwicklung, die mit dem Begriff der *erweiterten Realität* oder *augmented reality* (AR) bezeichnet wird. Sie ist insofern von der sog. virtuellen Realität abzugrenzen, als dass die erweiterte Realität eine Mischung bzw. Kombination aus virtueller und nichtvirtueller Realität darstellt, d.h. eine Anreicherung der bestehenden realen Welt um computergenerierte Zusatzobjekte" (Mehler-Bicher/Steiger 2014: 11) vorgenommen wird. Eine immer noch gültige Definition der *augmented reality* stammt von Azuma (1997): Er versteht darunter Systeme „that have the following three characteristics:

1) Combines real and virtual
2) Interactive in real time
3) Registered in 3-D" (Azuma 1997: 2)

Die Motivation für eine solche Verknüpfung der menschlichen Sinne und Technologie hebt Azuma hervor:

„Why is Augmented Reality an interesting topic? Why is combining real and virtual objects in 3-D useful? Augmented Reality enhances a user's perception of and interaction with the real world. The virtual objects display information that the user cannot directly detect with his own senses. The information conveyed by the virtual objects helps a user perform real-world tasks" (Azuma 1997: 3).

Als Referenzpunkt dient hierbei weiterhin die *real-world*, deren Wahrnehmbarkeit durch Technologie unmittelbar und alltagstauglich erweitert werden soll. Dabei handelt es sich nicht nur um eine additive Erweiterung der Sinne, die ja bereits bei McLuhans nicht nur eine quantitative war. Denn erweiterte und damit veränderte Wahrnehmungsweisen wirken nicht nur quantitativ im Sinne eines besseren, genaueren oder mehr Wahrnehmens, sondern auch qualitativ in Form veränderter Handlungspraktiken, Deutungen von der Welt, Denkweisen oder des Selbstverständnisses. Ein Beispiel für eine Technik, die zur *augmented reality* zählt – und darüber ein augenscheinliches Beispiel für die Verknüpfung von *Medienästhetik* und *-anthropologie* sein kann –, ist die mittlerweile schon wieder obsolet gewordene *Google Glass*,[66] ein an einem Brillenrahmen befestigter Minicomputer mit einer Anzeigemöglichkeit, die so ausgerichtet ist, dass es einem Bildschirm von 63,5 Zentimetern Bilddiagonale gleicht, der aus einer Entfernung von 2,5 Metern betrachtet wird. Dabei wird das Bild direkt in das Auge auf die Netzhaut projiziert. Google Glass – die hier als synonym und beispielhaft für andere virtuelle Brillen steht – ist also keine bzw. nicht nur eine Brille, sondern (auch) ein Projektor. Neben dieser Bildanzeigefunktion, kann per WLAN auf das Internet zugegriffen, die Brille – da eine aufnahmefähige Kamera enthalten ist – als Digitalkamera genutzt oder per Bluetooth mit dem Smartphone gekoppelt werden. „Die Kernfunktionen der Brille umfassen: Navigation, Telefonieren, Videotelefonie, Livestream, Nachrichten, SMS, Chatten, Fotografieren, Informationen zu Sehenswürdigkeiten oder Gebäuden, Freunde in der Nähe suchen, Wetterdaten, [a]ktuelle Sicht mit anderen teilen"[67] So kann man beispielsweise den Kölner Dom betrachten, während über Google Glass ein computergeneriertes Bild über das *wirkliche* Bild projiziert wird, d.h., vor dem Auge erscheint ein zweites computererzeugtes Bild, das Zusatzinformationen über die Höhe des Bauwerkes, Phasen der Erbauung, Karten, Pläne usw. einblendet. So lässt sich direkt über das Auge z.B. eine Navigationskarte auf das „gesehene" Bild legen, so dass das eigentlich Gesehene angereichert wird mit Zusatzinformation. Gesteuert wird das Gerät (z.B. das Fotografieren oder die Videoaufnahme) durch eine Sprachsteuerung (für weitere Nutzeffekte vgl. z.B. Mehler-Bicher/Steiger 2014: 33 ff.).

Eine solche *augmented reality*-Entwicklung über AR-Brillen lässt vermuten, dass sich, eine entsprechende Verbreitung vorausgesetzt, neue Praktiken entwickeln werden. So ermöglichen AR-Brillen heimliche und unbemerkte Videoaufnahmen anderer Personen und damit eine weitere Auflösung der Privatsphäre. Über Erweiterungen der Software können zudem Gesichter er-

---

[66] Die offizielle Internetseite war unter http://www.google.com/glass/start/ zu erreichen, auf der überdies mit einigen Videos die Funktionalität der „Brille" vorgestellt wurde. Aktuell wird man über den Link weitergeleitet zu einer Seite, die ein Businessprodukt namens „Glass" bewirbt, das AR im betrieblichen Rahmen nutzbar machen möchte (vgl. https://x.company/glass/ [zuletzt 25.03.19]).

[67] Auflistung aus: http://www.netzwelt.de/news/92918-project-glass-googles-augmented-reality-brille.html. Dort ist zudem eine Nachrichten-Zeitleiste zu sehen, die z.B. Anwendungsbeispiele oder Möglichkeiten der Brille thematisieren [20.05.19].

kannt werden (Gesichtserkennung).[68] In diesen Entwicklungen zeigt sich der von Baudrillard konstatierte „Zustand anthropologischer Ungewißheit" (Baudrillard 1989: 125), der durch die zunehmende Aufhebung der Trennung von Mensch und Medium angezeigt ist. „Bin ich nun Mensch oder Maschine? Es gibt heute keine Antwort mehr auf diese Frage: realiter und subjektiv bin ich Mensch, virtuell und praktisch bin ich Maschine" (Baudrillard 1989: 125).

Der Begriff der Brille suggeriert einen Blick auf die Welt, der nur korrigierend und nicht gestaltend ist. Ohne hier tiefgreifende erkenntnistheoretische Aspekte zu thematisieren, lässt sich gleichwohl sagen: Eine Brille soll „fehlerhaftes" Sehen korrigieren und möglichst keinen Schleier zwischen der Welt und dem Auge werfen. Wo sie es doch tut, z.B. bei einer Sonnenbrille, ist der Schleier vom Produzenten *und* Nutzer gewollt und erkennbar, liegt also die Funktion der Brille gerade in der Verschleierung der Welt. Die Google-Brille dient nun in diesem Zusammenhang nicht dem schärferen oder genaueren Sehen, sondern dem *erweiterten* Sehen. D.h., es können z.B. Wanderwege – ihre Länge, Anstiegsgrad, Höhenunterschied – bei der Betrachtung eines Berges sichtbar gemacht werden, die das Auge selbst nicht sehen kann. Diese Sichtbarmachung rekurriert daher nicht auf etwas unmittelbar Gesehenes, so wie es z.B. bei einem „normalen" Teleskop bei der Betrachtung des Mondes der Fall ist, sondern sie basiert auf dem Rekurs und Zugriff einer Datenbank, die – sofern aktuell – die entsprechenden Wanderwege auf das vom Auge gesehene Bild projizieren kann. Die Frage, die sich hierbei stellt, ist, ob das Bild, das man sieht, nur als ein näher gebrachtes Bildschirmbild (z.B. Fernsehen oder Computer) erfahren oder ob es in der Funktion einer Brille wahrgenommen wird. Die unmittelbare Nähe des Mediums AR-Brille zum Körper, ihre Bezeichnung und Positionierung am Körper als Brille impliziert Letzteres. Für den Betrachter erschließen sich daher die Informationen, die es zusätzlich zu sehen gibt, als unmittelbar in der Wirklichkeit vorhandene Informationen (z.B. die Länge eines Weges oder die Größe eines Artefaktes) und nicht als in eine Datenbank hinterlegte Informationen. Denn das Medium *tarnt* sich zwar als Bril-

---

[68]   Ein weiteres, zukünftiges Anwendungsbeispiel, das technisch bereits problemlos möglich ist, ist die unbemerkte Fotoaufnahme des Gesichts einer Person, die dann über Google's Gesichtssuche im Internet entsprechende Bilder der Person und dazu kontextualisierte Informationen (z.B. Facebook Profil) liefert.

le und suggeriert – wie erwähnt –, dass es die Information aus dem (gleichwohl verbesserten) Wahrnehmungsbereich erhält; aber das, was eingeblendet wird, ist in erster Linie in Datenbanken *hinterlegt* und gründet gerade nicht selbst auf eigenen Erfahrungen und in diesem Rahmen eigene Wahrnehmungen. Letztlich wird mit der AR-Brille der Blick auf einen Bildschirm oder eine projektierte Fläche verschleiert und in Form einer Brille eine Sichtbarkeit suggeriert, die nicht vorhanden ist. Damit vereint eine AR-Brille (beispielhaft GoogleGlass) für die *augmented reality*-Entwicklung und ihre Bedeutung für eine medienästhetische Sichtweise zwei Aspekte des Mediatisierungsprozesses: die Techniknutzung und sich dadurch verändernde Praktiken *und* die Veränderungen der Codes und damit *on the long run* eine Veränderung von Weltsicht und -deutung sowie von Selbstsicht und -deutung.

Bereits in klassischen anthropologischen Konzeptionen werden der Mensch und seine Eigentümlichkeit – mittelbar (z.b. Kant) oder unmittelbar (z.b. Scheler, Gehlen oder Leroi-Gourhan) – über seine Fähigkeit zur Technikentwerfung und -nutzung begründet. Bei Kant ist das Potential zur Technik der Ausdruck von Freiheit und freiheitlichem Handeln, bei Gehlen unmittelbar nötig als Ausgleich einer physiologischen Mangelhaftigkeit. Bei Leroi-Gourhan entsteht der Mensch erst durch die Techniknutzung, sie ist sozusagen Urquell des Menschen. Damit werden die Techniknutzung und -produktion in doppelter Hinsicht zu einem schöpferischen Akt. Der Mensch *als Mensch* schöpft sich selbst, indem er Technik schöpft bzw. *erfindet*. Und dabei ist es unerheblich, ob die Erfindung das Artefakt oder die Art und Weise der Nutzung ist. Letztlich ist beides kaum voneinander zu trennen, da jedes hergestellte oder vorgefundene *Ding* erst durch die Art der Verwendung in Funktion gesetzt wird. Gekoppelt ist die Techniknutzung derweil immer auch mit einer Wahrnehmungsverschiebung. Denn die Artefakte, die die Menschen produzieren, verändern zugleich ihren *Blick* auf die Welt. Will man hier nach einem archetypischen Beispiel Ausschau halten, lässt sich ein solches in verschiedenen Lesarten des Prometheus-Mythos erblicken. Prometheus, der „Vorausdenkende", war der Titan in der griechischen Mythologie, der die Menschen erweckte und ihnen gewisse Eigenschaften vermachte. Aber der zentrale Anstoß für den Menschen und die menschliche Kultur war das Feuer, das Prometheus den Menschen brachte.

Besonders in Platons *Protagoras* zeigt sich eine Prometheusdarstellung – anders als z.b. bei Hesiod –, in der Prometheus der Befreier und Retter der Menschheit ist, indem er den Menschen den technischen Sachverstand und das Feuer bringt. Durch das Feuer werden zugleich Wärme und Licht gespendet, Höhlen und Behausungen können nun auch bei Dunkelheit beleuchtet werden und der Wahrnehmungsakt des Sehens ist nicht mehr nur ans Tageslicht gebunden. Zugleich erlaubt das Feuer das Bearbeiten und Schmieden von Metall. Aischylos sieht in Prometheus daher den Kulturbringer für die Menschen.

Hans Jonas verbindet im Bild des Menschen als entfesseltem Prometheus die Gefahr, die mit jeder neuen erfundenen Technologie mit in die Welt kommt. Eine neue Qualität dieser Gefahr erblickt er in den heutigen technischen und wissenschaftlichen Möglichkeiten, aus denen er die Notwendigkeit einer neuen Ethik und eine neue Dimension der Verantwortung ableitet:

„Was der Mensch heute tun kann und dann, in der unwiderstehlichen Ausübung dieses Könnens, weiterhin zu tun gezwungen ist, das hat nicht seinesgleichen in vergangener Erfahrung. Auf sie war alle bisherige Weisheit über rechtes Verhalten zugeschnitten. Keine überlieferte Ethik belehrt uns daher über die Normen von ‚Gut‘ und ‚Böse‘, denen die ganz neuen Modalitäten der Macht und ihrer möglichen Schöpfungen zu unterstellen sind. Das Neuland kollektiver Praxis, das wir mit der Hochtechnologie betreten haben, ist für die ethische Theorie noch ein Niemandsland" (Jonas 1980: 7).

Technologische Neuerungen und das mit ihnen verbundene Änderungspotential beinhalten dergestalt eine grundlegend ethische Dimension, die im Rahmen der Handlungsfolgenabschätzung – und damit protentiv – eine Unbestimmtheit in sich tragen.

Das Hervorbringen und der Nutzen von Technik verweisen weiterhin auf den Aspekt des Schöpfens und damit auf einen produktionsästhetischen Aspekt. Denn der Technik geht der *Urhebertrieb* (vgl. Buber 1998: 17) voraus, der Wunsch nach Entäußerung und Entwerfen. Und hier verknüpfen sich die Aspekte der Medienästhetik, des Spiels und der Kreativität, die es im späteren Verlauf noch zu konkretisieren gilt. Die Verwendung von digitalen Medientechnologien im Alltag, die im Gegensatz zu den stärker auf Rezeption ausgerichteten Rundfunkmedien nunmehr explizit eine produktive Dimension hervorhebt[69] und ermöglicht, führt zu einer Veränderung des Alltags. Mehr noch als die explizite Betonung der produktiven Dimension dieser digitalen Medientechnologien ist die im Vorgriff auf die weitere Darstellung nahezu unbeschränkt mögliche Distribution und Teilhabe im Alltag ihr hervorzuhebendes Merkmal. Auch analoge Fotoapparate, Video- oder Musikaufnahmegeräte besitzen und besaßen selbstverständlich einen solchen produktiven Charakter. Aus dieser Sicht haben dann die neuen digitalen Apparate nur einen zusammenfassenden Charakter. Die neue Möglichkeit der unmittelbaren Distribution und damit der Kommunikation über die entsprechenden Artefakte, die die digitalen Medien ermöglichen, führen dann jedoch zu einer anderen, digitalen Medienästhetik.

---

[69] Ein anschauliches Beispiel aus der Werbung sind verschiedene frühere Apple-Werbespots, die mit den Aussagen unterlegt sind: „Und was wird dein Vers sein? [iPad Air]"; oder ein noch stärker auf das „Machen" abhebender Satz: „In dir steckt mehr, als du denkst [iPhone 5S]".

4. Die medienästhetische Verfasstheit der Alltagswelt

Die allgemeine Feststellung, dass die neuen Medientechnologien einen wesentlichen Einfluss auf die menschliche Erfahrung haben, ist heute nichts Neues mehr. Bereits Walter Benjamin hebt den Wandel der Sinneswahrnehmungen durch die Veränderung der menschlichen Daseinsweise über die Zeit hervor:

> *„Innerhalb großer geschichtlicher Zeiträume verändert sich mit der gesamten Daseinsweise der menschlichen Kollektiva auch die Art und Weise ihrer Sinneswahrnehmung.* Die Art und Weise, in der die menschliche Sinneswahrnehmung sich organisiert – das Medium, in dem sie erfolgt – ist nicht nur natürlich, sondern auch geschichtlich bedingt [Hervorh. i. Original]" (Benjamin 1963: 14).

Medien haben Einfluss auf unsere Sichtweise auf die Welt, spielen bei der Kommunikation, bei der zeitlichen und räumlichen Strukturierung des Alltags eine wichtige Rolle und lassen zudem neue, digitale Erfahrungsräume entstehen. Die Medien wirken zum einen passiv auf die Alltagsstruktur, z.B. indem ihr Vorhandensein gewisse Erwartungen weckt. Die erwartete Erreichbarkeit über ein Smartphone, Messengerdienste wie WhatsApp oder per E-Mail kann heutzutage hierfür als Beispiel gelten. Zum anderen wirken die Medientechnologien aktiv im Rahmen einer unmittelbar-praktischen Nutzung z.B. des Internets zum Informieren, Mailversand oder dergleichen mehr. Eine weitere, wenn auch nicht immer trennscharf zu unterscheidende Ebene, ist die produktiv-ästhetische Nutzung von Medien. Dies können Home-Videos, die Gestaltung eigener Internetseiten, das Mitarbeiten an Blogs oder das Produzieren von Bildern und Texten für (Print- und Online-) Zeitungen sein. All diese Aspekte lassen sich wie erwähnt unter dem Begriff der Mediatisierung fassen (vgl. vor allem Krotz 2001, 2007, Hartmann/Hepp 2010, Bidlo 2018b). Damit ist gemeint, dass das alltägliche Leben und die Erfahrungen der Menschen durchdrungen werden durch die Medien und ihre Inhalte. Dieser Prozess bildet gesellschaftliche Praktiken aus, ist aber auch wichtig für die Konstitution von Bedeutung und Sinn innerhalb einer Gesellschaft. „Mediatisierte Welten konkretisieren sich in Öffentlichkeit und Politik, aber auch in Alltag, sozialen Beziehungen und Geschlechterverhältnissen, Erwerbsarbeit und Konsum, gesellschaftlichen Institutionen und Arbeitsorganisation."[70] Die Ästhetisierungsprozesse der Mediatisierung sollen hier in den Blick genommen werden.

Das Konzept der Mediatisierung ist besonders von Friedrich Krotz (vgl. Krotz 2001) modelliert und als gesellschaftlicher Metaprozess (vgl. Krotz/Despotović/Kruse 2017) ausgewiesen worden. Medien, und darunter werden ganz allgemein gängige Kommunikationsmedien wie Internet, Fernsehen, Telefon, Radio oder Zeitung darunter verstanden, differenzieren im Rahmen der gesellschaftlichen Entwicklung die Kommunikation immer weiter aus.

„Genauer sind nicht die Medien dabei der aktive Teil, sondern die Menschen in ihrem Umgang mit Medien: sie konstituieren diese Veränderungen, insofern sie immer mehr Medien für immer neue Aktionen und Prozesse in ihren Alltag einbeziehen – für sie sind die immer neuen Medien mit immer neuen kommunikativen Möglichkeiten ein Potential, das sie realisieren oder auch nicht" (Krotz 2001: 19, Hervorh. i. Original).[71]

Elektronische Medien durchdringen mittlerweile den Alltag und die Kommunikation mittels Medien ist gängige Praxis, die „Dimensionen medialer Entgrenzung" (Krotz 2001: 22) sind vielfältig geworden und lassen sich auf einen zeitlichen, räumlichen und sozialen Aspekt verdichten. Dabei ist zu betonen, „dass Mediatisierung kein kurzfristiger Vorgang ist, den wir erst mit der Etablierung der digitalen Medien erleben, sondern ein langanhaltender Prozess. Ebenso wird greifbar, dass es nicht einfach um Medienwandel geht, sondern um den Wandel von symbolischen Formen und damit von Kommunikation, in denen Medien eingebunden sind" (Hepp 2011: 34).

Elektronische Medien stehen heute nahezu immer zur Verfügung und bieten fortlaufend neue, angepasste und veränderte Inhalte an. Zugleich be-

---

70 Unter: www.mediatisiertewelten.de/de/konzept.html [12.07.18]. DFG Schwerpunktprogramm 1505 „Mediatisierte Welten".

71 Für eine aktive Perspektive der Medien im Konzept der Mediatisierung vgl. Bidlo/Englert/Reichertz 2011 und 2012

steht immer häufiger ein durchgehend räumlicher Zugriff auf sie; durch einen WLAN-Zugriff ist das Internet in allen Räumen einer Wohnung problemlos möglich, heutige Smartphones haben das Internet längst mobil werden lassen, der Fernseher hat nicht mehr nur seinen angestammten Platz im Wohnzimmer, Zweit- oder Drittgeräte machen aus der Wohnung einen *Medienraum*. Aber auch der öffentliche Raum ist mediendurchflutet. Im Anschluss daran verändert sich der Rahmen ihrer sozialen Verwendung, er bewegt und verändert sich fortwährend. Medien werden „in immer mehr Situationen und Kontexten, mit immer mehr Absichten und Motiven" (Krotz 2007: 96), in immer mehr Lebenslagen aktiv (Produktion) oder passiv (Rezeption) verwendet. Aufgrund dieser Verwobenheit des Alltags der Menschen mit Medien, die sich nicht nur in ihrer unmittelbaren Nutzung und entsprechender Praktiken ausdrückt, sondern auch „über Erwartungen, Hoffnungen und Bedürfnisse, Wissen und Fühlen der Nutzerinnen und Nutzer" (Krotz 2007: 112), lassen sich Medienrezeption und Medienhandeln heute kaum mehr als getrennte und separate Handlungsweisen bestimmen, sondern müssen als alltags-integratives Handeln verstanden werden.

Die Produktion und Erschaffung digitaler Artefakte stößt nun selbst eine eigene Form der Wahrnehmung an, die auf der anderen Seite ihren Weg in neue Entwürfe findet. Große Bereiche der Alltagswelt erschließen sich den Menschen zunehmend und fortlaufend über (digitale) Medien. Sie haben nicht nur die Art und Weise der Kommunikation der Menschen untereinander verändert, sondern zugleich auch nachhaltig die Ästhetik in der Rezeption und Produktion der Alltagswelt geprägt. Diese digitale Medienästhetik lässt sich nicht nur über die Art und Form dessen, was und wie es in den digitalen Medien dargeboten und verbreitet wird, fassen, sondern über ihre in der Alltagswelt geronnenen Artefakte und Handlungspraktiken. Ein Beispiel für die ästhetische Anpassung bzw. Annäherung von digitaler und analoger Welt und damit für die reziproke Durchdringung beider Bereiche drückt sich in der Designrichtung des *Skeuomorphismus* aus. Skeuomorphismus meint hier soviel wie die Gestaltung von neuen Objekten oder Artefakten, die sich an vertraute und bekannte Objekte anlehnt, obgleich es in rein funktionaler Hinsicht nicht nötig wäre. Der Grund für die ästhetische Anpassung liegt vor allem darin, die Artefakte vertrauter wirken zu lassen. Evident findet man den Skeuomorphismus häufig im Softwaredesign. Die gesamte Entwicklung hin zur visuellen Form des Betriebssystems, die von Zahlenkolonnen über Textdarstellungen und -eingaben bis schließlich zur grafischen und ikonographischen Darstellung reicht, lässt sich als eine skeuomorphistische Entwicklung verstehen, die zugleich eine Entwicklung hin zur Anwenderfreundlichkeit anzeigt. Eine unintendierte Folge dieser Entwicklung ist die Trennung in Anwender und *Programmatoren*, also zwischen einmal jenen, die die Maschine durch Maschinensprache (man denke hier nicht nur an Maschinen- bzw. Assemblersprachen wie Assembler, sondern auch an – genau genommen – keine richtigen Maschinensprachen wie C++ oder andere Programmiersprachen) programmieren und zum Anderen jenen, die an der Oberfläche der skeuomorphistischen Elemente die Software anwenden, aber – zumindest nach Flusser – auch angewendet werden.

Der Skeuomorphismus soll nun dabei helfen eine gewisse Vertrautheit mit der Software herzustellen und damit Berührungsängste zu vermeiden oder eine intuitive Benutzung der Software zu ermöglichen. Beispiele hierfür sind das Klickgeräusch beim Auslösen einer digitalen Fotografie, das Geräusch von Papier, das zerknüllt wird, beim Verschieben von Dateien in den Papierkorb, das Verbiegen eines digitalen Kalenderblattes beim „Umblättern", die optische Angleichung des digitalen Notizblockes an einen materiellen Notizblock oder die Darstellung von Bücherregalen für digitale Bücher und Dokumente, wie man sie beispielsweise in älteren Versionen von Apples iBook finden.[72] Die Anleihen aus der materialen Welt haben insofern einen didaktischen Wert, als eine gewisse Durchlässigkeit von Handlungen durch Vertrautes angeregt wird.

Die Ästhetisierung der Alltagswelt vollzieht sich gleichwohl nicht ausschließlich über und durch die digitalen Medien, aber sie haben daran einen substantiellen Anteil. Und diese vollzieht sich nicht nur auf einer Rezipienten-, sondern auch auf einer Produzentenebene. Damit ist die ästhetische Entäußerung gemeint, ein besonderer Ausdruck der inneren Erfahrung, des Denkens oder Fühlens. Wenn man von ästhetischer Erfahrung spricht, wird oft diese Rezipientensichtweise unterstellt. Die Produzentensichtweise kommt höchstens in den Blick, wenn man darauf schaut, wie Künstler ihre

---

[72] Die Diskussion um die Reichweite und den Umfang von skeuomorphistischen Elementen hatte bei Apple dazu geführt, dass der Skeuomorphismus im mobilen Betriebssystem ab iOS 7, das z.B. auf dem iPhone oder iPad seinen Dienst verrichtete, stark reduziert wurde.

Kunst verrichten. In Zeiten der digitalen Kommunikation und der Massenmedien tritt – wie sich im weiteren Verlauf des Kapitels verdeutlichen wird – der Produzententeil der Ästhetik, der bisher vernachlässigt wurde, in neuer, bisher nicht gekannter Deutlichkeit hervor. Die Menschen werden zu Produzenten von digitalen ästhetischen Artefakten. Die Produktion solcher Artefakte findet nicht mehr in Ateliers, Bühnen oder anderen künstlerischen Welten statt, sondern in der Welt des Alltags: auf der Straße, im Büro oder am heimischen Bildschirm.

Hier ist die Möglichkeit der Distribution, die die Trias der medienästhetischen Besonderheit der Gegenwart komplettiert, der Artefakte als wesentlicher der Teil der Produktion hervorzuheben. Die Wichtigkeit der Distribution in der digitalen Welt, wenngleich nicht ausschließlich auf das Feld der Ästhetik beschränkt, verdeutlichen beispielsweise die „Gefällt mir"- oder „Teilen"-Buttons, die sich über die Social-Network-Plattform *facebook* etabliert haben und entweder von vielen anderen Online-Anbietern aufgenommen oder in abgewandelter Form (man denke z.B. an *amazons* oder *facebooks* „Gefällt mir"-Buttons) selbst angeboten werden. Unabhängig von den Intentionen der Anbieter (z.B. Profilierung des Einkaufsverhaltens und Generierung von *traffic*) bieten sie die Möglichkeit des unkomplizierten (nur ein Knopf muss gedrückt werden) Mitteilens eigener Aktivitäten, Vorlieben usw. Wie erwähnt steht dies nicht zwingend in dem hier besprochenen ästhetischen Kontext, verdeutlicht aber, dass die Möglichkeiten der Distribution insgesamt zu veränderten Praktiken anhalten.

Während z.B. ästhetische Artefakte wie oben erwähnt in Studios, Ateliers oder auf Bühnen entstanden und distribuiert werden konnten, erweitern sich in der Gegenwart die Möglichkeiten. Die Kontextualisierung von Künstler und Atelier sowie dort entstehendem oder präsentiertem Produkt (z.B. ausgestellt in einer Galerie) machte aus dem Produkt erst ein ästhetisches Artefakt. Heute ist dieser Kontext nicht mehr (zwingend) erforderlich; nunmehr hat die Alltagswelt diesen Platz eingenommen, das Internet (aber auch belebte Einkaufsstraßen für Straßenmusiker oder -künstler) bieten die Distributionsmöglichkeit, die aus einem Produkt dann erst wieder ein Ästhetisches, Wahrnehmbares macht. Schon immer wurden ästhetische Produkte auch außerhalb der benannten Kontextualisierung erschaffen und distribuiert.[73] Sie nahmen auch eine wahrnehmbare Form an. Es klingt trivial, aber ein Gedanke kann nicht ästhetisch sein. Nur wenn er in eine Form gegossen wird, schriftlich, mündlich, als Bild, Gleichung oder Theaterstück usw., kann daraus *Aisthesis* werden. Aber die wahrnehmbare Form allein reicht nicht aus. Sie eröffnet zwar die Möglichkeit zur Wahrnehmung aufgrund der materiellen Vorhandenheit. Erst wenn das Produkt möglichst vielen zur Wahrnehmung dargeboten werden kann, erhöht sich die Wahrscheinlichkeit, dass es als ein ästhetisches Produkt erfasst und verstanden wird. Das heißt nicht, dass man Ästhetik auf quantitative Wahrnehmungsakte reduzieren kann in einem Sinne: je mehr etwas wahrgenommen wird desto mehr ist es ästhetisch. Auch eine einzige Wahrnehmung eines Produktes kann eine ästhetische Erfahrung auslösen. Aber mit der Größe der Wahrnehmungsanzahl erhöht sich auch die Wahrscheinlichkeit, dass das ästhetische Produkt als ein solches wahrgenommen wird. Die Distribution solcher Artefakte ist dann auch Teil des sozialen Prozesses, der Wahrnehmungen präformiert.

Es ist mittlerweile ein Gemeinplatz, dass auch unsere Wahrnehmungen sozial mitgestaltet sind. So gibt es gesellschafts- oder kulturkreisspezifische Seh- oder Hörgewohnheiten (vgl. Kröger-Bidlo 2018, Raab 2008, Soeffner/Raab 2004). Wie wir etwas sehen, hören, riechen, schmecken oder Tasten ist zu einem großen Teil auch von unserem sozialen, gesellschaftlichen und kulturellen Kontext abhängig. Daher wird nicht jedes Objekt gleichermaßen als ein Ästhetisches verstanden. Der Aspekt der Ästhetik liegt also nicht im Objekt selbst, sondern wird an es herangetragen, und dieses Herantragen ist – um es erneut zu sagen – je nach kulturellem, gesellschaftlichem und sozialem Hintergrund etwas anders. Der Mensch, der es hergestellt hat, wurde vielleicht zuvor schon als Künstler bezeichnet oder hat sich selbst als ein solcher verstanden. Er hat das Produkt in einem speziellen Raum entworfen und hergestellt (Studio, Bühne, Atelier usw.), das Produkt wird anschließend in einer speziellen Art und Weise zur Schau gestellt (Buchladen, Galerie, Museum, Theater, Konzerthaus usw.) und darüber zugleich auch distribuiert. Es sind diese Kontextualisierungen, die dann aus einem Produkt ein ästhetisches Artefakt machen. Natürlich kann man einwenden, dass einige

---

[73] Hinsichtlich der Distribution sei auf die mittelalterliche Wanderbühne verwiesen (vgl. Bidlo (vgl. 2009c).

der genannten Kontextualisierungen nicht mehr zwingend erforderlich sind: die schon genannten Straßenmusiker, Streetperformance im Allgemeinen, Wohnzimmertheater usw. sind Beispiele dafür. Und diese Beispiele sind gut geeignet, um den Wandel aufzuzeigen und den Prozess darzustellen, wie durch die digitalen Medien eine Vielzahl der Kontextualisierungsvoraussetzungen aufgehoben wurden, die nun nicht mehr in ihrer beschriebenen Form nötig sind. Noch ein Wort zu diesen Formen: Sie hatten immer auch eine Art Gatekeeper-Funktion. Nur jene Künstler (oder die, die sich als solche sahen), die von einer Galerie, einem Orchester, einer Bühne oder einem Verlag aufgenommen wurden, konnten in den erlauchten Kreis der Ästhetik-Produzenten eintreten. Der Verleger oder der Galerist waren die Torwächter, die darüber entschieden, wer eintreten durfte und wer nicht. Sie finanzierten vor und ermöglichten erst die Verteilung des Produktes. Dieser Prozess kommt durch die neuen Medien und die darin enthaltenen Möglichkeiten ins Stocken und wird sogar zunehmend aufgelöst. Mann benötigt kaum noch eine materielle Ausstellungsfläche, durch den Digitaldruck können Bücher On-Demand von jedermann hergestellt und verteilt werden. Filme und Bilder können solcherart über entsprechende (kostenfreie) Internetplattformen vertrieben und in Bild-, Foto- und Videodatenbanken zur Schau gestellt werden.

Was hiermit angesprochen ist, ist eine sich vollziehende Medienästhetisierung der Alltagswelt, die sich aufgrund der Entwicklung der digitalen Medien und den mit ihnen einhergehenden Möglichkeiten dynamisiert hat. Wie steht es um das Verhältnis der Welt des Alltags und der digitalen Welt, die durch das Internet ermöglicht und zugleich repräsentiert wird? In der Tat kann die Entwicklung der letzten 20-30 Jahre als das Voranschreiten und die Etablierung der digitalen Medien im Allgemeinen und des Internets im Besonderen verstanden werden. Unser Alltag ist durchdrungen von WLAN-, LTE- und bald 5G-Netzen, die uns jederzeit verbunden halten – entweder über das Mobiltelefon oder den mobilen Rechnern oder beide – und fester Bestandteil unserer Alltagswelt geworden sind. Der moderne Mensch „geht" dergestalt nicht ins Internet, sondern befindet und *bewegt* sich derart schon immer darin. Die *digital natives* unterscheidet in diesem Zusammenhang von anderen Menschen die „naturgegebene" Selbstverständlichkeit, mit der sie Einkäufe, Musik, Kommunikation, Videographie usw. über das Internet durchführen. Die Frage „Wie haben wir das nur früher gemacht?" ist für sie insofern obsolet, weil es für die digital natives ein solches „früher" nicht gibt. Die Technik und Nutzung derselben muss im Alltag nur noch selten problematisiert werden. War vor einigen Jahren die Nutzung des Computers noch Teil eines spezifischen Handlungs-, Wissens- und Sinnhorizontes, ist es heute weitgehend konstitutives Element der Alltagswelt. Man könnte hier in Anlehnung an Fechner (vgl. Fechner 1876) von einer Ästhetik „von unten" sprechen. Fechner unterschied zwischen zwei Ästhetiken: einer Ästhetik von unten und einer von oben. Die Ästhetik von oben meint die klassische Ästhetik der traditionellen Philosophie, Kunst und Literaturwissenschaft. Dabei wurden Alltagsgegenstände, -räume oder gewöhnliche Gestaltungen z.b. von Parks oder Gebäuden, also „übersehene Räume" (Haase 2007) und selbstverständliches „Inventar" (Hasse 2007: 9), weitgehend ausgeklammert. Fechner stellt die beiden Ästhetiken im Rahmen einer hierarchischen Darstellung nebeneinander und kommt so zu einer – man könnte sagen – deduktiven Ästhetik von oben und induktiven Ästhetik von unten.

„Man behandelt sie nach einem kurzen Ausdrucke von Oben [sic!] herab, indem man von allgemeinsten Ideen und Begriffen ausgehend zum Einzelnen absteigt, von Unten [sic!] herauf, indem man vom Einzelnen zum Allgemeinen aufsteigt. Dort ordnet man das ästhetische Erfahrungsgebiet einem, von obersten Gesichtspunkten aus konstruierten, ideellen Rahmen nur ein und unter; hier baut man die ganze Ästhetik auf Grund ästhetischer Tatsachen und Gesetze von Unten an auf. Dort handelt es sich in erster und zugleich höchster Instanz um die Ideen und Begriffe der Schönheit, der Kunst, des Stils, um ihre Stellung im System allgemeinster Begriffe, insbesondre ihre Beziehung zum Wahren und Guten; und gern steigt man damit bis zum Absoluten, zum Göttlichen, den göttlichen Ideen und der göttlichen Schöpfertätigkeit hinauf. Aus der reinen Höhe solcher Allgemeinheiten steigt man dann in das irdisch-empirische Gebiet des einzelnen, des zeitlich und örtlich Schönen herab, und mißt alles Einzelne am Maßstabe des Allgemeinen. Hier geht man von Erfahrungen über das, was gefällt und mißfällt, aus, stützt hierauf alle Begriffe und Gesetze, die in der Ästhetik Platz zu greifen haben, sucht sie unter Mitrücksicht auf die allgemeinen Gesetze des Sollens, denen die des Gefallens immer untergeordnet bleiben müssen, mehr und mehr zu verallgemeinern und dadurch zu einem System möglichst allgemeinster Begriffe und Gesetze zu gelangen" (Fechner 1876, Teil 1: 1).

Grundlage einer solchen Ästhetik von oben war die frühmittelalterliche Auf- und Ablösung der Ästhetik von einer Lebensnähe mittels theologischer Jenseitsorientierungen. Die Ästhetik von unten bemüht sich demgegenüber um eine empirische Grundlage. Sie reduzierte Ästhetik nicht auf die Kunst, sondern betrachtete Schönheitserleben als ein alltägliches psychologisches Phänomen, das man in Experimenten (sogenannte experimentelle Ästhetik) untersuchen kann (vgl. auch Wyss 1995: 35). Nach der postmodernen Auflösung der Pole induktiv/deduktiv bleiben letztlich auch keine solche Ästhetiken mehr übrig. Man kann im Rahmen der Medienästhetik von einer sprichwörtlichen „Ästhetik der Mitte" sprechen. Die Ästhetik des/durch/-vom Medium ist weder eine Ästhetik von oben noch eine von unten. Sie ist die „dazwischengeschobene" Ästhetik, die weder aus höheren Schichten der Erfahrung abgeleitet werden kann (Gott, Geist, Seele) noch aus rein „unteren" Schichten wie Materie oder unmittelbare sinnliche Wahrnehmung fundiert ist. Denn eine Ästhetik, die sich durch Mediatisierung und damit durch Medien im Alltag vollzieht, rekurriert nicht mehr ausschließlich auf unmittelbare sinnliche, sondern auf medial vermittelte Wahrnehmungen. Ein Beispiel hierfür ist die Mediatisierung der Zeitwahrnehmung bzw. des menschlichen Zeitbewusstseins.

4.1 Die Mediatisierung der Zeitwahrnehmung[74]

Im Rahmen des medialen und technischen Umbruchs der Neuzeit lässt sich auch eine Veränderung der kulturellen Wahrnehmungsmuster hinsichtlich der Zeit konstatieren. Im Folgenden geht es nicht darum, eine Genese der Zeitvorstellung der westlichen Kultur nachzuzeichnen (vgl. hierzu vor allem Rosa 2005, Bidlo 2009a),[75] sondern vielmehr darum, Wahrnehmungsveränderungen und mithin die ästhetischen Derivate im Rahmen der Zeitvorstellung sichtbar zu machen.

In den Sozialwissenschaften lässt sich in den letzten 40 Jahren ein Common Sense zum Thema Zeit konstatieren, insofern sie eine der grundlegenden Strukturen ist, mit der wir unsere Wahrnehmungen arrangieren. Damit kommt ihr zugleich ästhetische Bedeutung zu. Mehr noch ist sie ein Interpretationsmuster für menschliches Handeln (vgl. z.B. Rinderspacher 1985: 55, Schöps 1980: 5, Schmied 1985: 11, allgemein Rosa 2005, Bidlo 2009a). Norbert Elias konstatiert für die Zeit als Orientierungsmittel:

„Was man heute als ‚Zeit' begreift und erlebt, ist eben dies: ein Orientierungsmittel. Als ein solches mußte der Zeitbegriff der Erfahrung in einem langen, generationsübergreifenden Lernprozeß entwickelt werden. [...] Mit anderen Worten: Die menschliche Erfahrung dessen, was heute ‚Zeit' genannt wird, hat sich in der Vergangenheit verändert und verändert sich in der Gegenwart weiter, [...] Auf lange Sicht aber wird man es lohnender finden, einer Betrachtungsweise zu folgen, die ‚Zeit' als begriffliches Symbol für eine allmählich fortschreitende Synthese, für ein ziemlich komplexes In-Beziehung-Setzen zwischen verschiedenartigen Geschehensabläufen erkennen läßt" (Elias 1988: 1 ff.).

Zeit bzw. unsere Vorstellung von Zeit ist dergestalt sozial geprägt, präfiguriert unser Denken, Handeln und unsere Motivationen und ist damit eine gesellschaftlich wirksame, mit den Eigenheiten einer Gesellschaft verwobene Konzeption.

---

[74] Vgl. zu diesem Aspekt auch ausführlich Bidlo 2009a.
[75] Auch bleiben die dort hineinspielenden chronobiologischen und psychologischen Aspekte weitgehend unerwähnt. Für das Kapitel vgl. vor allem Bidlo 2009a.

„Soziales Handeln ist stets an Zeit und Zeitstrukturen gebunden: es wird durch vorangegangene Ereignisse bewirkt und hat als Voraussetzung die Vergegenwärtigung von Zukunft. Jede Interaktion setzt eine Synchronisation von Zeit und Zeitbewusstsein der Handlungspartner voraus" (Schäfer 1995: 403).

Die moderne Zeitvorstellung und -ordnung ist eng an die technischen, ökonomischen und sozialen Wandlungsprozesse vom Mittelalter bis hin zur Neuzeit gekoppelt (vgl. hierzu ausführlich Bidlo 2009a, Rosa 2005) und erhält durch die digitalen Medien (vgl. z.b. Kergel 2018) einen weiteren Dynamisierungsschub, der sich selbst wiederum in den Wandlungsprozess des kulturellen Konstrukts „Zeit" (und auch des Raumes) einschreibt. „Die Maßverhältnisse zwischen den jeweiligen Variablen Raum, Zeit und Medien werden mit jedem medial erzeugten Impuls neu justiert, also untereinander neu austariert" (Köster 2009: 23).

Das Zeitbewusstsein einer Epoche gründet nicht in sich selbst, es ist vielmehr Ausdruck übernommener Tradition, aber auch eigener Lebenserfahrungen, religiöser Erlebnisse, wissenschaftlicher Welterkundung und technisch-medialer Neuerungen. Die Vorstellung von *Zeit* ist hierbei sowohl ein wesentliches Gestaltungsprinzip als auch Ergebnis solcher Prozesse.

Der Mensch besitzt kein Sinnesorgan für die Wahrnehmung der Zeit. Er konstruiert als soziales Wesen aufgrund seiner kognitiven Fähigkeiten und biologischen Notwendigkeiten Zeit auf soziale Art und Weise. Kommunikation spielt hierbei eine zentrale Rolle, „Zeit ist mit Kommunikation elementar verbunden" (Beck 1994: 165).

Unser Bewusstsein von Zeit spielt insofern eine wesentliche Rolle für die Erschließung der Welt, weil es als fundamentales Organisationsprinzip und Deutungsmuster, als zentraler Hintergrund für unser Handeln gelten kann. Die gesellschaftliche Vorstellung bzw. das gesellschaftliche Bewusstsein von Zeit und der Umgang mit ihr haben einen unmittelbaren Einfluss auf unsere Wahrnehmung von der Welt. So manifestiert sich im agrarisch geprägten Mittelalter ein eher zyklisches, auf exogene Rhythmen wie Tag und Nacht, Jahreszeiten, Ebbe und Flut usw. fußendes Zeitbewusstsein, das zudem von einem okkasionellen, an unmittelbare Ereignisse und Situationen gebundenes Zeitbewusstsein ergänzt wurde. Mit der zunehmenden Technisierung und Mobilisierung der Welt bildete sich ein an einer Linie, die von der Vergangenheit über die Gegenwart in die Zukunft reicht, orientiertes Zeitbewusstsein aus. Dieses lineare Zeitbewusstsein dominiert auch in der Gegenwart noch weitgehend unser Bewusstsein von Zeit, wenngleich auch durchdrungen von zyklischen und okkasionellen Vorstellungen. Nun spielen gerade die Massenmedien für eine soziale Konstitution eines Zeitbewusstseins eine wichtige Rolle. Sie synchronisieren zum einen den gesellschaftlichen Kommunikationsprozess, indem sie in unterschiedlichen Periodizitätsequenzen immer neue Informationen und Interpretationen bereitstellen. Zudem gliedern und strukturieren sie den Alltag; ihre Programmangebote legen ein temporales Gitter über die kalendarischen Einheiten, obwohl die Sendezeit, beispielsweise des Fernsehens nicht homogen ist, sondern ihre Bewertung und Qualität vielmehr eng mit der sozialen Zeitstruktur und den zeitlichen Rhythmen des Zusehers verknüpft sind. Für das Fernsehen konstatiert Engell: „Die Zeitstruktur des Fernsehens erklärt sich unter Rückgriff auf seine kommunikative Funktionsweise" (Engell 1989: 171). Die strukturelle Funktion der Zeit steht dergestalt in Wechselwirkung mit der sozialen Zeitstruktur (vgl. Hömberg 1990: 15). Es sind übrigens gerade diese sich in einem Zeitraum von etwa 60 Jahren ausgebildeten Rhythmen z. B. des Fernsehens, die sich in den letzten Jahren aufzulösen beginnen. Die Möglichkeit über die digitale Bereitstellung von Fernsehinhalten z.B. über Mediatheken oder entsprechende Aufnahme- (z.b. Onlinetvrecorder), Archivierungs- (z.b. youtube) oder kommerzielle (z.B. Maxdome, Sky, Kauf-DVD's von Serienstaffeln, weitere Streaming-Dienste wie Netflix oder Amazon-Prime Video) Optionen lösen das vorher feste Zeitstrukturmuster der bisherigen Fernsehnutzung auf.[76]

Indem Medien die Möglichkeit bieten, Ereignisse unabhängig vom Raum nahezu simultan in die Wohnzimmer zu bringen und sie mit anderen zeitlich und räumlich entfernten (oder nahen) Ereignissen eng zu koppeln, entsteht ein Zeitbewusstsein, das von einer örtlich begrenzten Lokalzeit zu einer Weltzeit drängt, die unter dem Zeichen der Gleichzeitigkeit steht (vgl.

---

[76] Auch die räumliche Komponente hat sich insoweit aufgelöst, dass das Fernsehschauen nicht mehr auf einen Raum begrenzt ist, in dem ein Fernseher steht. Die mobilen Smartphones, Tablets oder Notebooks lösen dieses Strukturmuster des Fernsehschauens auf. Damit einher geht auch die Praxis des *second screen*, die Nutzung eines weiteren Bildschirms während des TV-Schauens.

Großklaus 1997: 5) und zu einer Verdichtungen auf der Gegenwartsfläche führt. Der Mensch erlebt diese Verdichtungen zeitlich und räumlich als Wechsel zwischen Schrumpfung und Weitung der Gegenwart. Das mediale Leitprinzip ist hier die Aktualisierung. Auch Helga Nowotny (vgl. Nowotny 1989) sieht in den modernen Kommunikationstechnologien die unmittelbarste und sichtbarste Ursache für die Veränderung der menschlichen Zeitwahrnehmung, die zum allmählichen Verschwinden der Kategorie Zukunft führt und durch etwas ersetzt wird, das sie als erstreckte Gegenwart bezeichnet. Die modernen Technologien fördern die Permeabilität der Zeitgrenze zwischen Gegenwart und Zukunft und somit die zeitliche Dezentralisierung und Entkoppelung. Sie stehen in Büros, in Haushalten oder sind über Smartphones am Körper auf Abruf bereit und verfügbar. Sie verändern allmählich die alltäglichen zeitlichen Wahrnehmungsmuster, wodurch andere soziale Zeitstrukturierungen benötigt werden, um sich der Anforderung kontinuierlicher Erreichbarkeit anzupassen und sich ihrer bedienen zu können (vgl. Nowotny 1989: 9). Ein Beispiel ist hierfür der sog. „Sofortismus", der z.b. bereits für die informierenden Medien und einer entsprechenden Krisenkommunikation (vgl. z.B. Nolting und Thießen 2008, Herrmann 2012) oder der politischen Kommunikation (vgl. Rademacher 2005) konstatiert wurde. Dieser lässt sich derweil auch in der alltäglichen Praxis der elektronischen Kommunikation wiederfinden. So trägt das *mobile phone* explizit die Mobilität im Namen und drückt damit die fortwährende Erreichbarkeit aus, die zudem in einer gesellschaftlichen Zuschreibung aufgeht. Besitzt man ein Smarthphone und teilt seine entsprechende Nummer mit, setzt man sich zugleich in die Funktion des Erreichbarseins und des sofortigen Reagierenmüssens. Man muss diesem zwar nicht folgen, gleichwohl folgt daraus ein gewisser Erklärungs- und Rechtfertigungsdruck für die Nichterreichbarkeit.

Durch den beschleunigten Umsatz von Waren und Bildern auf fernen Märkten, aber auch durch die zeitlich und räumlich entgrenzte Möglichkeit elektronischer Kommunikation muss das Gefühl für die Koppelung von zeitlicher Dauer und räumlicher Entfernung neu justiert werden. Denn das zeitliche Grundmaß von Bewegungen im Raum war bis zum Beginn des letzten Jahrhunderts wesentlich gebunden an natürliche Voraussetzungen, an die körperliche Arbeit eines Tieres oder Menschen oder an die Nutzung von Windkraft durch Segelschiffe o.Ä. Eine erste große Umwälzung trat durch die Erfindung *automobiler* Bewegungsmaschinen von der Eisenbahn bis zur Rakete ein. Sie lösten den Menschen aus der Gebundenheit der unmittelbaren Zeit und des natürlichen körperlichen (Umgebungs-)Raumes. Das Hinzukommen der neuen Kommunikationsgeräte, vom Telegrafen bis zum Satelliten und von der Fotografie bis zum Computer, löste die räumliche Begrenztheit des menschlichen Mitteilungs- und Wahrnehmungsfeldes weiter auf. Das Emportauchen und die allmähliche Verbreitung der technischen Bild-Medien im 19. Jahrhundert hatten das über Jahrhunderte etablierte System symbolischer Repräsentation von Raum und Zeit fragil werden lassen. Die neuen Medien revolutionierten die über die alten Medien konventionalisierten Muster raum-zeitlicher Darstellung z.B. in Form des Buches und der Schrift (vgl. Großklaus 1994: 36 ff.).

„Ich denke, dass wir es in der Tendenz des gesamten Modernisierungsprozesses, zeitliche und räumliche Ferne zu vernichten, mit einer Erweiterung und Verdichtung des Gegenwarts- und Jetzt-Feldes zu tun haben. Alles tendiert dazu, Gegenwart zu sein, hier zu sein, jetzt zu geschehen. Vergangenheit und Zukunft werden inzwischen durch die bis zur Lichtgeschwindigkeit beschleunigten Vorgänge medialen Transports in Zuständen neuer Gleichzeitigkeit aktualisiert" (Großklaus 1995: 21).

Auch Virilio sieht eine mediale Modifikation bzw. Destruktion der Zeitlichkeit im Sinne einer tiefgreifenden Destabilisierung der zeitlichen Grundverfassung, die ihren Ursprung in der Geschwindigkeit der modernisierten Personentransporte und der damit verbundenen Vermeidung des Weges hat.

„Die Errungenschaft der horizontalen ‚Fluchtgeschwindigkeit' befreit uns von der angeblichen Wirklichkeit der dritten Dimension. Die Geschwindigkeit befreit uns, indem sie uns von der Verzögerung der Reise befreit, im Grunde vom ‚Volumen' des Gegenstandes, der Orte wie der Umgebung" (Virilio 1989: 187).

So zeigt sich, dass der Naturraum und die Naturzeit als analoge Kodierung von Wirklichkeit in dem Maße verloren gehen, wie die Auflösung des Naturraums und der -zeit durch die neuen Techniken der Mobilität und der Kommunikation voranschreiten. Der Höhepunkt und damit die letzte Stufe ist für Virilios *Dromologie* (vgl. z.B. Virilio 1986, 1993, 1998) erreicht, wo die „statischen Vehikel" der audiovisuellen Medien das Feld bestimmen und durch ihre Dynamik und das unaufhörliche Eintreffen von Bildern die Zuschauer zur Immobilität verurteilt werden. Gleichzeitig setzt diese Dynamik die Kenntnisnahme von Distanzen, zeitliche wie räumliche, außer Kraft, da sie eine allgegenwärtige Nähe erzeugt. Für Virilio ergibt sich damit eine auf den Kopf gestellte Situation; im 21. Jahrhunderts folgt auf die im 20. Jahrhundert hervorgerufene Mobilisierung der öffentlichen und privaten Transportmittel die Immobilisierung der Übertragungen, die häusliche Bewegungslosigkeit:

> „die bewegungslose Abgeschiedenheit des Ortes, aller geographischen Orte, die aus jeden von uns den *Teleakteur* macht, den Bewohner einer Zeit, die weniger diejenigen der Uhren und Kalender sein wird, als diejenige der *Realzeit*, die wahrer ist als die Natur, die uns augenblicklich aus dem Raum verbannt, aus diesem sehr wirklichen Raum, der gestern noch das Innen vom Außen trennte, das Zentrum von der Peripherie, so wie die Langzeiten es ermöglichten, die Ursache von der Wirkung zu unterscheiden. Genau das ist die *Kontrolle der Umwelt*" (vgl. Virilio 1998: 61).

Damit etabliert sich nach Virilio eine *Ästhetik des Verschwindens* (vgl. Virilio 1986). Die modernen, digitalen Informations- und Kommunikationstechnologien haben jedoch zugleich neue Erlebnisräume geschaffen. Neben neuer Erlebnisräume ist die Welt gleichzeitig zusammengewachsen und nähergerückt; dem Mediennutzer äußert sich dies durch die Teilnahmemöglichkeit an dieser weltweiten Gleichzeitigkeit mittels der „Echtzeit-Technologien" (Virilio 1993: 8), die zudem das Gefühl des Dabeiseins oder auch der Zugehörigkeit evozieren können. Ein Grundelement einer Beschleunigungsdiagnose liegt in der zunehmenden Fülle von angebotenen Möglichkeiten, seine Zeit zu verbringen. *„Die Erweiterung des Möglichkeitshorizontes* ist somit ein wesentliches Element der ‚Verheißung der Beschleunigung'" (Rosa 2005: 13). Damit führt jede getätigte Entscheidung für eine Möglichkeit zugleich zu einer Vernichtung der nicht gewählten Alternativen. Die Fokussierung auf eine Option führt zum Verlust einer anderen Option und zum subjektiven Gefühl des Beschleunigenmüssens. Das Motiv der Pluralität war bereits ein Schlagwort der sogenannten Moderne, aber erst ihre Radikalität führte zur Postmoderne. Kritisch steht ihr Baudrillard entgegen, für den die Pluralisierung zur Uniformität führt. Je mehr Möglichkeiten man schaffe, um so weniger Bedeutung haben die einzelnen Optionen, bis sie schließlich überhaupt nichts mehr bedeuten. Sie konsonieren schließlich im „anything goes", im Rauschen der Beliebigkeit (vgl. z.B. Welsch 1988: 14).

„Unsere Situation verbindet nämlich eine Inflation, eine galoppierende Beschleunigung der Informationsvermittlung, eine schwindelerregende Mobilität und ein Übermaß der einfachsten Ausgangsbedingungen mit einer Tendenz zur totalen Entropie" (Baudrillard 1994: 13).

Vom Romanschreiben und Philosophieren bis zur Produktion industrieller Güter, hat sich alles der Herausforderung einer beschleunigten Umschlagszeit und der raschen Abschreibung traditioneller und historisch erworbener Werte zu stellen. So ist die überall spürbare, auch durch die Medien verursachte, Kontraktion der Zeit und des Raumes zu einem Kennzeichen des gegenwärtigen Lebens (vgl. Harvey 1995: 58) und des herrschenden Zeitbewusstseins geworden.

„Die von den Echtzeit-Technologien ausgelöste Revolution beschränkt sich nicht nur auf die bloße Beschleunigung der Informationsübertragung; sie bietet zugleich eine völlig neue Welt-Anschauung, einen völlig neuen Zugang zur Welt" (Virilio 1993: 12).

Auch wenn sich in dieser Entwicklung einzelne Antriebskräfte nur schwer gewichten lassen, kann man dennoch sagen, dass die Massenmedien für diesen Prozess der Beschleunigung eine wichtige Rolle einnehmen. Der italienische Postmoderntheoretiker Gianni Vatimo vertritt die Hypothese, dass die Intensivierung der kommunikativen Phänomene durch die Massenmedien nicht nur ein Aspekt unter vielen für die Herausbildung einer postmodernen Gesellschaft ist, sondern gleichsam dessen Zentrum darstellt. Eine solche ist nicht als eine transparentere, selbstbewusstere oder aufgeklärtere zu charakterisieren, sondern als eine komplexere und unübersichtlichere Gesellschaft (vgl. Vattimo 1992: 15 ff.).

„Die Gesellschaft der Massenmedien ist gerade aus diesen Gründen genau das Gegenteil einer aufgeklärteren, ‚gebildeteren‘ Gesellschaft (im Sinne Lessings oder Hegels); die Massenmedien, die theoretisch in der Lage sind, über alles, was in der Welt geschieht, ‚in realer Zeit‘ zu informieren, könnten in der Tat als konkrete Realisationsform von Hegels Absolutem Geist erscheinen, [...] so beeinträchtigt in der Tat die Intensivierung der Informationsmöglichkeiten im Verhältnis zur Wirklichkeit in ihren verschiedenartigsten Aspekten zunehmend jene Vorstellung einer Wirklichkeit" (Vattimo 1992: 18).

Unsere Gesellschaft ist durch die Intensivierung des Informationsaustausches und durch die tendenzielle Identifikation von Ereignis und Nachricht charakterisiert. Vatimos Hypothese bezieht sich auf die Thesen McLuhans, der eine Gesellschaft durch die (Kommunikations-)Technologien, über die sie verfügt, definiert und charakterisiert sieht. In seinem Buch *Wohin steuert die Welt? Massenmedien und Gesellschaftsstruktur* verweist er darauf, dass die elektrischen Medien Informationen und Menschen mit der Geschwindigkeit des Lichts beeinflussen, die weniger durch die Größe als vielmehr durch die Schnelligkeit der Erfassung und Umfassung charakterisiert ist (vgl. McLuhan 1978: 136).

Nach Marshall McLuhans bekanntem Ausspruch „Das Medium ist die Botschaft" liegt die Medienwirkung damit nicht so sehr in der Übernahme von Inhalten, sondern mehr im Erwerb allgemeiner, medientypischer Denk- und Wahrnehmungsweisen. Besonders in den Büchern *Die Gutenberg-Galaxy* und *Understanding Media* erarbeitet er die Idee, dass die Art und Weise der Informationsübermittlung das Denken der Mediennutzer verändert. So hat durch die Erfindung und Etablierung der Schrift der Tastsinns und das

Gehör in der Kommunikation an Bedeutung verloren und sich stärker auf das Auge verlagert. Informationen müssen von nun an in serielle Anordnungen von Elementen transformiert werden, die für sich genommen meist bedeutungslos sind. Diese so von der Schrift lancierte Abstraktionsleistung sei nun die Ursache für die Linearisierung des Denkens in den westlichen Kulturen. Der Buchdruck hat daran anschließend zur Verstärkung und schließlich zu einer kulturellen Dominanz der visuellen Wahrnehmungsweise geführt. Die Linearität des Alphabetismus teilt die Welt wie auch die mechanische Uhr in *eigenartige* Zeitabschnitte ein, beide zerteilen die Welt in lauter visuelle Abschnitte. Erst in alphabetischen Kulturen sei deshalb ein chronologisches Bewusstsein von den Ereignissen möglich, die Linearität wandert in die Wahrnehmung und wird dort zu einer medial vermittelten kognitive Grundstruktur. McLuhan spricht treffend vom „Gutenberg-Zeitalter" (McLuhan 1968b: 18 ff.). Durch das „Visualprimat" (Sandbothe 1996b: 146) konnten sich in der westlichen Kultur erst die beiden grundlegenden Koordinaten der Wahrnehmung ausbilden: das Konzept eines visuellen, neutralen und unendlichen Raumes und das Modell einer linearen, gerichteten und irreversiblen Zeit. Während in der Antike die Raum- und Zeiterfahrung aus einer vielfältigen Textur bestand, die an unmittelbare Lebenszusammenhänge und Situationen gebunden blieb, entkoppelte sich das Raum-Zeitkontinuum in der Neuzeit von diesen Lebensverhältnissen und der Raum wurde einseitig als Definiens der Zeit gegenüber ausgewiesen. Peter Winterhoff-Spurk hat in seiner Arbeit in der Tradition McLuhans untersucht, ob sich die Fernsehrezeption auf bestimmte kognitive Strukturen von Rezipienten auswirkt, darunter auch auf den Aspekt der Zeitvorstellung (vgl. Winterhoff-Spurk 1989). Jugendliche mit unterschiedlichem TV-Konsum gaben zwar keine signifikant unterschiedlichen Zeitschätzungen zu nicht-medialen Ereignissen ab. Sie unterschieden sich aber bei der Beurteilung von medialen Ereignissen (Filmen). Hier gaben die Seher-Gruppen mit hohem TV-Konsum tendenziell um so höhere Zeitschätzungen ab, je weniger medientypisch die gesehenen Filme hinsichtlich der Ereignisdichte (hier: Schnittfolge) waren. Seine Ergebnisse interpretierte Winterhoff-Spurk dahingehend, dass vermutlich zwar medientypische Zeit-Schemata kultiviert werden, diese aber vorzugsweise gegenüber den Produkten des Mediums selbst zur Anwendung kommen (vgl. Winterhoff-Spurk 1989: 72-73).

Auch Jürgen Wilke kommt in einer Sekundäranalyse zu dem Schluss, dass es deutliche Hinweise auf einen Zusammenhang zwischen Fernsehnutzung und sozialem Zeitgefühl gibt, dies aber nicht in einer monokausalen Form, sondern im Rahmen einer multifaktoriellen Sichtweise; die Einbeziehung anderer Variablen sei notwendig, z.B. die Art der konsumierten Sendungen, das Alter der Rezipienten oder die verschiedenen Typen von Nutzern.

„Ein beschleunigtes Zeitgefühl scheint demnach – bei Vorhandensein zusätzlicher Faktoren – doch durch das Ausmaß des Fernsehkonsums gefördert zu werden" (Wilke 1992: 274).

Irene Neverla sah bereits im Fernsehen das Medium einer Gesellschaft, die unter Zeitnot leidet (vgl. Neverla 1992b: 30 ff.). Sie arbeitete heraus, dass die flexiblen Zeitstrategien, d.h. die Veränderungen im alltäglichen Zeitbewusstsein in den 50er und 60er Jahren des 20. Jahrhunderts, mit der Einführung der weltweit einsetzenden Ausbreitung des Fernsehens in Verbindung stehen. Diese seinerzeit neuen Zeitumgangsformen sind auch Ergebnis einer zeitlichen Binnenstruktur der „Institution" (Reichertz 2006c: 232) Fernsehen. Am Beispiel des Videoclips macht sie dies deutlich:

„Mit der elektronischen Kommunikationstechnologie ist 'die Zeit nicht länger der Behälter der Dinge, in der sie verfließt'. Durch Zeitraffer, Stillstand, Rücklauf, welche von den Produzenten in den Sendern wie vom Publikum am heimischen Bildschirm mittels Videorecorder zum Einsatz gebracht werden können, werden die Ereignisse von ihren chronologischen Gestalten getrennt" (Neverla 1992a: 8).

Der Umgang der Menschen mit dem Medium Fernsehen ist auch Umgang mit dem Gegenstand Zeit selbst, da sich jedes Fernsehverhalten zwangsläufig in eine geltende Zeitrationalität einfügt. Im elektronischen Medium Fernsehen vergegenständlicht sich die ökonomische und abstrakte Zeitrationalität der Moderne besonders figurativ durch das, was Neverla als „Nullzeit" und „Endloszeit" bezeichnet. Mit Endloszeit ist die durchgehende Verfügbarkeit von Bildern und Tönen des Fernsehens gemeint, immer auf

Knopfdruck abrufbar mit der Möglichkeit, die Bilder vorwärts oder rückwärts abzuspielen, anzuhalten, zu verlangsamen, zu beschleunigen oder zu
wiederholen. Unter Nullzeit versteht sie, dass der Transport der Bilder, Töne
und Botschaften keinerlei Zeitdauer in Anspruch nimmt, da durch die moderne Aufnahme- und Vermittlungstechnik eine Quasi-Synchronisation von
Ereignis und Berichterstattung machbar ist und zum Diktum geworden ist
(vgl. Neverla 1994: 81).

Aber auch die abstrakt-ökonomische Zeitrationalität im Fernsehprogramm
wird nicht konsequent durchgehalten, so sorgt die Zyklidität des Programms – feste Sendeplätze, Seriencharakter von Nachrichtensendungen,
Sportmagazinen usw. – für einen Wiedererkennungswert. Dieser soll dem
Nutzer so ein Gefühl von Gewohnheit geben, die Ausbildung von Handlungsroutinen und den problemlosen Einstieg ins Programm erleichtern.
Periodizität dient daher der Ausbildung einer habitualisierten Mediennutzung, schreibt sich auch in den Körper seiner Nutzer. Medien sind dergestalt Produzenten wie auch „Verwalter der Zeit" (Lorenz 2012: 24). In diesem Zusammenhang verdeutlicht Klaus Beck, dass Periodizität tendenziell
den Prozess der Aktualität erleichtert (vgl. Beck 1994: 237 ff.). Besonders
die Struktur des Nachrichtenwesens ist durch zwei temporale Attribute gekennzeichnet: von der Aktualität im Sinne des Unerwarteten und der kurz-
fristigen Dauer; weiterhin folgt die Nachrichtengebung mit Ausnahme der
Sondermeldung einem festen Rhythmus, d.h. festen – wenngleich von
Medium zu Medium unterschiedlich schnellen – Aktualitätszyklen, die
durch die Periodizität der Erscheinungsweise oder die Rhythmen der Programmstruktur vorgegeben sind. Das Aktualitätsgebot der Nachrichten-
Medien deutet den Stellenwert der Neuheit, der *Neu-Gier* an: Die Bedeutung des Neuen und Aktuellen beruht auf der stillschweigenden Annahme,
dass das Neue der Wahrheit näher steht als das Alte und damit unter Wahr-
heitsverdacht stehe. In dieser Perspektive findet sich der quantifizierbare
und abstrakte Zeitbegriff und der Fortschrittsgedanke des 18. und 19. Jahrhunderts wider. Gerade die Massenmedien – und hier in hervorgehobenen
Maße die elektronischen und digitalen Medien – haben in ihrer Eigenschaft, Neuigkeiten so schnell wie möglich und mitunter quasi in Echtzeit
an ihr Publikum zu senden, einen besonderen Anteil an dieser Entwicklung.
Weyer spricht in diesem Zusammenhang dann von der „Echtzeitgesell-

schaft" (Weyer 2019) als derzeit letztem Stand der Beschleunigungsgesellschaft.

Die Geschwindigkeit der Nachrichtenübermittlung war stets abhängig vom Stand der Verkehrs- und Übertragungstechnik. Fortschritte, die auf diesem Feld besonders seit dem 19. Jahrhundert gemacht wurden, ließen den zeitlichen Abstand zwischen Ereignissen und ihrer Wahrnehmung durch die Rezipienten schrumpfen (vgl. Wilke 1992: 260). Und heute gilt selbst die Tageszeitung als zeitlich veraltet, wenn sie nicht durch eine entsprechende Online-Seite fortwährend und unmittelbar aktualisiert wird.

So hat die zunehmende Verkürzung der Übermittlungszeit von Nachrichten entscheidend dazu beigetragen, dass sich Lebens- und Zeitgefühl der Menschen beschleunigen. Obendrein erhält durch die immer schneller werdende Periodizität, die zuletzt jeden Tag und bei den digitalen Medien gar minütlich oder sekündlich (Newsticker, Tweets, Kommentare) etwas Neues versendet,[77] wie oben bereits erwähnt, nur das einen Nachrichtenwert, was neu ist; nur die Veränderung ist das, worauf es ankommt. Medien vermitteln folglich auch durch ihre formalen Angebotsweisen ein Bild von sozialer Geschwindigkeit. Niklas Luhmann betont in diesem Zusammenhang:

> „Hinter den viel diskutierten Eigenarten moderner Zeitstrukturen wie Dominanz des Vergangenheit/Zukunft-Schemas, Uniformisierung der Weltzeit, Beschleunigung, Ausdehnung der Gleichzeitigkeit auf Ungleichzeitiges stecken also vermutlich neben der Geldwirtschaft die Massenmedien. Sie erzeugen die Zeit, die sie voraussetzen, und die Gesellschaft paßt sich dem an. Der geradezu neurotische Zwang in Wirtschaft, Politik, Wissenschaft und Kunst, etwas Neues bieten zu müssen (obwohl niemand weiß, woher die Neuheit kommt und wie groß der Vorrat ist), bietet dafür einen eindrucksvollen Beleg" (Luhmann 1996: 44).

Medien sind dergestalt zu einem entscheidenden sozialen Zeitgeber in entwickelten Gesellschaften geworden, da sie den Tageslauf strukturieren und den Empfang von Informationen synchronisieren.

---

[77] Hochfrequenz-Trader handeln z.B. an der Börse mithilfe des Computers und Algorithmen auf Millisekundenbasis.

175

Eine Unterscheidung zwischen ferner Medien- und naher Erfahrungsrealität ist in den täglichen Handlungsprozessen immer weniger möglich. In der Tat umfasst das Aufkommen der Medien auch eine akzentuierte Oberflächlichkeit und Mobilität der Erfahrung, die sich mit der Tendenz zur Verallgemeinerung verbindet und so zu einer Art Modulierung des Realitätsbegriffs führt, andererseits aber auch zu einer Veränderung all seiner ihm inhärenten Zwänge. In Bezug zum Fernsehen erklären Reichertz und Unterberg:

> „Das Fern-Sehen bildet somit einen bedeutenden Faktor in einem sozialen und kulturellen Prozeß der Gestaltung und Strukturierung der Wirklichkeit. Es schafft eine Grundlage sozialen Handelns in einer vorstrukturierten Welt, die für die Gesellschaftsmitglieder ohne dieses Leid/tmedium kaum noch verarbeitet und interpretiert werden kann" (Reichertz/Unterberg 1998: 9-10).

Demzufolge werden Massenmedien im Allgemeinen und das Fernsehen im Besonderen zu einem Instrument der Wirklichkeitskonstruktion, lässt sich bis zum Ende des 20. und Beginn des 21. Jahrhunderts hinsichtlich der zeitlichen Strukturierung auch von einer Gesellschaft des Fernsehens sprechen. Dass dies in einem Maße aktuell immer noch gilt – trotz der zunehmenden Rezeption visueller Inhalte über das Internet (Streaming, Youtube-Videos) und damit der Auflösung der zeitlichen Einschränkungen des Fernsehens (Gewinn an Zeitsouveränität durch die Rezipienten) –, zeigt die gleichbleibend hohe Nutzung des Fernsehens in der Bevölkerung in den letzten 30 Jahren (1988-2018).

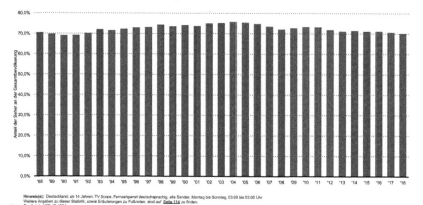

Quelle: Statista 2018, AGF: ID 4564

Das Mehr an medialen Informationsangeboten wird gleichwohl aufgrund des beschränkten Zeitbudgets eines jeden Einzelnen durch einen relativen Verzicht auf Primärerfahrungen erlangt. In Zeiten des *second screens* und der digital-medialen Durchdringung der Welt werden Medien essentieller Teil eines *kommunikativen Konstruktivismus'* (vgl Reichertz/Bettmann 2018, Reichertz/Tuma 2017). Dabei geht es nicht ausschließlich um die reine Logik eines Mediums für einen solchen wirklichkeitskonstruierenden Prozess, sondern um die Präge- und Figurationskraft (vgl. Hepp 2013: 104) der Medien. Der Unterschied zu dem eher strukturtheoretischen Konzept der Medienlogik liegt in der stärkeren Betonung der bereits vorhandenen Kontextgebundenheit von Medien, die gleichwohl Prägekraft für Kommunikation und damit für die Konstruktion von Wirklichkeit haben. Kommunikation meint in diesem Zusammenhang nicht nur ein Mittel zur Botschaftsübertragung, sondern die kommunikativen Praktiken, „mit der zugleich Identität, Beziehung, Gesellschaft und Wirklichkeit fest-gestellt [sic] werden" (Keller/Knoblauch/Reichertz 2013b: 13). Das Leben in dieser unserer technisch-digitalen Zivilisation kann vor diesem Hintergrund weder als ein besseres noch als ein nur durch Verluste gekennzeichnetes Leben beschrieben werden. Es ist vielmehr eine andere Art des Lebens. Der Gebrauch der neuen, digitalen Medien, das Arbeiten, Denken und Handeln mit ihnen ist

177

etwas anderes als die *klassische* Mediennutzung von Radio oder Fernsehen und verändert entsprechend die eingeübten Wahrnehmungs- und Empfindungsmöglichkeiten und damit auch die Zeiterfahrung (vgl. Nowotny 1994: 25, Bidlo 2009a: 67 ff., 115 ff.).

Was haben nun die technischen Vorgänge der zeitlich beschleunigten Aufzeichnung der Welt, die damit einhergehende Mediatisierung der Zeit, mit der Zeitlichkeit unseres Alltags, mit unserem sozialen Zeitbewusstsein und den sozialen Zeitmustern zu tun? Die interne Zeitlichkeit von technischen, medialen Vorgängen der Abtastung, Übertragung und Digitalisierung von Wirklichkeit in den neuen Medien kann von der externen Zeitlichkeit sozialer Wirklichkeitsentwürfe kaum unterschieden werden. Medien verändern unser Zeitbewusstsein und auf den verschiedenen technischen Niveaus, die sie im Laufe der Kulturgeschichte entwickelt haben, überwanden sie größer werdende zeitliche und räumliche Distanzen und ersetzten körperliche Teilnahme an entfernten Orten durch die Präsenz und Darbietung von Bildern und Lauten. „Auch aktuell konfigurieren Medien wesentlich unsere Wahrnehmungen von Zeit und Raum, Länge und Kürze in temporaler wie auch räumlicher Hinsicht jenseits einer realistischen oder gar als alltäglich empfundenen Temporalordnung" (Bruns 2012: 225). Dieser Prozess wird als zeitliche Entgrenzung erfahren. Auch Norbert Elias sieht in der kulturgeschichtlichen Entwicklung des Zeitbewusstseins einen Wandel von einer diskontinuierlichen, situationsbezogenen, punktuellen Form des Zeitempfindens in Richtung auf ein zunehmend enger geknüpftes Zeitraster von hoher Allgemeinheit (vgl. Elias 1988: 69). Virilio erkennt in dem Loslösen des unmittelbaren *hier und jetzt* aus der Gegenwart gar ein Verbrechen der Telekommunikationstechniker:

> „*Die Gegenwart isoliert zu definieren heißt, sie zu töten,* schrieb einst Paul Klee… Ist es nicht ebendies Verbrechen, das die Techniker der Telekommunikation heute begehen, wenn sie die Gegenwart von ihrem ‚hier und jetzt' loslösen zugunsten eines austauschbaren Woanders, das nicht mehr das unserer konkreten Präsenz auf der Welt ist, sondern nur noch das einer diskreten und intermittierenden Telepräsenz?" (Virilio 1991: 94).

Die modernen, digitalen Medien verdichten alles Geschehen in dem engen Feld des Aktuellen und Augenblicklichen. So kann man von einer Feldverdichtung oder Gegenwartsdehnung sprechen (vgl. Großklaus 1995: 39). Hier ist die im linearen Zeitmodell gegebene Vorstellung von Gegenwart als Grenzpunkt zwischen Vergangenheit und Zukunft nicht mehr angemessen, herkömmliche Begriffe wie *Pfeil* und *Linie*, die die traditionellen Zeitgrenzen beschreiben und als Bild tief in die Gesellschaft eingelassen sind, können die neue Zeitlichkeit der elektronischen Medien nicht mehr adäquat erfassen und werden dergestalt durch ein anderes Bild – der des Netzes – ersetzt (vgl. Castells 2003, Flusser 2002c, 2003a).

„Die Prozesse der Synchronisation zeiträumlich entlegener Vorgänge und der ständigen Verknüpfung globaler Daten über Medien verlaufen nicht linear, sondern eher in netzförmiger Verzweigung. Statt von Punkt und Linie ist angemessener von Punkten und Feldern zu sprechen; im Zeitfeld kommt es zu wechselnden Konstellationen einer Vielzahl von Zeitpunkten" (Großklaus 1995: 40).

Durch die elektronischen Medien, die Walter Hömberg statt als Fern- oder Schnellmedien als *Tacho-Medien* bezeichnet (vgl. Hömberg 1992b: 97), und ihre Etablierung im Alltag, zeigt sich eine neue Dimension der Medienzeit, die Simultaneität. In der Simultaneität bzw. ihrer Aktualität liegt ein wichtiger Unterschied zwischen den neuen, digitalen Medien und den analogen Printmedien: der Zeitaspekt. Während der Zeitfaktor bei den Printmedien die Produktion und Distribution sowie das Geschehen und die Vermittlung voneinander trennt, verliert er sich bei den digitalen Medien zusehends. Bei ihnen steigt vielmehr die Informationsdichte an und zwar in zweifacher Hinsicht: einerseits im unterschwelligen Bereich der Wahrnehmungskonstitution, beispielsweise der Geschwindigkeit der Bildfolge oder der Virtualität des Bildes, und andererseits hinsichtlich der Dichte schnell wechselnder Sinnzusammenhänge, d.h. z.B. bei Videos oder Filmen der Wechsel der Einstellungen, Zooms oder Kamerafahrten, Rückblicke, Schnitte, Brüche oder Großaufnahmen. Handlungsabläufe werden damit durch diese Veränderungen des Zeitablaufes in Dramaturgie, Antizipation des Kommenden und letztlich in der gesamten Sinnkontinuität moduliert. Die Dramaturgie des Fernsehens ist gerade durch die Irritation des Unerwarteten und des Plötzlichen gekennzeichnet (vgl. Sandbothe/Zimmerli 1994: XIV und Sandbothe 1996b: 133-148). Das Fernsehen ist hier auch *Werkzeug* (vgl. Mahr 2016) der Zeitvorstellung.

Die Massenmedien können als ein Vermittler von sozialer Zeit verstanden werden. Nicht nur das Medienhandeln selbst *kostet* Lebenszeit, auch die strukturellen Eigenschaften der Massenmedien, besonders der elektronischen und digitalen, modulieren das Zeitbewusstsein, indem sie die Möglichkeit bieten, Raum und Zeit der verschiedensten Orte und Epochen beinahe simultan in die Wohnzimmer zu bringen.

> „Das Medium selbst ist die Botschaft. Das erklärt auch heute noch, warum wir die Tagesschau sehen, fast alles sofort wieder vergessen und uns dennoch gut informiert fühlen. Denn die eigentliche Botschaft ist Allgegenwart, eine Art abstrakter Weltzeitgenossenschaft. Tag für Tag wird der Welthorizont für uns abgetastet und alles Auffällige in bewegten Bildern gezeigt" (Bolz 1998: 43).

Hier entsteht ein Zeitbewusstsein, das von einer lokalen Zeit zu einer Weltzeit drängt. Die Gegenwart wird zum Konvergenzpunkt aller Zeiten und Orte und diese hohe Ereignisdichte führt auch zu einer Gesellschaft, die unter Zeitnot bzw. unter einer Beschleunigung (vgl. Rosa 2005) leidet. Solcherart entfaltet sich die fortschritts- und auf Neues bezogene abstrakt-ökonomische Zeitrationalität des 18. und 19. Jahrhunderts in den Massenmedien, wenngleich in unterschiedlicher Qualität. Während im Fernsehen und Radio diese Zeitrationalität nicht durchweg beibehalten wird und auch Zyklidität und Periodizität eine basale Rolle in der Programmstruktur spielen, sind die temporalen Grundstrukturen im Internet hiervon verschieden, da sie nicht an vorgegebene Programmstrukturen gebunden sind. Vielmehr konstituiert sich eine Präsenzzeit, die z.B. in Foren unmittelbar durch die Nutzer gemeinschaftlich und *für* die Situation (z.B. bei Onlinespielen wie *World of Warcraft*) konstruiert wird. Der französische Hypermediaphilosoph Pierre Lévy (vgl. z.B. Lévy 1997) hat bereits früh das Internet als Herausbildung eines neuen Kommunikations-, Denk- und Arbeitsumfeldes beschrieben, das es uns erlaubt, in transgeographischen, transdisziplinären und translingualen Gemeinschaften gemeinsam zu denken und in Echtzeit auf unterschiedlichen Ebenen Lösungen für Probleme auszuhandeln. Hier herrschen ein anderes Vokabular, andere Temporalitäten und andere Arten und Weisen der Welterzeugung (vgl. hierzu Sandbothe 1996a). Zudem ermöglichen die neuen Kommunikationstechnologien die Entstehung neuer, unbekannter intellektueller Techniken und Entäußerungsformen.

Vilém Flusser hat mit dem oben beschriebenen Wandel der Codes, die durch die Digitalisierung eine neue Codeform hervorgebracht hat, auch ein neues Zeitbewusstsein ausgemacht, das die Menschen ausbilden. Die Linie steht für ihn für die „Geschichte", das Mosaik, in das wir derzeit erst sporadisch tauchen, steht für die „Nachgeschichte". Beide besitzen eine unterschiedliche Zeitform und daraus unterschiedliche Kategorien, nämlich eine prozessuale für die herkömmliche Geschichte und eine zufällige, auf Möglichkeiten ausgerichtete für die Nachgeschichte. Unsere Geschichte ist in an einer Linie ausgerichtet, die sich von der Vergangenheit über die Gegenwart in die Zukunft entwirft. Der Mensch teilt diese Linie in Abschnitte (Jahre, Monate, besondere Ereignisse) ein, die es ihm erleichtert, sie zu ordnen oder zu zählen. Die Vorstellung Erzeugung von Zeitpunkten, die sich von der Vergangenheit in Richtung Zukunft bewegen, führt dann auch zur Vorstellung von unmittelbarer Kausalität, der Überzeugung, dass der frühere Zeitpunkt und die entsprechenden Ereignisse Teil der gegenwärtigen Situation seien. Ein solches Zeitbewusstsein ist für „ein technoimaginäres Bewusstsein […] der pure Wahnsinn" (Flusser 2003a: 214). In diesem nachgeschichtlichen Bewusstsein dringt die Zukunft von allen Seiten in die Gegenwart ein und *vergegenwärtigt* sich. Die Gegenwart wird damit zum Zentrum der Zeit. Der Schwebezustand von einem Noch-Nicht und einem Nicht-Mehr der linearen Vorstellung von Zeit verliert sich in der Nachgeschichte (vgl. auch Hachmann 2015). Dort ist die Gegenwart ein tatsächlicher Ort, „an welchem das nur Mögliche (die Zukunft) ankommt, um verwirklicht (eben gegenwärtig) zu werden" (Flusser 2003a: 215). Bei einem solchen Zeitbewusstsein steht die Gegenwart im Zentrum und sie ist der Ort und die Situation, an bzw. in der sich der Mensch unmittelbar befindet. In einer solchen Sichtweise ist dann nicht mehr sinnvoll von einer Zeitrichtung bzw. einem Zeitpfeil zu sprechen, da die Zukunft von allen Seiten auf den Menschen einströmt und in der Gegenwart in ihm *konvergiert*. Vergangenheit ist keine unabhängige dritte Zeitdimension, sondern ein Aspekt der Gegenwart. Ein zweiter wichtiger Unterschied zu einem linearen Zeitbewusstsein ist, dass die Zukunft nicht mehr aus der Vergangenheit erklärt wird: „Die Zukunft kommt an, sie folgt nicht ‚aus' etwas" (Flusser 2003a: 216). Gleichwohl sind wir gegenwärtig noch nicht bereit dieses neue Zeiterlebnis anzuerkennen und den Blick auf eine unfortschrittliche und unhistorische Zukunft zu legen, auch wenn sich

> „allerorten beobachten [lässt], wie sich dieses technoimaginäre Zeiterleben äußert: in naturwissenschaftlichen, existentiellen usw. Theorien, im sogenannten ‚neuen Roman' und ‚neuen Theater' [...] Aber zugleich können wir beobachten, welch ein Chor von protestierenden, ja schimpfenden Stimmen sich erhebt [...] den Zeitbegriff tatsächlich vorstellbar zu machen. Das ist geradezu eine der Schwierigkeiten beim Versuch, unsere Krise zu überwinden" (Flusser 2003a: 217).

Paradox ist unsere Vorstellung von einer linearen Zeit und einen Zeitpfeil, der von der Vergangenheit über die Gegenwart in die Zukunft verläuft, auch deshalb, weil sie unseren unmittelbaren Erfahrungen widerspricht. Denn nicht die Vergangenheit kommt an und durchläuft die Gegenwart und führt dann in Richtung Zukunft. Vielmehr ist es genau umgekehrt; die Zukunft kommt an und bewegt sich in die Vergangenheit. Die Gegenwart ist damit der zentrale Aspekt der Zeit, umgeben von der Zukunft, die aus allen Richtungen auf sie einströmt. Und sie ist dergestalt kein Punkt, sondern der Ort der Wirklichkeit, in dem die Zeit sich vergegenwärtigt. Damit ist die zentrale Kategorie der Zeit nicht die Vergangenheit oder die Zukunft, sondern die Gegenwart. Auf diese Weise steht das Sein vor dem Werden.
Bilder, Texte und Technobilder, Imagination und Technoimagination deuten dergestalt auf einen Wandel in der Wahrnehmung der Menschen von Welt hin. Denn mit dem Prozess der Änderung der Codes verändert sich sukzessiv auch unsere Weltwahrnehmung und unser Zeitbewusstsein und damit auch die Ästhetik der Alltagswelt.
So verdeutlicht sich in der Grunddiagnose von Vattimo, Derrida, Virilio, Flusser, McLuhan oder Lévy, wenn auch in unterschiedlicher Ausprägung,

dass sich infolge der zunehmenden Beschleunigung der menschlichen Zeiterfahrung durch die neuen Medien die Grundstrukturen des Welt- und Selbstverständnisses der Menschen ändern. Das bis in die Gegenwart hinein dominierende lineare Zeitbewusstsein, das sich seit dem Mittelalter und der aufkommenden Moderne gegen ein zyklisches, am Rhythmus der Natur orientiertes Zeitbewusstsein durchsetzte, erfährt eine Schwächung bzw. Modulation durch ein Zeitbewusstsein, das durch fluide Gegenwartsfelder – und damit *situativer* – geprägt ist. Auch die neuen Medien sind noch Materialisationen des abstrakt-ökonomischen und auf Fortschritt ausgerichteten Zeitbewusstseins und *bedienen* es durch die Art ihrer Vermittlung von Informationen, die auf Neues und Aktuelles zielt. Dennoch tritt zu dem Zeitbewusstsein einer Gesellschaft, in der ja auch zyklische, linear-offene, lineargeschlossene und okkasionelle Anteile bzw. Zeitvorstellungen enthalten sind, nun ein zusätzliches Zeitbewusstsein; ein durch die digitalen Medien moduliertes lineares Zeitbewusstsein, das nicht mehr dasselbe ist, wie vor dem Aufkommen und der intensiven Nutzung der neuen, digitalen Medien. Diese Zeitbewusstseine stehen in einem interdependenten Verhältnis zueinander. In verschiedenen gesellschaftlichen Situationen finden sie ihre Anwendung, obschon die lineare Vorstellung von Zeit eine historisch gewachsene dominante Rolle in diesem Prozess einnimmt. Aufgrund der tiefgreifenden Mediatisierung und Medienästhetisierung des Alltags gewinnt ein medial moduliertes Bewusstsein von Zeit zunehmend an Einfluss und *wirkt* auf ganz verschiedene Bereiche (vgl. z.B. für die Wirkung auf Bildungsprozesse Niesyto 2012, auch Kergel 2018). Wie eng der Zeitaspekt mit der Form der Kommunikation und diese mit der Wahrnehmung der Menschen von der Welt zusammenhängen, wird nachfolgend am Beispiel des Wandels der Kommunikationskultur von oraler zu literaler zu digitaler Kommunikationskultur sichtbar. Auch hier wird der Zeitaspekt eine wichtige Rolle spielen.

4.2 Der Wandel von oraler zu literaler zu digitaler Kommunikationskultur

4.2.1 Vom gesprochenen Wort zu Schrift

Ein Beispiel für den Kulturwandel durch Mediatisierung – und damit für die qualitativen Veränderungen – ist der Wandel von der oralen zur literalen hin zur digitalen Kommunikationskultur; Flusser würde hier vom *Wandel der Codes* sprechen. Zweifellos: „Medien bestimmen die Wahrnehmungsweise der Welt, sie sind das Gesicht der Welt. Und sie bestimmen auch das, was wir mit der Welt machen, wie wir in ihr handeln, wie wir sie behandeln, mit ihr umgehen" (Engell/Neitzel 2004b: 7). Und damit wandelt sich mit jedem Mediengebrauch auch die „Welt-Anschauung" (Engell 2010: 12).

In der westlichen Kulturgeschichte hat sich die Schrift als *außerordentliches* Medium für die Produktion, Speicherung und Distribution von Wissen und Informationen durchgesetzt und etabliert. Das Fixieren von Informationen und Wissen durch ein schriftliches Zeichensystem ist nicht nur anders als beispielsweise die orale oder rein bildhafte Weitergabe von Wissen, sondern hat auch zu unterschiedlichen Weltvorstellungen und zu einem anderen Verständnis von Wissen, Individualität und Kultur geführt (vgl. z.B. Röcke/Schaefer 1996, Ong 1987). Mit der Etablierung der Schrift, die durch das Auge im Gegensatz zum Ohr bei rein oraler Weitergabe wahr- und aufgenommen wird, schritt die Dominanz des Sehsinnes gegenüber den anderen Wahrnehmungsorganen weiter voran.

Die Vielfalt der Techniken zur Informationsweitergabe beschränkte sich nun in der Vergangenheit nicht nur auf die Wahl zwischen Schrift und gesprochenem Wort. Bevor die Schrift sich als Zeichensystem entwickelte, fixierten Menschen bereits durch Bilder (z.B. Höhlenmalerei) Informationen auf Steine, Höhlenwände oder Felsen. Auch in heutiger Zeit hat sich diese Form des Informiertwerdens nicht gänzlich überholt, wenn man an die Bildtechnik z.B. im Rahmen von Möbelaufbau-, Betriebsanleitungen o.Ä. denkt. Solche Bildsequenzen boten und bieten dem Menschen die Möglichkeit eine Ordnung der Dinge, eine Reihenfolge (und damit Chronologie) zu gestalten. Neben der Bildtechnik benennt Haarmann (vgl. Haarmann 1990) zudem die Symboltechnik als sprachunabhängige Form der Informationsfixierung und Weitergabe. Hier gilt zu unterscheiden:

„Im Fall von Bildsymbolen wird der Inhalt eines Bildmotivs bereits durch dessen figurative Assoziation zu bekannten Dingen vorgegeben (Sporenrad), und der Symbolwert entsteht im Rahmen einer figurativen Ausdeutung, d.h. einer Übertragung auf einen figurativ ähnlichen Begriff (Sonne). Bei abstrakteren oder stilisierten Symbolen dagegen ist der Inhalt nicht figurativ vorgegeben, und insofern kann man ein solches Symbol nicht erkennen, außer man kennt den Kode, nach dem es ‚verschlüsselt‘ ist" (Haarmann 1990: 50).

Ein Punkt (.) lässt sich im Rahmen dieses Aufsatzes dann als ein orthographisches Zeichen verstehen. Nur seine Anbindung an dieses Zeichensystem lädt ihn symbolhaft auf. Und nur, wenn man weiß, zu welchem Zeichensystem der Punkt gehört, kann man seinen Symbolwert erschließen (vgl. Haarmann 1990: 51).[78] Dergestalt lassen sich bereits vor der Entwicklung der Schrift Fixierungsversuche und -methoden konstatieren. Die uns heute so vertraute Schrift ist der aktuelle Stand dieser Entwicklung. Sie ist die bedeutende Mnemotechnik unserer Kultur geworden, „sie garantiert einen Akt des Wiedererkennens und Erinnerns" und stellt „den zentralen kulturellen ‚Gedächtnisspeicher‘" (Kloock/Spahr 2007: 240) vieler Gesellschaften dar. Vor der Entwicklung der Schrift und in schriftlosen Gesellschaften übernahm und übernimmt dies die *in Form gebrachte* gesprochene Sprache.

Der Wandel, der sich durch den kulturellen Prozess von der Oralität zur Literalität, vom gesprochenen hin zum geschriebenen Wort, vollzogen hat, zeigt die „Medienabhängigkeit unseres Denkens, unserer Wahrnehmung" (Kloock/Spahr 2007: 237) unserer Kultur. Gesprochenes und geschriebenes Wort sind nicht nur nicht identisch, sondern beinhalten ganz unterschiedliche Techniken der Erzeugung, Speicherung und Weitergabe von Wissen und konstituieren eigene Erfahrungsräume und soziale Situationen, die sich nachhaltig auf den Menschen, sein Handeln und die Welt ausgewirkt haben. „Literalität, obwohl von der bei der Niederschrift verwendeten Techno-

---

[78] Die Übergänge zwischen Bild, Symbol und letztlich Schriftzeichen sind mitunter fließend.

logie abhängig, darf nicht durch die simple Existenz dieser Technologie definiert werden. Sie ist vielmehr ein sozialer Zustand, der nur von der Lesefähigkeit her definiert werden kann" (Havelock 1990: 511). Bereits Platon hat im *Phaidros*-Dialog eine Medienkritik der Schrift verfasst und ihr negatives Potential angedeutet, indem sie z.b. nicht ein Mittel zur Verbesserung, sondern zur Verschlechterung des Gedächtnisses sei.

> „[...] diese Kunst wird Vergessenheit schaffen in den Seelen derer, die sie erlernen, aus Achtlosigkeit gegen das Gedächtnis, da die Leute im Vertrauen auf das Schriftstück von außen sich werden erinnern lassen durch fremde Zeichen, nicht von innen heraus durch Selbstbesinnen. Also nicht ein Mittel zur Kräftigung, sondern zur Stützung des Gedächtnisses hast du gefunden. Und von Weisheit gibst du deinen Lehrlingen einen Schein, nicht die Wahrheit: wenn sie vieles gehört haben ohne Belehrung, werden sie auch viel zu verstehen sich einbilden, da sie doch größtenteils nichts verstehen und schwer zu ertragen sind im Umgang, zu Dünkelweisen geworden und nicht zu Weisen" (Platon 1998, Bd. 2: 103).

Wenn wir heute das Alphabet zum Schreiben benutzen, dann ist das „eine der größten Selbstverständlichkeiten [des] Alltagslebens" (Haarmann 1990: 13). Diese Alltagssichtweise übersieht, dass „[d]ie Ausbildung eines Alphabets [...] ein langwieriger und enorm komplizierter Prozeß [war], der sich über viele Jahrhunderte hinzog" (Haarmann 1990: 13). Die Schrift war und ist nicht nur ein Werkzeug, mit der Informationen auf neue Art gespeichert und verteilt werden konnten, sondern sie dient und diente weithin als Zeichen für den Menschen als Kulturwesen, als Zeichen seiner Zivilisiertheit (vgl. Havelock 1990: 39). „Hinter einer einseitigen Hochachtung der Schrift verbirgt sich eine Geringschätzung des gesprochenen Wortes und der in vielen Teilen der Welt lebendigen mündlichen Überlieferung von Literatur (orale Tradition genannt)" (Haarmann 1990: 14). Die Mehrzahl der Weltbevölkerung auf der Erde sind Sprecher einer Sprache, die zu den Schriftsprachen gehört, wenngleich die Mehrheit aller Einzelsprachen (etwa 85%) schriftlos sind (vgl. Haarmann 1990: 15).
Mündlichkeit und das entsprechende Hören auf der Rezipientenseite sind

durch das Fehlen eines externen Speichermediums geprägt. Geschichtliches Wissen reicht daher meist nur über drei bis vier Generationen zurück. Längere, umfassendere und über Generationen hinausreichende Erfahrungen werden in mythischen Erzählungen oder – komplexer – in Mythologien gefasst und oral tradiert. Oralität zielt insofern stark auf Unmittelbarkeit, als dass nur das Wissen bewahrt wird, das gebraucht wird. Wissen, das nicht gebraucht wird und keinen unmittelbaren Zweck erfüllt – und sei es als unterhaltende Geschichte (Mythos) über die Entstehung der Welt und der Stellung des Menschen im Kosmos – wird nicht erzählt, nicht erinnert und somit vergessen. Aber auch das Erinnerte wandelt sich durch die orale Weitergabe. Und dieser Vorgang beschleunigt sich, wenn Gesellschaft und Handlungsalltag sich wandeln. Da es keine Referenz, keinen Text o. Ä. zum Abgleich oder zur Orientierung gibt, findet dieser Wandel nahezu unmerklich statt. Das Wissen ist unmittelbar an das Handeln und die Handlung des Zeigens gebunden. Änderungen lassen sich daher zum einen besonders durch die Änderungen im Alltag hervorrufen, und zum anderen sind diese Änderungen im Bereich des Wissens aufgrund fehlender Referenz kaum rückgängig zu machen; zumal wenn das Wissen auf orale Überlieferungen von Generationen fußt. Der Ort des Wissens ist gewissermaßen das *Bewusstsein* der Menschen. Und nur durch unmittelbare Weitergabe des Wissens von einem zum anderen bzw. der Verteilung des Wissens auf viele Köpfe einer Gruppe, Gemeinschaft oder Gesellschaft ist sichergestellt, dass das Wissen nicht verloren geht. Das Wissen ist im Besitz der Gemeinschaft, wenngleich nicht alle Gemeinschaftsmitglieder den gleichen Wissensbestand haben müssen. Vielmehr gab es in oralen Kulturen privilegierte Schichten, Gruppen oder Kasten, die aufgrund ihres Wissens eine exaltierte (Macht-)Stellung in ihrer Gemeinschaft hatten und ihr Wissen nur an Nachfolger weitergaben. Durch Mnemotechniken bewahrten sie ihr Wissen und teilten es über Darstellungsweisen mit Anderen (z. B. Lieder oder andere sprachrhythmische Formeln, mimetische Darstellungsweisen im Vortrag usw.). „Solche Kulturen folgen normalerweise der Praxis, die Rhythmen verbaler Metren zu verstärken, indem sie sie mit den Rhythmen von Tanz, Musikinstrumenten und Melodie verbinden" (Havelock 1990: 79). Die Performativität spielte solcherart eine wichtige Rolle. Dabei ging es nicht ausschließlich um eine wörtliche Wiedergabe der Wissensinhalte (oder Geschichten), sondern vielmehr um die Beibehaltung von Handlungs- und Erzählketten. Die Erzähl- oder Darstellungsinhalte waren dergestalt immer ähnlich, aber nie gleich. Ein ähnliches Prinzip findet man übrigens auch in der Commedia dell arte, dem improvisierten Schauspiel. Zwar waren die dargestellten Geschichten situativ, aber die Schauspieler konnten auf einen großen darstellerischen Fundus zurückgreifen, der ihnen dabei half, unverzüglich auf neue Darstellungserfordernisse einzugehen (vgl. Bidlo 2007b: 17ff.).

Die Verbundenheit oral vermittelter Wissensinhalte mit dem je eigenen Körper wird weiterhin daran deutlich, dass Stimme und Stimmlage den Wissensinhalt mit einer zusätzlichen Bedeutung unterlegen. Die Betonung des Gesprochenen und die mimetische und gestische Aufladung kann z.B. Wichtiges hervorheben und unterstreichen. Wenn Wissen nun an Körper und Gedächtnis Einzelner gebunden ist, so liegt darin ein Machtpotential. Die Schrift und mit ihr die mögliche Fixierung des Wissens ermöglichte erst das Auflösen solcher Machtstrukturen, wenngleich zunächst die Wenigen (besonders die Priester und Mönche im Mittelalter der westlichen Welt),[79] die des Schreibens mächtig waren, dadurch ihre besondere (Macht-)Stellung festigten. Veränderungen im Bereich der Medien – z.B. von der gesprochenen zur geschriebenen Sprache – haben dergestalt immer auch Veränderungen „der medial produzierten Ordnung von Kommunikation als eine Veränderung der Ordnung des Wissens" (Schneider 2006: 86) zur Folge. Letztlich wurde durch die Verbreitung und das Emporsteigen des Schreibens als einer Kulturtechnik diese Exklusivstellung aufgelöst. Und noch heute gelten die Fähigkeiten des Lesens und Schreibens als die Grundlage für das Erschließen gesellschaftlichen Wissens, sie sind zu zentralen Kulturtechniken geworden. Der Leit- und Wahrheitscharakter des Mythos, der in oralen Kulturen als gegeben gesehen wurde, verliert sich schleichend, wenn er aufgeschrieben und aus Mythos *Geschichte* wird. Durch seine schriftliche Fixierung kann er fortwährend beschaut und kritisiert werden. Zugleich ermöglichte und beförderte das Fixieren von Wissen sowie die un-

---

[79] Gerade der Benediktinerorden war im Mittelalter der Hüter der Bücher. Und auch heute noch sind eine Reihe der berühmtesten Bibliotheken im Besitz des Ordens. Man denke an die spätbarocke Stiftsbibliothek und größte Klosterbibliothek der Welt im Stift Admont. Der Leitspruch des Benediktinerordens war derweil: „Ora et labora et lege" („Bete und arbeite und lies").

terstellte Eindeutigkeit der Buchstaben „definitorische Verfahren, mithin Wissenschaft. So wie die Buchstaben selbst schon ein Baukastenprinzip darstellen, kann das angehäufte Wissen [...] geordnet und in eine Taxonomie eingereiht werden, die noch heute die wissenschaftlichen Disziplinen abbilden" (Loos 1998: o.S.).

Geschriebenes und Gesprochenes sind in ihrer kulturellen Tradition unterschiedlich. Bedeutsam sind beide, wie sich anhand vieler in den Sprachgebrauch eingegangener Sinnsprüche verdeutlicht. Wir haben etwas „schwarz auf weiß" oder handeln in einem „buchstäblichen" Sinne. Umgekehrt geben wir jemandem unser „Wort" oder wir geben jemandem ein Versprechen (die Vorsilbe „ver" meint hier eigentlich „vor", ähnlich wie bei dem Begriff der „Verantwortung"). Während die auf das Schreiben zielenden Beispiele auf Exaktheit und Eindeutigkeit hinweisen, zielen die auf das Sprechen deutenden Beispiele auf die Verbindung von Wort, Person und zu besprechender Sache. Wort und Person sind miteinander verbunden, man muss für sein Wort einstehen. Und in einem früheren, magischen Denken konnte man durch das Aussprechen von Namen Macht über die Angesprochenen erhalten. Noch heute nennen wir Dinge „beim Namen", wenn es darum geht, die wahre Natur einer Sache oder Umstandes zu zeigen. Das gesprochene Wort stellt eine Verbindung her zwischen dem der spricht, dem Inhalt des Gesprochenen und dem Gesprächspartner. Die „Kommunikationsmacht" bzw. „Sprache und Sprechen als Quelle der Macht" (Reichertz 2009: 202) offenbart sich besonders im ausgesprochenen Wort. Die Macht des Wortes und der alte Glaube an die magische Verbindung zwischen Bezeichnendem und Bezeichnetem wurden übrigens in der Literatur, und hier besonders in der Phantastik, oft dargestellt. Man denke z.B. an Grima Schlangenzunge, der im Fantasyepos „Der Herr der Ringe" nur durch die Macht seiner Worte Menschen „verzaubern" konnte. Überdies: Ein geschriebener Zauberspruch hatte erst dann eine Wirkung, wenn er ausgesprochen wurde. Die alleinige Existenz in einem Buch reichte für seine Wirkung nicht aus. Verlässt man das Feld der phantastischen Literatur, findet man z. B. in der Propagandaforschung anschauliche Beispiele, wie durch Reden und gesprochene Sprache Massen in Wallung gebracht wurden. Die Wichtigkeit von gesprochener Sprache fand auch Eingang in Freuds Psychoanalyse und er betont:

„Worte waren ursprünglich Zauber, und das Wort hat noch heute viel von seiner alten Zauberkraft bewahrt. Durch Worte kann ein Mensch den anderen selig machen oder zur Verzweiflung treiben, durch Worte überträgt der Lehrer sein Wissen auf die Schüler, durch Worte reißt der Redner die Versammlung der Zuhörer mit sich fort und bestimmt ihre Urteile und Entscheidungen. Worte rufen Affekte hervor und sind das allgemeine Mittel zur Beeinflussung der Menschen untereinander. Wir werden also die Verwendung der Worte in der Psychotherapie nicht geringschätzen" (Freud 2000: 43).

Ein kurzer Blick auf unsere Sprache zeigt, dass sie durchsetzt ist von Wörtern, Begriffen, und Redewendungen, die sich auf die Sinne beziehen oder aus diesen abgeleitet sind, mit denen wir uns die Welt erschließen und die zugleich anzeigen, dass Auge und Ohr hier besonders exponiert sind. Man denke zunächst an abhören, zuhören, weghören oder hinhören (gleiches gilt auch für das Auge und entsprechender Präfixe). Jemand soll uns „aus den Augen gehen", er ist dann „aus dem Auge, aus dem Sinn", etwas beleibt „ungehört" oder ist „unerhört", man „erfasst" (taktil) etwas oder es bleibt „unfassbar"; man kann jemanden nicht „riechen", manches hat einen üblen Beigeschmack oder ein *Geschmäckle* usw. Die in früherer Zeit hervorgehobene Stellung des Ohres und damit einhergehend des gesprochenen Wortes zeigt sich heute noch im Wort „hören". Eine kurze Hinwendung zum Begriff des „Hörens" – ohne an dieser Stelle zu sehr in eine etymologische oder spracharchäologische Spur abgleiten zu wollen – zeigt, wie eng das Hören in früherer Zeit mit der Welt verquickt war. Man kann etwas hören oder jemandem „gehören" (oder *zu* jemandem gehören), ein Überbleibsel aus der Zeit der Leibeigenschaft und Sklaverei. Jemand, der das Wort eines anderen hörte, *gehorchte*, und wer *gehorsam* oder *hörig* war, war ein Leibeigener, ein unfreier Mensch, der dem Wort Folge leisten musste. Das Wort, das *gehört*[80] wurde, war weniger ein besitzendes Wort des Hörers, als vielmehr das in ihm wirkende, handlungsverpflichtende Wort, das den Hörer an den Sprecher bindet.

Später wurde das „Gehören" im Sinne des Besitzens auch auf Gegenstände

---

[80] Partizip Perfekt oder Partizip II vom Verb hören, aber zugleich auch Präsenz der dritten Person Singular, Partizip II und Imperativ vom Verb gehören.

angewendet, die ja dem Worte nach niemandem gehören können, da sie nicht *hören* können. Ein Mensch oder ein Tier können jemandem in dieser Sichtweise gehören, während man Gegenstände sein eigen nennen kann. Heute spricht man in unserem Sprachraum nicht mehr davon, dass ein Mensch einem anderen gehört, aber er kann dazugehören. Die Zugehörigkeit zu einem Verein, einer Familie oder anderen Gruppe stellt dann die mehr oder weniger feste Bezüglichkeit dar, ohne derweil einen unabdingbaren Besitzanspruch zu implizieren. So wird hier besonders der relationale Gehalt des Hörens und Gehörens sichtbar, die Zugehörigkeit zu anderen, die sich über das gesprochene und gehörte Wort ausdrückt.

Hören, horchen, gehören, gehorchen zeigen entsprechend die oben angesprochene Macht des Wortes in einer oralen Kultur an, die dem Wort mitunter magische Kräfte zugestand. Das Flüchtige des Gehörten und Gesagten und das daraus sich ergebende „Stille-Post"-Phänomen – das bekanntlich, um es mit einem Husserlschen Begriff auszudrücken, das Fehlen der Urimpression ausdrückt und nur noch die weitergebenden Reproduktionen anderer an andere und die sich dabei einschleichenden Fehler meint – findet sich dann in dem Begriff des *Hörensagens*, der dem Gehörten gegenüber Despektierlichkeit ausdrückt. Das Deutsche Wörterbuch von Jacob Grimm und Wilhelm Grimm vermerkt hierzu: „das man von hôren sagen oder von lesen oder von grôszer meisterschaft der schrift meinet, [...] was mann hört, ist nicht so gewiss, als das mann sihet. und wenn einer sagt, er habs von hören sagen, so stelt ers in einen zweifel, und wil es nicht für eine ganze warheit nachsagen".[81]

Orale Kommunikation beinhaltet dergestalt nicht nur eine besondere Form der Wissensweitergabe und -speicherung, sondern stiftet in besonderem Maße eine Beziehung, die sich z.B. auch in einem Machtverhältnis äußern kann (vgl. hierzu auch Bidlo 2018a). Natürlich ist die orale Wissensweitergabe mit dem Aufkommen der Schriftkultur (auch heute) nicht verschwunden. So wird vor allem bei Kindern, aber auch darüber hinaus, Wissen durch Erzählungen und Handlungen des Zeigens der Praxis (z.B. das Radwechseln oder das Bettenbeziehen) generiert und tradiert. Allgemein kann

---

[81] Deutsches Wörterbuch von Jacob und Wilhelm Grimm. 16 Bde. in 32 Teilbänden. Leipzig 1854-1961. Quellenverzeichnis Leipzig 1971. Hier zum Begriff des *Hörensagens* unter: http://woerterbuchnetz.de/cgi-bin/WBNetz/wbgui_py?sigle=DWB&mode=Vernetzung&lemid=GH12402#XGH12402 [02.05.19]

bei der Entwicklung der Schriftkultur nicht von einer monokausalen und damit einhergehenden Verdrängung der Mündlichkeit gesprochen werden. Vielmehr hat sich in der Moderne, auch und vor allem aufgrund technischer Entwicklungen, eine – wie Ong es nennt – „sekundäre Mündlichkeit" (vgl. Ong 1987: 136, aktuell vgl. Wiethölter/Pott/Messerli 2008) entwickelt, die sich durch das Radio, Fernsehen, Telefon, Aufzeichnungsgeräte etc. abbildet.

Belässt man es bei dieser Kurzdarstellung von Schriftlichkeit und Mündlichkeit und stellt destillierend nochmals die markanten Unterschiede und Eigenheiten heraus, die mit der jeweiligen Kommunikationsform verbunden sind, lässt sich Folgendes zusammenfassen. Kommunikation in einer oralen Kultur ist *teilnehmend* und identitätsbildend. „Lernen oder Wissen bedeuten in einer oralen Kultur eine nahe, einfühlende, kommunizierende Identifikation mit dem Wissensstoff" (Ong 1987: 50), der wiederum nicht von der kommunizierenden Person getrennt werden kann. Es wird mit dem ganzen Körper gesprochen, das Gesagte wird über Körperlichkeit ausgedrückt (Stimme) und durch Körperlichkeit (Gestik, Mimik, stimmliche Modulation) zusätzlich *bedeutet,* ist in und an eine soziale Situation gebunden. Eine Verbindung finden Schriftlichkeit und Mündlichkeit überdies im (noch immer vernachlässigten) auditiven Textverstehen (vgl. Kröger-Bidlo 2018), das das Performative der gesprochenen Sprache bzw. das Hören sowie das Einüben des Verstehens geschriebener Texte miteinander verbindet.

Mit der Entwicklung und Etablierung der Schrift (und des Lesens) lösen sich Wissensinhalte von Personen ab und der Wissenserwerb verlagert sich aus einer sozialen Situation hin zu einem individuellen Akt des (stillen) Lesens. Aufgrund der dauerhaften Zeitlichkeit des Niedergeschriebenen werden Reflexion, Kritik, Formalisierung und Standardisierung möglich. Das Geschriebene – und damit die Wissensinhalte und die sie hervorgebrachte Person – werden dauerhaft *sichtbar.* Aber auch das Lesen in Form von Lesegewohnheiten verändert sich durch den medialen Wandel vom analogen Buch hin zur verstärkten Lektüre digitaler Texte z.B. von Webseiten oder Twitter-Nachrichten (vgl. z.B. Paßmann 2018). So zeigen Lese- und Eyetracking-Untersuchungen (vgl. z.B. Nielsen 2006, Liu 2005) eine zunehmende Ausbildung des *F-Lesens*, das Lesen von Zeilenanfängen und dem

Springen in eine neue Zeile, und eines eher sprunghaften Lesens von Texten (vgl. allgemein Rautenberg/Schneider 2015). Aber auch das „neue Schreiben" mittels Computer „verändert die Einstellung des Schreibenden und des Empfängers zum Text radikal. [...] Schriften und Texte existieren nicht mehr in wahrnehmbaren Räumen, sondern in den Speicherzellen der Computer" (Suter 2004: 53). Die Entkoppelung von einer materiellen Grundlage ermöglicht bei gleichzeitiger Vernetzung einen intersubjektiven Diskursraum, in dem der frühere Leser plötzlich zum „Wreader" (Sutter 2004: 60), d.h. zum Leser und Schreiber mutiert, insofern Texte nunmehr von mehreren Autoren zeitlich *unmittelbar* bearbeitet und erstellt werden können. Ein solches „schwebendes Schreiben" (Suter 2004: 60), das nicht mehr nur eine Fluktuation aufseiten der Leserschaft, sondern auch auf der Seite der Autorenschaft mit sich bringen kann, evoziert zugleich Fragen nach der Urheber- und Autorenschaft, deren Beantwortung möglicherweise nicht nur intellektuelle Machtverhältnisse korrodieren lässt, sondern tiefgreifend in kulturell gewachsene Figurationen wie das Urheberrecht eingreift. Die Möglichkeiten solcher Teilhabe an Texten und digital erstellten Artefakten werden in Kapitel 4.4 noch genauer beleuchtet.

Die Etablierung der Schrift – unabhängig ob analog oder digital – unterstützte – wie bereits erwähnt – zugleich das Wahrnehmungsprimat des Sehens. Denn Schrift ebenso wie Bilder werden in der Regel über das Auge aufgenommen. Dennoch aber sind Schrift und Bild im Rahmen der Wahrnehmung zu unterscheiden. Zudem tritt mit der Erfindung der Fotografie zum Bild und der Schrift nun das Technobild, das einer weiteren Unterscheidung bedarf.

4.2.2 Bild – Schrift – Technobild

In besonderer Weise hat sich Vilém Flusser mit den Veränderungen für die Menschen auseinandergesetzt, die sich mit dem Wandel vom Bild zur Schrift hin zum Technobild ergeben haben. Flusser hat sich in vielen seiner Arbeiten mit Bildern, der Bildproduktion und den Technobildern auseinandergesetzt. Wichtige Gedanken dazu hat er in seinem Buch *Für eine Philosophie der Fotografie* vorgestellt. Flusser hat selbst darauf hingewiesen, dass er sich in diesem Zusammenhang mit Walter Benjamins *Das Kunstwerk im Zeitalter seiner technischen Reproduzierbarkeit* (vgl. Benjamin 1963) beschäftigt hat. Dieser Einfluss ist an einigen Übereinstimmungen zu erkennen. So sehen beide „in der Entwicklung der Fotografie eine Zäsur, die mit der Entwicklung der linearen Schrift verglichen werden kann und den Ausgangspunkt für einen kulturellen und gesellschaftlichen Umbruch bildet" (Rump 2001: 52). Für die Fotografie hat Flusser besonders hervorgehoben, dass der Fotograf als vermeintlicher Produzent der Fotografie sich in einem Apparatenkontext befindet und ihm dabei droht, nur eine Funktion des Apparates zu werden, ein Appendix. Fotos sind für Flusser Ausdruck eines magischen Bewusstseins, „[s]ie komputieren neue geschichtliche Möglichkeiten, sie sind Entwürfe, nicht Dokumente" (Jäger 1993: 224). Eine wichtige Unterscheidung in diesem Zusammenhang ist die von Bildern und Technobildern. Traditionelle Bilder, z.B. die Bilder aus der Höhle von Lascaux, sind Flächen mit einer Bedeutung. Das Auge scannt die Oberfläche, setzt einzelne Bildelemente in Beziehung, formt so Bedeutungskomplexe, um die Bedeutung des Bildes zu erschließen (vgl. Flusser 1983: 9). Die Bilder beinhalten eine besondere Zeitform, die von der ewigen Wiederkehr des Gleichen gekennzeichnet ist. Für Flusser ist es die Zeitform einer magischen Welt, in der sich alles wiederholt und alles in einem bedeutungsvollen Zusammenhang gestellt ist. Die Bedeutung der Bilder bezeichnet Flusser daher als magisch. „In der geschichtlichen Welt ist der Sonnenaufgang Ursache für das Krähen des Hahns, in der magischen bedeutet der Sonnenaufgang das Krähen und das Krähen den Sonnenaufgang" (Flusser 1983: 10).

Bilder sind keine abgebildeten, objektiven Ereignisse der Welt, sondern sie sind Vermittlungen zwischen der Welt und dem Betrachter, sie stehen zwischen diesen beiden und sollen dem Menschen die Welt *vorstellbar* machen. Daher findet der bildbetrachtende Mensch seinen Zugang zur Welt nicht unmittelbar, sondern über die Vorstellungen von Welt, die er sich durch die Bilder macht. In dem Augenblick, in dem der Mensch nicht mehr weiß, dass er auch die Bilder dekodieren muss und diese nicht mehr als Vorstellungen der Welt, sondern als Abbild der Wirklichkeit wahrnimmt, verstellen (da*vorstellen*) die Bilder seinen Zugang zur Welt. Mit der Erfindung und Etablierung der Schrift wurde das Bild dekonstruiert und anschließend in Zeilen rekonstruiert, so dass die Welt *erzählt* werden konnte. Die Aneinanderreihung in lineare Zeilen führte zum geschichtlichen Bewusstsein – dem bereits besprochenen linearen Zeitbewusstsein –, das die zirkuläre Zeit des

Bildes ablöste. Im Gegensatz dazu ist ein technisches Bild – an anderer Stelle spricht Flusser auch von Technobildern, zu dem nicht nur die Fotografie als ältestes Technobild gehört, sondern auch der Film oder das Computerbild – ein von Apparaten erzeugtes Bild. Und diese Bilder besitzen eine Reihe von Besonderheiten, die sie von den traditionellen Bildern absetzen und sich auf die Wirklichkeit legen bzw. diese durchdringen. Denn sie etablieren eine weitere Abstraktionsebene zwischen dem Menschen und der unmittelbaren Welt.

„Die allgegenwärtigen technischen Bilder um uns herum sind daran, unsere ‚Wirklichkeit‘ magisch umzustrukturieren und in ein globales Bildszenarium umzukehren. Es geht hier um ein ‚Vergessen‘. Der Mensch vergißt, daß er es war, der die Bilder erzeugte, um sich an ihnen in der Welt zu orientieren, er kann sie nicht mehr entziffern und lebt von nun ab in Funktion seiner eigenen Bilder" (Flusser 1983: 10).

Technische Bilder werden von Apparaten erzeugt. Apparate sind Erzeugnisse angewandter wissenschaftlicher Texte, sind Materie gewordene Theorie und Formel. Technische Bilder sind als Produkte eines Apparates mittelbare Erzeugnisse wissenschaftlicher Texte, z.B. chemischer Formeln. Während damit die Bilder eine erste Abstraktion der Welt waren, entfernt die Schrift sich als eine weitere Abstraktion von Welt. Die Schrift „codierte damit die zirkuläre Zeit der Magie in die lineare der Geschichte um" (Flusser 1983: 10). Das ist der Beginn des geschichtlichen Bewusstseins, das eine Abstraktion der Welt ist, wie sie sich in den klassischen Bildern darstellt. Denn Texte „bedeuten nicht die Welt, sie bedeuten die Bilder, die sie zerreißen", um auf die Welt zu blicken. „Texte entziffern heißt folglich, die von ihnen bedeuteten Bilder zu entdecken" (Flusser 1983: 11). Technische Bilder jedoch *bedeuten* keine Szenen, sondern Begriffe und bilden daher eine nächste Abstraktionsstufe. Denn sie haben bereits eine Vorstellung davon, was sie zeigen sollen, sie haben einen *Begriff* vom dem, was sie zeigen. Sie lassen sich nicht als Modelle oder Abbilder der Wirklichkeit verstehen, sondern als *Einbildungen*. Die Menschen, die die technischen Bilder zusammen mit einem Apparat hervorbringen, sind nach Flusser die *Einbildner*, um sie so von den

Produzenten der traditionellen Bilder zu unterscheiden. Traditionelle Bilder wurden imaginiert, Technobilder werden eingebildet.

> „Die Einbildner sind Menschen, welche automatische Apparate gegen die Automation umzudrehen versuchen. Sie können ohne automatische Apparate nicht einbilden, denn das einzubildende ‚Material', die Punktelemente, sind ohne Apparat-Tasten weder sichtbar noch faßbar, noch begreifbar" (Flusser 1999: 25).

Technobild bestehen aus einzelnen Punktelementen und nicht aus einer Fläche. Man muss die Punkte *einbilden*, d.h. zusammenbringen, um das Bild sehen zu können. Dafür darf es nur oberflächlich beschaut werden, da bei genauer Beschau nur noch die einzelnen Bildpunkte zu sehen sind, die Symptome chemischer oder elektronischer Prozesse sind. Flusser spricht daher vom „Lob der Oberflächlichkeit" (Flusser 1993e). Das Bild steigt aus dem abstrakten Punktuniversum empor und wird durch die Einbildungskraft zu einem konkreten Bild verdichtet. Ihre unterstellte Similarität mit der Welt lässt die Menschen glauben, dass es eine Übereinstimmung von Welt und Technobildern gebe. Sie erzeugen die Illusion der Realität, obwohl sie Begriffe und spezifische Anschauungen vermitteln. Sie sind Projektionen und keine Darstellungen.

> „Sie fangen bedeutungslose Zeichen auf, die aus der Welt auf sie zukommen (Photonen, Elektronen), und sie codieren sie, um ihnen eine Bedeutung zu geben. Daher ist es falsch, bei ihnen zu fragen, *was* sie bedeuten [...]. Zu fragen bei ihnen ist, *wozu* sie das, was sie zeigen, bedeuten. Denn was sie zeigen, ist nur eine Funktion dessen, wozu sie bedeuten" (Flusser 1999: 54).

Den Technobildern liegen Texte zugrunde, die sich bereits durch ihre zunehmende Abstraktion von den herkömmlichen Bildern und damit von der Welt entfernt haben. Flusser weist dem Bild, Text und technischen Bild spezifische Zeitmodelle zu, mit denen er die kulturelle Entwicklung in die Vorgeschichte, Geschichte und die Nachgeschichte einteilt. Die herkömmlichen Bilder bezeichnen die Vorgeschichte, die bestimmt ist durch ein mythisches Dasein, in dem die Zeit zirkuliert. „Die Stimmung des mythischen Daseins ist die der kreisenden Zeit, der ewigen Wiederkehr innerhalb eines stehenden Raumes voller Werte, und sein Weltbild ist das einer Szene" (Flusser 1993f: 194). Mit der bereits oben besprochenen *Erfindung* der Schrift traten die Menschen nach Flusser – analog zu McLuhans „Gutenbergzeitalter" – ins geschichtliche, lineare Zeitalter, das die Gedanken, die eigentlich sprunghaft und kreisend sichvollziehen, in eine serielle und kausale Abfolge zwängt. Es ist eine Welt des Werdens, in der die Zeit von der Vergangenheit über punktartige Zustände und Ereignisse der Gegenwart in die Zukunft fließt und das Dasein von Weltveränderung geprägt ist. Es gibt keine Wiederholung, jeder Tag, jede Minute und jeder Augenblick ist einzigartig, da er mit einem eindeutigen Datum versehen wird. Jede ungenutzte Zeit wird damit eine verlorene und identifizierbare Möglichkeit des Verwirklichens. Das „mythische Denken" tritt über in ein historisches Denken. Dieses immer noch wirkende Zeitkonzeption wird nun von einer neuen Zeitvorstellung abgelöst, die durch das Aufkommen der Technobilder emportaucht und durch ihren Wandel von einer analogen hin zu einer digitalen Verfasstheit nochmals dynamisiert wird. Dieses nachgeschichtliche Dasein der Technobilder ist geprägt von einem Feld unzähliger gleichwohl begrenzter Möglichkeiten, von denen sich einige verwirklichen und andere schlummernd darauf warten, wirklich zu werden. Alle Zeit mündet in der Gegenwart; die Zukunft als Ort der noch unverwirklichten, aber nach und nach wirklich werdenden Möglichkeiten, und die Vergangenheit als bereits verwirklichte Gelegenheit. „[A]ber die Vergangenheit ist gegenwärtig im Sinn eines Staudamms verwirklichter Möglichkeiten. Zukunft und Vergangenheit sind ‚wirklich‘ nur, wenn sie vergegenwärtigt werden. Allein der Augenblick ist wirklich, er ist ein Knoten in dem ihn umgebenden Feld der Möglichkeiten" (Flusser 1993f: 196).

Technische Bilder dienen nun als Erfindung, um Texte, die ja bereits eine Ableitung von der Welt darstellen, für die Menschen wieder vorstellbar zu machen. Ein traditionelles von einem Maler entworfenes Bild ist eine Abstraktion ersten Grades von der Welt. Texte sind Abstraktionen zweiten Grades, da sie das Bildhafte zerlegen und sequenziell in Zeilen fügen, die dann linear gelesen werden müssen. Die technischen Bilder sind daran anschließend Abstraktionen dritten Grades. Sie sind von den abstrakten, wissenschaftlichen Texten und Formeln, die sich in Form von Apparaten materialisieren und für den Menschen nicht mehr vorstellbar sind, eine Abstraktion, um jene wissenschaftlichen Texte und Formeln *vorstellbar* und verstehbar zu machen. Dabei sind es nicht nur die wissenschaftlichen Visualisierungen/Bilder z.B. von Rastertunnelmikroskope, „dessen physikalische Realität keinen Begriff von Gestalt einschließt" (Grube 2009: 207), die von Menschen ohne Vorkenntnisse nicht verstanden werden können: „Man muss gelernt haben, Fotografien im Elektronenmikroskop, Kurven in Statistiken und Röntgenbilder zu lesen" (Flusser 2003: 148). Es sind bereits die Bilder, denen die Menschen unproblematisch im Alltag begegnen und die scheinbar eindeutige und klare Bedeutungen beinhalten, die ebenso demaskiert werden müssen (vgl. Grube 2009: 198).

Technobilder bilden die Wirklichkeit scheinbar objektiv und unmittelbar ab, sodass sie insinuieren, auf der gleichen Wirklichkeitsebene wie ihre Bedeutung zu liegen. Daher werden sie zunächst nicht als Symbole verstanden, die stellvertretend für etwas stehen, sondern als unverstellte Fenster zur Welt. Aus diesem Grund kritisiert der Mensch sie nicht, sondern nimmt sie als unmittelbare Weltanschauung wahr. Die Technobilder sind jedoch nicht nur *nicht* objektiv, sondern „stellen noch weit abstraktere Symbolkomplexe dar als die traditionellen Bilder" (Flusser 1983: 14), da sie auf Texten basieren, Metacodes von Texten sind. So steht zwischen dem Technobild und seinem Betrachter nicht nur der Fotograf, sondern auch der Apparat, der im Rahmen einer Blackbox mit In- und Output das Bild auswirft. Der komplexe Ablauf, die Codierung der Bilder in der Blackbox bleibt rätselhaft verborgen. Selbst der Fotograf, der ja bereits *zwischen* dem Bild und dem Rezipienten steht, sieht davon nichts. Ein Beispiel für die Produktion von Technobildern ist der Fotoapparat. Er ist eine Black Box, über deren Inneres der Fotograf nichts weiß. Er ist so ein „komplexes Spielzeug, daß die damit Spielenden es nicht durchblicken können" (Flusser 1983: 24). Die Apparate erfordern den Menschen als eine Funktion, z.B. um den Auslöser zu betätigen. Wie ein Funktionär kontrolliert der Mensch oberflächlich den Apparat dank der Kontrolle seiner außen liegenden Tasten, die auf Programme und Funktionsabläufe im Inneren hinweisen, aber sonst nichts weiter preisgeben. Die Freiheit des Fotografen bleibt eine programmierte, eingeschränkte Freiheit, die Bilder sind apparatgesättigt. Die Wahl des aufzunehmenden

Objektes ist zwar frei, bildet aber in der Darstellung die Funktion des Programms des Apparats ab. Am Fotoapparat – zumal in seiner heutigen digitalen Formation – ist das Entscheidende nicht mehr das Material (Hardware), sondern die Software, die die Möglichkeitsspielräume bestimmt. Bei der Fotografie kann daher nicht von der Erfassung der Welt gesprochen werden, sondern nur von Erforschung der Möglichkeiten des Programms (vgl. auch Bidlo/Schröer 2017). Der Fotograf muss – will er informative und nicht redundante Bilder hervorbringen – bei jedem Foto versuchen, gegen die Festschreibungen des Programms anzuspielen, d.h. versuchen die im Fotoprogramm und der Hardware angelegten Möglichkeiten kreativ und spielend zu übersteigen. Flusser lässt offen, ob und wie das möglich sein soll. Die Fotografie als das In-Form-bringen (Informieren) von Bereichen des Punktuniversums bezeichnet für Flusser den Anfang einer geschichtlichen Entwicklung, die auf eine zunehmende Immaterialität der Kommunikation und Auflösung des Bildes als physischem Objekt deutet und gehört daher der mehr dem postindustriellen als industriellen Zeitalter an. Wenn die Information in das Zentrum unserer nachindustriellen Aufmerksamkeit rückt, hat das für den Menschen wesentliche Folgen, bedeutet es doch „eine Mutation unserer Existenz" (Flusser 1986: 15). Vorindustrielle, industrielle und nachindustrielle Objekte unterscheiden sich *wesentlich* voneinander: Industrielle Objekte werden mit Maschinen gefertigt, schneller und exakter als von Menschenhand (vorindustrielle Objekte). Daraus folgt eine Inflation der Objekte und ihre Entwertung, da sie massenhaft gefertigt werden können. In der nachindustriellen Gesellschaft hingegen verlieren die Objekte zunehmend ihre materielle Basis. Es geht vielmehr darum Objekte selbst zu informieren. Nicht mehr das Objekt spielt die entscheidende Rolle, sondern die Information, mit der es versehen wurde. „Bereits heute liegt der Wert eines Füllfederhalters aus Kunststoff fast ausschließlich in seiner Form und kaum in seinem Kunststoffmaterial. [...] Genau genommen werden nachindustrielle Objekte keine wirklichen ‚Objekte' mehr sein. Wenn Kultur als ein Vorrat von Werten definiert wird, wird dieser nicht mehr aus Objekten, sondern aus anderen Formen von Erinnerungen bestehen" (Flusser 1986: 18). Ein Beispiel hierfür ist das Foto. Es trägt seine Informationen direkt und ausschließlich auf seiner Oberfläche und nicht in seinem Körper bzw. Material, so wie es beispielsweise bei einem Füllfederhalter der Fall ist. Auch wenn dies bei allen Bildern der Fall ist, gibt es einen Unterschied zwischen einem vorindustriellen und einem Technobild (z.B. Foto). Das vorindustrielle Bild trägt als originäres Objekt gewissermaßen einen Eigenwert[82] an Informationen mit sich; wird es vernichtet, verliert es seine Information, genauso wie der Füllfederhalter. Das Foto hingegen hat als informiertes Objekt keinen Wert, da die von ihm getragene Information an einem anderen Ort gespeichert ist – dem Negativ bzw. heute digital auf einem Speicherchip. So kann die Information immer wieder auf eine wert- bzw. informationslose Oberfläche übertragen werden. Bei digitalen Bildern lässt sich dann ohne weiteres nicht mehr von einem originären Bild sprechen, da Kopien von Kopien von Kopien nicht mehr vom Original zu unterscheiden sind. Die Information des Bildes ist fortwährend reproduzier- und verfügbar. Seine Materialisierung ist nur noch zweitrangig. Einher geht in diesem Zusammenhang bei digital erstellten Bildern übrigens das Problem der Urheberschaft, d.h. des Rückbezuges auf den Verwirklicher der Möglichkeit, auf den Produzenten des Bildes. Die Beziehung zwischen Bild und Verwirklicher ist letztlich kaum mehr rückführbar auf eine tatsächliche Basis, anders als beispielsweise bei einem Negativ. Das digitale Bild löst sich als Information von der Autorenschaft insoweit kein Beweis auf den Autor als Urheber verweisen kann. Und die von jeder Digitalkamera mitgespeicherten EXIF-Daten („Exchangeable Image File"), die beispielsweise Informationen zur verwendeten Blende, Uhrzeit, Datum, Verschlusszeit, Brennweite und viele weitere Einstellungen der Kamera zum Bild speichert, können heute über verschiedene Software problemlos geändert werden. Mittlerweile gibt es Möglichkeiten mittels versteckter Wasserzeichen Zusatzdaten in digitalen Bildern zu platzieren. So wird das Bild zwar nicht vor dem Kopieren geschützt, allerdings kann es z.B. mit Informationen zum Autor oder Rechteinhaber versehen werden. Fotografien haben im Zuge der Digitalisierung ihre chemische Basis verloren und sind elektromagnetische Bilder geworden. Sie stellen zudem eine neue Form der Codierung der Welt dar, die der Mensch durch eine Einbildungskraft enziffern zu lernen hat. Die Codes

---

[82] Hier wird erneut die Ähnlichkeit zu Benjamin deutlich, der den originären Eigenwert in der „Aura" aufgehen lässt. *„Die Reproduktionstechnik, so ließe sich allgemein formulieren, löst das Reproduzierte aus dem Bereich der Tradition ab. Indem sie die Reproduktion vervielfältigt, setzt sie an die Stelle seines einmaligen Vorkommens sein massenweises"* (Benjamin 1963: 13, Hervorh. im Original).

und die durch sie gesponnene kodifizierte Welt sollen dem Menschen Sinn vermitteln, der in der Welt, in die er durch Geburt geworfen wurde, nicht vorhanden ist. Symbolgebung und Codeerzeugung dienen der Erzeugung der Sinnwelt, die den Menschen letztlich beruhigen soll vor dem Wissen um seines (unvermeidlichen) Todes, vor dem eigenen Zuströmen hin zur Entropie. Und dieser Vorgang des Sinnentwerfens vollzieht sich durch Kommunikation über Codes mit anderen Menschen. Die Technobilder sind der neue Code, der um sich greift und in den Vordergrund tritt. Der Mensch muss lernen mit der Programmierung und der Funktionsweise der Technobilder umzugehen. Dazu benötigt er eine andere Vorstellungskraft, die Technoimagination.

„‚Techno-Imagination‘ soll nun die Fähigkeit genannt werden, durch Apparate erzeugte Bilder (‚Technobilder‘) zu verschlüsseln und zu entziffern. [Dem] liegt die Hypothese zugrunde, daß sich diese Fähigkeit von der traditionellen Imagination radikal unterscheidet" (Flusser 1993e: 153).

Heute sind es die Technobilder und nicht mehr die Texte, die in der kodifizierten Welt die meisten Botschaften und Deutungsangebote übermitteln. Und daher wird es für die Menschen grundwichtig, „die unsere Welt betreffenden Botschaften ‚richtig‘ zu senden und zu empfangen" (Flusser 1993e: 153). Derzeit sind wir, nach Flusser, gerade erst dabei, die Fähigkeit der Techno-Imagination auszubilden. Gleich einem Analphabeten in einer Textwelt sind wir noch nicht fähig, uns in der Technobilderwelt zu orientieren, da unsere „Erlebnis-, Denk- und Wertkategorien" (Flusser 1993e: 154) noch auf ein historisches, linear-schriftliches Dasein ausgerichtet sind und noch nicht auf ein nachgeschichtliches, wie es sich durch das Aufkommen der Technobilder entwickelt. Es wird daher nötig sein, bisherige Sichtweisen und alt hergebrachte Werte zu verändern und „aufs Spiel zu setzen. Denn die Technobilder kennzeichnet, daß sich in ihnen das Verhältnis zwischen der sogenannten Wirklichkeit und dem Symbolsystem (dem Code) umdreht. Alle früheren Codes – inklusive der traditionellen Bilder und linearen Texte – sind Träger von Botschaften hinsichtlich einer Welt, die es zu verändern gilt. [...] Die Technobilder hingegen sind Folgen einer Manipulation der Welt, welche die Absicht hat, Bilder herzustellen" (Flusser 1993e: 163-164). Der Mensch als Funktionsträger der Maschine macht sich dann ein Bild von der Welt anhand von Technobildern. Gerade wenn man sich heutige Smartphone-Kameras anschaut und die in ihnen befindlichen Programme (Filter), wird dieser Punkt deutlich und verschärft sich noch durch z.b. vorhandene Apps, die Bilder alt, schwarz/weiß, bunt, expressionistisch, impressionistisch, verschwommen, verwackelt, geglättet und scharf, weichgezeichnet usw. erscheinen lassen. Natürlich war auch schon vor dem Einsetzen des digitalen Zeitalters die Qualität des Apparates mitentscheidend für die Qualität des Bildes. Aber die Möglichkeit des Fotografen über den Apparat hinauszusteigen und die Möglichkeiten der Abbildbarkeit verringern sich und werden zu einem prometheischen Akt. Die Interpretation und das Verstehen solcher Bilder muss damit beginnen, das „Apparatische" des Bildes als Teil der Interpretation (sozusagen die Interpretation der Maschine) mit einzubeziehen. Das, was ein Technobild zeigt, ist weniger denn je auf einen Fotografen zurückzuführen, sondern mehr denn je als Auswurf der Mensch-Maschine-Synthese zu verstehen. Das Ergebnis lässt sich dann als ein *Interobjekt* (vgl. auch Latour 2001) verstehen, weil es in seiner Entstehung aus der Komplizenschaft des Funktionsträgers Mensch und des Fotoapparates herrührt. Es ist kein subjektiver und nur bedingt intersubjektiver Auswurf mehr, sondern vor allem ein Ding, das aus einem Funktionsträger und einem Objekt entsteht.

Technobilder sind daher keine Vermittler zwischen Mensch und Welt, sondern nutzen die Welt als zu manipulierendes Datenmaterial, um sich zwischen die Welt und den Menschen zu stellen. Nur durch die Ausbildung einer Technoimagination kann *durch* die Technobilder *hindurchgeschaut* werden.

Das nachfolgende Unterkapitel wendet sich nun nicht nur der Hervorbringung bzw. Produktion ästhetischer Artefakte zu, sondern möchte in Anlehnung zunächst an Tofflers Prosumentenbegriff (vgl. Toffler 1980) die Produktion und Konsumtion im Rahmen einer Medienästhetik behandeln und dann mit Bezug zur Dreiteilung der Ästhetik von Jauß (vgl. Jauß 1970) in Poiesis, Aisthesis und Katharsis diese Trias als das besondere Merkmal einer digitalen Medienästhetik ausweisen. Die Menschen im digitalen Zeitalter wandeln sich hier vom Prosumenten zu einem *Prodisumenten*.

4.3 Medienästhetik als *Poiesis* – *Aisthesis* – *Katharsis:* Die Menschen als mediale *Prosumenten* und *Prodisumenten*

Die zunehmende Mediatisierung der Kultur im Verlauf des 20. und 21. Jahrhunderts und die damit einhergehende Bilderflut hat den mediennutzenden Menschen als einen Medienkonsumenten ausgewiesen. Hierzu zählen u.a. auch die vielfältigen Ansätze der Medienwirkungsforschung, die seit Beginn des 20. Jahrhunderts mit der starken Verbreitung von Kino, Radio und den Propagandaerfolgen im 1. und 2. Weltkrieg von einer starken Wirkung der Medien auf seine Nutzer ausgehen. Bereits die Begriffe der *Medienwirkung* oder *Wirkung* allgemein unterstreichen die eher passive Nutzung der Medien und legen das Konsumieren der Medieninhalte nahe. Gerade die Anfänge der kritischen Medientheorie – exemplarisch steht hier Adornos (vgl. Adorno 1963, 1971) Medien- und Kulturkritik mit dem Begriff der Kulturindustrie (vgl. Niederauer/Schweppenhäuser 2018) und dem Ausweis dieser als „negative Ästhetik" (Jepsen 2018: 105) – unterstellt oft offen und auch latent eine manipulierte und sabotierende Konstellation, in der sich das Publikum befindet und es wahrnimmt bzw. wahrnehmen kann. Eine solche Sichtweise beinhaltet implizit ein Stimulus-Response-Verhältnis zwischen Medium und Rezipient. Diese Annahme findet sich übrigens auch in „einer demokratietheoretisch geprägten Vorstellung des politischen Kommunikationsprozesses" (Friedrich 2011: 15), die den über die Medien gut informierten Bürger unterstellt, „der in den Medien gezielt nach Informationen über gesellschaftlich relevante Sachverhalte sucht, um wohlbegründete politische Meinungen entwickeln zu können" (Friedrich 2011: 15).

Die Sichtweise auf die Medien, dass sie vorwiegend passiv rezipiert werden – die Frage also nach jenem, was Medien mit den Rezipienten tun – und das damit einhergehende Unbehagen ob ihrer (meist negativen) Wirkung sind auch heute noch nicht gänzlich aus der Medien- und Kommunikationsforschung verschwunden. So betont Jäckel 2012 in einer Vorbemerkung seines Einführungsbandes *Medienwirkungen kompakt:* „Dass heute so häufig von ‚Mediengesellschaft' gesprochen wird, ist wohl auch Ausdruck eines Unbehagens in und an der modernen Kultur. Dennoch äußert sich dieses Unbehagen nicht in einer deutlich spürbaren Abkehr von den Angeboten.

Deshalb wiederholt sich auch immer wieder die Frage, was mit den Rezipienten im Zuge der Nutzung dieser Angebote geschieht" (Jäckel 2012: 5). Die stetigen Innovationen im Bereich der Neuen Medien machen die Frage nach dem, was die Menschen mit den Medien machen dringender. Nicht nur die Medien und ihre „passive" Rezeption verändern Gesellschaft im Allgemeinen sowie den Einzelnen und sein Erfahrungsspektrum im Besonderen, sondern die aktive Nutzung und innovativen Gestaltungsmöglichkeiten durch die neuen, digitalen Medien – als andere Seite ein und derselben Medaille – tun dies ebenfalls. Und mehr noch verändern die Praktiken, die sich durch die Mediennutzung der Menschen etabliert haben, die Medien selbst, schlagen auf diese zurück.

Gerade die heutigen digitalen Medien, die als konnektive Schnittstelle das Smartphone, den Tablet-PC oder Computer haben (z.B. digitale Fotografie, Videografie, Texterstellung, Musikaufnahme und -bearbeitung, Fernsehen, Radio) sind aus einer Einwegkommunikation, wie man sie klassisch vom Fernsehen her kennt, herausgetreten und lassen (das Internet als Vernetzungsaspekt von Computern unterstellt) ein fortwährendes Feedback zu.[83] Aber mehr noch ermöglichen sie eine nahezu barrierefreie Nutzung und Einsatzmöglichkeit zur Produktion eigener digitaler Artefakte und eine entsprechende Verteilung. Eine Medienästhetik muss dergestalt nicht nur die rezeptiven Potentiale und Wirkungen beinhalten, sondern muss zugleich die produktiven und distributiven Möglichkeiten fokussieren. Geschieht dies nicht, entgehen ihr wesentliche Teile ihres zu untersuchenden Feldes.

Die Menschen sind in einer solchen Perspektive keine ausschließlichen Konsumenten mehr und erschließen sich nicht nur durch einen „*individualästhetischen Konsumtionshabitus*" (Reckwitz 2010: 558, Herv. im Original), sondern sind zunächst auch Produzenten von Inhalten, sie werden zu *Prosumenten*. Und damit verschränken sich zugleich zwei Formen der Ästhetik, zu der anschließend noch eine weitere – die Distribution – hinzugedacht werden muss.

---

[83] Zwar konnte auch früher auf Fernseh-, Radio- oder Zeitungsbeiträge mittels Anrufe in der Redaktion oder Leserbriefe geantwortet werden. Aber ein echter Austausch, zumal ohne zeitliche Verzögerung und in der Netzwerkform *Einer-zu-Viele*, wurde erst mit der Einführung des WWW praktikabel ermöglicht.

4.3.1 Der Mensch als Prosument

Kennzeichnend für das Verständnis von Menschen als medialen *Prosumenten* ist hier die bereits angedeutete Aufteilung innerhalb der Ästhetik von Rezeption und Ausdruck, die sich auf kultureller und alltagsweltlicher Ebene als Auflösung der Hierarchie von Konsum und Produktion darstellt.. Mit dem Begriff des Prosumenten wird seit Alvin Tofflers Buch „The Third Wave" (dt. „Die Zukunftschance") die aktive Mitarbeit von Kunden bezeichnet. Hier können zwei Ebenen unterschieden werden. Während Toffler den Begriff so verstand, das Konsumenten Produkte und Dienstleistungen nicht bloß erwerben und verbrauchen, sondern diese z.B. in Heimarbeit aktiv mitproduzieren, wird inzwischen „der Prosumentenbegriff auch für Formen der direkten Kollaboration zwischen Unternehmen und Kundinnen oder Kunden [genutzt], die mit Konzepten von Co-Design oder Co-Produktion gefasst werden" (Blättel-Mink/Hellmann 2010: 7-8). Spätestens seit der Einführung und Verbreitung von Selbstbedienungsläden, die sich in Deutschland auf die ausgehenden 1950er datieren lässt, sind die Menschen zunehmend zu unbezahlten Mitarbeitern der Unternehmen geworden.

> „Sei es bei der Abwicklung von Bankgeschäften, der Buchung von Reisen, der Bestellung von Büchern oder der Reservierung von Theaterkarten: Vieles von dem, was Internetökonomie heute praktisch ausmacht, läuft darauf hinaus, daß sich die Kundinnen und Kunden in die Erstellungs- und Vermittlungsleistung selbst mit einbringen und damit gewissermaßen eine pro-aktive Mitarbeit leisten (müssen), wenn sie bestimmte Sach- oder Dienstleistungen erwerben wollen" (Blättel-Mink/Hellmann 2010: 7).

Toffler hat in seinem Buch versucht, die Gestaltung einer neuen, sich ausbildenden Gesellschaft bzw. Zivilisation nach- und aufzuzeichnen (vgl. Toffler 1980: 20 ff., Hellmann 2010: 14) bzw. den Wandel von Gesellschaften im Rahmen dreier menschheitsgeschichtlicher zentraler Zivilisations- und Innovationswellen zu beschreiben. Dabei weist er darauf hin, dass die Wellenmetapher nicht neu sei (z.B. verweist Toffler auf Norbert Elias, vgl. Toffler 1980: 17), sehr wohl jedoch die Anwendung auf den von ihm konstatierten Zivilisationswechsel. Tofflers umfangreicher Ansatz reicht von historischen, technischen, politischen, gesellschaftlichen über ökonomischen bis hin zu massenmedialen Perspektiven und soll hier in seiner Breite nicht rezipiert werden. Seine 1980er-Gegenwartsanalyse liest sich derweil überraschend aktuell:

> „Terroristen spielen mit dem Leben von Geiseln; Währungen geraten ins Wanken; Gerüchte über einen dritten Weltkrieg machen die Runde; Botschaften gehen in Flammen auf [...]. Der Goldpreis [...] bricht alle Rekorde. Die Inflation gerät außer Kontrolle. Und die Regierungen der Welt sind handlungsunfähig" (Toffler 1980: 13).

Gleichwohl verfolgt Toffler nach Darstellung dieses Szenarios einen positiven, hoffnungsvollen Ansatz und sieht *Zukunftschancen* (der dt. Titel des Buches) für eine sich in der Herausbildung befindlichen neuen Gesellschaft.[84] „Andere Arbeitsrhythmen, neue Formen der Familie, Veränderungen im Liebes- und Sozialleben, bislang unbekannte politische Konflikte und eine neue Wirtschaftsordnung zeichnen sich ab – und darüber hinaus eine tiefgreifende Änderung unseres Bewusstseins" (Toffler 1980: 20). Den zentralen Wandel gießt Toffler in den Begriff des „Prosumenten". Toffler fokussiert im Rahmen des „Aufstiegs des Prosumenten" (Toffler 1980: 272) auf „das Verhältnis zwischen Produktion und Konsumtion, dessen Wandel sich u.a. in veränderten Rollenerwartungen an den Menschen zeigt, als Produzent, Konsument oder Prosument zu handeln" (Blutner 2010: 84). Die sich ausbreitende Sesshaftigkeit und die damit einhergehende Etablierung der Landwirtschaft bilden für ihn[85] die erste Welle einer grundlegenden kulturellen und zivilisatorischen Umwälzung. Diese Neolithische Revolution (vgl. hierzu z.B. Childe 1959), der Wechsel vom mobilen Jäger, Sammler oder Fischer zum sesshaften Bauern, kennzeichnet einen der wichtigsten Umbrüche in der Geschichte der Menschheit, in der neue Anpassungen, Spezialisierungen an die Umwelt und die Erhöhung der Produktivität sich verstärkten und damit dauerhafte wirtschaftliche und soziale Verän-

---

[84] Umgekehrt lässt sich natürlich berechtigt fragen, inwieweit der von Toffler beschriebene Prozess tatsächlich voranschreitet, wenn über 30 Jahre später seine Krisenbeschreibung immer noch aktuell ist.

[85] Er liegt damit auf der Linie mit paläologischen und paläoanthropologischen Forschern, die im Neolithikum, also der Jungsteinzeit eine solche Veränderung anzeigen.

derungen hervorgebracht wurden. Diese Welle reicht letztlich bis in die vor- bzw. frühindustrielle Zeit. Der Mensch trat vorzugsweise als Selbstversorger auf – er produzierte und konsumierte weitgehend seine Produkte –, als Produktionsstätte diente der eigene Haushalt, eingebettet in organische Gemeinschaften. Die zweite Welle sieht Toffler in der Mitte des 18. Jahrhunderts in der sich ausbreitenden Industriellen Revolution, die u.a. gekennzeichnet ist durch wesentliche Veränderungen der Produktionsformen, der Beschleunigung technischer Entwicklung (Mechanisierung, Mobilität), voranschreitende Urbanisierung und Bevölkerungswachstum. Die Industrielle Revolution „schuf eine fremde, mächtige und fieberhaft aktive Alternativgesellschaft. Der Industrialismus bestand nicht nur aus Schloten und Fließbändern. [...] Er stellte vielmehr ein reiches, vielseitiges soziales System dar, das keinen Aspekt des menschlichen Lebens unberührt ließ" (Toffler 1980: 33). Das Zeitalter der Selbstversorgung wird abgelöst, Produktion und Konsumtion werden getrennt, die Arbeit wird vom eigenen Haushalt in die Fabriken verlegt und die Erwerbsarbeit entsteht. Toffler sieht daran anschließend im Verlauf des 20. Jahrhunderts eine dritte Welle (vgl. Toffler 1980: 49 ff.) grundlegender Umwälzungen sich ausbreiten, die eine neue Zivilisation ausbildet, die durch Umwälzungen der Wirtschaft, der Politik und die Erschütterung der bisherigen Werte gekennzeichnet sein wird. Es ist die emportauchende „Transmarkt"-Gesellschaft, „in der der Markt seine Dominanz verliert, ohne daß die Gesellschaft vom Marktgeschehen unabhängig wird" (Blutner 2010: 84). Und hier vollzieht sich die historische Kluft zwischen den Produzenten und Konsumenten, in einer sich ausbildenden Prosumenten-Ökonomie. Darunter versteht er so unterschiedliche Dinge, wie die Etablierung und Organisation von Selbsthilfegruppen, Selbstbedienungsläden oder das Verschwinden des Tankwartes.

Toffler beginnt seine Darstellung des Aufstiegs des Prosumenten mit dem Beispiel der Einführung des Schwangerschaftstests zur Selbstuntersuchung, der mittlerweile routinemäßig von Frauen durchgeführt werden kann, „für den sie zuvor Ärzte und Laboratorien in Anspruch nehmen mußten" (Toffler 1980: 272). Es geht dergestalt um die vielen Formen der Selbsthilfe und -bedienung, die mittlerweile einen festen Platz in unserem Alltag haben. Und auch auf dem Gebiet der Kunst hat sich im zweiten Drittel des 20. Jahrhunderts im Rahmen der digital ausgerichteten *partizipativen Kunst* der aktive, mitgestaltende Aspekt aufseiten des Betrachters herausgebildet. Solche, häufig auf interaktive digitale Systeme fußende, Kunstwerke „erlauben dem Betrachter den Zugang zur kreativen Erfahrung nicht allein über den kognitiven Weg – wie es die Rezeptionsästhetik nahelegt –, sondern auch explizit über das Handeln" (Giannetti 2004: 105).

Aber darüber hinaus tritt durch die Etablierung der digitalen Medien und des Internets eine dritte Dimension zutage, die zwar vorher schon vorhanden war, nunmehr aber eine Bedeutung besitzt, die ein wesentliches Merkmal der gegenwärtigen Medienästhetik beinhaltet. Es ist der Aspekt des Distribuierens, der Kommunikation, des Teilens von Inhalten bzw. medienspezifischen Artefakten. Eine solche Medienästhetik besitzt – in Anlehnung an Jauß (vgl. Jauß 1977) – drei Ebenen, nämlich die Produktion (Poiesis), Distribution bzw. Kommunikation (Katharsis) und die Rezeption (Aisthesis). Und nur in dem Zusammenspiel dieser Trias lassen sich die medienästhetischen Vorgänge, die durch die digitalen Medien und das Internet als Ort dieser Dreiteilung dynamisiert werden, adäquat dekodieren.

4.3.2 Die Dreiteilung der Ästhetik – Poiesis – Aisthetis – Katharsis

Hans Robert Jauß hat in seinem 1970 erschienenen Werk „Ästhetische Erfahrung und literarische Hermeneutik I" eine Unterscheidung im Rahmen der ästhetischen Praxis bzw. Erfahrung getroffen, die für den hier besprochenen Rahmen einen heuristischen Wert besitzt. Denn Jauß fasst Ästhetik im Unterschied zum hier angenommenen Verständnis letztlich immer noch als eine Theorie der Kunst, wohingegen hier die Ästhetik stärker als Aisthesis verstanden wird (vgl. auch Bidlo 2017b: S 152 ff.).[86]

Bereits 1967 lenkte Jauß in seiner Antrittsvorlesung an der Universität Konstanz den Blick der literaturwissenschaftlichen Forschung auf die Geschichtlichkeit und Prozesshaftigkeit ihres Gegenstandes. Während er bis zu jener Zeit eine Darstellungsästhetik in der Literaturwissenschaft konstatiert, lenkt er den Blick auf das Dreieck von Autor, Werk und Publikum und hebt das

---

[86] Auch wenn dieser Punkt bereits mehrfach angesprochen wurde, sei – um Missverständnisse zu vermeiden – nochmals darauf verwiesen: Beide schließen sich nicht aus, umfasst doch das hier angenommene Verständnis von Aisthesis auch ästhetische Wahrnehmung verstanden als Theorie des Schönen. Die hier verstandene Aisthesis begrenzt die Wahrnehmung allerdings nicht auf den Kunstcharakter des wahrgenommenen Objektes, wie er sich dann in der ästhetischen Wahrnehmung darstellt. Jauß hingegen argumentiert immer vor dem Hintergrund der Ästhetik als der Theorie des Schönen bzw. der Kunst.

bisher eher passive Publikum (Leser) in einen aktiven Rang. Zugleich unterstreicht er die Geschichtlichkeit von Literatur und ihren kommunikativen Charakter als wesentlich zu berücksichtigende Punkte.

> „Die Geschichtlichkeit der Literatur wie ihr kommunikativer Charakter setzen ein dialogisches und zugleich prozeßhaftes Verhältnis von Werk, Publikum und neuem Werk voraus, das sowohl in der Beziehung von Mitteilung und Empfänger wie auch in den Beziehungen von Frage und Antwort, Problem und Lösung erfaßt werden kann. Der geschlossene Kreis einer Produktions- und Darstellungsästhetik, in dem sich die Methodologie der Literaturwissenschaft bisher vornehmlich bewegt, muß daher auf eine Rezeptions- und Wirkungsästhetik geöffnet werden, wenn das Problem, wie die geschichtliche Folge literarischer Werke als Zusammenhang der Literaturgeschichte zu begreifen sei, eine neue Lösung finden soll" (Jauß 1970: 172).

Ohne an dieser Stelle ausführlich auf rezeptionsästhetische Aspekte einzugehen, sei betont, dass aus rezeptionsästhetischen bzw. wirkungsästhetischen Gesichtspunkten sich ein Text erst im Lesevorgang generiert und aktualisiert, d.h. in der Interaktion zwischen Werk und Leser. Aus diesem Grund liegt die Bedeutung eines Textes nicht allein im Text, sondern *zwischen* Leser und Text, in welcher Hinsicht der Leser dann zu einem *Interpreten* wird. Ursprünglich betrachtet, bezeichnet der „Interpret" den „Zwischensprecher", also eine Person, die zwischen Personen oder Parteien sprachlich verhandelt und vermittelt. Damit wird ersichtlich, dass der Leser nicht nur passiv rezipiert, sondern aktiv am Text selbst mithandelt und zwar im Rahmen des Dialogs zwischen Werk und Leser bzw. Publikum.

Literarische Texte sind eingebettet in einen geschichtlichen Prozess, stehen im Kontext ihrer vergangenen Rezeptionen, dergestalt wandeln sie sich je nach ihrem Rezeptionsumfeld, in welchem sie aktualisiert werden. Das wiederum kann erklären, warum sich unterschiedliche Interpretationen eines Werkes bilden können und es nicht nur *eine* gültige ausweist. Jauß formuliert damit, wie gesagt, zwei wesentliche Punkte der Rezeptionsästhetik: Das dialogische Verhältnis von Text und Leser und ihre historische Dimension, sie stehen *in* der Zeit und damit ist ein zeitloses Verständnis, ein zeitlos gegebener Sinn durch einen Text zu negieren. „Dieser dialogische Charakter des literarischen Werkes begründet auch, warum das philologische Wissen nur in der fortwährenden Konfrontation mit dem Text bestehen kann und nicht zum Wissen von Fakten gerinnen darf" (Jauß 1970: 172). Die angesprochene historische Dimension, die Geschichtlichkeit der Literatur, besteht dabei nicht aus einem Geflecht literarischer Fakten, sondern aus einem Erwartungshorizont der Leser, welchen es zu explizieren gilt. Dieser Erwartungshorizont beruht „auf der vorgängigen, Vergangenheit und Gegenwart der Literatur vermittelnden Erfahrung ihrer Leser" (Jauß 1970: 9). Die *Bedeutung* eines Werkes entsteht dann aus dem Beziehungsgefüge von und der Interaktion zwischen Werk, Publikum und Autor. Und das Publikum respektive der Leser besitzen dabei nicht eine passive, sondern vielmehr eine aktive Rolle. Denn sie sind es, die auf der Basis früherer Rezeptionen, der Kommunikation über das Werk oder auch der Frage nach der lebenspraktischen Relevanz desselben, einen Erwartungshorizont als Bezugssystem etablieren. Und dieser Vorgang ist selbst wiederum Teil des Prozesses mit „geschichtsbildende[r] Energie" (Jauß 1970: 169). Ein solcher Rekurs auf einen Erwartungshorizont als Bezugssystem für das Verständnis literarischer Werke entgeht bei der Frage nach der literarischen Erfahrung des Lesers dann auch einem reinen Psychologismus, da dieses Bezugssystem ein intersubjektiv hervorgebrachtes ist. Es kann damit zwar in der Psyche eines einzelnen Lesers vorhanden sein (subjektiv), aber seine Entstehung und sein Bestehen sind intersubjektiv.

Jauß setzt sich mit seinem Ansatz von einer marxistischen und formalistischen Sichtweise auf Literatur ab, die den Rezipienten nur eine untergeordnete Rolle zuweist, indem sie als Erfüllungsgehilfe oder philologische „Dekodiereinheit" des Textes fungiert. Jauß hebt damit im Rahmen seiner Rezeptionsästhetik auf den aktiven und dadurch auch produktiven Prozess der Rezeption ab, die nicht nur ein reines Wahrnehmen ist, sondern ein Wahrnehmen, das bereits konstituierende Wirkung für den Erwartungshorizont und damit im Anschluss auch für den Bedeutungshorizont eines Werkes besitzt.

Auf dieser Basis nun fußt Jauß' Dreiteilung der Ästhetik bzw. genauer der ästhetischen Erfahrung in Poiesis (Produktion), Aisthesis (Rezeption) und Katharsis (Kommunikation bzw. Distribution), die nicht hierarchisch zu verstehen sind, sondern als ein relationales Gefüge, „als ein Zusammenhang von selbstständigen Funktionen […]: sie lassen sich nicht aufeinander zurückführen, können aber wechselseitig in ein Folgeverhältnis treten" (Jauß 1977: 63). Der Aspekt der Distribution und des Austauschs zeigt sich bereits in dem marxistischen Kreislaufmodell der politischen Ökonomie:

> „In der Produktion objektiviert sich die Person, in der Konsumtion subjektiviert sich die Sache; in der Distribution übernimmt die Gesellschaft in der Form allgemeiner, herrschender Bestimmungen die Vermittlung zwischen Produktion und Konsumtion; in dem Austausch sind sie vermittelt durch die zufällige Bestimmtheit des Individuums" (Marx/Engels 1971: 621).

In diesem marxistischen Kreislaufmodell wird die Distribution zugleich der Produktion vorangestellt gesehen, da die Produktion und ihre Faktoren bereits auf die Verteilung der Produktionsinstrumente und -faktoren fußen. So betont Marx in diesem Zusammenhang:

> „Die Distribution in der flachsten Auffassung erscheint als Distribution der Produkte, und so weiter entfernt von und quasi selbständig gegen die Produktion. Aber ehe die Distribution Distribution der Produkte ist, ist sie: 1. Distribution der Produktionsinstrumente, und 2., was eine weitere Bestimmung desselben Verhältnisses ist, Distribution der Mitglieder der Gesellschaft unter die verschiednen Arten der Produktion. (Subsumtion der Individuen unter bestimmte Produktionsverhältnisse.) Die Distribution der Produkte ist offenbar nur Resultat dieser Distribution, die innerhalb des Produktionsprozesses selbst einbegriffen ist und die Gliederung der Produktion bestimmt" (Marx/Engels 1971: 628).

Die digitalen Medien, allen voran der Computer in Kombination mit dem Internet, verbinden nun diese Ebenen der Produktion, Distribution und Konsumtion, die man an dieser Stelle auch als mediale Rezeption verstehen kann. Denn die Verteilung (Distribution) der Produktionsinstrumente (digitale Medien, z.B. Computer) ist in modernen Gesellschaften und in Bezug zu digitalen Artefakten aufgrund der nunmehr umfassenden und standardisierten[87] Verfügbarkeit digitaler Medien bzw. dem Zugang zu selbigen kein Bestimmungsgrund mehr für die Produktion, sondern bietet nahezu jedem die Möglichkeit zur Produktion digitaler Artefakte. Gleiches gilt für die Distribution, die bereits in der heute vorherrschenden Computerinfrastruktur fest verankert ist (WLAN, LTE, 5G).[88]

4.3.2.1 Katharsis

Bei Jauß steht die Katharsis für die kommunikative Leistung bzw. Tätigkeit der ästhetischen Erfahrung (vgl. Jauß 1977: 8, 136 ff.). Die kommunikative Tätigkeit ist ihm im Rahmen der Ästhetik das vermittelnde Moment zwischen Produktion und Rezeption und weist ihr eine zentrale Stellung, wenngleich Jauß' Verständnis von Katharsis und ihre kommunikative Funktion nur bedingt mit der hier vorgestellten Sichtweise der Distribution übereinstimmt.

Jauß' Betonung der kommunikativen Funktion der Katharsis ist auch in Abgrenzung zu Adorno zu verstehen, der die kommunikative Leistung negativ einfärbt (Kulturindustrie) und in ihr letztlich nur Etablierung und Konsolidierung herrschender (ökonomischer) Interessen erkennt. Adorno

---

[87] Auch wenn z.B. ALG II-Empfänger noch keinen gesetzlichen keinen Anspruch auf die Kostenübernahme für die Erstanschaffung eines PCs haben – so ein Gerichtsurteil des Landessozialgerichts Nordrhein-Westfalen (Az.: L 6 AS 297/10 B) –, kann der Computer und seine Nutzung als Alltagsgegenstand bezeichnet werden. So hat das Sozialgericht Gotha hat am 17. August 2018 in einem Fall entschieden, dass ein Computer unter Umständen durch das Jobcenter zu bezuschussen ist, wenn z.B. schulpflichtige Kinder im Haus leben, die diesen für den Schulbesuch benötigen. Überdies wird heute wie selbstverständlich von computergeschriebenen Bewerbungen, Online-Recherchen oder dem Vorhandensein einer E-Mail-Adresse ausgegangen. 2011 zählten nur noch 26% der Bevölkerung zu den „digitalen Außenseitern" (2010 waren es 28%, 2009 noch 35%), die zwar noch eine große Zurückhaltung gegenüber den digitalen Medien zeigen, aber von denen selbst bereits 38% ein Notebook oder einen PC besitzen (vgl. Digitale Gesellschaft 2011: 12). In der Studie 2013 wurden aus den „digitalen Außenseitern" die „außenstehenden Skeptiker" (28,9%), von denen immerhin knapp 40% einen Computer (PC, Notebook o.ä.) besitzen (vgl. D21 Digital Index 2013: 50). Für das Jahr 2018/19 werden diese dann zu „Digital Abseitsstehenden", zu denen nur noch 21% gezählt werden. 84% der Bundesbürger nutzen 2018/2019 das Internet (vgl. Digital Index 2018/19: 8 ff.) zu 77% in 2013 – dem Beginn des Projektzeitraumes.

[88] Die Betonung liegt hier auf der prinzipiellen Möglichkeit einer Teilhabe. Das soll keine sozialstrukturellen Aspekte, wie z.B. Bildung, Zugang zur Bildung usw. ausschließen oder negieren.

hebt vielmehr die Reinheit der Reflexion im Gegensatz zur sinnlichen „Erfahrung und kommunikative[n] Interaktion" (Jauß 1977: 45) hervor. Eine solche sinnenreizende Ästhetik ist für Adorno, und darin steht er in einer Verwandtschaft mit der christlichen Ästhetik, ihrer Verdammung der Sinne und die das Fleisch reizenden Erscheinungen, eine Aushöhlung der emanzipatorischen Kraft von Kunst und Kultur.

Im Rückgriff auf das aristotelische Katharsis-Konzept und in Erweiterung dessen durch „die augustinische Kritik am Selbstgenuß" und „die zuerst von Gorgias erläuterte Leistung der Affekte für die Überzeugungskraft einer Rede" (Jauß 1977: 137) wird für Jauß die kommunikative Leistung der ästhetischen Praxis sichtbar. Aristoteles versteht unter der ästhetischen Katharsis in seiner *Poetik* bekanntlich die Erregung und Reinigung von Affekten mittels der Kunst. Durch das Hineinversetzen in den Helden tritt der Zuschauer aus seiner lebensweltlichen Befangenheit, bringt die Affekte Mitleid und Furcht hervor, die für eine Identifikation mit dem Helden benötigt werden. Die Identifikations- und Verhaltensmusterangebote, die dem Zuschauer im Rahmen des Katharsisprozesses von dem Darsteller bzw. Redner angeboten werden, dienen „als „kommunikative[r] Vollzugsrahmen" für die durch Affekte erregte und freigesetzte Einbildungskraft" (Jauß 1977: 141). Im Rahmen der christlichen Kunst und Literatur erwuchs dann zunehmend der Blick für das vermittelnde Potential der ästhetischen Erfahrung, indem „ihre kommunikative Leistung in den Glaubenshorizont des christlichen Publikums einbezogen" (Jauss 1977: 143) wurde. Katharsis wird im christlichen Mittelalter über die *compassio*, das Mitleiden, angestrebt. Bei biblischen Darstellungen, besonders bei der zentralen Darstellung des Leidensweges Christi, lässt sich triadisch über die Betrachtung (*contemplatio*), das Mitleiden (*compassio*) und die Nachfolge (*imitatio*) eine Teilnahme der Zuschauer konstatieren, die über eine „kontemplativ genießende Einstellung" (ebd. 147) hinausgeht. Die Betrachtung mündet solcherart in die (Handlungs-)Aufforderung, es ihm (hier: Jesu Christo) – metaphorisch – gleichzutun und verweilt gerade nicht nur in äußerer Passivität, wie sie zunächst in der klassischen aristotelischen Katharsiskonzeption angelegt ist. *Imitatio* meint hier weniger ein Nachmachen im Sinne einer Kopie, als vielmehr ein Tun, das an den Ursprung (hier die Leiden, Erlösung und Auferstehung Christi) angelegt ist. Im Falle des christlichen Vorbilds war entsprechend ein *aemulatio*, ein Nacheifern mit dem Ziel des Übertreffens des Vorbildes, nicht möglich.

Die Teilnahme an einer Aufführung kann nun auch zur physischen wie psychischen Teilhabe an der gesamten Darbietung werden. Der Katharsis und Distribution liegen die Teilnahme und die potentielle Teilhabe zugrunde. Die Katharsis zielt auf eine affektuelle Teilhabe, der Zuschauer soll die dargestellten Affekte nicht nur beobachten, er soll teilhaben an ihnen, sie mitdurchleben, um so einen festen *Stand* für diese Affekte zu erlangen. Die Distribution von Artefakten zielt in erster Linie nicht auf einen affektuellen Impact und eine entsprechende affektuelle Teilhabe, sondern auf eine soziale Teilhabe. Dergestalt ist für die Distribution im Zusammenhang mit der klassischen Katharsis-Konzeption nicht die Vermittlung von Affekten vorrangig, sondern die Ermöglichung zur sozialen Teilhabe, die sich zum Beispiel durch die Theateraufführung oder einen Vortrag verwirklichen kann. Die Distribution ist daher der aristotelischen Katharsis vorgängig, ist doch zunächst die Fassung einer Rede oder einer Theateraufführung nötig – die aisthetische Wahrnehmungsermöglichung –, um einen kathartischen Prozess und Vollzug überhaupt erst zu ermöglichen. Im hier geschilderten Beispiel klingt es zunächst banal, dass für die Möglichkeit zur Katharsis zunächst einmal eine Textgrundlage (Drama), Schauspieler, Kulisse, Bühne usw. vorhanden sein müssen, sozusagen als conditio sine qua non. Sie haben aber nicht nur einen Leerformelcharakter, sondern müssen – in Form der Distribution – als eigene Kommunikationsrahmen gesehen werden. Die Begrenztheit dieses Rahmens wird deutlich, wenn man sich in Erinnerung ruft, dass die Zuschauer im klassischen Theater zwar Teil der Aufführung sind, aber ohne Weiteres *nicht* zum Schauspieler auf der Bühne, nicht z.B. zu Protagonisten eines Monologs werden können. Im digitalen Netzwerk hingegen – und damit an vielen Stellen mit dem Verlust eines Gatekeepers – ist dies problemlos möglich.

So wird deutlich, dass in dem hier besprochenen Zusammenhang Katharsis (Kommunikation) und Distribution nicht deckungsgleich zusammenfallen, aber sehr Ähnliches meinen. Die Distribution ist der erste Schritt eines Interaktionsangebotes, ein Angebot für ein wechselseitiges, bezugnehmendes Handeln zweier oder mehrerer Individuen mit- und untereinander. Ob sich

214

aus der reinen Distribution, dem Teilen bzw. der Zur-Verfügung-Stellung[89] eines digitalen Artefaktes – seien es Bilder, Texte, Sounds oder Videos – dann eine Interaktion in Form eines wechselseitigen Postings, Kommentierens oder Chats ergibt oder überhaupt die Wahrnehmung durch andere, bleibt zunächst offen, liegt aber dem Handeln als Intention zugrunde. Die vielfältige Distributionsmöglichkeit, die sich durch die Netzwerkstruktur des digitalen Austauschs ergibt, bildet den Grund der digitalen medienästhetischen Artefakte und ist in diese eingeschrieben. Ohne die Verlustmöglichkeit einer Aura oder das materielle Fehlen durch Weggabe fällt das Teilen leicht. Natürlich kann auch durch das Teilen digitaler Daten ein monetärer, materieller Verlust entstehen. An dieser Stelle ist allerdings gemeint, dass durch die Weitergabe durch Kopie kein „Verlust" oder eine Reduktion an Daten ent- bzw. besteht. Ein Brot, das ich teile, führt zur Reduktion meines Ausgangsproduktes, ich selbst bin dann nur noch Besitzer eines „Teils". So setzt das Teilen und das Geben zunächst ein Haben voraus,[90] aus dem in der physischen Welt nach dem Teilen oder der Gabe ein Nichtmehrhaben folgt. Auch daraus folgt die Bedeutung des Teilens und des Gebens: Es ist die Veränderung des Zustandes vom Haben zum Nichtmehrhaben, der in Kauf genommene Verlust eines Gegenstandes oder der dafür eingesetzten Zeit, der essentieller Bestandteil der physischen Gabe bzw. des Teilens ist. Die Geste des Teilens beinhaltet dergestalt auf der physischen Ebene einen Verlust, der gleichwohl einen immateriellen Gewinn an Freundschaft oder communio intendiert. Der intendierte Verlust, das Nichtmehrhaben, wäre nach Fromm (vgl. Fromm 1979) dann eine Überschreitung der Haltung des Habens, aus der sich ein Maß an existentieller Sicherheit und Gewissheit einstellen kann und die von einer Nichtunterscheidung von Selbst und Besitz gekennzeichnet ist.

Ein digitales Bild, das ich digital durch Vervielfältigung teile, erfährt diese Reduktion nicht, zumindest was den gegenständlichen Anteil der Gabe an-

---

[89] Tatsächlich verweilt das Teilen insofern in Potentialität, bis es rezipiert wird. Ob die reine Rezeption im Sinne der Wahrnehmung bereits als ein aktives Teilen eines Inhaltes aufseiten des Wahrnehmenden zählt oder ob dazu nicht ein aktiveres Handeln nötig ist, z.B. ein Kommentieren, soll hier unerörtert bleiben. Hinter die Rezeption lässt sich diesbezüglich nicht zurückfallen.

[90] Aus dem Haben – verstanden als Verfügungsgewalt über etwas – folgt nicht zwangsläufig ein Besitzen im Sinne eines Eigentums- oder Besitzrechts. So hat man z.B. Kinder und ist ihnen gegenüber weisungsbefugt, sie gehören einem hingegen nicht.

geht. Man kann Teilen, ohne einen Verlust zu erleiden. Der zeitliche Aspekt findet sich derweil auch im digitalen Teilen wieder, denn die Zeit, die aufgebracht wird, um ein Artefakt entweder herzustellen oder nur digital einzustellen, um es zu teilen, bleibt auch hier als Gabe erhalten. Den Zeitlichkeitsaspekt hebt auch Derrida hervor:

> „Eine Gabe ist die Gabe nur, sie gibt nur in dem Maße, wie sie Zeit gibt. Der Unterschied zwischen einer Gabe und einem beliebigen anderen Tauschvorgang liegt darin, dass die Gabe die Zeit gibt. Dort, wo es die Gabe gibt, gibt es die Zeit. Das, was es gibt, was die Gabe gibt, ist die Zeit, aber diese Gabe der Zeit ist zugleich ein Verlangen nach Zeit. Es, das Ding, darf nicht unmittelbar und im selben Augenblick zurückgegeben werden" (Derrida 1993: 59).

Das digitale Artefakt wird nun nicht aufgeteilt, sondern kopiert, der Akt des Teilens liegt zuvorderst im *Mitteilen* und der darin liegenden Möglichkeit zur Teilhabe für den oder die anderen Anderen. Denn die Teilhabe ist ja hier nicht z.B. das Haben eines Teils eines Bildes, sondern das Haben des Ganzen.[91] Und genauer betrachtet zielt das Haben weniger auf das Artefakt selbst, als vielmehr – wie erwähnt – auf das Mitteilen und damit die Herstellung von Relationalität des Eigenen im Anderen. Es ist dergestalt nicht nur eine Teilnahme, sondern ein im Prinzip der *methexis* (griechisch

---

[91] Natürlich stellt sich hier auch die Frage, was das für ein Haben ist. Denn in Gänze besitze ich ein digitales Artefakt auch nach einer vollständigen Kopie nicht. So werden bei der Herstellung einer Kopie keine Eigentumsrechte übertragen. Selbst beim Kauf eines Produktes erwirbt man in der Regel nur ein Nutzungsrecht, ich darf ein gekauftes Buch lesen, aber habe keinen Anspruch und Zugriff auf den Text bzw. seinen Inhalt selbst. Für diesen erwirbt man ein Nutzungsrecht. Das physische Trägermedium (Papier) hingegen darf als Eigentum bezeichnet werden. Sagt man also, dass man ein Buch besitzt, so besitzt man letztlich nur den physischen Grund (Papier), nicht aber den Inhalt. Da ein Buch landläufig jedoch in erste Linie aufgrund seines Inhalts als ein solches bezeichnet wird (leere Blätter zwischen zwei Deckeln werden dann attribuierend als Notizbuch oder als Heft betitelt), lässt sich ein Buch nicht haben im Sinne von (rechtlich) *besitzen* bzw. nur vom eigentlichen Urheber oder seinem Rechtsnachfolger. Ein E-Book, digitales Bild oder Musik, besitzt dann keine physische Gestalt mehr, ist nur noch mit einem (einfachen) Nutzungsrecht versehen. Ob und wie umfangreich z.B. Nutzungsrechte angelegt werden, spielt sich auch vor dem Hintergrund gesellschaftlicher und rechtlicher Zuschreibungsprozesse ab. Man denke hier an Schlagworte wie z.B. Copyleft, Open Access oder gemeinfreie Werke.

μέθεξις „Teilhabe") angelegtes Teilhaben. Methexis meint in der Ideenlehre Platons das Verhältnis von sinnenwetlichen Dingen (zu denen z.b. auch Handlungen gehören) und den ewigen Ideen, in späteren Dialogen spricht er auch von *mimesis*, um die Beziehung der Dinge zu den Ideen zu beschreiben. In der christlichen Philosophie findet sich in den einflussreichen Schriften eines unbekannten Autors, der das Pseudonym Dionysius Areopagita nutzte und entsprechend *Pseudo-Dionysius Areopagita* genannt wird, ein neuplatonisches Konzept der Teilhabe (vgl. zur *methexis* Drews 2011). Er entwirft in theologischer Hinsicht die Teilhabe als das, was die Geschöpfe und den Schöpfer verbindet. Die Geschöpfe haben Teil am Schöpfer und können über die Beschau der Schöpfung (z.b. der Natur) einen entsprechenden *Anteil* erblicken. Folgt man dieser Perspektive einen Augenblick und wendet sie auf digitale Artefakte an, so meint dies, dass das Geschöpfte (das Artefakt) einen Teil des Schöpfers (Produzenten) beinhaltet, sozusagen eine *Spur des Anderen* (Lévinas). Durch eine Teilhabe am Geschöpf lässt sich so mittelbar eine Teilhabe am Schöpfer etablieren.

Hier meint *methexis* dergestalt das Verhältnis von Artefakt und seinem Produzenten, Distribuenten oder Rezipienten. Das Artefakt kann als Teilgabe verstanden werden über das eine Teilhabe ermöglicht wird. Die Teilnahme, das Nehmen eines Teils, ist nicht gleich der Teilhabe. Die Teilhabe meint neben der (passiven) Teilnahme zugleich auch die Teilgabe, also den aktiven Anteil, die aktive Teilnahme, das Sicheinbringen, und schlussendlich das Teilsein, das entsprechend die Verbundenheit ausdrückt und anzeigt, dass der Andere ein Teil der eigenen Existenz ist.[92]

---

[92] Hier bricht allerdings der kurze Verweis auf Lévinas mit „den Spuren des Anderen", insoweit bei Lévinas der Andere immer der vollkommen Andere ist (vgl. Lévinas 1983) und ein *Teilsein*, das ja in gewisser Hinsicht eine Schnittmenge von Ich und dem Anderen impliziert, ausschließt. Auch in der Dialogphilosophie Martin Bubers fallen Ich und Du nicht zusammen, aber sie konstituieren in einem echten Dialog die Sphäre des Zwischen, in der sich das Menschsein erst verwirklicht. Das Ich wird erst durch das Du (vgl. Buber 2008). Und beide sind konstituierender Teil des *Zwischen*. Für Lévinas hingegen schließt sich die Teilhabe am Anderen z.b. durch Artefakte geradezu aus. „Die Nähe zum Anderen ist nach Lévinas in keinerlei Form überführbar. Würde die Nähe zum Anderen eine identifizierbare Gestalt annehmen, so ließe sich die Dringlichkeit der Vorladung, die dem Subjekt widerfahren ist, vertagen" (Dungs 2003: o. S.). Der Andere hat immer Vorrang vor seinen Werken. Artefakte oder Kunstwerke reduzieren die Dringlichkeit der Vorladung, sie stellen höchstens eine transitive Annäherung dar. „Es ist banal zu sagen, daß wir niemals im Singular existieren. Wir sind umgeben von Seienden und Dingen, zu denen wir Beziehungen unterhalten. Durch das Sehen, durch das Berühren, durch die

Kommen wir zurück zum Teilen. Ein kultureller Bedeutungswandel zeigt sich hier nur vordergründig und löst sich bei genauerer Betrachtung auf. Der Akt des Teilens ist in der christlichen Kulturgeschichte versinnbildlicht durch das Teilen des Brotes von Jesus und seinen zwölf Jüngern. In dieser bereits hochgradig ritualisierten Form dient es vor allem dem Akt der Vergemeinschaftung, der Versicherung der *communio* (dem Teilsein). Jeder erhält einen Teil[93] des Brotes, jener, der das Brot teilt,[94] verzichtet damit zugleich auf den alleinigen Anspruch und auf einen materiell größeren Teil. Es zeigt sich dergestalt der materielle Aspekt des Verzichts, der zugleich eine Opferbereitschaft anzeigt. Aber der materielle „Verlust" führt immateriell zu einem Gewinn an Freundschaft, Liebe und Gemeinschaft. Das Teilen ist zwar nicht gänzlich gleichzusetzen mit der Praxis des Schenkens oder des Gebens, so wie es Marcel Mauss in seinen ethnologischen Studien für primitive Gesellschaften beschrieben hat (vgl. Mauss 1990, auch Moebius/Papilloud 2006). So gibt es z.b. keine *Pflicht* des Nehmens (vgl. Mauss 1990: 36) beim digitalen Teilen, eine Ablehnung ist zumindest bei der Einer-zu-viele-Kommunikation möglich z.b. durch Nichtrezeption oder das Nichtanzeigen der Rezeption z.b. durch das Zulassen von Kommentaren, Teilen oder den „Gefällt-mir-Button". Bei der traditionellen Form der Gabe, so wie Mauss sie versteht, besteht derweil eine Pflicht des Nehmens, wenngleich er darauf hinweist, dass die Gabe in freiwilliger Form erfolgt. Aber sie muss gewisse soziale Normen einhalten. „Schließlich vollziehen sich diese Leistungen und Gegenleistungen in einer eher freiwilligen Form, durch Geschenke, Gaben, obwohl sie im Grunde streng obligatorisch sind, bei Strafe des privaten oder öffentlichen Kriegs" (Mauss 1990: 22). Dennoch zeigen sich Gemeinsamkeiten zum digitalen Teilen. Denn beiden – dem Geben (Schenken) und dem Teilen – liegt die Stärkung des sozialen Miteinanders zugrunde. Gerade der Dreiklang von Geben (vgl. auch Gimesi/Hanselisch 2010), Annehmen und Erwidern formt für Mauss das soziale Leben, der

---

Sympathie, durch die Arbeit im allgemeinen sind wir mit den anderen. Alle diese Beziehungen sind transitiv; ich berühre einen Gegenstand, ich sehe den Anderen. Aber ich bin nicht der Andere. Ich bin völlig allein" (Levinas 1984: 19f.).

[93] In kommunitaristisch geprägten Gemeinschaften wäre es – im Idealfall – ein gleicher Teil, während in anderen Gemeinschaftsformen jeder einen *Anteil* erhielte, der z.B. nach Wichtigkeit bzw. Stellung im hierarchischen System größer oder kleiner ausfiele.

[94] Zugleich symbolisiert hier das Brot, das seit alters her ein Grundnahrungsmittel war, das Leben und das für das Leben notwendige.

Reziprozitätsimperativ drängt auf Erwiderung einer Gabe zu einer Gegengabe und etabliert damit einen Gabentausch. Mauss formuliert die Idee der Gabe, die vielen traditionellen Gemeinschaften und Gesellschaften zugrunde liegt, wie folgt: „Das Ding, das als Gabe bekommen wurde, das erworbene Ding im Allgemeinen verbindet den Geber und den Erwerber magisch, religiös, moralisch, juristisch miteinander. Es kommt von einem, der es fabriziert oder sich angeeignet hat, es ist von ihm, es gibt ihm eine Macht über den anderen, der es annimmt" (Mauss 2006: 15).

Und auch im Rahmen der digitalen Welt verliert sich dieser Dreiklang der Gabe als ein Grundprinzip der Vergesellschaftung nicht plötzlich, ist er doch inkorporiert. Alain Caillé weist der Gabe sogar einen anthropologischen Charakter zu (vgl. Caillé 2008). Man kann hinsichtlich des digitalen Teilens, wie erwähnt, auch Anklänge bei Derrida aufnehmen (vgl. Derrida 1993), der in Auseinandersetzung mit den Überlegungen von Mauss die Gabe ohne einen Reziprozitätsimperativ und die damit einhergehende Zirkulation von Gaben (vgl. Mauss 1990: 83) verstanden wissen will. Er lehnt dergestalt das Zirkulationsprinzip, das sich durch den Kreis ausdrückt, ab. Vielmehr sieht er darin bzw. in dem impliziten Charakter der Gabe, der zu einer Gegengabe aufruft und damit den Kreislauf begründet, eine Aporie der Gabe. „Eine Gabe könne nur möglich sein, Gabe kann es nur geben in dem Augenblick, wo ein Einbruch in den Kreis stattgefunden haben wird: in dem Augenblick, wo jede Zirkulation unterbrochen gewesen sein wird, und zu der Kondition des Augenblicks" (Derrida 1993: 19). Das digitale Teilen wiederum ist ebenfalls weniger durch einen Kreislauf gekennzeichnet, als vielmehr – auch durch die Infrastruktur des Mediums Internet vorgegeben – netzwerkförmig, wobei die genaue Verzweigung des Netzwerkes für die Nutzer weitgehend im Dunklen bleibt. Es ist hier nicht in erster Linie die Zirkularität von digitalen Artefakten, sondern ihre netzförmige Ausbreitung, die eine eventuelle Rückkehr allerdings nicht ausschließt.

Nichtsdestotrotz bleibt die von Mauss beschriebene Geste der Gabe bzw. des Gebens mit der Implikation der Rückgabe auch im Netz enthalten. Nur ist es hier kein zwischen zwei Menschen angelegtes Geben, sondern eines ins Netzwerk hinein, welches wiederum mit Gegengaben antworten kann. Die triadische Struktur des Geber-Gabe-Empfängers löst sich in Anlehnung an Derrida insoweit auf. Die Gabe bringt für ihn erst das Subjekt hervor.

„Da wo es Subjekt und Objekt gibt, wäre die Gabe ausgeschlossen. Vielmehr sind die Subjekte und Objekte stillgestellte Effekte der Gabe: Gabenstillstände. Mit der Geschwindigkeit Null oder unendlich des Kreises" (Derrida 1993: 37). So betont Hottner hieran anschließend:

> „Das Subjekt tritt damit weder als Geber noch als Empfänger der Gabe auf, sondern ist die Bande, über die die Gabe gespielt wird, indem es die Zirkulation unterbricht, sich systematisch in seiner Rede verfehlt, sich ins Herz einschreiben will, die Gabe ‚aus dem Verkehr zieht' und sie als das, was sie nicht ist, als Falschgeld wieder einschleust. Das Subjekt entsteht erst in der Nachträglichkeit seiner Aufschreibung: als Aufschub" (Hottner 2010: 70).

In der digitalen Welt löst sich nun – wie erwähnt – der materielle Aspekt in der Konzeption des Teilens auf, aber es bleibt der Akt des Mitteilens und der *Teilhabe*. Das digitale Teilen ist eine Geste der Mitteilung und der Teilhabe, indem dem Anderen angeboten wird, an etwas teilzuhaben, was meinen Interessen, Überzeugungen, meinem Humor entspricht oder was meiner derzeitigen Aufmerksamkeit (Wahrnehmung) gilt. Der Akt des Annehmens durch z.B. die sichtbare Bestätigung dieses Dialogangebotes mithilfe eines „Gefällt-mir-", „Kommentier-" oder „Teilen-" Buttons, wie man ihn z.B. von Facebook kennt, ist dann zugleich eine Antwort, ein Annehmen eines solchen Angebots, das dem Absender das Annehmen anzeigt. Das Angebot der Teilhabe selbst – und darin liegt ein wesentlicher Unterschied, der zugleich die sozialen Prozesse des Gebens, wie von Mauss beschrieben, unterminiert – ist selten persönlich, d.h. auf eine Person zielend, sondern unspezifisch und wird meist einer Vielzahl von möglichen Rezipienten angeboten. Daher greift der Reziprozitätsimperativ nicht unmittelbar. Das Rezipieren und ggf. Weiterverwenden des Artefaktes kann unsichtbar bleiben, als Gegengabe mag weniger das Einstellen eines eigenen Artefaktes dienen, als vielmehr die Zustimmung oder Kommentierung, d.h. – wie erwähnt – die zielgerichtete *Reaktion* auf das Artefakt. Erst mit dieser gibt sich der Rezipient auch als solcher zu erkennen und knüpft damit sichtbar das soziale Band zwischen ihm und dem Anderen.

Zudem zeigt sich hinsichtlich der Bedeutung eine eher umgekehrte Bewegung. Durch das Teilen und die dadurch hervorgerufene Verteilung gewinnt das Bild an Bedeutung. Auch hier stoßen wir erneut auf die ökonomischen und rechtlichen Verzahnungen dieses Themas. Denn natürlich gibt es auch im Zeitalter digitaler Daten noch Urheber – zumindest was den letzten Stand der Dinge anbelangt –, die mit den von ihnen entworfenen digitalen Artefakten Geld verdienen möchten. Ein unentgeltliches Kopieren schadet in diesen Fällen sehr wohl auch materiell. Nicht zufällig spielen die Themen Urheberrecht, Kopierschutz, Plagiat oder Markenpiraterie im heutigen digitalen Zeitalter eine hervorgehobene Rolle. Wenn nicht mehr das Material, sondern nur noch die digitalen Schnittmuster z.B. einer Kollektion das Wesentliche sind, liegt die Gefahr nahe, dass solche Schnittmuster kopiert und unlizenziert weitergenutzt werden. Im Rahmen der Netzwelt spricht man hier auch von einer Sharing-Kultur, die das Teilen und das *Mitteilen* als grundlegenden Teil des Internets versteht. Wenn man vom Internet als einer Kultur des Teilens spricht, dann fasst das nicht nur diese hier beschriebenen Aspekte, sondern auch solche Shareconomy-Projekte wie Carsharing, Toolsharing, Couchsurfing oder auch Tauschbörsen, die Kompetenzen gegenseitig anbieten (z.B Computerhilfe für das Anschließen des Herds). Und damit erreicht ein solches Teilen, das nur aufgrund der Distributionsmöglichkeit in größerem Maße stattfinden kann, eine alltagsweltliche Durchdringung. Zugleich entwickelt sich die Shareconomy aber auch zu einem Wirtschaftszweig, in dem das Teilen der Logik der ökonomischen Gewinnerzielung unterstellt wird.

221

1 Germany

39% have used a Share Economy offer within the past year

40% plan to use a Share Economy offer within the next year

 51% of users are male

 53% of users are between 18 and 39 years old

21% have provided a Share Economy offer during the last year

24% plan to provide a Share Economy offer within the next year

 €884 is on average spent on Share Economy offers per user within one year

 29x average usage of Share Economy offers per user within one year

Most used Share Economy offers by Germans

 Media and Entertainment **(23%)**

 Retail and Consumer Goods **(20%)**

 Hotels and Accommodation **(17%)**

Advantages (users perceive) of Share Economy

50% agree that Share Economy offers a better price-performance-ratio

25% agree that Share Economy providers pay more attention to environmental protection and sustainability

25% agree that Share Economy offers a more personal direct interaction between consumers and providers

Disadvantages (users perceive) of Share Economy

47% raise concerns regarding not clearly defined liabilities in case of issues and damages

33% perceive the lack of quality standards as key disadvantage

29% have concerns regarding security

Abbildung 5: „Share Economy in Deutschland wächst weiter", Share Economy 2017, The New Business Model, © February 2018 PricewaterhouseCoopers GmbH Wirtschaftsprüfungsgesellschaft.

So ließ anlässlich der CEBIT 2013, die als Leitthema die *Shareconomy* auswies, die BITCOM (Bundesverband Informationswirtschaft, Telekommunikation und neue Medien e.V.) im Rahmen einer Pressemitteilung im März 2013 verlauten: „Die Shareconomy revolutioniert Wirtschaft und Gesellschaft: Immer mehr Menschen nutzen das Internet, um persönliche Erfahrungen, digitale Inhalte und Gegenstände aller Art mit anderen zu teilen".[95] Die oben gezeigte Grafik für das Jahr 2017 unterstreicht die zunehmende Bedeutung der Shareconomy auch für die Wirtschaft.

Das digitale Teilen kann nun als ein Aspekt posttraditionaler Gemeinschaften (vgl. Hitzler/Honer/Pfadenhauer 2009a) verstanden werden. Die posttraditionale Gemeinschaft ist eine solche, „die dadurch gekennzeichnet ist, dass sich Individuen kontingent dafür entscheiden, sich freiwillig und zeitweilig mehr oder weniger intensiv als mit anderen zusammengehörig zu betrachten, mit denen sie eine gemeinsame Interessenfokussierung haben bzw. vermuten" (Hitzler/Honer/Pfadenhauer 2009b: 10). Die Mitgliedschaft in einer solchen Gemeinschaft fußt weniger auf einer solidarischen Basis, als vielmehr auf ästhetischen und zeitlich fluiden Entscheidungen (vgl. Hitzler/Honer/Pfadenhauer 2009b: 13). Für Krotz (vgl. Krotz 2009) müssen solche Beziehungsformen als Teil des Mediatisierungsprozesses verstanden werden, die sich nicht nur in, sondern durch Medien ereignen und Gestalt annehmen. Hier schlägt sich zugleich die Brücke auf zwischen medialer online und unmittelbarer[96] offline Kommunikation auf, insofern Online-

---

[95]   https://www.bitkom.org/Presse/Presseinformation/Das-Internet-schafft-eine-Kultur-des-Teilens.html [03.05.19]

[96]   Die Diskussion, inwieweit nicht auch (raum-zeitlich anwesenheitsbestimmte) face-to-face-Kommunikation als (medial) vermittelt angesehen werden muss, hat eine lange Tradition und soll hier nicht aufgenommen und diskutiert werden; dennoch der Hinweis: Fasst man den Menschen als ein Wesen, das in Sprache gestellt ist – ohne die Möglichkeit einer vorsprachlichen Stufe – und aus dieser heraus erst seine Menschwerdung vollzieht (Buber) lässt sie sich von unmittelbarer Kommunikation sprechen. Sieht man z.B. mit Derrida oder Cassirer die Sprache selbst als Medium oder *organon*, da sie z.B. im Medium der akustischen Zeichen erfolgt, bleibt auch die face-to-face-Kommunikation eine vermittelte Kommunikation. Knoblauch (vgl. Knoblauch 2009) verweist in Anlehnung auf Derrida darauf, dass alle Kommunikation vermittelt ist, spricht aber selbst im weiteren Verlauf (vgl. Knoblauch 2009: 83) von unmittelbarer und mittelbarer Kommunikation. Der Unterschied beider – und auch hier kreuzt der Mediatisierungsprozess – liegt in der zunehmenden Entkontextualisierung der Kommunikation, dem Verlust der „Möglichkeit der Wahrnehmung der gemeinsamen Umwelt, genauer: der gemeinsamen Situation und damit nicht nur dessen, was die anderen kommunizieren, so-

Kommunikation neue Beziehungsformen in der *Turing Galaxis* mit ihrer emergierenden Kraft der binär-digitalen Medien (vgl. Grassmuck 1995) ermöglicht, die von einer Ent- und Dekontextualisierung der Kommunikationssituation gekennzeichnet ist. Einher geht dieser Vorgang mit dem Wandel der Artefakte des Menschen, die er hervorbringt und damit der produktiven Seite der Ästhetik. „Zunehmend verschiebt sich die Wahrnehmung der Welt von den wirklichen Dingen auf ihre gespeicherten Mediationen" (Grassmuck 1995: 49).

4.3.2.2 Poiesis

Die produktive Seite der Ästhetik, die Poiesis, als eine der drei Grundkategorien bei Jauß, meint nun die Schöpfung eines Werkes oder Artefaktes, also die Vergegenständlichung in klassischer Hinsicht. Aus digitaler Perspektive meint es die Wahrnehmbarmachung, die bekanntlich in digitaler Form nicht mit einer Materialität einhergehen muss, wenngleich sie fast immer diesbezüglich überführt werden kann. Die Poiesis im Rekurs auf die etymologische Bedeutung verstanden als eine zielgerichtete und zweckgebundene Tätigkeit, die etwas hervorbringt, ist dergestalt nicht nur künstlerischen Werken vorbehalten, sondern lässt sich ebenfalls für die Beschreibung hergestellter Alltagsartefakte nutzen.

Jauß entwickelt die drei Begriffe der Poiesis, Katharsis und Aisthesis als Grunderfahrungen und Fundierung „des ästhetisch genießenden Verhaltens" (Jauß 1977: 61). Die Poiesis meint dann auch den Genuss „am selbst hervorgebrachten Werk, den Augustin noch Gott vorbehielt und der dann seit der Renaissance mehr und mehr als Merkmal autonomen Künstlertums beansprucht wurde" (Jauß 1977: 61). Eine solche Grundierung des Menschen als Hervorbringer oder Schöpfer steht in der Nähe zu Hegels Ästhetik und seiner Frage nach dem im Menschen inhärenten Antrieb zur Produktion von (Kunst-)Werken. „Ist nun das Kunstwerk als Erzeugnis des Geistes vom Menschen gemacht, so fragt es sich schließlich, [...] welches das Bedürfnis des Menschen sei, Kunstwerke zu produzieren. [...] Der Mensch tut dies, um als freies Subjekt auch der Außenwelt ihre spröde Fremdheit zu nehmen und in der Gestalt der Dinge nur eine äußere Realität seiner selbst

---

fern auch dessen, was sie wahrnehmen, wenn sie kommunizieren, und was sie wahrnehmen, was wir wahrnehmen" (Knoblauch 2009: 82). Gleichwohl steht dem Verlust des einen Kontextes die Bildung eines neuen (medialen) Kontextes gegenüber.

zu genießen" (Hegel 1955: 75, Vorlesungen über die Ästhetik). Das herstellende Tun (poiesis) – dem praktischen Handeln in der griechischen Tradition noch untergeordnet – lässt sich als Prozess der „Verwirklichung der Idee des schöpferischen Menschen" (Jauß 1977: 77) fassen, das bereits im alten Testament insofern fundiert ist, als der Mensch nicht nur Teil der göttlichen Schöpfung sei, sondern er sich die Erde aneigne und in sie gestaltend eingreife, indem sich der Mensch die Erde Untertan mache. Die göttliche Schöpfung wird durch diesen zweiten Schöpfungsakt zu einer Menschenwelt für und durch den Menschen. Im Übergang vom mittelalterlichen zum neuzeitlichen Verständnis von Welt wandelt sich die poiesis von einem mimetischen Können – der Nachahmung göttlicher Vollkommenheit, der imitatio naturae – zu einem menschlichen, kreativen, d.h. selbst hervorbringenden Handeln. Der Mensch verwirklicht durch sein Schaffen auch bisher unverwirklichte Welten. Während es im 18. bis ins 19. Jahrhundert hinein dem Genie[97] mit seinen angeborenen Fähigkeiten oblag, dasjenige in der Natur zu vollenden, was selbst noch unvollendet war, ändert sich dies allmählich im 19. Jahrhundert. Löst man den Begriff der *poiesis* aus dem Kontext der Ästhetik, verstanden als Theorie der Kunst bzw. des Schönen und fasst ihn als Ausdruck der schaffenden und entwerfenden Anlage des Menschen, lässt er sich in der Produktion sinnlicher, aisthetischer Artefakte wiederentdecken, die nicht mehr nur durch ihre Bestimmung als Kunstschaffung gefasst sind. Bereits Baumgartens Ästhetik als die Theorie der sinnlichen Erkenntnis deutete diesen Wandel an. Später bei Marx vollzieht sich dann eine Umkehrung des klassischen Werteverhältnisses, insofern er das gestaltende und gegenständliche Tun, die produktive Tätigkeit „aller Theorie wie auch dem politischen und kommunikativen Handeln" (Jauß 1977: 87) vorordnet. Auch Nietzsche hat, wie oben bereits besprochen, die Poiesis, den Menschen als Gestalter und Hervorbringer von Artefakten, das *Künstlersein* als Seinsweise des Menschen hervorgehoben.

Ein weiterer Wandel des Poiesis-Begriffes, deren Grundkonzept auch ein Grundpfeiler von Jauß' Rezeptionsästhetik wird – zeigt sich zu Beginn des 20. Jahrhunderts. Nicht nur im Bereich der Literatur (vgl. Jauß 1977: 90), sondern auch im Bereich des Theaters (vgl. Fischer-Lichte 2012: 19) wurde der Rezipient respektive der Leser oder das Publikum nicht mehr nur als ein

---

[97] Man denke hier an den Geniekult des *Sturm und Drang* und der *Romantik*.

passiver Betrachter gefasst, sondern er wurde Mitschöpfer. Im Bereich des Theaters führte diese neue Sichtweise auf das Publikum als mitspielender Teil der Aufführung erst zur Entstehung der Theaterwissenschaft und einer Loslösung von der Literaturwissenschaft. Die Poiesis „verdoppelt" oder erweitert sich hier insofern, als bereits die Rezeption bzw. Interpretation eines Werkes zu einem (mit)schöpferischen Akt wird und nicht erst die materiale Schöpfung zu einem Akt der Erschaffung gehört.

> „Die Zuschauer erscheinen nicht länger als distanzierte oder einfühlsame Beobachter von Handlungen, welche die Schauspieler auf der Bühne vollziehen und denen sie – die Zuschauer – auf der Grundlage ihrer Beobachtungen und ihrer Kenntnis des Stücks bestimmte Bedeutungen beilegen. Sie werden auch nicht als intellektuelle Entzifferer von Botschaften begriffen, die mit bzw. von den Handlungen und Reden der Schauspieler formuliert werden. Die kreative Beteiligung der Zuschauer bleibt dabei keineswegs auf ihre Einbildungskraft beschränkt. Vielmehr handelt es sich um körperliche Prozesse, die sich zwischen Darstellern und Zuschauern vollziehen" (Fischer-Lichte 2012: 20).

Theoretisch fallen Poiesis und Aisthesis (Rezeption) zwar nicht zusammen, praktisch lassen sie sich aber nur schwer voneinander trennen. Artefakte werden zu einem *objet ambigu*, zu einem Nichteindeutigen, das eine Unbestimmtheit beinhaltet. Damit werden Artefakte erst durch ihre Wahrnehmung in Funktion gesetzt, sie ist ihnen nicht intrinsisch gegeben. Besonders die künstlerischen Strömungen, die sich rund um den Dadaismus bewegen, haben versucht Alltagsgegenstände (z.B. Duchamps „Flaschentrockner") durch Verfremdungen in neue Wahrnehmungsweisen zu setzen – sogenannte Readymades oder Objet trouvé – und so die Kluft zwischen Kunst und Alltag aufzulösen. Mitunter ließ sich auch kein Unterschied, keine Verfremdung ausmachen (Duchamps besagte Skulptur „Flaschentrockner"), das In-Funktion-Setzen des Objektes zu einem Kunstgegenstand lag und liegt dann einzig in dem Akt der Reflexion des Betrachters über den Gegenstand. Es ist nun nicht mehr der genießende, aisthetisierende und kontemplative, sondern der poietisierende Betrachter angesprochen. Eine Analyse der Darstellung eines Artefaktes im Sinne einer Darstellungsästhetik reicht bei einer solchen Perspektive nicht mehr aus und muss eine Rezeptionsästhetik voranstellen, die das rezipierende Subjekt mitzuerfassen sucht. „Poiesis und Aisthesis treten in eine Wechselwirkung" (Jauß 1977: 96).

4.3.2.3 Aisthesis

Jauß stellt die Aisthesis und ihren Wandel durch die Zeit über eine literarische Wanderung durch die Jahrhunderte dar. Diese soll hier nicht rezitiert, aber einige zentrale Aspekte sollen kurz benannt werden.

Ein Hauptaugenmerk liegt für Jauß in dem Wandel, den die Wahrnehmung (Aisthesis) im Verlauf der menschlichen Geschichte vollzogen hat. So beginnt er mit seiner Darstellung in der Gegenwart – die eine der 1970er Jahre ist – und betont die Erschütterung der Sinne durch die Massenmedien, ganz im Jargon der medienkritischen und -manipulativen Sichtweise jener Zeit. So sieht er eine Bedrohung durch die neuen (technischen) Massenmedien (wie z.B. den Rundfunk), die „mit der Schockwirkung und Überflutung durch zunehmende Reize" (Jauß 1977: 97) die Auflösung der traditionellen Aisthesis hervorruft und damit auch das Infragestellen ihres Potentials für die Zukunft. Diese Perspektive wendet sich gegen Benjamins (vgl. Benjamin 1963) potentiell positive Bestimmung einer solchen Wendung der Aisthesis. Denn zwar verliere das Kunstwerk in Zeiten seiner technischen Reproduzierbarkeit seine Aura, aber zugleich beinhalte die durch die Massenmedien angestoßenen Wahrnehmungsweisen auch die Möglichkeit zu einer sinnlichen Wahrnehmung, die sich von traditionellen Vorgaben löst und so letztlich ein Mehr an Freiheit bedeuten kann (vgl. Benjamin 1963: 13-14). Dieser potentiell positive Erfahrungsspielraum der Massenmedien bei Benjamin wird beispielsweise von Flusser erhöht, wenn er die prinzipielle Möglichkeit einer freieren und demokratischeren Gesellschaft in einer vernetzten Welt erkennt. Will man an diesen beiden Polen – Manipulation vs. Emanzipation – exemplarisch Denker positionieren, dann kann man als Repräsentanten des manipulativen Aspektes der Massenmedien Adorno nennen, während Flusser und Benjamin zumindest die Möglichkeiten erkennen, dass die Massenmedien auch emanzipatorischen Charakter besitzen können.

Jauß sieht in dem Gegensatz einer ästhetisch reflektierten Wahrnehmung zu

einer nur massenmedial konsumierenden (unterhaltenden) Wahrnehmung
den wesentlichen Aspekt, mit der sich die Wahrnehmungsveränderungen
vor und nach Aufkommen der technischen Massenmedien beschreiben lassen. Und was damit zugleich gesagt wird, ist die Erkenntnis,

> „daß die menschliche Sinneswahrnehmung keine anthropologische
> Konstante, sondern geschichtlich wandelbar ist und daß es seit jeher
> eine Funktion der Künste war, in einer sich wandelnden Wirklichkeit
> neue Erfahrungsweisen zu entdecken oder ihr entgegenzusetzen. Da-
> rum dürfte in der Erweiterung der kontemplativen Aisthesis auf die
> poietische Tätigkeit des Rezipienten, von der […] die Rede war,
> gewiß auch schon eine neue Erfahrungsweise zu sehen sein, mit der
> die Künste im 20. Jahrhundert auf eine Herausforderung der techni-
> sierten Welt antworten" (Jauß 1977: 100).

Will man Jauß' Beschreibung des Wandels der Aisthesis von der Moderne
bis heute herunterbrechen, so lassen sich grob vier Abschnitte in dieser Entwicklung markieren.[98]
In der Antike lassen sich zwei Paradigmen der Aisthesis entdecken. Zum
einen die Nichtunterscheidung des Früheren zum Späteren im Sinne der
Seinsfülle und ihrer Bedeutung. Vielmehr mündet Leben selbst immer in
einem Augenblick (vgl. Jauß 1977: 103), in einer erfüllten Gegenwart, der
sich aisthetisch zugewandt werden soll. Das zeigt sich auch an den retardie-
renden Verfahren, die sich im *Illias* finden und die den Leser dazu anhalten,
die einzelnen Schritte nicht nur als einen Weg auf etwas hin zu verstehen,
sondern als eigene, situative und selbstbedeutende Abschnitte. Der situative
Charakter lässt sich auch daran ablesen, dass die Personen im *Illias* durch
ihre eigenen Reden und nicht von einem Erzähler charakterisiert werden.
Auch die antike Hedonismusvorstellung, die man z.B. bei Aristippos von
Kyrene und daran anschließend später bei Epikur findet, zeigt eine auf das

---

[98] Wie lässt sich auf eine besondere Aisthesis z.B. in der Antike schließen oder auf diese
hinführen? Hierfür bleibt nur die Möglichkeit aus den Artefakten jener z.B. überlieferter
Texte solche Sichtweisen zu identifizieren. Jauß macht dies z.B. durch eine Besprechung
und Interpretation von Teilen aus dem *Ilias*-Epos. Die hier vorgenommene Grobteilung
in vier Abschnitte findet sich nicht dezidiert bei Jauß, ist aber an seinem Text ohne
Weiteres nachführbar.

Diesseits, auf die Situation gerichtete Sichtweise und „Aisthesis als Genuß erfüllter Gegenwart" (Jauß 1997: 104). Darüber hinaus erhellt auch der Blick auf die Ursprungsform dieser Dichtung, die Situativität seines Wesens, denn es waren Gesänge und epische Vorträge, die frei aus dem Gedächtnis vorgetragen wurden.

„Während das normale Literaturwerk mit der Absicht geschaffen wird, daß es fertig wird und dann seine Form auf die Dauer erhält, blieb das epische Gedicht nach den Willen seiner Schöpfer immer unfest und vorläufig. Diese Dichtung balancierte Glied um Glied, Vers um Vers, zwischen beständiger Überlieferung und momentaner Improvisation" (Fränkel 1962: 8).

Die homerischen Epen sind also aus der Kunstübung des „freien" Vortragens hervorgegangen und wandelten sich auch dadurch, „daß die flüssige Überlieferung zu einem starren Buchtext wurde" (Fränkel 1962: 8). Die Unterscheidung von oraler und literaler Kultur kam schon zur Sprache, daher sei hier nur kurz betont, dass sich die altgriechische Epik aufgrund ihrer Oralität an breite Kreise wandte, „die ihr mit leidenschaftlichem Interesse huldigten und nicht nur passiv die Darbietung entgegennahmen" (Fränkel 1962: 9). Sie wurde als und in Muße aufgenommen, es wurde dabei gegessen und getrunken. Ihre Funktion und ihr Eingelassensein waren also gänzliche andere in der altgriechischen Tradition als im Rahmen einer in Privat- und Einzelheiten vollzogenen Lesung eines Textes.
Die zweite Funktion im Rahmen der antiken Aisthesis ist die des Entdeckens und damit auch in gewisser Hinsicht der Neugierde. Jauß führt hier *Odysseus* und den *süßen Gesang* der Sirenen an, die szenisch die Neugierde nach Lust und Wissen darstellen. Die Sirenen reizen mit ihrem Gesang die Sinne der vorbeifahrenden Seefahrer, aber auch mit ihrer eigentlich den Göttern vorbehaltenen Fähigkeit, das auf Erden Geschehende offenbaren zu können. Damit werden zugleich die beiden (möglichen) Seiten der Neugierde, die sich aus der Aisthesis ergeben, hypostasiert: Lust und Verderben. Odysseus entgeht bekanntlich dem Vererben, indem er sich selbst an einen Mast bindet und dem Gesang der Sirenen lauscht.
Im prozessualen Übergang vom antiken hin zu einem christlichen Verständ-

nis von Aisthesis verändert sich dieser Punkt insoweit, als das Christentum den Menschen eine Art Lust- und Sinnenverbot auferlegt. Im Unterschied zu der griechisch-antiken Aisthesis ist die sich ausbildende christliche Aisthesis geprägt durch diese gegenteilige Bewegung, die Jean Paul (Richter) in seiner „Vorschule der Ästhetik" zusammenfasst: „Das Christentum vertilgte, wie ein Jüngster Tag, die ganze Sinnenwelt mit all ihren Reizen" (Richter 2012: 85). Die Ächtung des Körper- oder des Bilderkultes, die Negation der Lust der Sinne und der Körperwelt führten zu einer Betonung jenseitiger Sphären, Jauß spricht in diesem Zusammenhang auch von einer „Poesie des Unsichtbaren" (Jauß 1977: 107). Darin liegt auch die Bevorzugung der Allegorie (vgl. Bidlo 2004) und der z.B. zahlenallegorischen Auslegung der Welt (vgl. Bidlo 2012) im christlichen Weltverständnis. Die sichtbare Sinnenwelt ist selbst unvollkommen, verweist aber zeichenhaft auf das unsichtbare, verborgene Reich Gottes und auf seinen Schöpfungsplan. „Die Differenz von Gestalt und Bedeutung enthält für den Angeredeten den Appell, sich vorzustellen, was die Evidenz des Sagbaren übersteigt. So gefaßt unterscheidet sich die mittelalterliche Aisthesis am stärksten von der antiken" (Jauß 1977: 107).

Zugleich – und damit sind die Sinne des Menschen moraltheologisch aufgeladen – werden sie als mögliches Einfallstor der Sünde, als Verführer und Verderber des menschlichen Geistes bzw. seiner Seele gesehen und werden damit auch zu einem möglichen Verhinderer für die Ein- bzw. Rückkehr ins Paradies. Die Sinne werden z.B. im mittelalterlichen Verständnis des Christentums gleichgesetzt mit der Lust, die wiederum eine Sünde ist. Bereits bei der Vertreibung aus dem Paradies ist es der buchstäbliche Biss in den Apfel, der u.a. den Blick für die fleischlichen *Gelüste* erweckt. Die Gegenüberstellung von Geist und *Fleisch*, das für sinnliche Gelüste steht, findet sich auch bei Paulus, der in Bezug zu Christus proklamiert: „Alle, die zu Jesus Christus gehören, haben das Fleisch und damit ihre Leidenschaften und Begierden gekreuzigt. Wenn wir aus dem Geist leben, dann wollen wir dem Geist auch folgen" (Paulus: Gal. 5, 25-26). Die Kreuzigung steht hernach auch sinnbildlich für die Überwindung sinnlicher Reize. Der Weg ins Paradies kann nur durch die Überwindung des Fleisches, welche den Menschen eine *Sehkraft* für die Herrlichkeit Gottes in Aussicht stellt, erlangt werden. Eine solche Sehkraft meint hier keine sinnliche Sehkraft, sondern ein (unsichtbares) Verständnis für die göttliche Schöpfung. Dergestalt lässt sich konstatieren, dass die traditionelle christliche Ästhetik eine negative Ästhetik darstellt und in der Divergenz der (negativen) sinnlichen Erfahrung und der (positiven) übersinnlichen Bedeutung und des Verständnisses begründet ist.

Für Jauß lässt sich eine neuzeitliche Sichtweise auf die Aisthesis lässt spätestens mit der Romantik[99] entdecken, die nicht mehr die sinnliche Weltverneinung betont, sondern die Natur als Korrespondent für das eigene Selbst versteht. Besonderes Merkmal ist hier der rückwärtsgewandte Blick in Abgrenzung z.B. des antiken situativen Erlebens. Jauß formuliert in Anlehnung an Schiller und Goethe das Verständnis der romantischen Aisthesis:

> „Die moderne Subjektivität ergreift die äußere Natur als beseelte Landschaft aber nicht mehr im unvermittelten Genießen des Gegenwärtigen: die romantische Aisthesis ist – nach Schiller – das sentimentalische Empfinden für das verlorene Naive oder – nach Goethe – *ein stilles Gefühl des Erhabenen unter der Form der Vergangenheit*" (Jauß 1977: 123).

Die Geistesströmung der Romantik ist insofern eine bemerkenswerte und in diesem Kontext wichtig, da sie ein vielschichtiges Phänomen in der ersten Hälfte des 19. Jahrhunderts war. Es sind in der Regel die Jahrzehnte zwischen 1790 und 1840, die als Kern dieser Geisteshaltung gesehen werden und die – zumindest für den deutschsprachigen Raum – in eine Früh-, Hoch- und Spätromantik zu unterscheiden sind. Das Besondere der Frühromantik (1790er Jahre) liegt in ihrer theoretischen und philosophischen Grundierung und einer ästhetischen Programmatik. In der Hochromantik (Beginn des 19. Jh.) liegt der Schwerpunkt des romantischen Denkens und Arbeitens im Bereich des Historischen, Mythologischen, der Sammlung und Auseinandersetzung mit Märchen. Die Spätromantik (Beginn: 1820er Jahre) setzt sich verstärkt mit der Religion und der menschlichen Psyche auseinander und bildet diese Themen in Romane, Volks- und Kunstmärchen ab (vgl. auch Bidlo 2010). Die Romantik gilt als die letzte, ganz Europa umfassende geistige Bewegung und hatte eine universale und

---

[99] Für eine kurze Auseinandersetzung mit dem romantischen *Drang* zur Kreativität und Schöpfung vgl. Kapitel 5.1. Zur Romantik allgemein vgl. Bidlo 2013a und 2012.

tiefgreifende Bedeutung nicht nur für die Literatur im Allgemeinen oder die Lyrik im Besonderen, sondern auch für die Musik, die bildenden Künste in den verschiedenartigsten Ausprägungen sowie das soziale Denken und das Geschichtsverständnis. Die Hinwendung in der Romantik zur Ästhetik, verstanden als eine besondere Wahrnehmungsweise, die das Imaginäre, Phantastische und Unsichtbare miteinbezieht, spielt eine wichtige Rolle und muss in Bezug zu einer vorgelagerten bzw. zeitgleichen Entwicklung verstanden werden, der die Romantik als Kontrapunkt entgegentrat. Die Sprache ist hier von der Industrialisierung und Versachlichung des menschlichen Alltags. Ein Aspekt der romantischen Opposition zu einer solchen Entwicklung drückt sich in der überhöhten Anschauung der Vergangenheit aus. Man denke in diesem Zusammenhang an den Ruinenkult der Romantiker. Ruinen standen für eine idealisierte Vergangenheit des Mittelalters und die Sehnsucht nach einer anderen Zeit. Die Ästhetik des Zerfalls führte dann mitunter dazu, dass die Romantiker Gärten oder Parks – die in besonderem Maße mit ihrer Naturverbundenheit korrespondierten – mit neugebauten Ruinen versahen, um so einen vergangenen, morbiden Charme einzufangen bzw. entstehen zu lassen (vgl. Bidlo 2013a: 81).[100] Bereits bei einem der Vorbereiter der Romantik – zumindest für die Naturverbundenheit und den Fortschrittsskeptizismus – und Wegbereiter der Französischen Revolution Jean Jaques Rousseau (vgl. Rousseau o. J.) zeigt sich das Motiv der „Erinnerung als aisthetisches Vermögen, das die verlorene Wahrheit des

---

[100]   Eine satirische Darstellung dieses Ruinenkults der Romantiker findet man z.B. bei Joachim Ringelnatz in seinem Gedicht *Ruinenkult* (erschienen 1932).

Wenn der Ruinenzauber glüht,
Erschauert unser Volksgemüt,
Und eine romantische Wärme
Gießt Bowle durch unsre Gedärme.

Lichbirne hinter Buntpapier
Gibt Sängerkehlen ein Klistier
Und sehnsüchtig weinendes Lachen
Läßt uralten Schwindel erwachen.

Denen, die sich Ruinen baun,
Wünsch ich den höchsten Lattenzaun
Und den von Hunden umgeben,
Die dauernd das eine Bein heben.

Vergangenen [...] im Niederschlag des affektiven, unbeobachteten Lebens sucht" (Jauß 1977: 124). Die Romantik selbst muss als eine nicht nur literarisch-ästhetische, sondern zunehmend alle Lebensbereiche umfassende Bewegung verstanden werden, die deutlich Stellung bezog gegen das damals herrschende Hauptideal des mechanistischen Fortschrittsdenkens (vgl. auch Bidlo 2006a: 43ff.). Der englische Romantiker Coleridge (1772-1834) betonte stellvertretend für diese Sichtweise in einem Brief:

„Ich habe einige Menschen gekannt, die rationalistisch erzogen worden sind, wie es modisch ist. Sie zeichneten sich durch einen geradezu mikroskopischen Scharfsinn aus, aber wenn große Dinge in ihr Blickfeld trafen, wurde alles vor ihren Augen leer und sie sahen nichts. Sie leugneten (und dies war sehr unlogisch), daß man irgend etwas sehen könne [...] und nannten den Mangel an Phantasie Urteilskraft, und die Unfähigkeit, sich jemals zur Begeisterung hinreißen zu lassen, nannten sie Philosophie" (zit. nach Schenk 1970: 6).

Rousseau entwarf auf eine Ausschreibung hin, die nach dem Potential des Fortschritts von Kunst und Wissenschaft für eine Erhöhung von Moral und Sitten fragte, seine fortschrittspessimistische Sichtweise. Mit seinem Ruf nach einer Gesellschaft, die noch nicht von sozialer Differenzierung geprägt sei, sondern vielmehr in einem Naturzustand zurückfinden sollte, wandte er sich gegen den damals verbindlichen Fortschrittsoptimismus.
Die romantische Aisthesis setzt sich dergestalt von der zuvor beschriebenen antiken Vorstellung ab, indem sie nicht auf das unmittelbare Erleben hinsichtlich der Sinnesfülle wert legt. In Bezug zum christlichen Verständnis von Aisthesis, die Aisthesis des Unsichtbaren, lässt sich zunächst eine Überschneidung erkennen – auch die Vergangenheit ist nicht mehr unmittelbar sichtbar, sondern nur noch durch überlieferte oder übrig gebliebene Artefakte zugänglich. Die Vergangenheit erhält in gewisser Hinsicht die Form des Unsichtbaren. Aber diese Unsichtbarkeit ist eine diesseitige und weltbejahende, nach innen – in das Subjekt – gerichtete, und vom Subjekt ausgehende, während sie in der christlichen Perspektive eine jenseitige und nach außen gerichtete Unsichtbarkeit darstellt. Letztlich konstatiert auch die Romantik eine Krise der Wahrnehmung, wenn sie sich gegen die

standardisierte Welt der Industrialisierung wendet. Diese Entwicklung findet eine Dynamisierung zum Ende des 19. und zu Beginn des 20. Jahrhunderts, in der sich bereits eine fortschreitende Technisierung vollzogen hat.

Eine solche Standardisierung und Typisierung von Wahrnehmungsmustern im Verlauf des 20. Jahrhunderts führt zur fortlaufenden Wiederholung – einem Begriff und Konzept, dem wir uns in Kapitel 5 zuwenden werden –, zu einem Wiedererkennen, das nicht nur die Originalität, sondern auch den Versuch der Mimesis der Natur aufhebt. „Wo wir die gewohnte Welt immer schon durch ein Netz vorgewußter Bedeutungen und unbewußter Bewertungen wahrnehmen, die Dinge nicht eigentlich sehen, sondern nur noch wiedererkennen, steht das *Déjà vu* der defizienten alltäglichen Wahrnehmung aller realistischen Wiederspiegelungen entgegen" (Jauß 1977: 131). Und ein solches Wahrnehmen soll durch ein „neues Sehen", eine neue ästhetische Anschauung überwunden werden, das gleichsam einer phänomenologischen Reduktion einen Gegenstand so sieht, als würde er zum ersten Male gesehen. Es geht dergestalt auch darum, alltäglich eingespielten Wahrnehmungsgewohnheiten entgegenzutreten oder mit den Worten von Jauß, den kritischen Jargon Adornos aufnehmend: „der verkümmerten Erfahrung und dienstbaren Sprache der ,Kulturindustrie die sprachkritische und kreative Funktion der ästhetischen Wahrnehmung entgegenzutreten" (Jauß 1977: 136).

4.3.2.4 Zusammenfassung

Greift man zusammenfassend den Aspekt der Distribution noch näher, nämlich von seinen Anfängen her, wird die Verflechtung zwischen der beschriebenen Trias – *poiesis, aisthesis, katharsis* – nochmals augenscheinlich. Die Distribution beginnt genaugenommen bereits im Augenblick der Wahrnehmbarmachung und der Möglichkeit der Rezeption durch andere. Man kann z.B. ein Foto selbst aufnehmen und stellt es damit her. Der Distributionsaspekt ist mit Abschluss der Aufnahme und der gespeicherten Datenformation, die das Foto darstellt oder dem Vorliegen in analoger Form als materiales Bild bereits vorhanden, wenngleich er in Latenz verweilt, ebenso wie übrigens die Rezeptionsmöglichkeit. Die Wahrnehmbarmachung trägt bereits den Griff nach einem Anderen in sich, mehr noch beinhaltet sie bereits die Anderen, da Wahrnehmbarmachung und Wahrnehmung sich vor dem Hintergrund einer Interaktionsgemeinschaft abspielen (vgl. Raab 2008, Reichertz 1994, auch Mead 1993). Die Wahrnehmung selbst reicht daher nicht an die Dinge heran, sondern ist sozial präformiert. Dergestalt zeigt sich hier der Produktionsaspekt als ein doppelter. Zum einen beinhaltet er die Herstellung von Artefakten mit ihrer je eigenen Handlung. Zum anderen liegt er bereits in der Rezeption, insofern die Rezeption ein Spiel zwischen dem Artefakt (z.B. einem Werk) und dem Rezipienten ist, wobei das Artefakt in dieser Dynamik erst als ein solches entsteht. Damit sind Produktion und Rezeption im Akt der sog. Rezeption ineinander verschlungen. Und diese wiederum, wie oben bereits angedeutet, spielen sich vor dem Hintergrund einer Interaktionsgemeinschaft ab, aus der sich nicht nur Identität (vgl. Mead 1993), sondern auch Wahrnehmungsweisen herausbilden. Die Distribution ist hier über die Interaktion also auch der Rezeption (dem Akt der Wahrnehmung) eingeschrieben.

Erst durch jedwede Form der Veröffentlichung wird nun die Distribution aus ihrer Latenz genommen und zugleich die Rezeptionsmöglichkeit durch Andere eröffnet bzw. befördert. So lassen sich Produktion, Distribution und Rezeption zwar idealtypisch trennen, dennoch sind alle drei Konstituent der Ästhetik. Eine Analyse der Ästhetik muss solcherart diese Trias im Blick haben.

Der Sinn der oben gemachten Ausführungen wird deutlich, wenn man sich kurz die Frage vergegenwärtigt, ob denn alles Wahrnehmbare vom Distributionsaspekt durchdrungen ist. Denn versteht man unter Distribution ausschließlich die intentionale Verfügbarmachung und in der Produktion die intentionale Herstellung, wären die Natur bzw. alle Nicht-Artefakte entweder nicht wahrnehmbar oder man müsste einen Schöpfer unterstellen, der die Natur mit der Intention der Wahrnehmbarkeit erschaffen hat. Da aber bereits im Akt der Rezeption die Produktion und Distribution enthalten sind, lässt sich dieser Umstand beiseiteschieben und darauf hinzeigen, dass die Ästhetik anthropozentrisch bzw. die Medienästhetik anthropomedial ist. Die Aspekte der Produktion, Rezeption und Kommunikation (Distribution) findet sich implizit überdies bei Martin Buber und zwar in der Beziehung des Künstlers zu der von ihm angeschauten und zu einem Werk geformten Gestalt und des Greifens nach einem Anderen. Das fertige Werk als

Objekt kann aus seinem passiven Zustand heraustreten und sich mit der geschauten Gestalt vereinigen, wenn es rezipiert wird. Martin Buber bemerkt hierzu, „daß alle Kunst von ihrem Ursprung her wesenhaft dialogisch ist: daß alle Musik einem Ohr ruft, das nicht das eigne des Musikers, alle Bildnerei einem Auge, das nicht das eigne des Bildners ist" (Buber 1962: 1999). Ein Beispiel und zugleich ein Internetphänomen, das mit dem Aspekt der Irritation der Wahrnehmung im Alltäglichen spielt und selbst aus einem Spiel heraus entstanden ist, ist das sogenannte *Planking* oder *The Lying Down Game* (vgl. auch Shifman 2014, auch Xiao Mina 2019). Zugleich lässt sich an diesem beispielhaft die Verschränkung von Poiesis, Katharsis (Distribution) und Aisthesis veranschaulichen. Bei dieser *Aktivität* legen sich Menschen „lang ausgestreckt, den Körper angespannt, die Arme seitlich an selbigen gedrückt, den Kopf nach unten gewandt [an …] alle nur denkbaren und möglichen Orte. Die Pose bleibt dabei stets die gleiche" (Grashöfer 2012: 12). Ein Foto hält die Situation fest und wird über ein soziales Netzwerk verbreitet. Je ausgefallener die Orte und das Arrangement sind desto größer ist die zu erwartende Aufmerksamkeit. Die Motivation dieser Freizeitbeschäftigung lässt sich mit „Attraktion" und „Aufmerksamkeitserzeugung" beschreiben. Und hinsichtlich des Plankings lässt sich verzeichnen: „Planking ist ein Hobby, eine spaßige Freizeitaktivität, die jeder ausüben kann, der Kenntnis davon und Freude daran hat. Es ist eine Unternehmung, die man zu seiner eigenen wie zur Unterhaltung anderer ausübt und die über ihre Darstellung im Internet den Charakter einer Attraktion erhält" (Grashöfer 2012: 12). Dabei steht beim Planking nicht nur das reine Produzieren oder Konsumieren solcher Szenen im Vordergrund, sondern das Kommunizieren darüber. Erst die Sharing-Möglichkeit (Distribution) durch das Web 2.0 ließ aus diesem ansonsten lokal gebliebenen Spiel eine Aktion (und Attraktion) werden, die nicht mehr ortsgebunden ist. Sie fordert auf der Ebene der Poiesis oder Produktion dazu auf im Alltag entsprechende Räume zu finden und *planking* zu betreiben, auf der Ebene der Aisthesis unterstellt und fordert sie ein Wissen von der Welt (Weltwissen), das ein solches oder ähnliches Tun z.B. nicht als pathologisch ausweist, sondern als Teil einer „Alltagsperformance". Das Sharing zielt darauf ab nicht nur allein Rezeption zu erzeugen, sondern auch Kommentare, Rückmeldungen und Mitteilungen hervorzubringen, sich mitzuteilen und selbst teilzunehmen. Zugleich zeigt sich an diesem Beispiel aus dem Feld der digitalen Medien, dass z.B der aus der Ökonomie übernommene Begriff der Konsumtion nur bedingt in Rezeption überführt werden kann, ohne derweil den sozialen und „teilenden" Aspekt, der im Web 2.0 bis hin zum Web 4.0 – der nahezu durchgängig digital vernetzen Welt – impliziert ist, zu übersehen (vgl. auch Grashöfer 2012: 15 und 22). Der zuvor im Rahmen von Toffler dargestellte Prosument wandelt sich mit der auf Jauß rekurrierenden ästhetischen Dreiteilung im Rahmen des Internets und der damit einhergehenden Teilungsmöglichkeit in einen *Prodisument*.

4.4 Der *Prodisument*

Open-Source-Projekte können ein Beispiel sein für eine neue Form der Kollektivgutproduktion, in der die Konsumenten- und Produzentenrolle fortlaufend wechseln (vgl. auch Blutner 2010: 84) und im Rahmen ihres Wechselspiels den Prodisumenten bilden.

Im Rahmen der industriellen Revolution mit ihrer aufkommenden Massenproduktion wurde auch eine Veränderung der Verteilung der Ware nötig. Die Massenware konnte nicht mehr nur in kleinen Läden oder auf Märkten verkauft werden, sondern es mussten neue Wege der Verteilung gefunden werden. Die industrielle Wertschöpfungskette (vgl. Bruns 2010: 191) war dergestalt davon gekennzeichnet, dass sich nicht nur Produzenten und Konsumenten voneinander trennten, so wie sie im Konzept der Selbstversorgung vereint waren. Es schob sich zudem der Distributor zwischen Produzent und Konsument.

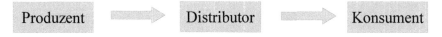

Abbildung 6: (vgl. Bruns 2010: 191):

Diese Ausdifferenzierung der Wertschöpfungskette führte zugleich zur Spezialisierung der einzelnen Stationen. Produzenten konnten sich auf die Produktion von Ware konzentrieren, die Distributoren entwickelten Konzepte für die ideale Verteilung und Erreichbarkeit der Ware. Der Konsument selbst hatte weitgehend keine Beteiligung an diesen beiden Punkte der Wertschöpfungskette. Im Rahmen der von Toffler beschriebenen dritten

Welle, rücken Produzenten und Konsumenten wieder eng zusammen und zwar ökonomisch ein- und aneinander gebunden.

Wie erwähnt sieht Toffler bis zur Industriellen Revolution die Menschen als Selbstversorger, als Prosumenten. Sie produzierten, und das, was sie produzierten konsumierten sie anschließend, zumindest zu einem großen Teil. Erst mit dem Einsetzen der Industriellen Revolution wurde für einen Markt produziert und nicht mehr so sehr für den Eigenverbrauch. Im Rahmen der Do-it-yourself-Bewegung sieht Toffler nun eine Bewegung hin zu einem neuen Prosumententum: Softwarehersteller lassen Programme von ihren Kunden ausprobieren, um die anschließenden Fehlermeldungen, die in den Call-Centern gemeldet werden, über Updates in das Produkt einzuarbeiten, Firmen lassen sich beim Design für neue Produkte von ihren Kunden helfen, Kleidung, die man in Material, Form und Farbe selbst zusammenstellen kann usw. Bei genauer Sicht liegt nun eine doppelte Leerstelle in Tofflers Prosumenten-Konzeption und in einigen seiner Beispiele vor.

Zum einen sind bei einer Reihe von Tofflers Beispielen die Konsumenten gerade keine Produzenten. Sie produzieren in der Regel nichts, was sie anschließend verbrauchen könnten. In einem Selbstbedienungsladen findet sich kein Produktionsfaktor im Sinne der Herstellung. Vielmehr wird die Funktion der Distribution (Verteilung) selbst übernommen. D.h. die Dienstleistung der Auswahl der Produkte, die Handreichungen, die bei einer Bedienung im Supermarkt dazugehören, lassen sich hier nicht als Produkt fassen, sondern müssen als Teil der Distribution verstanden werden.[101] Und das ist es auch, was in der digitalen Welt zum Prosumenten hinzugetreten ist. Er ist zum *Prodisument* geworden, der Produkte (z.B. ein Musikstück, eine Kurzgeschichte, ein Bild, Fotografie, Video usw.) herstellt, sie anschließend distribuiert (Twitter, youtube, flickr, Facebook usw.), also der Verteilung und der Kommunikation zuführt und sie (oder ähnliche) zugleich auch konsumiert. Es wird nicht zum Selbstgebrauch bzw. zur

---

[101] Natürlich ist diese Unterscheidung schwierig. Zwar ist das Bedienen auch eine Dienstleistung und kann dann wieder als ein Dienstleistungsprodukt verstanden werden. Dieses aber wiederum ist hier Teil der Distribution und weniger essentieller Bestandteil des Produktes selbst. Schwieriger zu unterscheiden sind allerdings Dienstleistungen, die selbst *Produkt* im Sinne des Produktteils (und nicht des Distributionsteils) sind. Diese sind kein *Appendix* eines vorstehenden Produktes, sondern das Produkt selbst. Dies wären z.B. Selbstuntersuchungen, die eine Untersuchung beim Arzt überflüssig machen (z.B. Blutdruckmessen, Schwangerschaftstest usw.).

Selbstversorgung produziert, sondern die digital hergestellten Artefakte sollen wahrgenommen, rezipiert und ggf. genutzt werden. So ist die Open-Source-Gemeinde ein Beispiel für einen solchen *Prodisumenten*. Denn das, was dort an Software entsteht, dient nicht nur dem Hausgebrauch der Programmierer, sondern ein zentraler – wenn auch oft unsichtbar bleibender Teil – ist gerade die Distributionsmöglichkeit über das Internet und der kommunikative Austausch über das Produkt. Die Distribution und die Möglichkeit der Erreichbarkeit und Abrufbarkeit des Produktes machen erst seine problemlose Nutzbarkeit (man denke auch an Updates) möglich. Produktion und Konsumtion werden erst durch die Distributionsmöglichkeit ermöglicht. Mit der Ergänzung der Distribution besitzt Tofflers Prosumentenfigur – oder besser Prodisument – Beschreibungspotential für das in dieser Arbeit beschriebene Wechselspiel zwischen Medienästhetik und Alltagswelt.

Neben der in erster Linie auf materiellen Gewinn ausgerichteten Handlung lässt sich der Prosumer- bzw. Prodisumentbegriff eben auch auf den Vorgang der Konsumtion und Produktion von digitalen Artefakten anwenden, zu denen z.B. Blogs, Youtube-Videos, Wikipedia-Einträge, Twitter, Fotografien, Podcasts, Leserreporter oder Aktivitäten im Rahmen von Open-Source-Projekten usw. gezählt werden können, die keinen – zumindest nicht in erster Linie – materiellen Gewinnanspruch anstreben.[102] Es ist das den Alltag durchdringende Mitmach-Web –, das sich gerade dadurch auszeichnet, dass es wesentlich durch die mitgestaltenden und aktiven Handlungen der Nutzer entsteht. Nicht mehr die klassische Konsumtion, sondern die Prosumtion stehen hier im Fokus.

Im weiteren Verlauf soll es also nicht um dieses ökonomische Konzept des Prodisumenten gehen, vielmehr soll es mit seiner Beschreibungskraft herangezogen werden, um die besondere ästhetische, mediale Figuration und Handlungsvoraussetzung gewisser Artefakte zu erklären. Denn die Prosumentenkonzeption – zumindest in einer abgewandelten Form – hat eine ästhetische Komponente, die sich durch die mediale Beschaffenheit der All-

---

[102] Die Grenzen sind hier – wie so oft – fließend. Privat gemachte Bilder können auch auf Bilddatenbankseiten eingestellt werden, die eine kleine Vergütung bei Nutzung des Bildes durch einen Dritten vorsehen. Auch Beiträge als Leserreporter werden von manchen Onlineredaktionen vergütet. Blogs, die sehr hohe Besucherzahlen aufweisen können, werden dadurch für Bannerwerbung etc. interessant.

tagswelt noch stärker konturiert hat. So lassen sich die Figuren des Leserreporters, die OpenSource-Bewegung oder die Bilder- und Videoproduktion und Verfügungstellung über Datenbanken (z.b. youtube.de, pixelio.de, flickr.com) als Beispiele eines medialen Prodisumenten bestimmen. Dabei ist, wie erwähnt, zu beachten, dass es dabei nicht um eine Wertschöpfungskette im ökonomischen Sinne geht. Aktivitäten in den Bereichen Leserreporter, Open-Source u.a. zielen in erster Linie nicht auf eine ökonomische Gewinnmaximierung der Beteiligten. Im Sinne des mehrdimensionalen Kapitalbegriffs nach Bourdieu – eine Kritik an den reduktionistischen Kapitalbegriff der Wirtschaftswissenschaften –, der ökonomisches, soziales, kulturelles und symbolisches Kapital unterscheidet (vgl. Bourdieu 1986), „fließt" im Rahmen einer Open-Source-Tätigkeit zumindest symbolisches und soziales Kapital (soziale Beziehungen, Ansehen, Prestiges) in die relevanten Gruppen. Mitunter findet auch eine Transformation dieser Kapitale in ökonomisches Kapital statt, wenn freie Open-Source-Programmierer Angebote von großen Softwarefirmen erhalten oder durch bezahlte Service-Dienste hinsichtlich der Software. Vielmehr geht es aber um die sinnvolle und sichtbar werdende Verwendung gewisser Fähigkeiten oder Ressourcen (z.B. der Zeit) und um ein gewisses Maß an Rezeption (also Sichtbarwerdung), aber auch um die Teilhabe an der Welt, an Prozessen des eigenen Lebens. Die Sprache ist hier also von der Partizipationsmöglichkeit des Menschen, Bürgers oder Rezipienten, die durch die digitalen Medien und der durch sie herstellbaren und distribuierbaren Artefakte eine neue Qualität erhält.

Im Rahmen der alltäglich produzierten digitalen Artefakte lässt sich ohne Weiteres nicht mehr von einer Warenästhetik sprechen, die in der marxistischen Tradition (vgl. Haug 2009) Gebrauchsdinge in erste Linie als für den Verkauf verstanden sieht und die im Widerspruch von Gebrauchs- und Tauschwert von Waren begründet ist. Vielmehr unterlaufen sie eine solche Sichtweise, sofern sie z.b. im Rahmen von Open Source oder gemeinfreier Nutzung hergestellt sind. Aber ihr affirmativer Charakter, der ja für die Warenästhetik einen wichtigen Teilaspekt darstellt, bleibt auch hier insofern erhalten, als über das Teilen der Artefakte eine zustimmende Rezeption (und ggf. weitere Distribution) angestoßen werden soll.

Die Sichtweise der Warenästhetik wird jedoch auch dadurch unterlaufen, dass der Mensch im Rahmen digitaler Artefakte nicht mehr nur als Konsument oder Rezipient adäquat erfasst wird, sondern nur, wenn man seine produktive und distributive Seite miteinschließt. Der Prodisument steht der (digitalen) Warenwelt nicht mehr nur passiv-rezipierend gegenüber, sondern wird – zunächst als Möglichkeit – mehr und mehr selbst bestimmendes Element dieser Waren (oder besser Artefakte). Und hier eröffnen auch elektronische Handelsplattformen und Auktionsmärkte neue Handlungs- und Spielräume (vgl. Henseling/Blättel-Mink/Clausen u.a. 2009: 32 ff.) und verdeutlichen den Wandel vom Konsumenten hin zum Prodisumenten aufgrund der medialen und digitalen Verfasstheit der Welt.

Die Einbindung des Bürgers oder des Rezipienten in das mediale Geschehen und der medialen Produktion lässt sich besonders ab den ausgehenden 1960er und 1970er Jahren in Deutschland beobachten, dieser Prozess ist dergestalt kein neuer. Es war ein erster Schritt in Richtung medialer Teilhabe, insofern der mündige Bürger Einblicke in die Produktionsweise der Rundfunk-Medien und darüber hinaus selbst die (gleichwohl eingeschränkte) Möglichkeit zur Produktion eigener Inhalte erhalten sollte.

4.4.1 Mediale Bürgerpartizipation im digitalen Zeitalter

In Deutschland lassen sich nach dem 2. Weltkrieg für die Rundfunkmedien zwei wesentliche Entwicklungen hervorheben: Zum einen die Einführung und flächendeckende Verbreitung des Fernsehens in den 1960er Jahren und die Dualisierung in öffentlich-rechtliches und privates Fernsehen in den 1980er Jahren (vgl. Kaase 1998: 39). Besonders die 1970er Jahre waren beeinflusst von einem emanzipatorischen Anspruch, der sich in der Politik z.B. in Willy Brandts Ausspruch „Mehr Demokratie wagen" ausdrückte und sich z.B. auch in dem emanzipatorischen Erkenntnisinteresse von Jürgen Habermas (vgl. Habermas 1973) entdecken lässt. Mehr Demokratie wagen zu wollen, d.h. die Demokratisierung weiter voranbringen zu wollen, spiegelt sich ebenfalls in den Medien wider. Politisch versuchte man sich an einer „Tele-Demokratie". „Das Konzept der ‚Tele-Demokratie organisiert' [...] in den 70er Jahren ein diskursives Feld" (Schabacher 2004: 141), in denen Fragen nach der Regulierung und Steuerung von Informationen im Anschluss an die technischen Möglichkeiten und nach der Rolle des Zuschauers aufkommen. Dieser wird in den 1970er Jahren zunächst als Bürger und Wähler begriffen, der daran anschließend an den Medien und dem

Programm partizipieren soll, um so – diesem basisdemokratischen Gedanken folgend – an der Mitgestaltung der Gesellschaft mitzuwirken. Journalistisch äußert sich dies in einer Hinwendung zur Alltagswelt der Bürger, die sich nicht nur thematisch, sondern auch räumlich ausdrückt (Schabacher 2004: 157). Die Medien kommen direkt zu den Bürgern und berichten von dort *aus* und *von* ihrem Alltag. Ein Beispiel hierfür war die Radiosendung „Hallo Ü-Wagen", eine Sendung des Westdeutschen Rundfunks (WDR), die erstmals am 5. Dezember 1974 ausgestrahlt wurde. Die Sendung war in Ablauf und Planung ganz auf den Bürger und eine offene Diskussion ausgerichtet. Ein Übertragungswagen fuhr auf einen öffentlichen Platz, der dann als Live-Sendeplatz fungierte. Das zu behandelnde Thema wurde zuvor nach den Vorschlägen der Zuhörer ausgewählt. Zum Thema lud man dann Experten ein, aber auch Hörer konnten sich im Vorhinein dazu melden und wurden dann miteinbezogen. Zudem wurden Passanten, die sich um oder auf dem öffentlichen Sendeplatz befanden oder dort vorbeikamen ebenfalls zum Thema live angesprochen und um Meinungen und Stellungnahmen gebeten. Partizipation und die Möglichkeiten zur aktiven oder passiven Teilnahme an Sendungen, die Diskussionsbereitschaft der Sender mit den Mediennutzern und die Installation von Feedbackmöglichkeiten (z.B. Hörer- oder Sendertelefon) sind hier hervorzuhebende Momente der Medienkultur der 1970er Jahre. Die „Einschaltung' des einzelnen Bürgers ins bestehende Programm – sei es als kritischer Kommentar und damit Korrektiv für Programmgestaltung, sei es als dekoratives oder konstitutives Element in Form telefonischer Beteiligung oder als Studiogast" (Schabacher 2004: 161) sind gleichwohl Ausdruck einer Mediengestaltung, die sich an einer Partizipation der Rezipienten ausrichtet. Alternative Initiativen vor diesem Hintergrund waren der Bürgerfunk und -fernsehen oder offene, freie TV-Kanäle, in denen Bürger Sendungen selbst gestalten und auch produzieren konnten. Als Folie für diese Entwicklung fungierte auch das aufkommende Misstrauen gegenüber dem Fernsehen, dem eine manipulierende Wirkung auf die Bürger (und Wähler) vonseiten der Medienwirkforschung[103] nachgesagt wurde (vgl. Bourry 2004: 186). Man sorgte sich um den demokratischen Souverän, so dass der Ruf nach Ausgewogenheit in den Medien aufkam.

---

[103] Die zu jener Zeit noch von dem monokausalen Stimulus-Response-Modell ausging und es als valide ansah.

„Die Forderung nach einer inhaltlichen Ausgewogenheit des Fernsehprogramms ist eine dominante Diskurslinie im Zusammenhang von Politik und Medien" (Bourry 2004: 186). Der Bürger wurde, trotz des Manipulationsverdachts durch die Medien, als ein unmündiger Zuschauer identifiziert, der durch Partizipation auf der einen Seite, aber auch durch einen *fürsorglichen* Journalismus auf der anderen Seite vor Manipulationen durch das Medium selbst geschützt werden sollte. Die Diskussion der (unbestimmten) Wirkmächtigkeit des Mediums auf den Bürger ließ die Politikvermittlung durch und über die Medien an Bedeutung gewinnen. Es zeigt sich hier die Janusköpfigkeit der Medien: Sie besitzen einmal das Potential zur Emanzipation und Partizipation, zum anderen zur Manipulation. Diese Klammer – die Möglichkeit zur Unterdrückung, zum Faschismus, aber auch das Potential zur Freiheit und Verwirklichung des Menschen – hebt übrigens der Medienphilosoph Vilém Flusser als Folie für den (utopischen) Entwurf (s)einer telematischen Gesellschaft hervor (vgl. z.B. Flusser 2002c).[104] Im Rahmen einer deliberativen Politiktheorie der Demokratie (vgl. z.B. Habermas 1992) spielen die neuen, digitalen Medien eine wichtige Rolle, da durch sie relativ barrierefrei ein öffentlicher Diskurs zu politischen Entscheidungsprozessen möglich ist.

Die Schlüsselrolle der Medien bei der Herstellung von (politischer) Öffentlichkeit und die Logik des Mediensystems, die sich in den Kurzformen Selektions- und Präsentationslogik beschreiben lassen (vgl. Meyer 2002, S. 7), fordert die Politik zur Professionalisierung beim Umgang mit Medien auf. Unter der Selektionslogik wird die Auswahl von berichtenswerten Ereignissen nach ihrem Nachrichtenwert, unter der Präsentationslogik die unterschiedlichen Mittel und Formen der Inszenierung verstanden, um dem ausgewählten Nachrichtenmaterial eine Präsentationsform zu verleihen, die bei den Rezipienten wahrscheinlich ein maximales Interesse hervorruft. Das Zusammen- und Wechselspiel dieser beiden Logiken führt aufseiten der Politik, die die Herstellung von Öffentlichkeit benötigt, um ihre Politik den Bürgern zu vermitteln, zu einer „Prä-Inszenierung, die den Zugang zu den Medienbühnen regelt. Es herrscht das Gesetz der spannungsreichen theatralischen Inszenierung" (Meyer 2002, S. 8). Die Politik muss daher, sobald sie

---

104 Ohne zu weit vom Kurs abzukommen, zeigt sich anhand des NSA-Überwachungsskandals, aber auch allgemein, das Überwachungspotential der digitalen Medien (z.B. Smartphone).

das Feld der Medien betritt und sich darin bewegt, der Logik der Medien folgen. Pointiert lässt sich hier vom *Politainment* (vgl. Dörner 2001) sprechen, das die Verbindung und Durchdringung von Politik und medialer Unterhaltungskultur meint (vgl. auch Bidlo/Engerlt/Reichertz 2012: 155ff.).

Mit der Verbreitung der digitalen Medientechnologien im Alltag der Menschen, die nicht nur der Rezeption, sondern auch der Produktion und *eigenen* Distribution dienen, entstehen nun neue *Figuren* im Mediengeschehen; z.B. wenn Rezipienten für *die* Medien selbst zur Feder oder zur Kamera greifen und selbst Beiträge für das Medium produzieren. Sie werden zu *Leserreportern*. Dabei ist der Impuls hin zum Leserreporter weder auf Mediennoch auf Rezipientenseite ein emanzipatorischer. Aufseiten des Mediums sollen vielmehr Aufgaben des Mediums ausgelagert werden, aufseiten der Leserreporter spielen die Ereignishaftigkeit und der Aufmerksamkeitsgewinn der eigenen Person eine zentrale Rolle. Beim Leserreporter erbringt der Leser die Arbeit des journalistischen Autors und ersetzt ihn (teilweise). Die Kunden bzw. Leser selbst werden damit vermehrt zu *Prosumenten*, die nach Maßgabe des entsprechenden Mediums dazu angestoßen werden, Akteure (im Auftrag der Medien) zu werden. Das Internet (hier besonders Blogs, Foren und Twitter) sowie digitale Bildaufzeichnungsgeräte und -bearbeitungsprogramme dynamisieren dann den Trend zum Prosumenten (vgl. Reichertz/Bidlo/Englert 2011: 257).

4.4.2 Die Figur des Leserreporters

Auch der Leserreporter lässt sich in das Feld des *Prodisumenten* einfügen, wenngleich er – je nach Veröffentlichungsmedium – gewisse Vorgaben erfüllen muss, um abgedruckt oder online mit seinem Artefakt präsentiert zu werden. Aber gerade am Beispiel des Leserreporters lassen sich die interdependenten Bezüge von Medienästhetik und Alltagswelt exemplifizieren. Denn besonders kommerzielle Anbieter bzw. „Auftraggeber" von Leserreportern haben entsprechend ihres eigenen Profils gewisse Vorgaben z.B. für das Erscheinungsbild abzudruckender Bilder. Interessant ist das Phänomen Leserreporter auch insofern, als es aus der Sichtweise der Performativität als ein neues kulturelles Phänomen verstanden werden kann, in dem neue Formen von Praktiken, Zeichenverwendungen, -wahrnehmungen und Perspek-

tiven erzeugt werden (vgl. hierzu auch Fischer-Lichte 2012). Bevor ein genauerer Blick auf den Leserreporter geworfen wird, soll zunächst auf die Bedeutung jener Artefakte geschaut werden, die er mittels technischer Medien produziert. Denn die von technischen Medien hervorgebrachten Artefakte umgeben uns nicht nur permanent, sondern prägen auch unsere Alltagswahrnehmung. Wenngleich Bilder keine Naturdinge sind, keinen unverstellten Blick auf die Welt bieten, sondern soziale Konstruktionen sind, richten wir uns am Gesehenen aus. Bilder sind Formen des menschlichen Weltzugangs und der Wirklichkeitsaneignung. Sie sind heute mehr als früher wesentlicher Teil des Prozesses gegenseitigen Entwerfens, Überwachens und des von anderen Gesehen- und Verstandenwerdens (vgl. Raab 2008: 12). Darin liegt ihre sinn- und wirklichkeitsbildende Kraft, daraus schöpfen sie ihre gemeinschaftsbildende und -formende Wirkung. Diese Sichtweise ist geleitet von der wissenssoziologischen Annahme, dass die Wahrnehmungs- und Kommunikationsweisen von Handelnden und daraus resultierende Vergemeinschaftungen deutend verstanden werden können (vgl. Bidlo/Englert 2009: 252). Über audiovisuelle Artefakte werden zudem „Veränderungen in der Struktur und der Materialität kommunikativen Handelns" (Raab 2008: 165) innerhalb von Sehgemeinschaften angeschoben. „In Gesellschaften, die ihre Mitglieder zunehmend auch medial sozialisieren, sind die audiovisuellen Medien zusätzliche gesellschaftliche Institutionen. Sie bestimmen die soziale und kulturelle Ausformung des Sehens mit und führen es hin zu neuen, verfeinerten Formen der Erfahrung" (Raab 2008: 165).
Bilder und die Form ihrer Herstellung sind dergestalt grundlegender Teil eines ästhetischen Prozesses, der die Art und Form des visuellen Wahrnehmens mitprägt. Ein nicht zu unterschätzender Anteil an der Veränderung und die technische Grundlage für die *Figur* des Leserreporters ist die digitale Fotografie. Die Einführung der digitalen Fotografie im Jahre 1990 läutete nicht nur das Ende des Zeitalters der klassischen Fotografie ein, das sich entsprechend zuerst im professionellen Bereich der Fotografie zeigte; auch für den Amateurbereich eröffnete sich durch die digitale Technik des Fotografierens ein neues Zeitalter. Mit dem Einzug der digitalen Fotografie und der später sich etablierten Foto-Sharing-Communities als Distributionsplattformen (z.B. Flickr) schlug die „Stunde der Amateure" (Barth 2009: 85). Analoge Kameras wurden zu technisch überholten Relikten, die dazu-

gehörigen alten Entwicklungslabore verschwanden aus der Praxis des Fotografierens. Und die Fotografen wurden derweil zu Prosumenten, die nun fest eingebettet sind im Herstellungsprozess der Bilder, indem sie den Ausdruck über entsprechende Hardware selbst vornehmen müssen und dies nicht mehr von Entwicklungslaboren durchführen lassen müssen. „Die weit reichenden Änderungen wirken sich auch auf das klassische Fotoarchiv am Museum oder in einer öffentlichen Sammlung aus: Bilddatenbanken ersetzen Dia und Papierabzug. Bilder sind via Internet abrufbar – die Fotografie in ihrer visuell-haptischen Funktion als historisches Original und primäre Quelle erscheint unter neuen Vorzeichen" (Ziehe/Hägele 2009b: 9). Allein die sich auflösende Referenzierbarkeit zwischen Original und Kopie aufgrund der problemlosen Kopier- und Reproduzierbarkeit von digitalen Bildern hat die von Benjamin konstatierte Entauratisierung (vgl. Benjamin 1963) nochmals dynamisiert. Im Original und seiner besonderen Zeitlichkeit liegt zudem seine *Echtheit* begründet. „Das Hier und Jetzt des Originals macht den Begriff seiner Echtheit aus" (Benjamin 1963: 12). Und diese Zeitlichkeit wird durch die Reproduktion entwertet. Das wiederum stellt einen der zentralen Punkte für die Aura oder die Entauratisierung dar. Denn Benjamin sieht das Kunstwerk (und wir können dies hier auf alle ästhetischen Artefakte ausweiten) eingebettet in eine Tradition und damit in eine Geschichtlichkeit. Mehr noch betont Benjamin bereits die geschichtliche Bedingtheit unsere Sinneswahrnehmung (vgl. Benjamin 1963: 14). Die Aura eines Kunstwerkes ist seine Einzigartigkeit, die wiederum „identisch [ist] mit seinem Eingebettetsein in den Zusammenhang der Tradition" (Benjamin 1963: 16). Die Entauratisierung durch die Auflösung des Unterschiedes von Original und Kopie im digitalen Zeitalter liegt dann auch in der völligen Offenheit der Kontextualisierungsmöglichkeiten z.B. von Fotos; Benjamin spricht von der Emanzipation des Kunstwerkes vom *Ritual*, und damit einem fest zugeordneten Handlungszusammenhang. Und auch bei Walter Benjamin zeigt sich der Aspekt der Distribution zumindest latent. Mehr noch ist es der zentrale Ansatzpunkt seiner Überlegungen zum Kunstwerk im Zeitalter seiner technischen Reproduzierbarkeit, wenn man den konstatierten Verlust der Aura bedenkt. Denn die Zerstörung der Aura wird auch und gerade dadurch geleistet, dass das Originalbild unzählige Male vervielfältigt werden kann. Aber nicht die Vervielfältigung ist – neben der durch sie hervorgerufenen Entkoppelung der Zeitlichkeit – das Eigentliche, was den Verlust der Aura begründet, sondern die unterstellten nun vorhandenen unzähligen Wahrnehmungsweisen und -möglichkeiten. Dem Verlust der (qualitativen) Aura steht ein (quantitativer) Gewinn der Rezeptionsmöglichkeit (orts- und zeitungebunden, z.B. nicht auf ein Museum angewiesen) und damit Kommunikationsmöglichkeit gegenüber. Kopien, die nie in Umlauf kämen, die also keine weiteren Wahrnehmungsweisen durch Andere zuließen, würden die Aura des Originals nicht zerstören, wenngleich sie dass Potential – durch ihre Verteilung – dazu hätten. Das reine Vorhandensein der Reproduktion führt dergestalt nicht zur Entauratisierung, sondern erst die durch sie mannigfache von Ort und Zeit des Originals enthobene Rezeptionsmöglichkeit. Die Reproduktion führt nur durch die Distribuierbarkeit (z.B. Abdruckmöglichkeit in Zeitungen) zur Aurauflösung. Nun lassen sich Distribution und Kommunikation sehr wohl unterscheiden. Distribution meint die Verfügbarmachung im Rahmen der digitalen Artefakte die technische Verteilbarkeit. Die daraus sich ergebende Möglichkeit des Sprechens darüber, die sich daraus ergebende Gestaltung von Gewohnheiten, die sich darüber ausbildenden gesellschaftlichen Geltungsbereiche, Seh- und Handlungsgewohnheiten bilden dann die Kommunikation. Distribution und Kommunikation sind damit nicht zwingend deckungsgleich, sondern zwei Seiten einer Medaille, welche hier selbst namenlos bleibt. Es lassen sich also unterscheiden: 1. Zugang zum Bild, umgekehrt die Verfügbarmachung des Bildes. 2. Das Sprechen und „Handeln" über das Bild (Weitergeben, digitales „Teilen", mit einem Kommentar versehen usw.). Beschaut man die Praktiken, die mit einem Foto einhergehen, dann zeigen sich zudem mindestens zwei Ebenen. Einmal die Praxis des Fotografierens und zum anderen die Praxis des Sehens. Diese zu unterscheidenden Ebenen liegen allerdings nicht zusammenhangslos nebeneinander. Denn die mediale Praxis der Bildrezeption, ihre semiotische Bedeutung und der allgemeine Umgang mit Bildern ist ohne Weiteres *nicht* abkoppelbar (wenngleich auch nicht darauf reduzierbar) vom technischen Prozess, mit dem die Bilder hergestellt werden. Wenngleich auch die analoge Fotografie bereits eine „technische Prägung mit sich brachte" (Hägerle 2009: 25) ist die digitale Fotografie keine Fortführung der analogen, sondern lässt sich als ein Paradigmenwechsel (vgl. Hägerle 2009: 25) verstehen. Denn mit der

Verschiebung von analoger zu digitaler Bilderstellung haben sich zugleich neue kulturelle Praktiken ausgebildet. Allein die veränderte Technik, die aus jedem multifunktionalen Smartphone einen leistungsstarken bilderzeugenden Apparat macht, den jeder mit sich herumträgt und die hardware- und softwareseitige Infrastruktur (Internet, WLAN, Mobilfunknetze, Software zur Bildproduktion, -bearbeitung und Apps als Schnittstelle zu sozialen Netzwerken) ermöglichen die sofortige Distribution und Bereitstellung von Bildern. Damit legt sich übrigens eine weitere Ebene – neben der Praxis des Fotografierens und des Sehens – dazwischen, die früher bereits vorhanden war, aber als solche kaum wahrgenommen wurde, die der Distribution.

Die technischen Änderungen schreiben sich somit zumindest implizit auch in den semiotischen Rahmen solcher Bilder ein. Der Ort und die Zeit von digitalen Bildern lassen sich als Nullzeit und Nullraum beschreiben. Auch wenn sie auf einem Datenträger (z.B. Festplatte) gespeichert sind, *dauern* sie nicht in den Tälern und Bergen[105], sondern existieren immateriell, bis sie durch z.B. einen Fotodrucker auf Papier in eine materiale Form übertragen werden. Dann gewinnt auch das digitale Bild die Dimension der Haptik hinzu und es eröffnet sich die (noch) vertraute *Handhabung* von Bildern, indem wir sie anfassen, in Rahmen versetzen und aufhängen, in Fotokisten stöbern oder in analogen Fotoalben sortieren (vgl. Hägerle 2009: 35). Diese Bilder allerdings sind eine weitere apparative *Interpretation* der digitalen Daten, die auf dem Datenträger verweilen. Diese Daten zeichnen sich dadurch aus, dass sie durch entsprechende Software leicht veränder- und wandelbar sind im Gegensatz zu einem analog hergestellten Foto und seinem Negativ.

„Bei der analogen Fotografie handelt es sich um einen chemischen Vorgang, der unumkehrbar ist. Eine einmal belichtete Fotoplatte, ein belichteter Film sind nicht wieder in ihre Ausgangsposition versetzbar. Molekülstrukturen und damit das Material selbst haben sich verändert, ein Prozess, der nicht umkehrbar ist. Bei der digitalen Fotografie hingegen handelt es sich um einen elektronischen Prozess, also einen Fluss von Elektronen. Dabei ist das Material selbst keinerlei

---

[105] Die Erhöhungen und Vertiefungen z.B. auf einer CD oder DVD, die die Nullen und Einsen und damit die binäre Darstellung ermöglichen.

Veränderung unterworfen, der Prozess ist jederzeit umkehr- und wiederholbar" (Scheiter 2009: 40).

Welcher Unterschied hier angesprochen ist, wird noch deutlicher, wenn man sich den Begriff der „Photographie" anschaut (vgl. auch Scheiter 2009: 42). Denn das „graph" zielt besonders auf die Veränderung einer Oberfläche (Keilschrift, Holzschnitzkunst oder Kupferstiche), meint auch das Schreiben, das einem „Ritzen" gleichkommt. Das Licht („photo") schreibt sich dergestalt fest in ein Trägermedium ein und verändert es material, hinterlässt eine Spur und einen Abdruck. In jedem Bild ist daran anschließend auch die Frage nach seiner Herstellung mitthematisiert: Wurde es gemalt, welche Farben wurden verwendet, mit welchem Werkzeug wurde es hergestellt usw. So ist für Forscher bei z.B. Höhlenmalereien nicht nur die Darstellung von Interesse, sondern auch die Herstellung (Materialien, Werkzeuge etc.). Die soziale Praktik, die mit dem Bild und seinem Verständnis verbunden ist, ergibt sich aus dem Zusammenspiel von der Art der Herstellung und der semiotischen Ebene des Bildes. Herstellungs- und Aussagenebene sind miteinander verschränkt.

Das *punctum* Roland Barthes', jenes Zufällige am Bild, „das *mich besticht* (mich aber auch verwundet, trifft)" (Barthes 1989: 36) kann auch in digitalen Bildern erhalten bleiben, jedoch wird das „Es-ist-so-gewesen" (Barthes 1989: 87) und die damit hervorgehobene Originalität des Bildes – die Abbildung eines wirklichen Geschehens im zeitlichen Status der Vergangenheit und die damit einhergehende Blockade der Erinnerung – von digitalen Bildern zumindest eingeschränkt.[106] „[De]nn schließlich hätte mir kein gemaltes Porträt, auch wenn es mir als ‚wahr' erschienen wäre, zu suggerieren vermocht, sein Referent habe wirklich existiert" (Barthes 1989: 87). Diese Gewissheit hat sich im Rahmen digitaler Fotografie abgeschwächt, weil das Bild im Rahmen der technischen Möglichkeiten weniger Zeuge als vielmehr Erzeugnis geworden ist und damit auch eine Schwächung seiner Indexikalität erfährt. Das wiederum stellt (ohne den digitalen Hintergrund) Roland Barthes am Beispiel der Pressefotografie im Rahmen seiner semiotischen Analyse in „Die Fotografie als Botschaft" (1990) dar, in der er diese

---

[106] Auch analoge Fotografie hat inszeniert und konnte manipulieren. Nur waren die Möglichkeiten dafür meist eingeschränkt oder professionellen Fotografen vorbehalten.

Fotos als Botschaft ohne Code ausweist und ihren Status als Wirklichkeits-bilder kritisiert. Ein Beispiel für die Schwächung der Indexikalität zeigt sich an den nachfolgenden Hinweisen, die die Bildzeitung ihren Leserreportern gibt.

Das Medium nimmt hier ganz unterschiedliche *Rollen* ein. Gemeint ist in diesem Kontext die Verquickung von eigenen Aktivitäten, die Aktivierung anderer und Zur-Verfügung-Stellung eines Distributionskanals.[107] Diese Punkte gerinnen in der *medialen Formation* des Leserreporters, der auch un-ter der Rubrik „Partizipativer Journalismus" gefasst wird (vgl. Schönhagen 2017: 347 ff.). Sinnbildlich und beispielhaft steht dafür die Mobilkurzwahl-nummer 1414 der Bildzeitung, die Leserreportern gegen Bezahlung bei Ver-öffentlichung ihrer Bilder eine Plattform bietet, um kuriose Situationen des Alltags oder „Stars" der Gegenwart in unvorteilhaften, überraschenden oder interessanten Szenen zu zeigen. Unter 1414 kann jeder zum Bild-Leserre-porter werden, der mit einer Kamera bewaffnet ist und interessante Schnappschüsse macht. Da bei modernen Mobiltelefonen mittlerweile eine Fotokamera zur Standardausstattung gehört und das Mobiltelefon wieder-um zur Grundausstattung des modernen Menschen, wird nahezu jeder Bürger zu einem potentiellen Produzenten solcher Bilder. Die Bildzeitung belässt es aber nicht nur bei dem Hinweis auf die Zusendbarkeit solcher Bil-der, sondern gibt sogleich (s.u.) eine Anleitung, was ein gutes von einem schlechten Bild unterscheidet und gibt Beispiele für gelungene und weniger gelungene Fotos. Die Hinweise der Bild-Online Seite (vgl. Abbildung) he-ben die wichtigsten Aspekte eines guten Bildes hervor. Bei den ersten bei-den Fotos sind es vor allem die *Situationen*, das Nahe am – aber nicht im – Geschehen sein. Zugleich drückt Bild-Online seine Fürsorge aus. Die Leser-porterInnen sollen sich nicht in Gefahr begeben. Auch der Hinweis auf das Überprüfen rechtlicher Aspekte unter dem zweiten Bild weist in diese Rich-tung der Fürsorge. Im dritten Bild wird die Echtheit hervorgehoben. Damit werden Fälschungen, gestellte oder manipulierte Bilder als nicht zum gewünschten Fundus von Bildern ausgewiesen. Und nur der letzte Hinweis – eine gute Ausleuchtung des fotografierten Bereiches – zielt explizit auf

---

[107] Und dadurch nehmen die Medien auch eine polizierende (vgl. Reichertz 2010: 43 und allgemein Reichertz 2007b) und kustodialisierende (vgl. van Elsbergen 2004) Funktion wahr.

einen fototechnischen, handwerklichen Tipp für das Fotografieren.[108]

Abbildung 7: Hinweise der Bild-Online für ein ‚gutes‘ Bild.

Der Leserreporter stellt ein gutes Beispiel für die Verbindung von Medienäs-thetik und Alltagswelt und das sich wandelnde Verhältnis beider dar. Denn Wahrnehmungsweisen verändern sich in gewisser Hinsicht, wenn man mit den Augen eines Leserreporters durch die Welt geht. Das technische Medi-um und das Medium als Organisations- und Unternehmensform (z.B. Zei-tungs- und Rundfunkunternehmen) verändern entsprechend den Blick der Leserreporter auf ihren Alltag. Die Medienunternehmen über die Redaktio-

---

[108] Vgl. http://www.bild.de/media/gutes-foto-1414-leserreporter-6383758/Download/1.bild.pdf [15.12.2015].

251

nen geben Hinweise und Tipps, die im Sinne des Mediums ein gutes Foto ausmachen. Zwar waren Kurioses, Ungewöhnliches und Sehenswertes schon immer Gegenstand neugieriger Blicke und Teil der Bewegung des Alltags. Meist traf und trifft man plötzlich und überraschend auf solche Situationen, rezipiert sie aus der Perspektive des Teilnehmenden an sozialen Situationen, die sich häufig genauso schnell wieder auflösen, wie sie emporgetaucht sind. Es ist der Blick eines Überraschten, der solche Kuriositäten oder Sehenswürdigkeiten des Alltags wahrnimmt. Durch die technischen Möglichkeiten werden diese nun aus der Situation des Alltags und der unmittelbaren Wahrnehmung gelöst und dekontextualisiert. Das Phänomen des Leserreporters ist nicht ganz neu, hat jedoch zum einen durch die einfache Handhabung von Smartphones, digitalen Übertragungsmöglichkeiten und durch die Möglichkeit, über das Internet (z.B. Kommentarfunktionen, Blogs, Foren etc.) selbst Inhalt zu produzieren, eine Beschleunigung erfahren. Es gibt heute kaum noch Zeitungsredaktionen, die nicht auf Aufnahmen von Leserreportern zurückgreifen, so z.B. die Saarbrücker Zeitung, die Bild-Zeitung, die Westdeutsche Allgemeine Zeitung (WAZ) mit ihren Stadtspiegeln, das Westfalen Blatt oder die Rheinische Post; besonders natürlich dann, wenn es z.B. um Unglücke geht und vor Ort erste Eindrücke festgehalten werden können. Somit gab es im deutschen Journalismus „einen neuen Akteur" (Volkmann 2008: 220). Die WAZ nennt ihre Leserreporter „Bürgerreporter", sucht noch näher einen Anknüpfungspunkt am Alltag der Leserschaft zu finden und nutzt hier die Applikation *Scoopshot*, um das Verfahren noch zu vereinfachen.[109]

---

[109] Vgl. z.B. die WAZ unter: http://www.derwesten.de/region/rhein_ruhr/lokalkompass-de-buerger-berichten-aus-ihrem-ort-id3456912.html [04.05.19]

Abbildung 8: Applikation Scoopshot

Die populären Tageszeitungen laden ihre Leser also dazu ein, sich aktiv um die Inhalte der Zeitung zu bemühen. Schon immer gab es Umfragen unter den Lesern und Abonnenten einer Zeitung, um deren Interessenlagen klarer zu sehen und die eigenen Inhalte daran auszurichten. Auch über entsprechende Leserbriefe oder andere Rückmeldungen gelang es, die Beiträge zu produzieren, die eine breite Leserschaft ansprechen. Ökonomische Gesichtspunkte spielten dabei schon immer die zentrale Rolle. Aber auch das Profil und das Selbstverständnis, das ein Medienunternehmen bzw. das dazugehörende Medium hat, wirkt sich auf die Grundeinstellung und -darstellung der Beiträge und ihre Aufmachung aus. In gewisser Hinsicht hat Walter Benjamin in seinem Aufsatz *Der Autor als Produzent* diese Sichtweise vorweggenommen. „Daß nichts den Leser so an seine Zeitung bindet, wie diese tagtäglich neue Nahrung verlangende Ungeduld, haben die Redaktionen sich längst zunutze gemacht, indem sie immer wieder neue Sparten seinen Fragen, Meinungen, Protesten eröffneten" (Benjamin 2011, Bd. 2: 517). Leser sehen sich „im Nu zu Mitarbeitern erhoben [...], der Lesende ist [...] jederzeit bereit, ein Schreibender, nämlich ein Beschreibender oder auch ein Vorschreibender zu werden" (ebd.).[110]

---

[110] Eine ähnliche Passage findet sich im *Kunstwerk im Zeitalter seiner technischen Reproduzierbarkeit*: „[E]s liegt heute so, daß es kaum einen im Arbeitsprozeß stehenden Europäer gibt, der nicht grundsätzlich irgendwo Gelegenheit zur Publikation [...] finden könnte. Damit ist die Unterscheidung zwischen Autor und Publikum im Begriff, ihren grundsätzlichen Charakter zu verlieren. [...] Der Lesende ist jederzeit bereit, ein Schreibender zu werden" (Benjamin 1963: 29).

Für eine Zeitung kann die Einbindung seiner Leser unterschiedliche Vorteile haben. So profitiert man einmal von einer gewissen Allgegenwart der Bilder- und Beitragsmacher. Hinzu kommt eine unmittelbare Belieferung mit Bildern und Eindrücken. Bevor ein Pressefotograf den Ort des Geschehens erreicht, hat oft bereits ein Augenzeuge Bilder- oder Videoaufnahmen gemacht und kann diese über Smartphones umgehend an eine Redaktion seiner Wahl versenden. Und aufgrund der Vielzahl von Kontaktmöglichkeiten (allgemein über die WWW-Adresse, E-Mail, eigene App, Mobiltelefon und auch noch per SMS, Fax, Foreneintrag oder Brief) und ihre Durchlässigkeit (z.b. schnelle Weiterleitungsmöglichkeit bei E-Mails und WhatsApp, Messenger) wird nahezu jeder zu einem potentiellen Leserreporter, jeder kann schnell und unverbindlich die Medien kontaktieren und über Wahrgenommenes berichten bzw. ein Bild dazu liefern, kann an der Medienproduktion partizipieren (vgl. Schönhagen 2017). Über die Bereitstellung journalistischer Produkte[111] handeln Leserreporter als wären sie Journalisten. Allerdings fehlen ihnen die berufliche Sozialisation und die Professionalität eines Journalisten und damit auch die Regeln, „die den Code des Teilsystems Journalismus in normativer, evaluierter und kognitiver Hinsicht spezifizieren" (Volkmann 2010: 214). Man kann in gewisser Hinsicht davon sprechen, dass Leserreporter journalistisches Arbeiten imitieren und sich daran orientieren. Dies tun sie, wenn sie mit der Intention und der *Haltung* durch ihren Alltag gehen, ein Artefakt zu produzieren, das einer journalistischen Nutzung zugeführt wird. Leserreporter lassen sich gleichwohl in die Kategorie *Populärer Journalismus* einordnen, zumal wenn man Journalismus nicht nur aus einer kommunikationstheoretischen Perspektive versteht, sondern „auf kulturelle, alltägliche und lebensweltliche Zusammenhänge der Medienrezipienten" (Renger 2008: 269) zurückführt. Populärer Journalismus zielt weniger auf ein Informations- und Orientierungsangebot, das durch professionelle Journalisten erarbeitet wird, sondern „auf spezifische Muster von sozialer Praxis im Sinne des Einflusses auf Alltagshandlungen und -praktiken" (Renger 2008: 269). Auf diesem Wege produziert der populäre Journalismus nicht nur eine eigene populäre Öffentlichkeit. Texte und Bilder dieser populären journalistischen Produktion spiegeln – trotz einer

---

[111] Die Frage, ob die Produkte bereits journalistische Produkte sind, da sie mit der Absicht oder zumindest der Möglichkeit einer Publikation erstellt wurden oder erst durch die Aufnahme in das journalistische Medium dazu werden, bleibt hier unerörtert.

möglichen Orientierung am professionellen Journalismus – vielmehr spezifische Praktiken und Bedeutungskonstruktionen wider. Sie bieten Schnittstellen für eigene Alltagserfahrungen und -handlungen, die dadurch in gewissen Praktiken münden und daher entsprechend mehr Authentizität zugesprochen wird. Das Material von Leserreportern entstehen in Situationen, die von Unvermitteltheit gekennzeichnet sind. Man gerät unversehens in sie oder findet sie plötzlich als *Ereignisse* vor. Die Aktualität solcher Aktefakte hat einen hohen Wert für das entsprechende Medium. Darüber hinaus besitzen solche Bilder und Beiträge eine eigene Ästhetik. Zwar gibt es gewisse Vorgaben, wenn es um die Bildperspektive, den Bildausschnitt oder die Form eines Textbeitrages geht. Dennoch werden gerade bei plötzlichen Ereignissen (z.B Überschwemmungen, Unfälle, Straftaten) amateurhaft wirkende Aufnahmen gerne genommen, weil sie eine Authentizität und Aktualität des Ereignisses suggerieren, die ein professionelles Pressefoto häufig nicht aufweist. Das professionelle Foto möchte zwar nicht unbeteiligt wirken, sucht aber stärker nach einem Standpunkt, der außerhalb der Situation liegt, der objektiv ist. Ein Leserreporter ist häufig stärker mit der Situation verbunden. Er sieht noch nicht so sehr mit seinem Objektiv, sondern mit seiner subjektiven Einstellung und hält dann das fest, was ihn bewegt und anspricht. Das Bild entsteht stärker aus der Identität und Subjektivität des Amateurjournalisten und bringt daher eine Ebene ins Bild, die für Leser und Betrachter eine zusätzliche Lesart zulässt, da Produzent und Produkt stärker miteinander verwoben sind. Man versetzt sich nicht nur ins Bild, sondern auch in den Macher des Bildes. Und dieser ist ein Alltagsmensch wie „ich und du", sodass der Identifikationsgrad höher ist. Das Bild eines professionellen Pressefotografen will hingegen den Betrachter des Bildes *im Bild lassen* und nicht zu ihm selbst herausführen. Aus dem Fernsehen kennt man die Subjektivitätsbindung beispielsweise durch die Nutzung einer Wackelkamera, aber auch die *Scripted Reality*-Formate im Fernsehen bedienen das Verlangen der Rezipienten nach lebensweltlicher Rückkopplung. Es ist die Welt des Alltags, aus der heraus und über die häufig berichtet wird; sie ist den Lesern unmittelbar vertraut und schafft damit auch *Vertrauen*. Und dabei sind es Form und Inhalt der Beiträge oder Bilder, die das von ihrer Anlage her ausdrücken. In ästhetischer Hinsicht soll eine unmittelbare Beteiligung und dadurch wiederum Authentizität vermittelt werden. Authentizität steht in dieser Hinsicht in Opposition zur Professionalität. Es ist das Tendenziöse, das normative *In-der-Situation-sein* und nicht das deskriptive *Auf-die-Situation-schauen* (was zugleich ebenfalls möglich ist), das den entscheidenden Unterschied in der Anlage und der Betrachtung der Bilder eines Pressefotografen und bildproduzierenden oder beitragsschreibenden Leserreporters ausmacht.

Leserreporter können ein Honorar erhalten, wenn ihr Bild (oder ihr Beitrag) an exponierter Stelle in der Bundes- oder landesweiten Printausgabe abgedruckt wird. Problematisch kann es dann in rechtlicher Hinsicht werden. Denn neben den Abdruckrechten, die der Produzent abtritt, „muss er auch die Zeitung von den Rechten und Ansprüchen Dritter freihalten. Sieht sich zum Beispiel ein/e abgelichtete/r Prominente/r, in den Persönlichkeitsrechten verletzt, so zieht dies einen Prozess nach sich, dessen Kosten ausschließlich vom ‚Leserreporter' zu tragen sind" (Brüning 2009: 68).

Die von den jeweiligen Medienunternehmen intendierten Folgen des Einsatzes von Leserreportern lassen sich wie folgt zusammenfassen: Durch das Werben um Leserreporter lassen sich neue Leser und Nutzer ansprechen, Bestandskunden werden noch enger ans Medium gebunden (vgl. Volkmann 2008: 220ff.). Der Aspekt der Mitgestaltung und Partizipationsmöglichkeit der Rezipienten vermittelt eine Teilhabe am Medium und den Inhalten (vgl. hierzu Schönhagen 2017, Hooffacker 2008, Wurtzbacher 2008), die die Akzeptanz des Mediums erhöht und es zugleich noch enger an die Alltagswelt der Menschen koppelt. Ein so mitgestaltetes Medium wird zu einem tendenziell unverzichtbaren Element des eigenen Alltags, weil es letztendlich selbst mitproduziert wird. Gerade auch durch Beiträge in lokalem und regionalem Umfeld gelingt den Redaktionen ein themenspezifischer Rücklauf, was vor Ort aktuell diskutiert wird oder von Interesse ist, die Bürger werden selbst zu einem lokalen Kompass.[112] Auf der Seite des Alltagsmenschen bzw. vermeintlichen Leserreporters selbst verändert sich insofern die Wahrnehmung des Alltags, als er nunmehr mit einem stärker beobachtenden und einschätzenden Blick seinen Alltag durchstreift und Situationen, die ihm begegnen und in der er sich befindet, auf die Möglichkeit einer Veröffentlichbarkeit hin einschätzt. Diese Perspektive ist zwischenzeitlich nicht

---

[112] Für die Schwierigkeiten, Wissen darüber zu erlangen, was die Leser gerne lesen möchten und zu den Problemen „ordentlicher" Lokaljournalisten vgl. Kretzschmar, Möhring, Zimmermann 2009.

mehr auf eine Leserreporterschaft begrenzt, sondern impliziter Teil des digitalen Menschen. Ein Beispiel hierfür kann das sog. *Selfie* sein, ein Bild von sich selbst, das mit dem Smartphone gemacht wird, um es anschließend über digitale Netzwerke zu verbreiten. Der Leserreporter setzt sich im Gegensatz zum Produzenten eines Selfies nicht unmittelbar selbst in Szene, obgleich er es natürlich mittelbar mittels seines Artefaktes tut. Der Produzent eines Selfies nimmt hier sozusagen die Doppelfunktion ein, indem er Bildinhalt und -produzent in einem ist. Mehr noch ist er sogar *operator, eidolon* und *spectator* (vgl. Barthes 1989: 17) in einem. Das *Selfie* bzw. das Selbstportrait gilt als ein Klassiker in Fotografie und Malerei. In der Malerei dient es in erster Linie dem Praktizieren der eigenen malerischen Anschauung und Fertigkeiten, des theoretischen Horizonts und der eigenen Verortung im Diskurs und in der Geschichte der Malerei (vgl. allg. Calabrese 2006). In der Fotografie diente es z.B. der diskursiven Auseinandersetzung mit dem Anderen und dem Selbst (siehe Bild unten). Das moderne, digitale Selfie und *der Selfie*, der es macht, sind vielmehr Ausdruck des Wunsches nach Selbstinszenierung und eines gewissen Narzissmus' und besitzen insbesondere eine „Ästhetik des Ereignisses" (Richter 2005), da das Selfie das plötzlich Hervorbrechende und trotz aller Inszenierung auch das Unverhersehbare beinhaltet. Eine solche *Ästhetik des Ereignisses* ist auch charakteristisch für die Bildartefakte von Leserreportern.

Für die Medienunternehmen spielt neben kundenbindenden Elementen die Produktion von *content* für die Onlineausgaben von Printprodukten eine wichtige Rolle. Mittlerweile gibt es keine Tageszeitung mehr, die nicht über ein Onlineangebot verfügt. Um nicht einfach einen deckungsgleichen Inhalt für Print- und Onlineprodukt anbieten zu müssen – auch um sich nicht durch das kostenlose Onlineangebot finanziell selbst zu schädigen –, und weil der Onlinebereich quasi unbegrenzt virtuellen Raum zur Verfügung stellen kann, werden die Onlineplattformen mit Beiträgen von Leserreportern aufgefüllt. Die minutenschnelle Verfügbarmachung und die unmittelbaren Kommentarfunktionen lassen eine hohe Aktualität und Fluktuation von Beiträgen und Nachrichten möglich werden.

Abbildung 9: Theodor W. Adorno „Selbst im Spiegel", 1964. Stefan Moses (München).

Abbildung 10: Selfie einer jungen Frau. Foto: Ameily Radke – Eigenes Werk.

Dabei spielt die Inszenierung von Authentizität, aber auch die Überführung der Vieldeutigkeit des Bildes in Richtung einer Eindeutigkeit, die mittels Textergänzungen erzeugt werden, eine wichtige Rolle. Der Text allerdings verschärft letztlich die Diskrepanz zwischen authentisch-tatsächlicher und aufgezeichneter Situation, da er das Gezeigte für den Betrachter bereits vorinterpretiert und damit zwar einen Kontext herstellt, dieser aber nicht gleich der tatsächlichen Situation sein muss. Aus diesem Grunde stehen kontextualisierte Bilder in doppeltem Verdacht, korrupt zu sein, indem sie dem Alltagsmenschen Objektivität suggerieren und über ihre permanente Präsenz wirksam sind. Das nachfolgende Bildbeispiel (ergänzt durch den dazugehörigen Text) verdeutlicht die genannten Aspekte.

Abbildung 11:
http://www.bild.de/news/leserreporter/rohrbruch/auto-faellt-in-
strasse-26430594.bild.html, zuletzt 28.03.19

„Langsam versinkt der rote Opel Corsa mit der Nase im
Wasser. Land unter in Delmenhorst (Niedersachsen)! Grund:
Ein Rohrbruch.
BILD-Leser-Reporter Oliver Hogrebe (46, Industrievertreter)
dokumentierte das Malheur.
Die Besitzerin (51) des Autos wollte noch schnell auf ein
Grundstück fahren. Plötzlich sackte unter ihr die Fahrbahn ab.
Ein Polizei-Sprecher: ‚Mitarbeiter der Stadtwerke prüfen zur-
zeit, warum es zur Unterspülung gekommen ist. Gehweg,
Parkstreifen und Teile der Fahrbahn sind gesperrt.'"

Das Bild wirkt unscharf, die Belichtung und die schwachen Kontraste unterstützen den Eindruck, dass es sich um einen *Schnappschuss* handelt. Und
das meint bzw. suggeriert in diesem Zusammenhang: Es ist ein *authentisches*
und kein *theatral* gestaltetes bzw. inszeniertes Bild. Hervorgehoben wird
dieser Eindruck durch die Verpixelung des Gesichts der Person am rechten
Bildrand. Bei dem Bild eines professionellen Fotografen wäre die Wahr-

scheinlichkeit hoch, dass dieser das Setting für das Bild entsprechend besser herstellt und z.b. die Person darum gebeten hätte, ganz aus dem Bild zu gehen – und so eine anschließende Verpixelung des Gesichts erst gar nicht nötig macht – oder eine Perspektive wählt, die die Person nicht beinhaltet. Dass die Person da ist und ihr Gesicht verpixelt werden muss, unterstreicht damit das Unvermittelte der Situation, wenngleich die Verpixelung wiederum selbst auf eine Nachbehandlung hinweist. Die Veränderung hebt daher auf die Echtheit ab. Umgekehrt wird durch den Text zum Bild der Eindruck erweckt, als handele es sich um die Fahrerin, zumindest bleibt für den Betrachter die Möglichkeit eines solchen Schlusses. In diesem Falle – so lässt sich vermuten – hätte ein professioneller Fotograf auf eine deutlichere Bezüglichkeit zwischen Besitzerin und Auto hingewiesen, indem er sie entsprechend deutlicher und näher am (oder im) Auto positioniert hätte.

Die Vorannahme dieser Auslegung ist hier gleichwohl, dass es dem professionellen Fotografen um eine bessere Darstellung (Farbe, Kontraste, Helligkeit, Bildschärfe) des Autos und des Bildes insgesamt geht und gerade nicht um die Inszenierung von Authentizität und Situativität. Damit ist gemeint, dass ein professioneller Fotograf natürlich auch solche alltagsweltlich wirkenden Bilder inszenieren kann und die entsprechenden Techniken kennt, um seine Bilder als amateurhaft auszuweisen. Er würde dann weniger Wert auf eine ausgewogene Farbkomposition, Belichtung und entsprechende Schärfeneinstellung legen.

In diesem Zusammenhang ist zu bemerken, dass der Bild-Leserreporter namentlich genannt wird und mehr noch durch die Altersangabe und Nennung der beruflichen Tätigkeit zu einer konturierten Person wird. Das wiederum ist hier ein zusätzliches Merkmal für die Unterscheidung Amateur/Profi-Fotograf. Denn ein professioneller Fotograf liefert Bilder und wird, wenn überhaupt, nur im Rahmen eines kurzen Verweises unter dem Bild mit Nachnamen oder Kürzel als Quelle angegeben. Im reinen Nachrichtentext ist er in der Regel nicht zu finden. Hier hingegen wird der Fotograf im Rahmen eines Kurzprofils vorgestellt. Den Lesern wird dergestalt nicht nur ein Bild und ein Nachrichtentext geboten, sondern zugleich ein Spiegel vorgehalten, indem ein gewöhnlicher Leser mit einem solchen Bild zum redaktionellen Teil der Zeitung werden kann. Und wenn dies jeder gewöhnliche Leser werden kann, dann – so die Implikation – kann

„ich" das ebenso und muss keine Hemmung haben, mich mit einem Schnappschuss bei der „1414" zu melden. Der im Text vermerkte Hinweis auf den Polizeisprecher legt den Schluss nahe, dass die Zeitungsredaktion sich im Anschluss noch bei der Polizei über den Ablauf und die Gründe für das Einsacken der Straße erkundigt hat. Zumindest darüber wird ein Maß an Legitimation der eigenen journalistischen Tätigkeit des Mediums ausgewiesen.

Aus dem oben Gesagten folgt auch, dass die Bilder gerade nicht dazu da sind, den Fotografen als Amateur oder Berufsfotografen *auszuweisen*. Vielmehr soll der Eindruck einer unvermittelt sich auftuenden Situation, auf die man mit einem Schnappschuss reagiert, erzeugt werden, die durch jedermann durchgeführt werden kann. Dass das Bild im Nachgang für die Veröffentlichung nochmals bearbeitet wurde, ist derweil ebenfalls sichtbar. Oben rechts ist eine Deutschland-Karte in Umrissen eingepflegt worden, die, mit einem roten Punkt versehen, den Geschehnisort bzw. die Region anzeigt. Damit wird dem Leser bzw. dem Betrachter eine *Verortung* ermöglicht (im Text heißt es „Delmenhorst (Niedersachsen)"). Bildhaft wird diese Verortung rein durch den roten Punkt. Als einzige weitere Referenz in diesem bildhaften Koordinatensystem sind die Umrisse der Deutschlandkarte gegeben. Die Deutschlandkarte dient in diesem Zusammenhang als kleinster gemeinsamer Nenner, der eine Identifikation ermöglicht. Schrittweise kann man sich dann – wie durch den Text ersichtlich wird – als Niedersachse oder Delmenhorster diesen Vorgängen noch enger verbunden fühlen. Zugespitzt formuliert kann man hier von dem Versuch einer Vergemeinschaftung (vgl. Tönnies 1963) der Leser sprechen. Dieser Punkt wird zudem durch den Bildinhalt untermauert. Es handelt sich bei dem abgebildeten Wagen um einen Wagen des „kleinen Mannes", einen Kleinwagen, die Straße und Gebäude im Hintergrund sowie am Rand zeigen eine typische Straße, die man so oder so ähnlich überall in Deutschland finden kann.

Es gibt für den Betrachter dergestalt keine Möglichkeit des Ausschlusses einer solchen Situation. Soll heißen: Das kann jedem Menschen überall passieren, die Umstände sind einfach nur „tragisch", das Einstürzen der Fahrbahn und von Teilen des Gehwegs stehen nicht schuldhaft mit der Fahrerin des Wagens in Zusammenhang. Und damit wird eher Solidarität im Sinne eines Mitfühlens erzeugt. Dieser Punkt ist insofern wichtig, als das Bild auch hätte – anders kontextualisiert – beim Betrachter große Schadenfreude auslösen können, z.b. wenn ein junger Fahrer in einer Zone 30 durch überhöhte Geschwindigkeit selbst Auslöser eines solchen Umstandes geworden wäre.

Und damit wird ein zweiter und damit zusammenhängender Aspekt hervorgehoben, der durch den Authentizitätsanspruch erzeugt werden soll. Neben dem Versuch der Originalität ist es die Herstellung von Gemeinsamkeit, der Versuch der bereits angesprochenen Vergemeinschaftung der Leser untereinander, aber mehr noch der Leser mit dem Medium (Bild-Zeitung). Die Verpixelung des Gesichts als Vorgang selbst deutet, wie bereits erwähnt, auf eine Nachbearbeitung, z.B. durch die Redaktion, hin. Unterstellt man einen amateurhaften Schnappschuss, so liegt die Fähigkeit des Verpixelns in der Nachbearbeitung des Bildes möglicherweise nicht in der Fertigkeit des Fotografen, möglicherweise liegt nicht einmal die Kenntnis vor, dass eine Verpixelung bei Veröffentlichung des Bildes nötig ist, um keine Persönlichkeitsrechte zu verletzen. Aber die Verpixelung drückt in diesem Zusammenhang – zumindest latent – einen verantwortungsvollen Umgang bzw. Verantwortlichkeit aus. Auch wenn ein Schnappschuss durch einen Bild-Leserreporter gemacht und dieser abgedruckt wird, so muss niemand Angst davor haben im Rahmen dieser misslichen Situation „vorgeführt" zu werden. Die Verpixelung ist dergestalt janusköpfig in ihrer Funktion. Einmal ist sie aus rechtlichen Gründen erforderlich, zum anderen bietet sie dem Medium die Möglichkeit, das eigene verantwortungsvolle Handeln bildhaft darzustellen und in Szene zu setzen. Was hier also angesprochen ist und unterschieden werden muss, ist die gezeigte Handlung und die Handlung des Zeigens (vgl. z. B. Reichertz/Englert 2010: 28 ff.). Und die Leserreporter-Bilder spielen auf der Ebene der Handlung des Zeigens eine zentrale Rolle für das Medium. Während die gezeigte Handlung ein eingesunkenes rotes Auto zeigt, beinhaltet die Handlung des Zeigens die bereits genannten Aspekte von Verantwortung, Echtheit und Vergemeinschaftung. Und diese beiden Ebenen zeigen die komplexe Verquickung von Bildproduzent und Medium (BILD), der gezeigten Handlung und der Handlung des Zeigens. Über die gezeigte Handlung, so wie sie von einem Amateurfotografen aufgenommen wird, soll nämlich die Handlung des Zeigens durch das Medium etabliert werden. D.h. die unintendierte authentisch – und damit nicht professionell – wirkende Produktion des Bildes durch einen Leserreporter wird erst durch die Darstellung im Medium mit einer – zumindest neuen oder exaltierten – Handlung des Zeigens versehen. Das Medium macht sich dergestalt nicht nur das Gezeigte zu eigen, sondern lädt durch die gegebene Kontextualisierung im Medium das Bild mit einer (neuen, weiteren oder exaltierten) Handlung des Zeigens auf. Solche vermeintlich authentischen Bilder sind ja gerade deshalb für das Medium von hohem Wert, weil es gerade kaum *Handlungen des Zeigens*, also bildgestaltende Elemente, gibt. Und diese scheinbare Nichtinszenierung, diese Leerstellen bzw. Freiräume, werden gerade vom Medium zur Inszenierung (Gemeinschaft, Vertrauen, Ehrlichkeit) von Handlungen des Zeigens genutzt.

In diesem Zusammenhang stehen dann die entsprechenden Anpassungen am Bild: die Verpixelung des Gesichts, das Einfügen des Umrisses einer Deutschlandkarte und das Beschneiden des Bildes selbst. Denn das Bild ist vom Format her kaum zu bestimmen, es ist nahezu quadratisch angelegt. Man darf davon ausgehen, dass es entsprechend gewisser Erfordernisse beschnitten wurde. Hier darf zudem nicht übersehen werden, dass bereits die Auswahl des Bildes für eine Subsumtion unter einer spezifischen Intention steht. D.h., das Bild ist bereits durch seine Auswahl in gewisser Hinsicht mit einer Handlung des Zeigens versehen, die durch weitere Kontextualisierungen im Bild und im beschreibenden Text verstärkt wird.

Die hier beschriebenen Aspekte lassen sich ebenfalls für das nachfolgende Fotobeispiel eines Leserreporters konstatieren, das – wie bei Leserreporter-Bildern üblich – auch mit einem Text beschrieben bzw. erklärt wird.

„Bei Verfolgungsjagd
Polizei brettert ins Schaufenster
Was Leser-Reporter Tag für Tag erleben
Das Ende einer Verfolgungsjagd.

Bei einer Routinekontrolle in Kelheim (Bayern) ergriff ein Autofahrer (25) die Flucht. Die Polizeistreife düste mit Blaulicht hinterher. Beide Autos kamen von der Straße ab. Der Daihatsu Applause landete an einer Hauswand, der Fahrer flüchtete zu Fuß. Die Polizei bretterte in ein Schaufenster.

Der Daihatsu-Fahrer wurde später festgenommen. Er hatte keinen Führerschein. Und wer zahlt die Kosten für das kaputte Schaufenster? ,Wir haben den Schaden verursacht und müssen dafür wohl auch zahlen', so ein Polizeisprecher."

Abbildung 12: http://www.bild.de/news/leserreporter/polizei-streifen-wagen/polizei-streifenwagen-kracht-in-schaufenster-29279480.bild.html#
Text unter dem Bild: „Kelheim (Bayern): Bis zur Hinterachse ragt das Polizeiauto in den Verkaufsbereich eines Fensterstudios. Die Beamten kamen bei einer Verfolgungsjagd von der Fahrbahn ab". Foto: privat

Das Bild zeigt einen Polizeiwagen, der in einer Fensterfront hineingefahren ist. Irritierend und interessant wirkt nicht allein der Umstand, dass ein Polizeiauto in eine Fensterfront gefahren ist. Besonders interessant ist hier das, was man nicht sieht und was gewisse Verständnisfragen aufwirft. Denn der Beginn der unteren Fensterfront sitzt recht hoch, so dass der Abstand zwischen Boden und unterem Fensterrahmen durch Mauerwerk getrennt ist, das normalerweise den Aufprall des Wagens aufnehmen und ihn hätte etwas zur Seite abprallen lassen müssen. Für ein „Hineinfahren" in die Fensterfront hätte es auf den ersten Blick einer Art Rampe bedurft, es ist scheinbar „hineingeflogen". Zwar erkennt man an der unteren rechten Seite der Fensterfront zerstörtes Mauerwerk, so dass man vermuten kann, dass der Wagen dort seinen „Auftrieb" erhalten hat, ungewöhnlich und nicht gänzlich auflösbar bleibt die Lage des Polizeiwagens dennoch und wird auch nicht durch den beigefügten Text erklärt. Neben des offensichtlichen und durch den Text geleiteten Informationsgehalts eines in einer Fensterfront verunfallten Polizeiwagens wird zudem ein „Bilderrätsel" angeboten, das unabhängig von der eigentlichen Situation (flüchtender Fahrer, Verfolgung durch die Polizei mit einem verunfallten Polizeiwagen) zu einer Auseinandersetzung mit dem Bild anregt; und wird damit inhaltlich beispielhaft für ein Leserreporter-Foto, das nicht allein dokumentiert, sondern ein Kuriosum bietet. Die formale Qualität des Bildes ist ähnlich des ersten Fotos durchschnittlich, was die Belichtung und Schärfe angeht. Ebenfalls findet man die Bearbeitungsartefakte wie die Deutschlandkarte mit einem Lokalisationspunkt und der teilweisen Verpixelung des Nummernschildes, die dem Bild einen authentischen Charakter verleihen. Die Authentizitätsinszenierung auf der einen und das Kuriose auf der anderen Seite bilden hier eine dialektische, spannungsgeladene Klammer. Das Sendungsbewusstsein, das den Rundfunk- und Publikationsmedien schon immer inhärent war, legt sich damit zugleich auf die Alltagswahrnehmung, deren Inhalt nun nur noch einen Tastendruck von einer Distribution entfernt ist. Solcherart zeigen sich eine Mediatisierung des Alltags und eine Veralltäglichung der Medien.

Eine andere Form des *prodisumentischen* Entwerfens zeigt sich im Rahmen der Open-Source-Bewegung, die ebenfalls die Produktion, Distribution und Rezeption nicht nur vereint, sondern diese als hervorgehobenes Merkmal beinhaltet.

4.4.3 Open Source: Wissen verbinden – Wissen teilen[113]

Open-Source- und Free-Software-Projekte[114] sind in der Produktion von Software oder Wissensdatenbanken eine feste Größe geworden; man denke z.B. an die verschiedenen Linux-Betriebssystemdistributionen (z.B. Ubuntu), die Bürosoftware OpenOffice oder LibreOffice, den Webbrowser Fire-

---

[113] Enthält Auszüge aus Bidlo/Englert 2013, S. 266-271.

[114] Auch wenn streng genommen zwischen „Free Software" und „Open Source Software" unterschieden werden muss, hat sich eine Subsumtion beider unter den Begriff „Open Source" eingepflegt. Im Weiteren wird hier daher mit dem Begriff des „Open Source" gearbeitet und darunter auch der stärker soziale und ethische Ansatz der Free Software verstanden (vgl. auch Kees 2015: 25 ff.).

fox, das DTP-Programm Scribus oder das Grafikprogramm Gimp, aber auch die Plattform *Wikipedia* kann als eine Open-Source-Wissensdatenbank verstanden werden oder die an Universitäten und Hochschulen beliebte Plattform Moodle. In nahezu allen digitalen Arbeitsbereichen ist mittlerweile Open-Source-Software präsent bzw. nutzbar, so z.b. auch zunehmend in Unternehmen bzw. im Bereich der Unternehmenssoftware (vgl. Kees 2015). Zu einer Begriffsbestimmung von Open Source (vgl. z.B. Gehring/Lutterbeck 2004) lässt sich vermerken: Es stammt ursprünglich aus der Softwareproduktion und meint, dass der Quelltext, aus dem die Software besteht komplett offen gelegt und einsehbar ist. Jeder, der die Fähigkeit des Programmierens besitzt, kann daran mitschreiben und Veränderungen vornehmen. Besonderes Kennzeichen ist die offene, partizipative und kooperative Zusammenarbeit an einem Projekt, aus dem ein Produkt wird, das jedoch im Ergebnis kostenfrei für die Allgemeinheit zur Verfügung gestellt – geteilt – wird und weiterhin von jedem verändert werden kann. Darüber hinaus haben sich zunehmend Unternehmungen entwickelt, die den Open-Source-Gedanken in andere gesellschaftliche Bereiche getragen haben, z.B. im Rahmen der Stadtplanung, von Bürgerbeteiligungen usw. Unabhängig vom Erfolg der einzelnen Projekte steht die besondere Form der Wissensproduktion und die Teilhabe daran im Mittelpunkt. Das Teilen von Wissen und gemeinschaftliche Wissensproduktion sind im Open-Source-Gedanken grundlegend miteinander verbunden. Wissen wird hier verstanden als eine sich erweiternde Ressource, welche nur durch eine künstliche Verknappung oder Zugangsbeschränkungen, wie man sie beispielsweise von herkömmlichen Urheber- und Eigentumsrechten kennt, zu einer knappen und damit monetär wertvollen Ressource gemacht wird (vgl. Fuchs 2005: 6). Die normative Grundlage der Open-Source-Gemeinschaft ist die freie Zugänglichkeit zum Wissen für alle Menschen. In dieser Hinsicht und gekoppelt mit der Hervorhebung des „Selbermachens" wird auch von Open Source „als postkapitalistische[r] Praxis" (Baier u.a. 2016) gesprochen.
Durch die Möglichkeit der digitalen Distribution wird zudem die Standortgebundenheit des Wissens aufgebrochen und eine neue Form der Wissensallmende möglich. Wissenssoziologisch fällt diese Ausdifferenzierung und Veränderung des Wissens und seiner Verfügbarkeit in die Analyse, dass sich im Rahmen der Ausweitung der Wissensgesellschaft neue Funktionssysteme

und Wissensorganisationen bilden, die die Wissenschaft in ihrer alleinigen Rolle als Erzeuger, Bewerter und Vermittler von Wissen zurückdrängt (vgl. Knoblauch 2005: 275). Damit weist die Entwicklung solcher Wissensformationen darauf hin, dass es zunehmend nicht mehr nur einzelne Experten, sondern zunehmend arbeitsteilige Gemeinschaften gibt und geben wird, die den Erfordernissen und Anforderungen der Gesellschaft entsprechen können (vgl. Bidlo/Englert 2013: 268 ff.). Die Verknüpfung des Begriffs der Wissensgesellschaft mit dem vom Ursprung her technisch geprägten Open-Source-Gedanken ist insofern beachtenswert, da der Begriff der Wissensgesellschaft besonderen Wert auf die nicht-technische, menschliche Seite des Wissens legt und damit dem Begriff der Informationsgesellschaft, der stark von einer technikdeterministischen Auffassung geprägt ist, eher entgegen steht. Wissen kann mit Rekurs auf wissenssoziologische Vorstellungen als die Zunahme von Handlungsoptionen und -möglichkeiten verstanden werden (vgl. Bidlo/Englert 2013: 268 ff.). Eine solche Sichtweise folgt dem wissenssoziologischen Grundgedanken, dass der erkennende Mensch ein Bestandteil eines sozialen Zusammenhanges ist, welcher selbst wiederum in den Vorgang des Erkennens einfließt. Und damit wird Wissen kein freistehender Einzelakt. „Denn während die philosophische Erkenntnistheorie Wissen traditionell als eine Leistung solitärer Erkenntnisakte versteht, sieht die Wissenssoziologie Erkenntnis und Wissen als Produkte sozial vermittelter Bedeutungen, die mehr von der Akzeptanz als von der Wahrheit geleitet sind" (Tänzler/Knoblauch/Soeffner 2006: 7). Zentrales Element für diesen Prozess ist Kommunikation (vgl. auch Keller/Knoblauch/Reichertz 2013). Damit zeichnet sich der Wandel von Wissen und Gesellschaft in modernen Gesellschaften insbesondere durch Veränderungen der Kommunikation aus (vgl. Knoblauch 2005: 130). Solche Veränderungen sind gegenwärtig auf der technischen Seite besonders durch einen schnelleren Zugriff auf und Verbreitung von Wissen, aber auch durch einen in zunehmendem Maße offenen Zugang (open access) gekennzeichnet. Gerade dieser offene Zugang von Wissen in Open-Source-Projekten lässt den Übergang von Sonderwissensbeständen und Alltagswissen durchlässiger werden, wirft in einer postmodernen Mediengesellschaft die Frage nach der Entstehung, Relevanz und gesellschaftlichen Legitimierung von Wissensbeständen neu auf und verweist auf den Zusammenhang von technischer Entwicklung und handlungsspezifischen Praktiken.

Die Open-Source-Bewegung kann als ein Beispiel verstanden werden für das, was Vilém Flusser in seinem utopischen Entwurf als telematische Gesellschaft bezeichnet hat. Die telematische Gesellschaft besteht aus einem verteilten Netzwerk aus Menschen und Maschinen ohne Zentren und Machtkonzentrationen. Es findet dort kein einseitiges ‚Senden' statt, sondern es herrscht ein ausgewogenes Verhältnis von Wissensverteilung – Flusser nennt sie Diskurse – und Wissensproduktion – Flusser spricht von Dialogen. Das Entwerfen neuer Informationen erfolgt dabei besonders durch die Rekombination bereits vorhandener Informationen. In der telematischen Gesellschaft ist das Medium für diese andauernde Prozessierung nicht mehr die lineare, gedruckte Schrift, sondern das technische Bild, zu der auch die ins elektromagnetische Feld geschriebenen Texte gehören. Diese sind aufgrund ihrer Möglichkeit zur Sprunghaftigkeit nicht mehr in voller Strenge linear, so wie wir es von auf Papier geschriebenen Büchern kennen, sie können eine andere Richtung einschlagen, können springen (z.B. Hypertexte) und dadurch die Linearität überwinden. Sie bilden daher keinen Schluss, sondern sind in ihrer Struktur und Organisation offen angelegte Texte. Und das, was aus ihnen erwächst, bildet damit keinen Schlusspunkt mehr, sondern den Ausgangspunkt eines fortwährenden kreativen Prozesses (vgl. Bidlo 2008a: 144 ff.). Die Texte können weitergeschrieben, manipuliert, verändert und überarbeitet werden (z.B. Wikipedia oder eben der Quelltext einer Software). Die Kreativität – die Neuschöpfung von Informationen – findet selbst innerhalb eines solchen Prozesses statt und ist ein Teil davon. Der Text (oder das Projekt) selbst ist eine Aufforderung an die Nutzer und Empfänger das Artefakt weiterführen und damit selbst schöpferischer Teil des Ganzen zu werden. Die Zielsetzung ist es dann nicht mehr, ein fertiges, abgeschlossenes Werk herzustellen, sondern das schöpferische Wirken des Menschen anzuregen. Der Mensch selbst wird dann – und hier zeigt sich eine anthropologische Perspektive – von einem Subjekt, dem Unterworfenen, zu einem Projekt, dem sich entwerfenden, schöpferischen Mensch (vgl. Flusser 1998). Der Mensch in der telematischen Gesellschaft ist damit eher ein Künstler und Schöpfer, der die in ihm und in der Situation angelegten Möglichkeiten in Wirklichkeit übersetzt. Und da es nicht mehr nur einen Autor gibt – so wie es bereits die (Post-)Strukturalisten betont hatten –,[115] gibt es keine alleinige Autorität mehr, Macht und Wissen sind nicht mehr ausschließlich an eine Person gebunden. Rezipienten werden Mitproduzenten und -gestalter, die Menschen werden zu Prosumenten.

Ein weiteres Fallbeispiel zeigt, wie Tourismusräume sich besonders durch medienästhetische Entwürfe konstituieren.

4.4.4 Medienästhetischer Entwurf von Tourismusräumen – Ein Fallbeispiel

Tourismusräume sind besondere ästhetische Orte, da sie in und auf besondere Weise mit Sinn bzw. Bedeutung und Deutungen aufgeladen sind bzw. werden und das vor allem durch ihre Gestaltung und an sie herangetragene Erwartungen. Tourismusräume sind omnipermeabel – sie sind von innen und von außen bewusst und unbewusst durchlässig für Zeichen, Codes und Informationen. Und gerade touristische Räume werden latent und manifest, implizit und explizit mit Bedeutungen aufgefüllt. Diese Sinn- bzw. Bedeutungszuschreibung erfolgt einmal latent durch die Besucher der Tourismusräume, ihre Erwartungen, Motivationen und Deutungen; und manifest durch die Konzeptionalisierungen, Entwürfe und ihre Umsetzung von Architekten, Landschaftsgestaltern und Städtebauern; diese Umsetzungen sind manifeste, also geronnene Bedeutung, sie sind fest gewordene und wahrnehmbare Bedeutungsträger. All diese Entwürfe oder entworfenen Gegenstände wiederum greifen auf vermeintlich gesicherte oder zumindest zu erwartende Erwartungen (Erwartungserwartungen) der Zielgruppe zurück, aber auch auf latent vorhandene Eigenzuschreibungen und Vorstellungen vonseiten der Entwerfer. Tourismusräume sind dergestalt auch als *Erwartungsräume* (Reichertz/Niederbacher u.a. 2011) zu verstehen.

Der Begriff der *Erwartungsräume* – bei Reichertz/Niederbacher u.a. spielt er auf Spielhallen als besondere Orte an – deutet an, dass der Raum – in unserem Zusammenhang der touristische Raum – wesentlich ein kommunikatives Erzeugnis ist: „Raum und Zeit werden kommunikativ erzeugt […]. Raum und Zeit sind sozial erzeugt und erfüllt. Und durch die jeweilige Konstruktion von Raum und Zeit wird eine besondere soziale Ordnung in-

---

[115] Man denke hier dezidiert an Roland Barthes' *Der Tod des Autors* aus dem Jahre 1968 oder an die etwas gemäßigte Form von Foucault in seinem Aufsatz *Was ist ein Autor?*

teraktiv erzeugt und auch verbindlich gemacht. Das besagt nun nicht, dass Menschen nach Belieben Räume und Zeiten schaffen, sondern nur, dass Menschen alle Elemente ihres Lebens vorfinden und dass sie sich die *Bedeutung* der vorgefundenen Elemente gemeinsam erarbeiten und auf Dauer stellen" (Reichertz/Niederbacher 2011: 11). Tourismusräume sind dergestalt ebenfalls soziale Erzeugnisse, sie sind sozio-, aber vor allem auch mediamorph. Reiseberichte sind und waren immer schon wichtiger Bestandteil einer solchen medialen Aufladung, indem Narrationen von Reisen und besuchten Orten angeboten werden. „Bereits Homers fiktive Odysee handelt von Abenteuern auf Reisen. Als ältester realer Reisebericht gilt im 4. Jahrhundert vor Christus der ‚Periplus' des Seefahrers Skylax aus Karyanda, auch Herodots Reiseberichte faszinieren bis heute" (Klemm 2016: 31). Das, was früher der klassische Reisebericht war, zeigt sich heute z.B. in Gestalt von Reisenberichten in den sozialen Netzwerken und wird nicht selten zu einer „multimodalen Echtzeit-Selbstdokumentation" (ebd.).

Für die Tourismusindustrie ist die symbolische Aufladung von touristischen Räumen essentiell. Dennoch erfolgt die Aufladung nicht nur durch sie, sondern durch Bewohner des Raumes und die Medien. „Deutungsmacht besitzen zum anderen auch all jene Dritte, die mehr oder weniger den fremden Raum kennen, sprich: Schon einmal dort gewesen sind. Ihre Deutungsmacht – und diese konkretisiert sich in Texten – beruht auf einer Glaubwürdigkeit, die sich von dem Umstand speist, dass ihre Raumaussagen nicht derart interessengeleitet sind wie die der Raumbewohner. Letzteren wird eher bewusstes Verzerren von Realitäten unterstellt" (Wöhler 2011: 64). Distribuiert werden solche Sichtweisen, Bewertungen und touristischen Erfahrungen sowie erfüllten oder enttäuschten Erwartungen des besuchten Raumes über digitale Bewertungsportale, aus denen sich überdies Keywords und Relevanzen bilden, die wiederum zur Verfestigung gewisser Narrationen führen. „Keywords bilden Relevanzen ab. Sie rühren aus Suchanfragen bezüglich bestimmter Inhalte bzw. Eigenschaften eines Hotels oder der Destination her" (Wöhler 2016: 131). Die sich so bildenden Bedeutungscluster sind Vorgabe und Ergebnis für folgende bzw. vorangegangene touristische Erfahrungen des entsprechenden Raumes und führen in der Regel zu einer Verfestigung tradierter Bilder des Tourismusraumes. Dergestalt wird dieser zu einem Valenzraum, er ist in besonderer Art und Weise aufgefüllt mit

Deutungen und Wertigkeiten, die zunächst in einem Versprechen verharren, bis sie durch den unmittelbaren Besuch durch den Touristen konkretisiert und entsprechend konstruiert werden.

Weiterhin werden touristische Räume durch die von Werbung und Medien vermittelten Deutungsangebote angereichert, die zugleich auch wesentlich das Bild des Touristen prägt, der sich vorab entweder bewusst ein Bild des zu besuchenden Ortes macht oder durch die regelmäßige mediale Dar- und *Vorstellung* solcher Orte zwangsläufig ein Bild von diesen bekommt. Touristische Räume sind dergestalt ein gutes Beispiel für kommunikativ konstruierte Räume (vgl. Christmann 2016, Koch 2016).

Die *Vorstellungen* in den Medien wiederum kommen ebenfalls nicht aus dem Nichts, sondern greifen ihrerseits auf vermeintlich gesicherte oder zumindest zu erwartende Erwartungen (Erwartungserwartungen) der Zielgruppe (also der anzusprechenden Touristen) zurück. Aber auch latent vorhandene Eigenzuschreibungen und Vorstellungen sind hier wirksam, die sich zugleich auch in der Praxis des Sehens und Gesehenwerdens niederschlagen. Bereits Sartre entlarvt in *La reine d'Albemarle ou le dernière touriste* „die Klischees seiner [des Touristen] stereotypen Sichtweisen im dialektischen Spiel von Sehen und Gesehenwerden" (Winter 2008: 194). Und diese Form des Sehens auf Reisen verläuft zwischen den oszillierenden Polen von „Realität und Virtualität, sofern die Wahrnehmung durch eigene Vorstellungen und Erfahrungen, aber auch und sehr wesentlich durch andere Medien und Diskurse, durch Zitate, Texte, Bilder, Filme oder Musik präfiguriert ist" (Winter 2008: 203). Medien schreiben dergestalt Bedeutungen zu, auch bei touristischen Räumen, sie mediatisieren den touristischen Raum, der überdies als Stadtraum selbst Mediatisierungsformen wie z.B. Plakate, digitale Leinwände oder Monitore, Kinos, Zeitungsstände usw. aufweist (vgl. Hepp/Kubitschko/Marszolek 2018). Aus diesem Konglomerat aus Sichtweisen, Deutungen und Motiven bilden sich verschiedene Konstruktionsangebote und Verwirklichungsmöglichkeiten, mit denen der touristische Raum aufgefüllt ist und aufgefüllt wird und die er (im besten Falle) in Wirklichkeit übersetzen kann. Dies geschieht, wenn eine (angebotene) Interpretation oder Inszenierung vom Besucher an- bzw. aufgenommen und daraus von ihm eine erfüllte Erwartung konstruiert oder diese Erwartungen bewusst nicht erfüllt bzw. „gebrochen" wird.

„Demzufolge ist die Erfahrung bereits durch die Organisation der Tourismusindustrie vorbestimmt und gerahmt. Reisende folgen deren Regieanweisungen oder Skripten; sie sind ZuschauerInnen des Stückes ‚Tourismus', das von den Einheimischen aufgeführt wird. [...] Mit anderen Worten hat der Medienkonsum ein Bild von dem abwesenden Fremdraum erzeugt. In der Vorstellung wird er als Bild präsent; dieses Bild entfaltet seine Wirkung im *tourist gaze*. Dieser mediatisierte *tourist gaze* (Urry) ist kein flüchtiger Blick (also nicht *glance*) sondern ein konzentrierter, fokussierender Blick der TouristInnen, die sich den Objekten des in den Medien präsentierten Fremdraumes zuwenden" (Wöhler 2011: 78).

Der *tourist gaze*, d.h. der touristische Blick, das Starren und Bestaunen, meint nach Urry (vgl. Urry 2002) den Blick eines Touristen-Subjektes, das die zu beschauenden Orte oder touristischen Dinge erst dadurch aktiviert und zwar mit Rückgriff auf durch Medien bereitgestellte Bilder und Wahrnehmungen von diesen Orten, die wiederum durch den Blick aktualisiert und bestätigt werden.

„People linger over such a gaze which is then normally visually objectified or captured through photographs, postcards, films, models and so on. [...]The gaze is constructed though signs, and tourism involves the collection of signs. When tourists see two people kissing in Paris what they capture in the gaze is 'timeless romantic Paris'. When a small village in England is seen, what they gaze upon is the 'real olde England'" (Urry 2002: 3).

Darüber hinaus sind ästhetische Figurationen touristischer Räume z.B. in visueller Hinsicht Aussichtsplattformen und (häufig medial vermittelte) beliebte Perspektiven (vgl. allgemein Hahn/ Schmidl 2016), von denen aus gelenkte und iterative Blicke auf eine Sehenswürdigkeit erzeugt werden. So kann die Perspektive selbst im touristischen Raum zu einer Attraktion, zu einer Sehenswürdigkeit werden.
Aus diesem Grund nun sind Tourismusräume in besonderer Weise ästhetische bzw. medienästhetische Orte, insofern sie historisch (vgl. z.B. Schlö-

gel 2003) und gegenwärtig permanent mit Sinn- und Inszenierungsangeboten aufgeladen (produziert), kontextualisiert und zur Rezeption angeboten werden. Zudem besitzen Tourismusräume die Eigenschaft, dass sie sich erst durch das aktive Handeln des Besuchers, die aktive Nutzung des Tourismusraumes vollends entfalten können. Er wird nicht bloß regungslos rezipiert, sondern er wird durch aktive Handlungen (z.B. Durchwanderung, unmittelbare Gespräche auf Märkte, das Berühren von Mauern, das Schwimmen im Meer, Einkaufen) erst zu einem unmittelbaren Raum. Erst die ästhetische Aufnahme *und* die handlungsspezifischen Reaktionen darauf lassen den Tourismusraum als einen Valenzraum entstehen.

„Er existiert unter der Voraussetzung des Gestaltens, Erlebens, Vorstellens, Abstrahierens und Imaginierens. Er ist demnach kein Behälterraum, sondern er wird als ein Leerfeld gedacht, das durch Handlungen, Wahrnehmungen, Vorstellungen, Modelle und Entwürfe eine je spezifisch erfahrbare Raumwirklichkeit wird. Wir leben zwar in Räumen, doch ihnen vorgängig sind Prozesse der Raumproduktion, durch die sich Menschen in den Raum einschreiben und ihn inkorporieren, sodass Orte entstehen" (Wöhler 2011: 69).

Diese so produzierten bzw. konstruierten Räume können derweil als weitere Vorlage für Artefakte wie z.B. Urlaubsfotos oder Videos dienen, die wiederum über entsprechende digitale Möglichkeiten wie Video- oder Bildplattformen[116] distribuiert werden können.

Sind aber nicht eigentlich alle Orte ästhetisch, also wahrnehmbare, mit und durch Sinn bzw. Bedeutung konstituierte Orte, die man durch einen z.B. hermeneutischen Blick in ihrer Bedeutung offenbaren kann?

Ästhetische und *anästhetische* Orte
Welsch hat im Rahmen seiner postmodernen Ästhetik die Unterscheidung *ästhetisch* und *anästhetisch* eingeführt. Das Anästhetische ist dasjenige, das sich der sinnlichen Wahrnehmung entzieht. Das kann einmal durch eine bewusste Beschneidung der Wahrnehmung geschehen oder durch ein Über-

---

[116] Besonders aus früherer – *analoger* – Zeit bekannt, aber auch heute noch vorhanden, können Dia-Abende und Vorträge als weitere Beispiele für die Distribution angeführt werden.

maß an Informationen, die keinen Raum mehr zu einer gänzlichen Erfassung der Wahrnehmungen ermöglichen. Bezieht man eine solche Unterscheidung auf Orte, lassen sich ästhetische und anästhetische Orte unterscheiden. Dabei ist die Unterscheidung natürlich idealtypisch: Anästhetische Orte beinhalten auch ästhetische Elemente und umgekehrt lassen sich in ästhetischen Orten auch anästhetische Elemente markieren. Mehr noch besteht keine zeitlich fortdauernde Festschreibung in anästhetische und ästhetische Orte, sie müssen vielmehr prozessual verstanden werden, wenngleich sie eine Konservativität besitzen können. Die Polizei als Institution ist in einer solchen Lesart weniger ein ästhetischer als ein anästhetischer Ort. D.h., dort wird bewusst und unbewusst der Informationsfluss bzw. die Wahrnehmbarkeit in beide Richtungen (von außen nach innen und von innen nach außen) so gut wie möglich unterdrückt oder zumindest extrem stark reguliert. Das wiederum ist nicht nur ein Kennzeichen der Polizei. Die meisten Firmen und Unternehmen versuchen durch ihre Form der Unternehmenskommunikation – zumindest in den Teilen, die die Public Relations und das Marketing beinhalten – ein vorher formuliertes bzw. definiertes Bild von sich zu zeichnen, um die eigene Kommunikation und die Kommunikation über sie entsprechend zu beeinflussen. Man kann ästhetische und anästhetische Orte als zwei Pole ansehen, in der der ästhetische Ort Omnipermeabilität für Formen und Figuren der Wahrnehmung von innen nach außen und von außen nach innen bietet und der anästhetische Ort, die *hermetische* Abriegelung von solchen sinnlich wahrnehmbaren Formen und Figuren. Aber, wie erwähnt, nicht nur ein „Zu-wenig" an Informationen kann zu anästhetischen Orten führen. Das Anästhetische kann auch durch das genaue Gegenteil hervorgerufen werden. D.h. auch eine informationelle sinnliche Überreizung kann insofern mit einem Wahrnehmungsverlust einhergehen wie jene (Nicht)Wahrnehmungen, die dem Sinnlichen aufgrund der Menge an Eindrücken entgehen, dann das Anästhetische ausmachen. Ist dieses Anästhetische besonders ausgeprägt, bildet es dergestalt einen oppositionellen Pol zur Ästhetik, wobei hier keine ethische Bewertung im Sinne von gut oder böse gemeint ist (vgl. auch Welsch 1993). Ein Beispiel hierfür kann der Besuch einer Techno-Diskothek sein, in dessen Verlauf gerade der Wahrnehmungsüberschuss[117] zu einer Anästhetik

---

[117] Das meint nicht allein die Musik, die ja eher auf Wiederholung und geringe Varianz

(Betäubung) führen kann. Nicht zufällig, so lässt sich anschließen, heißt der Narkosearzt *Anästhesist*, ist er doch jener Arzt, der den Menschen die Wahr- und Empfindungsfähigkeit bei einer Operation nimmt. Welsch hebt für die Postmoderne besonders den letztgenannten Aspekt, den Wahrnehmungsverlust durch sinnliche Überreizung, hervor. Anästhetische Orte sind gleichwohl keine *bedeutungslosen* Orte. Aber ihre Bedeutungskonstitution ist entweder erzeugt durch die massive Kontrolle und Filterung der eingehenden und ausgehenden Zeichen und Wahrnehmungen, die wiederum Leerstellen beinhalten, weil eben nicht alles gezeigt werden darf, und dadurch immer Unschärfen oder einen Überfluss an jenen Wahrnehmungen inkludiert sind. Aus diesem Grund lassen anästhetische Orte einen weitgehend freien Fluss von Zeichen, Informationen und damit auch von sich aus diesen konstituierenden Sinn weniger zu.

„Anästhetik' meint jenen Zustand, wo die Elementarbedingungen des Ästhetischen – die Empfindungsfähigkeit – aufgehoben ist. Während die Ästhetik das Empfinden stark macht, thematisiert Anästhetik die Empfindungslosigkeit – im Sinne eines Verlusts, einer Unterbindung oder der Unmöglichkeit von Sensibilität, und auch dies auf allen Niveaus: von der physischen Stumpfheit bis zur geistigen Blindheit" (Welsch 1993: 68).

Tourismusräume als ein Beispiel von besonderen ästhetischen Orten entstehen nun anders. Sie befinden sich, zumindest wenn sie eine länger während-de Geschichte haben und hatten, im ‚freien' Fluss von Zeichen und Bedeutung. In ihnen konvergieren sozusagen der Sinn, die Erwartungshaltung und die Deutungen, die jeder einzelne Besucher dort hineinlegt und dort hinterlässt. Aber auch die in einem Tourismusraum Wohnenden, also die Anwohner konturieren und bestimmen in gewisser Hinsicht die Erscheinungsformen und die Deutungsangebote für ihren Raum. Tourismusräume sind ästhetische Orte, sie können als *Gravitationsfelder* (im Sinne Vilém Flussers) betrachtet werden, in denen Zeichen und Bedeutung angezogen und prozessiert werden. Sie wollen interpretiert und gedeutet werden und

---

zielt, aber die hinzukommenden Lichteffekte, eigene und die Tanzbewegungen der anderen Besucher sind dann je Teil der anästhetischen Wirkung.

bieten zugleich Deutungen und Interpretationen an. Daraus abgeleitet sind solche Orte Bedeutungsfelder, die – wie oben bereits beschrieben – aus verknoteten Kommunikationen der unterschiedlichen Akteure, also Anwohner, Besucher und besonders der medialen Darstellung mit ihrer eigenen Ästhetik bestehen. Tourismusräume sind also Felder, in denen sich Bedeutungen verdichten. Sie sind relationale und mithin bezügliche Räume, die durch die verschiedenen Akteure, ihre Beziehungen und Interaktionen konstruiert werden. Man kann zwar auch mit dem Begriff des geographischen Raumes arbeiten, um zum Beispiel die Stadt Prag geographisch zu verorten; aber erfassen wird man die Stadt Prag oder das, was sie für die Besucher ausmacht dadurch nicht. Die Stadt Prag ist nicht oder nicht nur der geographische Ort, sondern die durch Kommunikation sich ausdrückenden Deutungen, Sichtweisen und Motive der sich mit dem bedeutsamen Zeichen Prag auseinandersetzenden Akteure. Ein besonderer Aspekt ist die Konservativität von touristischen Räumen. Damit ist gemeint, dass obwohl sie permanent von einem Zeichenfluss durchzogen und Informationen prozessiert werden, scheinbar die Quintessenz dieser Bedeutung eines Ortes in Darstellung und Rezeption erhalten bleibt. Statt einer permanenten Veränderung zeigt sich gerade das Gegenteil, dass nämlich geschichtlich bedingte Bedeutungszuschreibungen sich permanent neu aktualisieren, nämlich durch die immer wieder gleiche Verwendung dieser Bedeutung:

So trägt die Stadt Prag ihren Beinamen „die Goldene Stadt", der durch Karl den IV. geprägt wurde, schon seit dem 14. Jahrhundert. Das Motiv der *Goldenen Stadt* ist geschichtlich so intensiv und lange mit der Stadt verwoben, dass vielfach darauf rekurriert wird. Man denke beispielsweise an die „Goldene Stimme" aus Prag, die dem Volkssänger Karel Gott zugeschrieben ist, aber auch an unzählige Katalogbilder zu Prag, die entsprechend der Zuschreibung Fotos präsentieren, die diesem Aspekt Rechnung tragen. Solche Zeichen-, Bedeutungs- und damit auch Wahrnehmungsflüsse verhalten sich mitunter stark zirkulär. Sie nehmen Altes auf und prozessieren es letztlich in eine andere Gewandung, schaffen also keine neuen Sichtweisen. Diese ist häufig auch gar nicht erwünscht, vielmehr sollen traditionelle Vorstellungen und Sichtweisen gefestigt und nur zeitlich (und nicht inhaltlich) aktualisiert werden. Die Angebote neigen häufig von der Mehrdeutigkeit tendenziell zur Eindeutigkeit. Sichtbar wird somit eine innere Dialektik. Denn zunächst ist der Tourismus eine Bewegung weg von der Ge*wohnheit,* von *Gewohntem,* weg von der Wohnung (vgl. hierzu z.B. auch Flusser 2007). Es ist ein Weg, den man einschlägt, der in das Ungewohnte führt, eine freie Entscheidung das Gewohnte zu verlassen, um Ungewohntes zu erfahren. Daher verwundert es auf den ersten Blick, dass das Ungewohnte (im Sinne von unbekannt) schon vorab bekannt gemacht wird. Aber vielleicht liegt gerade darin der Grund und die Motivation. Man sucht im Unbekannten Bekanntes, um Unbekanntes in den eigenen Erfahrungshorizont integrieren zu können. Die Wiederkehr von schon Vorhandenem (also z.b. von Prag als goldener Stadt) lässt sich durch ein Schaubild verdeutlichen:

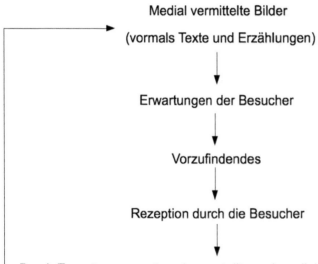

Mediale vermittelte Bilder prägen heute im Besonderen das *Bild,* das sich Besucher von einem Ort machen. Der Code, in dem sich die Deutungsangebote von Tourismusräumen vermitteln – neben den eigenen unmittelbaren Erfahrungen der Akteure (z.B. Besucher) – war in der Vergangenheit vorzugsweise der Text in Form des textbasierten, mit einigen Bildern angereicherten Reiseführers oder Erlebnisberichts. In heutiger Zeit sind es nun vor allem die medial vermittelten, auf Technik fußenden Bilder (Film, Foto) von den jeweiligen Tourismusräumen, die diese Räume in ihrer Bedeutung konstituieren. Sie prägen mit ihren Bildern und ihrer eigenen Ästhetik die

Erwartungen der Besucher und bieten Deutungsmuster für die zu erwartenden Erlebnisse an. Subtiler in der Form, gleichwohl aber ästhetisch äußerst wirksam ist in diesem Zusammenhang die Anwendung von Augmented Reality im Rahmen touristischer Angebote und ihrer entsprechenden Platzierung, indem sie durch eingeblendete Bilder und Texte die wahrnehmbaren neue (alte) Interpretationsrahmen bieten und damit an der kommunikativen Refiguration des touristischen Raumes arbeiten. Eine solche Refiguration ist bei touristischen Räumen keine Neu- oder Andersschöpfung, sondern eher eine leicht modulierte Iteration des (historisch) Vorhandenen. „Potenziell erleben so unterschiedliche Besucher denselben faktischen Raum aufgrund dessen Durchdringung mit verschiedenen digitalen Hypertexten in völlig unter- schiedlichen symbolischen Kodierungen" (Koch 2016: 211). Dies ist das nun zunehmend Besondere bei den heutigen Interpretationsangeboten: Sie werden im hohen Maße bildhaft und interaktiv angeboten. Die erwartungsschwangeren Besucher gleichen diese Aufladungen mit dem Vorgefundenen ab. Dabei handelt es sich allerdings nicht um einen Prozess des ikonischen Abgleichens von Erwartung und Vorgefundenem. Denn die Erwartung sucht nach Erfüllung und formt dadurch in gewisser Hinsicht die Wahrnehmung des vorgefundenen Ortes. Nur wenn das Vorgefundene sich überhaupt nicht kompatibel zeigt mit der Erwartung, entsteht ein Bruch, der sich dann in einer Enttäuschung ausdrückt. Die Rezeption der Besucher ist, da sie durch ein oder mehrere Deutungsangebote vorgeformt ist, dann die Aktualisierung der digital-massenmedial vermittelten Bilder. Diese Aktualisierung ist nicht als Eins-zu-Eins-Kopie zu verstehen, denn zu den vermittelten Deutungsangeboten kommt die persönliche Formatierungsleistung, die sich z.B. durch die Biographie, persönliches Interesse oder besonderes Wissen über den Ort ausdrückt. Die Erfahrungen der Besucher wiederum finden in doppelter Hinsicht Eingang in diesen Kreislauf, indem mediale Produkte wie Fotos oder Videoaufzeichnungen, die ja ebenfalls Ausdruck der zuvor medial angebotenen Deutungsmuster sind, erneut über die Plattform des Internets distribuiert werden. Hier kommt hinzu, dass diese Produkte in ihrem ästhetischen Ausdruck die bereits zuvor rezipierten Bilder auch noch als Vorbild haben, sodass das zuvor angebotene Deutungsmuster durch die eigenen Bilder weitergegeben wird und dort erneut gerinnt. Zum Zweiten fügt sich die erfüllte Erwartung der Besucher, d.h. die

Erfüllung der Erwartung, die durch die medial vermittelten Deutungsangebote mitkonstituiert wurde, zum Fundus der Erwartung eines idealtypi-
schen Besuchers hinzu, auf die wiederum die Massenmedien zugreifen (z.b.
durch Umfragen, Recherchen, Foreneinträge usw.), wenn sie mediale Produkte wie Bilder und Videos entwerfen und distribuieren, mit denen sie
wiederum eine Deutung des Ortes anbieten bzw. vorhandene Medientypen
bedienen und aktualisieren. So bildet sich ein Kreislauf, der zwar grundsätzlich offen für Veränderungen ist. Es zeigt sich aber, dass sich etablierte Deutungsangebote kaum noch ändern, sondern höchstens weitere Deutungsangebote dazu treten. Am Beispiel der Goldenen Stadt Prag wird so die ewige
Wiederkehr des Gleichen sichtbar und die konservative Verfassung touristischer Räume deutlich.

Aber wie und auf welcher Basis werden nun solche Bilder entworfen? Oder
man könnte auch anders fragen: Wie sollten sie gestaltet sein, damit sie auf
Besucher und Anwohner so wirken, dass diese in ihrer Erwartungshaltung
bestärkt werden? Diese Fragen verweisen schon auf die Konzeption solcher
Konstruktionen. Die Bilder müssen, um erfolgreich zu sein (d.h. von Rezipienten angenommen zu werden), sich in bereits vorhandene Vorstellungen
von diesem Raum eingliedern lassen. Dies wiederum erhöht die Wahrscheinlichkeit, dass die bewussten medialen Inszenierungen des touristischen Raumes (also z.b. durch Werbefilme, Plakate, Bilder), die dann auf
den (analysierten) latenten Sinnstrukturen und -zuschreibungen des Raumes fußen, von den Besuchern besser aufgenommen und in eigene Vorstellungen verankert werden. Der touristische Raum ist daher durch eine
gewisse Mimesis gekennzeichnet, Karten, Routen- und Stadtpläne, Apps,
Touren oder Wegweiser laden dazu ein, Handlungen und Rezeptionsange-
bote nachzuahmen. „Medientourismus und Realtourismus fallen insofern
zusammen, als sich TouristInnen oder Reisende im Rahmen institutionalisierter Muster und medial erzeugter Bilder bewegen und dadurch zu Co-
Produzenten von Tourismusräumen werden. Doch sie bestätigen und verifi-
zieren damit nur Vorlagen – sie sind letztlich nicht Subjekte, sondern Objekte in einer Mimikry: Sie ahmen das nach, was sie bereits kennen und
spielen touristische Rollen nach" (Wöhler 2011: 78). Zugleich ist der touristische Raum geprägt durch eine performative Grundlage. Die touristische
Handlungspraxis spielt sich in unmittelbaren Situationen – geprägt durch

Körperlichkeit und Wahrnehmung – ab, ihre Darbietung ist für den touristischen Raum konstitutiv und dieser wiederum für die touristische Handlungspraxis. Sie ist dergestalt selbstreferentiell. „Die Perspektive des Performativen rückt die Inszenierungs- und Aufführungspraktiken sozialen Handelns, deren wirklichkeitskonstitutiven Prozesse sowie den Zusammenhang von körperlichem und sprachlichem Handeln, Macht und Kreativität in den Mittelpunkt" (Wulf/Zirfas 2005b: 8).

Das touristische Handeln ist dabei performativ (vgl. auch Saretzki 2016), weil es nicht nur auf die unmittelbare Situation bezieht, sondern darüber hinaus auf die andauernde Wirkung zielt, die wiederum – rezipierbar – als Bezugspunkt für weitere Akteure im Rahmen des touristischen Raumes dient. Die Macht und Wirkung solcher performativer Prozesse liegt auch in ihrer latenten Aufforderung zur Wiederholung und mimetischer Nachahmung, so dass sie einen festschreibenden und auf die Erzeugung von Wirklichkeit zielenden Charakter erhalten (vgl. Wulf/Zirfas 2005b: 11). Die performative touristische Handlungspraxis erzeugt somit Handlungs*bilder* und spezifische Gesten, z.B. das Fotografieren, das Posieren vor Sehenswürdigkeiten, das touristische *Schlendern* durch den Raum, das Tragen spezifischer Kleidung oder das Mitführen gewisser touristischer Accessoires (z.B. Rucksack). Erst die Kombination dieser Akte lässt den Touristen entstehen – er ist es nicht *per se* durch Anwesenheit im Raum –, er wird unterscheidbar von z.B. den dauerhaften Bewohnern des Raumes oder den Hotelangestellten. Und er bildet wiederum einen Raum aus, der einer eigenen Ordnung und *aisthesis* folgt, die zu der vorhandenen Ordnung tritt.[118]

So kann der touristische Raum zumindest in weiten Teilen als institutionalisierter, mit einem dispositiven touristischen Blick (vgl. Wöhler 2016) versehener Raum verstanden werden, d.h. als Raum mit relativ festen Akteurs- und Handlungskonstellationen. „Bei Institutionalisierungen handeln nicht mehr bestimmte und konkrete Subjekte auf ihre je eigene Weise miteinander, sondern alle Beteiligten behandeln in typisierter Weise einander als Typen von Personen (z.B. als Braut, Gast oder Kellner)" (Reichertz 2005: 179). Der Ankömmling rezipiert nicht erst vor Ort, sondern ist bereits

---

[118] Mitunter kollidieren solche Ordnungen miteinander, wenn z.B. der freizügige Tourist eine Kirche besucht. Und eine Verschränkung beider Ordnungen findet man bisweilen beispielsweise in Marktsituationen, die in manchen Ländern ein Preishandeln unterstellen, das von Touristen nicht aufgenommen wird.

durch die zirkulierenden Bilder (Fotos, Videos, Beschreibungen) und seine Vorerfahrung geprägt und in der Verfassung, die Erzeugung des touristischen Raumes zu aktualisieren. Eine solche Perspektive „führt zu einem performativen Wahrnehmungs- und Raumbegriff, in dessen Rahmen die Rhythmen des Zusammenspiels von Ordnung und Bewegung, Erinnerung und Erwartung, Teilhabe und Distanz neu in den Blick geraten" (Wulf/Zirfas 2005b: 12) und die sich in einer Ästhetik der digitalen Medien und ihrer Durchdringung des Alltags widerspiegelt.

4.5 Nachhilfe zwischen digitaler und analoger Welt – Ein kurzes Fallbeispiel

Die Nachhilfe war und ist auch heute noch ein Feld der unmittelbaren Kommunikation, sie erfolgt in der Regel in unmittelbarem Kontakt, d.h. in klassischer ko-leiblicher Face-to-face Kommunikation.[119] Die Zunahme digitaler Angebote von Nachhilfe zwingt Institutsleiter gleichwohl zur Selbstvergewisserung ihrer Arbeit. D.h. sie werden vor dem Hintergrund der zunehmenden Mediatisierung der Nachhilfe, d.h. der Verbreitung, Nutzung sowie der handlungspraktischen Einlassung von digitalen Nachhilfeangeboten aufgefordert, ihre Arbeit vor diesem Hintergrund zu reflektieren, sie zu befragen und zu bewerten.

Neben der klassischen Nachhilfe in einem Nachhilfeinstitut oder mit einem Nachhilfelehrer zuhause, haben sich auch digitale Nachhilfeangebote etabliert. Beispiele hierfür sind scoyo, sofatutor oder die digitalen Lernangebote etablierter Nachhilfeanbieter wie dem Studienkreis. Die Formen der so angebotenen Nachhilfe reichen von Nachhilfe via Skype, dem Angebot von Lernvideos und digitalen Lernmaterialien, über Online-Chats, bei denen die Schüler z.B. in Mathematik konkrete Problemfragen in den Chat stellen können und diese von und mit einem Lehrer dann bearbeitet werden, bis hin zu Lernspielwelt-Konzepten (wie bei scoyo). Die Vorteile einer solchen Nachhilfe liegen in den Formen des Mediums. Man kann zeitlich und

---

[119] Vgl. für das nachfolgende Kapitel die Ende 2019 im Oldib Verlag erscheinende qualitative Studie zu Nachhilfeinstituten „Bildung im Schatten?" (Bidlo 2019c), die u.a. auch eine Analyse jener Angebote aus wissens- und bildungssoziologischer Perspektive vornimmt. Das hier vorliegende Kapitel stellt eine für den hier verhandelten Sachverhalt angepasste Version eines dortigen Unterkapitels dar.

räumlich flexibel die Nachhilfe gestalten oder auf die Lerninhalte zugreifen. Ein diskursives Kondensat zeigt sich in der Frage nach der Reichweite von und der Vorstellung von Kommunikation. Enggeführt wird hier gefragt, ob die reine kommunikative Informationsvermittlung tangiert mit einer (mehr oder weniger) didaktischen, gleichwohl eben medienvermittelten Form, das eigentliche Problem des bzw. der Nachhilfeschüler aufzulösen vermag oder ob die Schwierigkeiten, die sich durch Nachhilfe ausdrücken, hierdurch kaum berührt werden. Geht es also allein um Informations- und Wissensvermittlung oder um Bildungsvermittlung, die möglicherweise eine unmittelbare Kommunikation vorschreibt. Während in den(Werbe-)Diskursen digitaler Lernangebote eben jene positiven Aspekte (Raum/Zeit) sowie weitere Vorteile ("spielend lernen") betont werden, weisen die Vertreter der klassischen Nachhilfe auf die nötige Hinwendung von Mensch zu Mensch und den damit verbundenen Aspekt der Wertschätzung und Authentizität. Zwischen diesen beiden Polen oszilliert überdies nicht nur das Nachhilfefeld, sondern diese treten nahezu überall auf, wo digitalisierte und mediatisierte Formen von Beratung und Dienstleistungen angeboten werden. Im Folgenden soll daher diesen Aspekt kurz etwas genauer fokussiert werden.

Meist beginnt Nachhilfe, die über ein Institut erfolgt, mit einem üblichen Beratungsgespräch, in dem der Nachhilfelehrer bzw. Institutsleiter mit den Eltern und dem Schüler bzw. der Schülerin spricht, sich ein Bild macht und dann zusammen mit den Eltern entscheidet, ob z.B. eine Einzel- oder Gruppennachhilfe angezeigt wäre. Zudem wird dort eruiert, wo die Nachhilfe inhaltlich ansetzen muss. Dieses Gespräch stellt dergestalt eine Bildungs-Anamnese des Schülers bzw. der Schülerin dar. Solche Gespräche finden in der Regel in den Nachhilfeinstituten statt, können aber auch in Einzelfällen per Telefon erfolgen. Der Unterricht findet dann im Nachhilfeinstitut oder mitunter zuhause bei den Schülern statt. Im Gegensatz dazu steht das digitale Nachhilfeangebot. Heute wächst der digitale Nachhilfemarkt rasant und es ist dabei interessant zu beobachten, wie einerseits analoge Modelle eins zu eins ins Digitale übertragen, andererseits neue, dem Medium angepasste Formen der Beratung und der Wissensvermittlung konzipiert werden (z.B. wie erwähnt ein zeitlich unabhängiger Onlinechat, in dem man seine Frage stellen kann und innerhalb von fünf Minuten eine Fachantwort erhält). Als Vorteile von digitaler Nachhilfe werden mithin die

Medienvorteile genannt: schneller und punktgenauer Zugriff auf Lernvideos, Online-Lernmaterial und Online-Chat. Als Nachteil, und hier lasse ich einmal mein Material sprechen, kann man bemerken, was ein von mir interviewter Nachhilfeinstitutsleiter von digitaler Nachhilfe hält.

„Wenn ich ein Kind habe, dass im Unterricht nicht richtig aufpasst und zuhause nicht selbstständig nachlernt, ist es die Preisfrage, ob das Kind, fleißig wie es ist, ein paar Stunden regelmäßig sich den Stoff reinzieht. Nein, wird es nicht. Das Kind könnte ja auch das Schulbuch nehmen und daran arbeiten […] es macht es nicht. Jetzt lieber zocken und zwischendurch, wenn Mutter mal reinguckt, schalte ich schnell den Bildschirm um. Was die Kinder brauchen, ist ein Mensch, der sie wahrnimmt als Mensch, der sie wertschätzt und ihnen zeigt, du bist wertvoll. Das kann der Bildschirm nicht".

Dieses Beispiel verdeutlicht, dass es dem Nachhilfelehrer bzw. Institutsleiter hier eben nicht nur um die Ebene der reinen Informations- und Wissensvermittlung geht, sondern er benennt sozusagen zusätzlich den anthropologischen Aspekt von Kommunikation und Begegnung. Es geht auch um Würde und Wertschätzung, um Anerkennung des Schülers bzw. der Schülerin. Ja, letztlich geht es sogar darum, dass man als Mensch die Verantwortung für den Anderen übernimmt und ihn im guten Falle in seiner Person akzeptiert. Der Nachhilfeinstitutsleiter Herr Bongartz formuliert an dieser Stelle die Sinnfigur von unmittelbarer Kommunikation als Gegensatz zur digitalen Kommunikation, die mit dem Aufkommen der digitalen Kommunikationsmöglichkeiten erneut virulent geworden ist und auch heute weithin verhandelt wird.[120]
Dieser Aspekt ist keineswegs randständig für die vorliegende (Teil)Analyse zur Mediatisierung von Nachhilfe im Allgemeinen und Nachhilfeinstituten im Besonderen, spielt doch im gesellschaftlichen wie auch im wissenschaftli-

---

[120] Als Beispiel dienen zum einen die vielfältigen Ausdehnungen digitaler Kommunikation in klassische ko-leibliche Kommunikatsionsformen wie der Beratung im Rahmen sozialer Arbeit, der Bank- oder Anwaltsberatung oder der auch hier angedeuteten digitalen Schul- und Weiterbildungsmöglichkeit. Zum anderen platziert sich digitale Kommunikation durch physische Repräsentanten z.B. auch im Bereich der Pflege, indem physische Pflegeroboter den unmittelbar-kommunikativen Spalt aufzulösen versuchen. Weitere, physisch präsente digitale Assistenten sind hier für die Zukunft vorstellbar.

chen Diskurs die Frage nach der Bedeutung von digitaler Kommunikation, ihr Verhältnis zur unmittelbaren Kommunikation und schlussendlich nach ihrer Reichweite eine gewichtige Rolle. Erst vor dem Verständnis dieses Hintergrundes – eines Kommunikationsverständnisses, dass hinsichtlich Kommunikation sowohl die Informationsvermittlung, ihre identitätsgestaltende sowie ihre anthropologische Dimension umfasst – erschließen sich beispielsweise Fragen nach der *tatsächlichen* Reichweite digitaler Angebote. Ein zentraler Verhandlungspunkt zwischen analoger und digitaler Nachhilfe ist wie erwähnt die Frage nach der Bedeutung von Unmittelbarkeit in der Kommunikation von Mensch zu Mensch und die daran anschließende bzw. darin enthaltende Frage nach dem Aufbau von Identität, Wissen und schlussendlich von Gemeinschaft und Gesellschaft über die unterschiedlichen Arten und Formen von Kommunikation. Eine Hintergrundfolie ist hier gleichwohl die marxistische Entfremdungstheorie, aus der sich auch die kritische Perspektive der Frankfurter Schule auf Technik speist.

Theoretisch flankiert wird dieser Verhandlungspunkt z.B. über die o.g. Fürsprecher unmittelbarer Kommunikation (z.B. Buber, Jaspers, Levinas, implizit auch Mead und Schütz) oder den sich gegenüber digitalen Kommunikationsmedien öffnenden Sichtweisen von Flusser, der z.B. den Aspekt der Proxemik neu bewertet. Die Proxemik wird herkömmlich als das Raumverhalten innerhalb des Kommunikationsprozesses in einer Kultur verstanden. Das Raumverhalten gilt als ein eigenständiges, nonverbales Kommunikationssystem, das zur Gestik, Mimik, Körperhaltung und allgemeinen Sprachhandlungen hinzutritt. Die Proxemik – im herkömmlichen Sinne – untersucht nun die Signale, die Menschen durch das Einnehmen eines gewissen Abstandes oder der Positionierung im Raum wechselseitig übermitteln und welche Beziehung zueinander sie dadurch konstituieren. Und da das Raumverhalten kulturspezifisch ausgebildet ist, kann ein Verhalten in verschiedenen Kulturen eine unterschiedliche Bedeutung haben bzw. andere Reaktionen hervorrufen (z.B. kann dieser Unterschied im Rahmen von interkultureller Kommunikation beachtenswert und wesentlich sein). Flusser prägt mit seiner Bedeutung des Begriffs der Proxemik eine besondere Sichtweise von Distanz und Nähe, Vermittelbarkeit und Unmittelbarkeit im Kontext der digitalen Kommunikationsmedien (vgl. z.B. Flusser 2003b), die zugleich die existentielle Bedeutung von Kommunikation für den Menschen beinhaltet. Er greift an dieser Stelle auf Martin Bubers Konzept der Unmittelbarkeit zurück, übersteigt dieses jedoch mit dem Konzept der Proxemik, das eine Unmittelbarkeit zu einem Anderen (einem Du) via „reversible" Kabel ermöglicht, auch wenn dieser räumlich weit entfernt weilt. Aus Unmittelbarkeit wird bei ihm dann Nähe, die eine leibliche Anwesenheit gar nicht mehr erforderlich macht. Über die Telematik ist *Proxemik* möglich, das Heranholen des Anderen aus der Ferne. Proxemik ist dann für Flusser Nähe und Unmittelbarkeit ohne eine raumzeitliche Begrenzung. Durch sie lässt sich zugleich wirkliche Nächstenliebe erzeugen, da alle Menschen durch reversible Kabel bzw. digitale Netzwerke untereinander verbunden sein können, die die positiven und konstitutiven Aspekte unmittelbarer Kommunikation ebenfalls beinhalten. Menschen können zu Nachbarn werden und Gemeinschaften bilden, obwohl sie viele tausend Kilometer voneinander entfernt sind. Zudem sieht Flusser in der körperlichen Abwesenheit und einer reinen geistigen Nähe den Vorteil der Ausschaltung physischer Vorhaltungen. Das, was am physisch Anderen uns in der körperlichen Unmittelbarkeit abhalten würde, kommt in der Proxemik nicht zum Zug, da man einander nahe ist, ohne sich dem Blick des Anderen aussetzen zu müssen. Aus der für die Soziologie grundlegenden Frage, wie Sozialität überhaupt erst möglich sei, folgte bis vor der Erfindung und Etablierung der digitalen Kommunikationsmedien und ihrer Durchdringung des Alltags die Perspektive, dass das unmittelbare, wechselseitige Handeln und die ko-leibliche face-to-face-Situation mit und in all ihren Facetten paradigmatisch für die Soziologie die fokussierte Situation sei. Denn darüber konstituierte sich das Soziale. Das Scheitern solcher Situationen dyadischer Konstellationen wird zwar als ein anzunehmender Teil angenommen, gilt aber gleichwohl als deviant. Vor diesem Hintergrund ist beispielsweise Sartres Hinwendung zum Anderen im Allgemeinen und dem *Blick* im Besonderen die Thematisierung dieses Devianten, des möglichen Scheiterns und der Destruktion der dyadischen Beziehung als einer wohlwollenden bzw. veredelnden Wechselseitigkeit. Der Blick des Anderen im Sinne Sartres (vgl. Sartre 1993) macht das Ich zu seinem Objekt und konstituiert dergestalt eine Subjekt-Objekt-Beziehung, einer Situation, der sich das Ich ausliefern muss. Der Andere macht das Ich durch seinen Blick zum An-sich, einem Objekt, genauso wie das Ich ihn durch seinen Blick zu einem solchen macht. Denn nur die ge-

genseitige Verobjektivierung kann Voraussetzung für den eigenen Subjekt-status sein, das Wissen, um mein Subjektsein. Zwischenmenschliche Beziehungen sind daher nach Sartre zum Scheitern verurteilt. Denn: „Die Hölle, das sind die anderen", wie es in Sartres Theaterstück „Geschlossene Gesellschaft" heißt. Der unmittelbare Andere wird damit zunächst als Bedrohung gefasst und weniger als eine Herausforderung. „Bildung als Ereignis des Fremden" (Blech 2001) wird so nur schwer möglich. Und wenn bei Buber oder Levinas der Andere als Konstituent des Ichs in der Ich-Du-Beziehung bzw. der face-to-face-Situation gilt, besitzt der Andere damit zugleich das Potential der Nicht-Konstitution des Ichs und sogar seiner physischen Gefährdung. Zygmunt Bauman thematisiert diesen Gesichtspunkt explizit in seiner postmodernen Ethik, insofern er die Menschen als moralisch ambivalent versteht: „Ambivalenz wohnt im Kern der ›Primärszene‹, des menschlichen von Angesicht-zu-Angesicht" (Bauman 1995: 23). Der Andere bleibt zunächst, auch aufgrund der Kontingenz sozialer Situationen, für das Ich ein ambivalentes Gegenüber. So entwirft sich Kommunikation zum einen in einer kontingenten Situation, gleichzeitig ist Kommunikation in der Regel für die Reduktion von Kontingenz nötig. Und da der Andere eine für das Ich konstitutive Funktion einnimmt, die im Verantwortungsbegriff für den Anderen mündet, geht von ihm sowohl Potentialität als auch Dekonstruktion der eigenen Ichwerdung aus.

Die hier enthaltende Verantwortungsethik bleibt gleichwohl auch in der digitalen Kommunikation vorhanden. Aber wenn sich hier die positiven Möglichkeiten zum Beziehungsaufbau und zur -ausgestaltung aufgrund der Reduktion der Kommunikationskanäle reduzieren, so reduzieren sich zugleich aber auch ihre möglichen negativen Anteile. Dies nun kann Flusser durch Proxemik umgehen, die mir den anderen Menschen körperlos näher bringt und zugleich die Qualität der Beziehung in eine besondere Form überträgt, die gleichwohl den Aspekt der Verantwortung beinhaltet. „Die Idee der allgemeinen Verantwortung stirbt. An deren Stelle tritt eine persönliche, intersubjektive Verantwortung. Die Ethik erhält dann das Kriterium der Nähe. [...] Durch die Hintertür kommt ein neuer Begriff der Nächstenliebe, weil ein neuer Begriff der Nähe entstanden ist. [...D]ie Proxemik, die Nähe, ersetzt, glaube ich, den verwässerten Humanismus" (Flusser 2003b: 20-21). Mit diesen Menschen, den über Telematik nahe gebrachten Entfernten ist eine zwischenmenschliche Beziehung möglich, die getragen ist von gegenseitiger Verantwortung. „Das ist, glaube ich, Telematik" (Flusser 1993a: 77). Und die Telematik, die die Proxemik ermöglicht, verweist für Flusser weiterhin auf die Möglichkeit, den Bereich der Gegenwart zu vergrößern. Denn so wie sich für Buber Gegenwart nur in einer Ich-Du-Beziehung konstituiert und außerhalb dieser die Vergangenheit waltet, überträgt Flusser diese Perspektive auf telematische Beziehungen. Denn in diesen „entsteht ein dialogisches Verhältnis zwischen einst Entfernten und jetzt Nähergebrachten. D.h. die Gegenwart wird vergrößert, alles ist gegenwärtig, und ich bin überall gegenwärtig" (ebd.). Und so wie Buber in diesem Zusammenhang von der dialogisch-anthropologischen Bestimmung des Menschen ausgeht, fußt Flussers telematische Gesellschaft auf einer Anthropologie, „wonach der Mensch nicht ein Etwas ist, sondern Wie-sich-Relationen-verketten und wie sich durch diese Verkettung die Möglichkeiten des Relationsfeldes immer mehr realisieren" (ebd.).

Gegenwärtig wird dieser Aspekt von Rosa (vgl. Rosa 2012, Rosa/Endres 2016, Rosa 2016) aufgenommen und mit dem Begriff der *Resonanz* weiterentwickelt, insofern er dafür plädiert, „dem Zustand der Entfremdung nicht länger den Autonomie- oder den Authentizitätsgedanken entgegenzusetzen und auch nicht den Zustand der Anerkennung und Wertschätzung, sondern *das Konzept der Resonanz*" (Rosa 2012: 9). Das Konzept der Resonanz geht bei ihm insofern über Anerkennung bzw. Wertschätzung hinaus, als Resonanzerfahrungen auch jenseits der Sphäre sozialer Interaktionen stattfindet. „In der Moderne haben sich die Sphären der Ästhetik und der Naturerfahrungen als Resonanzsphären sui generis etabliert" (Rosa 2012: 10). Daneben zählt er auch die Religion bzw. religiöse Erfahrungen zu einer eigenen Resonanzsphäre. Mit Verweis auf Martin Bubers dialogisches Prinzip, dessen Lesart bei Rosa nur sehr eingeschränkt und vor allem für die Religion erfolgt (für eine kommunikationstheoretische und soziologische Lesart Bubers vgl. Bidlo 2006), verweist Rosa auf Wechselwirkungen, die über Instrumentelles oder Kausales hinausgehen. Die paradigmatische Beziehung, in der sich das Konzept der Resonanz entfalten kann, ist dann erreicht, wenn „die Welt den handelnden Subjekten als ein antwortendes, atmendes, tragendes, in manchen Momenten sogar wohlwollendes, entgegenkommendes oder ‚gütiges‘ ‚Resonanzsystem‘ erscheint" (Rosa 2012: 9). Dabei hebt

Rosa hervor, dass sich A und B ‚berühren' und in einer Beziehung zur wechselseitigen Antwort bereit sein müssten, um eine Resonanzbeziehung darzustellen. Sofern sich Beziehungsmuster vornehmlich auf kausale oder instrumentelle und damit nach Rosa auf stumme Formen gründen, verliert sich die Möglichkeit zur Resonanzerfahrung, verlieren sich schlussendlich Resonanzsphären (vgl. Rosa 2012: 10).[121]

Das *Darüberhinausgehen* über ein rein instrumentelles oder kausales Beziehungsmuster thematisiert der Nachhilfeinstitutsleiter und -lehrer Herr Bongartz nun, wenn er als Mensch für einen Menschen da ist und diesen anerkennt. Damit wird – so eine mögliche Lesart – aus der Perspektive des Herrn Bongartz die digitale Nachhilfe zur kommunikativen Verlängerung des modernen Entfremdungsprozesses, der in der Tradition Bubers zu einem Verlust der Möglichkeit zur Menschwerdung führt: „Wenn wir je dazu gelangten, uns nur noch durch den Diktographen, also kontaktlos, miteinander zu verständigen, wäre die Chance der Menschwerdung bis auf Weiteres vertan" (Buber 1962: 421). Es geht nun an dieser Stelle nicht darum, diese These einer normativen Untersuchung und wissenschaftlichen Erörterung des Für und Wider digitaler Kommunikationsweisen zuzuführen, sondern allein darum, diese Verlustigung als durchscheinende Sinnfigur auszuweisen und diskursiv zu verorten.

Wenn Herr Bongartz nun von der Wertschätzung des Schülers, der Wahrnehmung des Anderen von Mensch zu Mensch spricht, dann formuliert er hier diesen existentiellen Aspekt der Kommunikation, eine Resonanzbeziehung, die zugleich auf eine humanistische Perspektive auf den Menschen und die Bildung verweisen, in der es schlussendlich um die Veredelung des Menschen geht und die reine Wissensvermittlung dann nachrangig ist. Die Zuwendung, von der Herr Bongartz spricht, folgt aber noch einem weiteren Motiv. Wenn er von „wertvoll" spricht und diesen Umstand nicht an Noten, Ergebnissen oder Lernfortschritten festmacht, grenzt er sich und die Nachhilfe von einer Defizitperspektive ab, die man der Nachhilfe zuschreiben kann. Der Nachhilfeschüler wird nicht über die Noten und seine Leistungen im *Wert* bemessen, sondern weitgehend als Mensch in Beziehung zu

---

[121] Die Nähe zu Formulierungen von Martin Buber zum *echten* Dialog, der Dimension des Zwischen und die Bereitschaft zu einer Antwort, die das Ich dem Du und umgekehrt zu geben bereit sein muss oder der Ich-Du- und der Ich-Es-Einstellung zur Welt, sind hier offensichtlich, werden von Rosa aber substantiell nicht zur Kenntnis genommen.

einem Menschen. Dies kann der „Bildschirm", so Herr Bongartz, nicht. Zudem lässt sich die doppelte Konnotation des Begriffes *Wert* an dieser Stelle markieren. Der Schüler ist wertvoll, weil er in Beziehung zu einem Anderen treten kann. In Bezug zu einem Bildschirm bleibt der Schüler nur noch als ökonomischer Wert erhalten als Teil einer Dienstleistung. Wenn Herr Bongartz dergestalt vom Wert des Schülers spricht, den er ihm in dieser Beziehung spiegeln möchte, so schildert er damit auch seine eigene Position als eine andere; eine Position, die nicht in einem Lehrer-Schüler- oder einem Dienstleistungsverhältnis aufgeht, sondern nur in einer Beziehung zwischen Mensch und Mensch, die hier zudem über einen funktionalen Wert (Wissens-, Lernstrategievermittlung, Kunde und Anbieter usw.) hinausgeht. Zugleich bewegt sich Herr Bongartz damit auf eine Ebene zu, die der digitalen Nachhilfe vermittelt über den Computer weitgehend nicht inhärent ist, und weicht so einer reinen Skalierung und einem unmittelbaren Vergleich mit ihr aus, indem er die *qualitativen* Aspekte der unmittelbaren Beziehung allein betont. Vielmehr wird der Computer als ein möglicher Grund der Ablenkung ausgemacht, wodurch er sich von einer Lösung zum Teil des Problems wandelt. Denn die zuvor skizzierte Unaufmerksamkeit des Schülers im Unterricht und seine häusliche Abgelenktheit werden dem Bildschirm, d.h. dem Computer zugeschrieben. Dass ein zu hoher Medienkonsum heute als *ein* Aspekt für schwache Schulnoten angesehen werden kann, gilt heute als relativ sicher,[122] das breite Thema der Medienkompetenz nimmt dies z.B. auf. Damit impliziert der von Herrn Bongartz getätigte Satz „Jetzt lieber zocken und zwischendurch, wenn Mutter mal reinguckt, schalte ich schnell den Bildschirm um", dass hier „der Bock zum Gärtner" gemacht wird, wenn man über den Computer als Nachhilfemöglichkeit nachsinnt. Die neuen Medien im Allgemeinen und der Computer im Besonderen werden als eine Ursache von Abgelenktheit und Unstrukturiertheit bei dem Beispielschüler ausgemacht.

Ausgeblendet wird hier gleichwohl das der unmittelbaren koleiblichen face-to-face-Situation inhärente Übergriffigkeitspotential bzw. – etwas abgeschwächter formuliert – das Unbehagen vor ko-leiblichen face-to-face-

---

[122] Das Thema des Medienkonsums und seiner Auswirkung auf Schulnoten wird seit 2004 vom Kriminologischen Forschungsinstitut Niedersachen (KFN) in verschiedenen Studien immer wieder untersucht. Als Quintessenz kommt das KFN zu dem Ergebnis, dass die „PISA-Verlierer – Opfer ihres Medienkonsums" seien (Pfeiffer u.a. 2007).

Situationen als mögliche Ursache der Hinwendung zu digitalen Kommunikations- und Lernformaten. Auch wenn der gesellschaftliche Diskurs zur Sensibilisierung gegenüber Gewalt und Belästigung von Kindern beispielsweise durch transparente Türen, nicht abschließbare Gruppenräume, offene Gestaltung von Nachhilfeplätzen (Abgrenzungen z.b. durch hohe Regalwände oder Sichtschutz) oder auch durch die Unterstützung der Aktion *Notinsel* aufgenommen wird und sich niederschlägt, wird die digitale Kommunikation und Lernweise als mögliche Lösung hierfür verständlicherweise nicht thematisiert bzw. kommt überhaupt nicht in den Blick.[123] Diese Unthematisierung wiederum zeigt sich in wissenschaftlicher Hinsicht bei vielen Verfechtern der unmittelbaren Kommunikationsweisen. Dass in der unmittelbaren, ko-leiblichen Kommunikation grundsätzlich das Potential zur Übergriffigkeit und körperlicher Gewalt enthalten ist und nicht allein die Möglichkeit zur Authentizität oder existentiellen Bestätigung wird hier meist ausgeblendet. Damit soll keineswegs behauptet werden, dass das Potential von Gewalt und von physischer Wirkung in der Kommunikation nicht auch in der vielfältigen kommunikationssoziologischen und -theoretischen Literatur behandelt wurde. Die „Kommunikationsmacht" (Reichertz 2010) und entsprechend die Macht der Worte verweisen zweifelsohne auf die Wirkungsmacht kommunikativen Tuns. Gleichwohl kann diese auch allein in dem reduzierten kommunikativen Ensemble z.B. der Audio- oder Videoübertragung stattfinden bzw. wirksam werden. Der Körper ist als Produzent vielfältiger kommunikativer Entäußerungen bei Anwesenheit selbstredend wichtiger Teil des kommunikativen Ensembles. Darüber hinaus ist er aber auch als raumzeitliche Präsenz Ausdruck von Potentialität, denn der anwesende Körper allein besitzt die fraglos gegebene physische Reichweite und Wirkungsmöglichkeit (Präsenz als raumzeitlicher Begriff hier mit einer stärkeren raumbezogenen Konnotation). Umgekehrt gesprochen ist es der Prozess der Distanzierung wie Norbert Elias es angezeigt hat, der sich hier widerspiegelt. So waren – als ein Beispiel – das Aufkommen der Gabel und ihre Nutzung in Europa im Verlauf des 16. Jahrhunderts und

---

[123] Zugespitzt kann man formulieren: Ohne unmittelbare Kommunikation gäbe es auch keine unmittelbare, körperliche Gewalt. Das schließt gleichwohl den Aspekt des Cybermobbings nicht aus, dieser ist aber in den eher geschlossenen virtuellen Räumen digitaler Lernplattformen eher nicht anzutreffen, da die einzelnen Nutzer gar nicht miteinander interagieren können.

noch bis ins 17. Jahrhundert hinein Luxusgegenstände der Oberschicht, nicht nur eine höfische Spielerei. Sie bewirkte in einer mittelalterlichen Gesellschaft, in der mehrheitlich die Menschen mit den Fingern, aus einer Schüssel oder von einem Teller aßen und aus einem Becher tranken und mithin in einer anderen Beziehung zueinanderstanden, eine physische, psychische und ästhetische Distanzierung. Die den o.g. Beispielen inhärente übergreifende Körperlichkeit (aus einer Schüssel mit Händen essen oder einem Becher trinken) wird nicht nur durch das neue Artefakt der Gabel physisch distanziert. Auch eine innere, affektive Distanzierung tritt ein, die sich bei den heutigen im Gegensatz zu den damaligen Menschen in Bezug zu diesem Beispiel durch Scham, Peinlichkeitsgefühl oder Ekel ausdrückt. „Ihr Affekthaushalt war auf Formen der Beziehung und des Verhaltens konditioniert, die, entsprechend der Konditionierung in unserer Welt, heute als peinlich, mindestens als wenig anziehend empfunden werden" (Elias 1997a: 180). Die Formen dieser normativen Anpassung sedimentieren sich im Einzelnen und wirken im Nachgang wie eine Hintergrundfolie des Handelns. Elias formuliert diesen Prozess übrigens ähnlich wie Foucault später hinsichtlich der Gouvernementalität, in der die Fremdführung zur Selbstführung wird (vgl. allgemein Foucault 1993b und 2006). So betont Elias: „Der gesellschaftliche Standard, in den der Einzelne zunächst von außen, durch Fremdzwang, eingepaßt worden ist, reproduziert sich schließlich in ihm mehr oder weniger reibungslos durch Selbstzwang, der bis zu einem gewissen Grade arbeitet, auch wenn er es in seinem Bewußtsein nicht wünscht" (Elias 1997a: 265).

Digitale Lernplattformen versuchen nun eine Verbindung zwischen alltäglicher, unmittelbarer Welt der Schüler sowie der virtuellen Umgebung zu erzeugen. Als ein kurzes Beispiel soll hier die Lernplattform bzw. das Lernportal scoyo dienen.

Der scoyo Nutzungs- bzw. Spielbereich tritt dem Nutzer als Schreibtisch gegenüber, der mit verschiedenen, aus dem Alltag bekannten Utensilien versehen ist. Hinter jedem digitalen Gegenstand befindet sich ein weiteres Untermenü, das man durch Anklicken erreicht. Ein symbolisiertes Bild mit der Aufschrift *Anleitung* und einer Glühbirne bietet einen dezidierten Einstieg. Die Darstellung der Benutzeroberfläche ist gleichwohl computerspiel- bzw. computerprogrammspezifisch, d.h. sie ist intuitiv aufgebaut. Intuitiv meint hier die Nutzung und Kontextualisierung der gewählten Piktogramme, die mitunter aus anderen Programmen oder Spielen bekannt sind. So wird z.B. die *Suche* nach etwas in solchen Kontext sehr oft als *Lupe* dargestellt. Das hier vorfindliche Pokal-Piktogramm lässt assoziativ auf Gewinn, Bestenliste oder gewonnene Punkte schließen. Nicht alle Piktogramme sind so direkt ableitbar in ihrer Funktion. Manche, so wie die Glaskugel, müssen durch erstmaliges Probieren in ihrer Bedeutung erschlossen werden. Die auf der einen Seite naheliegende, auf der anderen Seite sich erst in der Nutzung erschließende Gestaltung der Piktogramme etabliert eine Praxis des Vertrauten, aber auch des Probierens und des spielerischen Herausfindens. Ausgangspunkt ist gleichwohl das Vertraute, d.h. der Schreibtisch mit seiner Schreibtischlampe, den Stiften sowie dem Notizbuch und dem Computer (Laptop). Der symbolisierte Computer stellt überdies ein *Mise en abyme* dar, insofern der Schüler selbst vor einem Computer sitzen muss, um das Bild zu sehen.

Abbildung 13: Sceenshot Benutzeroberfläche scoyo

Über diese bekannten Artefakte, die entsprechende assoziative Anknüpfungspunkte bieten, findet der Nutzer seinen Weg in die Lernwelt. Für die weitere verstärkte Anbindung an die Lernwelt bietet scoyo für einen Avatar, mit dem sich der Schüler bzw. die Schülerin durch die Spielewelt bewegt.

Der Avatar kann unterschiedlich eingekleidet und ausgestattet werden. Dabei stehen nicht alle Gegenstände sofort zur Auswahl, „sondern werden nach und nach mit dem Erreichen neuer Level freigeschaltet. So schafft scoyo Lernanreize und fördert die Motivation der Kinder."[124]

Abbildung 14: Sceenshot Avatar scoyo

Zielgerichtet wird so das Lernen kontextualisiert als Spiel, obgleich der Begriff des *Spiels* hier in mehrfacher Hinsicht problematisch wird. Auch wenn Menschen zu allen Zeiten gespielt haben, wird erst ab dem 18. Jahrhundert der Begriff des Spiels zunehmend als ein Entwicklungsmodell des kindlichen Weltbegreifens verstanden aus dem später ein Schaubild für gesellschaftlich wünschenswerte Zustände oder sogar in Form des homo ludens zum Wesensmerkmal des Menschen in einer neu zu denkenden Gesellschaft wird. Das Spiel, das wurde bereits zuvor angezeigt, steht für einen schöpferischen Gestaltungs- und Lernprozess, den der Mensch für sich fruchtbar machen kann, indem er ausprobieren, kombinieren und gestalten kann, ohne ernste Folgen befürchten zu müssen (vgl. Bidlo 2008b: 133ff., Neuenfeld 2005: 12, für die konstituierende Rolle des Spiels für die Kultur vgl. z.B. Huizinga 2004). Das Spiel steht in diesem Sinne in Opposition zum Begriff der Arbeit als einer für Schüler verpflichtende Leistungserbringung. Im

---

124 Stichwort Avatar unter: http://www-de.scoyo.com/unternehmen/faq/lernplattform.html [26.11.18].

Spiel dominiert im Gegensatz zur Arbeit ein Maß an Zwecklosigkeit, was eine verbindliche Zielforderung verneint. Natürlich gibt es im Spiel den Antrieb, zu gewinnen, wenn die Konzeption des Spiels so gestaltet ist. Aber ein Verlieren bleibt folgenlos.

All diese Punkte können durch die scoyo-Spielewelt nicht erfüllt werden, da die Leistungserbringung – und damit der Aspekt der Arbeit, der sich in schulischer Hinsicht durch weitgehend fest definierte und zu erbringende Lernzuwächse und Klassenziele ausdrückt – konstitutiver Teil des Spiels und seiner Rahmung ist. Die scoyo-Spiele sind fest mit einem Punkteerwerb verbunden, der z.B. für einer Levelerhöhung benötigt wird.

Abbildung 15: Sceenshot Levelaufstieg scoyo

Ein *kreatives* Spiel mit Möglichkeiten, die Findung oder Erstellung alternativer Formen oder Lösungen sind nicht Teil der Spielekonzeption. Es geht nicht um das Kreieren, Entwerfen oder Schöpfen, die in schulischer Hinsicht ja ebenfalls Teil des Unterrichts sein können, sondern um das zielführende Vermitteln bzw. Lernen von vorgegebenen schulischen Inhalten. So werden beispielsweise zum Englisch-Vokabellernen Memorykarten abgeglichen oder Schiffe mit Wortbezeichnungen müssen mit entsprechend richtigen Wortcontainern beladen werden, in Mathematik werden Zuordnungsfragen in eine Weltraumgeschichte eingebettet und gestellt, Multiple-

294

Choice-Fragen dienen z.B. der Abfrage nach physikalischem Wissen zum elektrischen Widerstand. So zeigt sich hier in erster Linie keine Kompetenzorientierung, die über reines Inhaltswissen hinausgeht und wie man sie heute anteilig in der Schule findet, sondern allein der wissensvermittelnde Aspekt. Dieser ist didaktisch binär ausgewiesen – in richtig oder falsch – und lässt eine qualitative und damit eine nicht direkt vergleichbare Leistungsbewertungen unberücksichtigt. Die Vergleichbarkeit der Leistungsbewertungen sind vielmehr ein grundlegender Bestandteil der Lernwelt, können doch nur über die Vergleichbarkeit mit anderen Nutzern das Highscoresystem, der Levelaufstieg und letztlich die Leistungsskalierung berechnet und ausgewiesen werden. Dennoch werden über das jeweilige Fach sowie über die technische Bedienbarkeit hinausgehende Kenntnisse implizit vorausgesetzt, die überdies nicht veränder- oder einstellbar sind. So müssen in allen Fächern der vorgestellten Geschichte und den Dialogen der dargestellten Figuren sowohl visuell wie auch akustisch gefolgt werden.

Ein Maß an Zuhörkompetenz und Aufmerksamkeit werden vorausgesetzt, da die Geschichten nicht nur Begleitung sind, sondern auch in Form gesprochener Textaufgaben wichtig für das Lernspieleverständnis und mithin den darstellbaren Lernerfolg sind. D.h. auch wenn die Geschichten in Form von kindgerechten Comics oder Animationsfilmen aufgebaut sind, bedürfen sie einer höheren Aufmerksamkeitszuwendung als diese, da das Verstehen der Dialoge nicht beliebig, sondern linear und konstitutiv für das Aufgabenverständnis ist, auch wenn dieses durch eine weitere Textdarstellung abgesichert wird.

Bei den stärker auf Spielhandlung ausgerichteten Varianten wird das Spiel selbst auditiv erklärt und es bedarf hier dergestalt ein Maß an Aufmerksamkeit, um das Spiel *richtig* zu verstehen. Fehler, die sich aus einem Falschverstehen ergeben, können nicht „gelöscht" werden, sondern werden von der Lernsoftware gleichlaut protokolliert.

Scoyo offeriert den Schülern überdies ein Vergleichsinstrument der eigenen Leistungsfähigkeit über eine Level- und Highscore-Tabelle. Dies soll, so der Begleittext, als zusätzliche Motivation dienen. Zum einen wird hierdurch die Computerspiele-Konnotation weitergeführt, zum anderen spiegelt der Leistungsvergleich den meritokratischen Anspruch moderner Gesellschaften wider, in der die individuelle Leistung das alleinige Maß für den Bildungserfolg und gesellschaftlichen Aufstieg ist und somit soziale Ungleichheit allein individuelle und keine strukturellen Gründe hat. Im scoyo-Highscore wird ein relativer und ein absoluter Leistungsprozess abgebildet. Zum einen kann der Nutzer sich individuell von Level zu Level entwicklen, zum anderen kann er anhand des Highscores einen Vergleich mit anderen Nutzern vornehmen. Die für alle Nutzer gleichen Aufgaben bzw. gleiche Aufgabengestaltung suggeriert hier einen gleichen und einheitlichen Startpunkt, der Ungleichheit ausblendet (alle spielen nach den gleichen „Regeln"). Aus der reinen Binnenperspektive des digitalen Anbieters lässt sich eine solche Gleichheit zwar möglicherweise noch ableiten, aber spätestens durch den Nutzer selbst, seinem unterschiedlichen Schulwissen und Leistungsstand, der nicht aus der digitalen Lernumgebung stammt, sind bereits strukturelle Ungleichheitsprozesse „anwesend" und darüber auch in dem ausgewiesenen Highscore wirksam. Ungleiche Startbedingungen werden daher gleichsam kaschiert und ein allein auf die eigene Leistung und Leistungsbereitschaft gründender (Miss-)Erfolg ausgewiesen. Auch wenn man heute aufgrund der Verfügbarkeit und einer weiten Verbreitung von Hardware und Zugangsmöglichkeit zum Internet kaum mehr von einer „digitalen Ungleichheit" (Zillien 2009) sprechen kann, die der Grundannahme folgt, dass die „Interpretation einer digitalen Spaltung als Phänomen sozialer Ungleichheit [...] immer vor dem Hintergrund der Annahme getroffen werden, dass aus der fehlenden Verfügbarkeit neuer Technologien Einschränkungen von Lebenschancen resultieren" (Zillien 2009: 87), so verstärkt zumindest die monetäre Hürde zum Angebot von scoyo eine soziale Ungleichheit zugunsten der ökonomisch besser gestellten Milieus. Während analoge Nachhilfeinstitute hier über die Aufnahme in das Programm des BuT einer solchen ökonomischen Schließung entgehen, sind digitale Lernplattformen und -angebote nicht Teil einer solchen Förderung.

Abgesehen von ökonomischen Aspekten erfordert die „Kultur der Informations- und Wissensgesellschaft [...] in zunehmendem Maße ein aktives Publikum" (Zillien 2009: 96), d.h. die Auswahl und Nutzung digitaler Lernplattformen erfordert ein Maß an Bereitschaft digitale Potentiale zu ergründen. Castells unterteilt die Akteure seiner Netzwerkgesellschaft daher in „Interagierende" und „Interagierte":

„Nicht nur wird die Wahl von Multimedia auf diejenigen beschränkt sein, die Zeit und Geld für den Zugang haben [...], sondern auch die Unterschiede nach Kultur/ Bildung werden entscheidend dafür sein, wie jeder Nutzer das Medium zu seinem Vorteil einsetzen kann [...]. Daher wird die Welt von Multimedia von zwei grundlegend unterschiedlichen Bevölkerungen bewohnt werden: den Interagierenden und den Interagierten, also diejenigen, die in der Lage sind, für sich unter den in viele Richtungen weisenden Kommunikationskreisläufen auszuwählen, und denjenigen, die sich mit einem eingeschränkten Anteil vorgefertigter Auswahlmöglichkeiten versorgen lassen" (Castells 2001: 424).

Ungleichheit kann daher in diesem Zusammenhang weniger als ein technologisches als vielmehr ein soziales Problem verstanden werden, das auf das Verständnis digitaler Möglichkeiten anspielt. Scoyo als Lernplattform im Allgemeinen wie die Highscore im Besonderen tragen hier implizit den Aufruf und den Anspruch des digitalen Potentials als erfolgsversprechender Mehrwert für die schulische Bildung in sich, der überdies durch die Distribution der eigenen Leistung (Highscore) und mithin dem Spielecharakter einen Aufruf zum „Mit"machen anzeigt.

4.6 Zusammenfassung

Eine erste Quintessenz der bisherigen Untersuchung lässt sich wie folgt zusammenfassen: Die digitalen Medien haben unseren Alltag durchdrungen und zu einer Tiefenästhetisierung geführt, die von Produktion, Distribution und Rezeption gekennzeichnet ist. Dabei spielen Fotografien und Videos zwar keine alleinige, aber eine wichtige Rolle. Besonders Fotos hatten und haben seit ihrem Aufkommen und der Verbreitung im Alltag Ende des 19. und zu Beginn des 20. Jahrhunderts häufig die Funktion von Dokumentation und Erinnerung. Beispiele hierfür sind Reise-, Familienfotos oder Bilder zu besonderen Anlässen, die die Funktion des späteren Zeigens und der Erinnerung an das Ereignis beinhalten. Dazu gesellt sich heute besonders der Aspekt der Situation, d.h. das In-der-Situation-sein und das daran *zeitlich* nahe Teilhabenlassen anderer Personen, der mich letztlich immer noch in dieser Situation weiß. Es ist der Aspekt der zeitlich aktuellen Teilhabe an der Situation, der sich ausbildet und an Bedeutung gewonnen hat. Auch durch

Urlaubsfotos lasse ich jemanden teilhaben an meinem Erlebnis, aber dieses ist selbst nur noch eine Spur in meiner Erinnerung. Die heutigen digitalen Bilder, die gemacht werden, um sie unmittelbar zu (ver)teilen, bieten durch den Aspekt der verzögerungsfreien Distribuierbarkeit das situative (oder um sich an die Gedanken der Situationisten der 1960er Jahre anzuschließen) bzw. situationistische Potential der proxemischen Teilhabe der Anderen an meinem Leben. Und das ist dann – aufgrund des unterschiedlichen zeitlichen Rahmens – nicht mehr identisch mit dem Zeigen von Urlaubsfotos oder -dias im Rahmen einer Präsentation zum Beispiel im heimischen Wohnzimmer. Es ist kein Zurückholen der Situation für mich und die Rezipienten, sondern ein Hineinholen in die Situation. Ein so erstelltes und distribuiertes Foto wird dann zu einer Geste des Teilhabens und zwar des quasi-unmittelbaren (proxemischen), situativen Teilhabens, in der die zeitliche Aktualität bzw. Unmittelbarkeit ihr konturierendes Element ist. Damit ist eine solche Situation nicht mehr unter den Begriff der parasozialen Interaktion (vgl. Horton/Wohl 1956) zu fassen, auch wenn zunächst Rezipienten (die allerdings in der Regel nicht *fiktiv* oder eine *Persona* sind) des geteilten Inhaltes einfach unterstellt werden. Aber anhand der zeitlich unmittelbaren Reaktionsmöglichkeit (Kommentare, Likes usw.) wechselt die parasoziale Interaktion in eine soziale Interaktion.[125]

Ein erster Schritt in dieser Entwicklung war die allumfassende Verfügbarkeit solcher Medien im Alltag. Mit Aufkommen der Fotohandys, die zunehmend eine Schnittstelle zu sozialen Netzwerken erhielten und schließlich zu der Verbreitung von Smartphones führten, hat sich z.B. der Prozess des Aufnehmens, Verteilens und Rezipierens digitaler Inhalte (Bilder, Texte, Videos, Musik) nicht nur etabliert, er ist ein wesentlicher, unhinterfragter Bestandteil der Alltagswahrnehmung geworden. Bewegt man sich heute durch den Alltag, ist man dergestalt begleitet von der Potentialität des Aufnehmens. Man nimmt nicht mehr nur wahr, sondern „scannt" und gliedert die Welt in Interessantes-Aufnehmbares und anschließend Mitteilbares oder für die

---

[125] Letztlich zeigt sich ein Changieren zwischen parasozialer und sozialer Interaktion durch die vielen Kombinationsmöglichkeiten des Internets. Ein Tweet z.B. eines Hollywood-Stars lässt teilhaben, ohne auf eine unmittelbare Reaktion zu zielen. Die Rezipienten können das Gefühl ausbilden, dass sich eine Beziehung zwischen ihnen und der Person aufbaut. Im Ergebnis bilden sich dann *Follower*, die den Tweets einer Person folgen. Umgelehrt lässt sich über wechselseitige und aufeinander bezogene Sendungen von Nachrichten z.B. über facebook sehr wohl von einer sozialen Interaktion sprechen.

Verteilung nicht Interessantes. Dabei ist diese Haltung keine hochreflexive, sondern im Gegenteil eine alltägliche Wahrnehmungsroutine geworden, die nicht fortwährend problematisiert wird.

Das „Scannen" der Alltagswelt ist dergestalt kein aktives, suchendes, sondern es bildet eine weitere Hintergrundfolie der Alltagswahrnehmung. Alltagswahrnehmungen sind bzw. werden im Zeitalter der digitalen Medien immer schon angereichert mit dem Blick für ihre Verteilbarkeit, d.h. die antizipierte Reaktionsbereitschaft der (digitalen) Interaktionsgemeinschaft ist darin immer schon enthalten. Die Währung, mit der gemessen wird, sind hier z.B. Gefällt-Mir-Klicks, die Menge an Kommentaren, die Menge der *Views* oder die Verbreitung des Artefaktes insgesamt. D.h. der quantitative Grad der Distribution, aus der sich die Menge der Rezeption ableiten lässt, ist Antreiber und Bewerter in diesem Rahmen.

Abbildung 16: Eigenes Bildbeispiel.

Das hier zu sehende Bildbeispiel verdeutlicht diesen Vorgang exemplarisch. Der Autor war zu einem Vortrag einige Wochen zuvor in Brasilien auf einer Tagung. Mit den dort kennengelernten Kolleginnen und Kollegen vernetzte er sich via Facebook. Das Bild entstand einige Monate später nach der Tagung – Anfang April 2013 – zurück in Deutschland. Bei einer Autofahrt stand er an einer roten Ampel und blickte wartend aus dem Fenster und sah dabei das Geschäft mit der Aufschrift „Made in Brasil". In der Divergenz der stereotypen Assoziationen zu Brasilien (Sonne, Wärme, Strand, Meer, leichte Bekleidung), dem auf dem Bild zu sehenden tristen deutschen Wetter sowie der Bedienung des Stereotyps des kalten Deutschlands lag dann der Reiz des Schnappschusses und der sofortigen Teilung desselben via Facebook. Beachtenswert ist weniger der Vorgang des Fotografierens als der Umstand, dass das Bild letztlich nur aufgrund seiner Verteilungs- und Verbreitungsmöglichkeit entstanden ist. Die Alltagswahrnehmung wird implizit auf ihre Medienförmigkeit untersucht und ggf. dahingehend aufgenommen. Es ist eine von den Menschen selbst in Kombination mit der Medientechnik erzeugte Medienästhetik, die sich auf den Alltag legt und sie entsprechend formt. Umgekehrt wird der Alltag zu einem fundamentalen Bestandteil dieser Medienästhetik, da diese wesentlich aus ihm schöpft. Mehr noch soll gerade der Alltag oft das sein, das es (zwangsläufig medienförmig) zu repräsentieren gilt und zu einer Teilhabe aufruft. Mit einer solchen Praxis ist aber dann nicht nur die Teilhabe ausgerufen, sondern implizit auch der Aufruf, es einem gleich zu tun und so die Etablierung einer Praxis voranzutreiben. Mit dem bisher Gesagten wird zugleich ein Internet-Exzeptionalismus, der die digitale Sphäre als etwas Besonderes sieht und die Regeln der Offline-Welt nicht oder nur wenig anwendbar für die Online-Welt erachtet (vgl. z.B. Szoka/Marcus 2010), zurückgewiesen.

Ein Beispiel, wie die Teilhabe und Distribution bereits mitgedacht ist, zeigt die Implementierung in der Microsoft Spielekonsole Playstation 4: „Spielsequenzen sollen ständig und automatisch mitgeschnitten werden, so dass man seine aktuellen Heldentaten unmittelbar publizieren kann, im Konsolennetz oder in sozialen Netzwerken wie Facebook. Das gleiche verspricht Sony für seine Playstation 4."[126] An diesem Beispiel wird zugleich deutlich, dass die Aspekte der Situation, der Performativität und der Kreativität eine wichtige Rolle für eine solche Medienästhetik spielen. Der Mensch will sich ereignen und dies tut er heute nicht unwesentlich durch die (mehr oder weniger) aktive Teilnahme an solchen medialen Vorgängen, für die die sozialen Netzwerke als sinnfälliges Beispiel dienen, wenngleich der hier beschriebene Prozess sich nicht nur über diese ausdrückt, sondern z.B. auch durch gängi-

---

[126] Zu finden unter: http://www.spiegel.de/netzwelt/games/neue-xbox-microsoft-baut-den-apple-fernseher-a-900616.html [05.05.19].

ge E-Mail-Kommunikation, soziale Netzwerke, WhatsApp-Chats oder den WhatsApp-Status[127] o.ä. Der Mensch ist heute – wie erwähnt – mehr denn je an Medien gebunden. Gerade die digitalen Kommunikationsmedien wie Smartphone oder der Computer allgemein – und beide im Rahmen der Internetvernetzung – haben die Grundlage für eine Medienästhetik gelegt, die auf der Dreiteilung der Ästhetik in Produktion, Rezeption und Distribution (Kommunikation) fußt. Schon immer gab es rezeptions- und produktionsästhetische Sichtweisen auf menschliche *Entäußerungen* oder Artefakte. Und auch die Distribution oder das „Zur-Schau-stellen", also die Möglichkeit des Teilens dieser Artefakte, ist keine Erfindung der Neuzeit, sondern essentieller Bestandteil einer jeden Ästhetik. Aber erst die Verdichtung dieser drei Komponenten Rezeption, Produktion, Distribution durch die neuen digitalen Medien hat zu eben jener neuen Medienästhetik geführt. Verdichtung meint hier die Zusammenführung dieser drei Komponenten zu einer Figur, die durch das Medium figuriert wird und dem Menschen die Möglichkeit bietet, aus einer Hand zu produzieren, zu rezipieren und zu distribuieren. Wurde bisher der Blick in erster Linie auf Artefakte gelegt, die über digitale Medien *digital* erzeugt wurden (z.B. Musik, Bilder, Videos, Texte), bahnt sich – sozusagen als Speerspitze dieser Entwicklung – durch die zunehmend in den privaten Nutzerbereich sich etablierende 3D-Drucker eine Umwälzung bzw. Erweiterung der Prodisumentenidee an. Bereits der Wandel von analoger zu digitaler Speicherung, dem Übertrag von analoger Musik, Fotografie oder Texten (z.B. Bücher) in ein digitales Format und die Verfügbarkeit entsprechender Hard- und Software in Privathaushalten hat diese Segmente entsprechend revolutioniert. Derzeit werden hier besonders die rechtlichen und ökonomischen Aspekte diskutiert; man denke an die andauernde Diskussion eines neuen Urheberrechtes, Überlegungen zu einer „Kulturflatrate", mit der nach einer einmaligen Abgabe der Download entsprechender Musik, Filme oder Bücher erlaubt werden soll.

Dringlich ist dieser Umstand erst durch die problemlose (Re-)Produktion und Distribution solcher Artefakte geworden. Hier soll es nicht um die juristischen oder ökonomischen Aspekte gehen, wenngleich diese immer auch Triebfeder für solche Entwicklungen sein können, besonders der ökonomi-

---

[127] So findet heute nicht mehr nur über die bekannten sozialen Netzwerke eine solche Selbstverortung und mitunter situative -darstellung statt, sondern auch der WhatsApp-Status wird z.B. zu einem Schaukasten für das eigene Selbst (vgl. Kröger-Bidlo 2019).

sche Aspekt ist hier zu betonen.[128] So fließen das ökonomische und das kreativ-spielende Handeln, das sich in der hier angesprochenen Medienästhetik ausdrückt, gerade am Beispiel des 3D-Druckers ineinander. Die juristische Sichtweise ist insofern rekursiv, als sie auf die Praxis reagiert, z.B. in Form einer Urheberrechtsdebatte, wie man sie derzeit auch im Rahmen der Verwendungen und Verwertungen digitaler Inhalte beobachten kann. Wichtiger in unserem Zusammenhang allerdings sind die alltagspraktischen Nutzungen und Verwendungen, aus denen dann häufig ökonomische oder juristische Fragen erwachsen. Ein Beispiel in diesem Kontext ist der bereits angesprochene 3D-Drucker (vgl. allg. Hagl 2015). Dabei handelt es sich um eine in der Industrie bereits länger eingesetzte Technik, die zunehmend aufgrund bezahlbarer und anwenderfreundlicher Hard- und Software in Privathaushalte Einzug hält. Mit dieser Technik lassen sich vielfältige Gegenstände für den Alltag in Eigenregie produzieren. Dergestalt ist die Technik selbst nicht neu, aber die Schrumpfung der Hardware und die dadurch kostengünstige Herstellung solcher Drucker für den Heimgebrauch lassen dann neue Verwendungsweisen und Praktiken zu. Die verwendeten Materialien sind vielfältig, so lassen sich Beton, Kunststoffe, Holz, Papier, Metalle, aber auch menschliches Gewebe „drucken". Im Heimbereich sind es derzeit noch unterschiedliche Kunststoffe, die in einem Schichtverfahren aufgetragen werden. Anderson (vgl. Anderson 2013) ruft dergestalt eine neue „Revolution" aus, in der jeder seine eigene Heim-Fabrik besitzen und unterschiedliche Artefakte selbst herstellen kann. Anderson und der dazugehörige Diskurs bezeichnen die Nutzer als „Maker", die als Designer eine individualisierte Produktionsform hervorbringen werden, was zu einer neuen Form der Selbstversorgung führen könne. Dem Aspekt der Neugestaltung der (Erwerbs-)Arbeit auf der Basis einer kommunitaristischen Selbstversorgung – „Community Produktion" – unter Zuhilfenahme moderner Technologien hat sich Frithjof Bergmann (vgl. Bergmann 2012, Bergmann/Friedland 2007) mit seinem Konzept der „Neuen Arbeit" (New Work) verschrieben. „Die dezentrale Herstellung, lokal, am Ort, nicht in gigantischen Fabriken, sondern in kleinen Räumen ist nicht nur idyllischer und grüner, sondern auch unvergleichlich effizienter und deshalb wettbewerbstüchtiger" (Berg-

---

[128] Für eine ökonomische Lesart dieser Entwicklung und der Frage nach interaktiven Wertschöpfungsketten vgl. Schelske 2008, insgesamt Schrage/Friederici 2008.

302

mann 2012: 2). Wenngleich es wie vorher bereits betont an dieser Stelle nicht um eine ökonomische Auseinandersetzung mit dieser Entwicklung gehen soll, so verdeutlicht sie dennoch die Lesart des Menschen als handelndes und schöpferisches Wesen, das im Rahmen einer medienästhetischen Perspektivierung als rezipierendes, produzierendes und distribuierendes (teilendes und kommunizierendes) Wesen gefasst werden muss. Zugleich untermauert sie die Verschränkung des Menschen mit der Technik und den Medien.

Das Besondere an den 3D-Druckern ist die Übersetzung digitaler Daten in eine materiale Form. Und diese Form ist nicht mehr nur auf Zweidimensionalität beschränkt, wie es z.b. bei digital gestalteten Plakaten, Flyern oder Fotos der Fall ist, die dann gedruckt und damit *physisch* werden, sondern dehnt sich nahezu auf alle digital erzeugten Objekte aus, die eine Entsprechung in der physischen Welt haben können. Die amorphe Gestalt und die Potentialität des virtuellen Raumes können durch diese Entwicklung übersetzt werden ins Plastische. Der 3D-Drucker lässt damit – und das ist ein Spezifikum – die digitale Welt in Teilen „wahr" werden. Er wird zu einer direkten Schnittstelle zwischen der virtuellen und materialen Welt. Modelle von Autos, Alltagsgegenständen wie Löffel, Tasse, Vase usw. oder benötigte kleinteilige Ersatzteile, gar eine Pistole oder ganze Organe – in einem Bio-3D-Drucker – lassen sich herstellen (vgl. z.B. Regele 2018). Einzig eine 3D-Vorlage, die man mit der nötigen Software selbst entwerfen oder ebenfalls downloaden oder erwerben kann, wird dafür benötigt. Ohne an dieser Stelle einen Blick in die Glaskugel zu werfen, lassen die bereits heute möglichen Anwendungsgebiete erahnen, was sich zumindest ökonomisch verändern könnte: „3D-Drucker werden Konsumgütermärkte auf den Kopf stellen. Anstelle von in Massen produzierter Ware werden die Menschen immer mehr Dinge haben, die nach ihren Wünschen entstanden sind. Das könnte zu gigantischen Umwälzungen in den etablierten Lieferketten führen" (Lindner 2013: 2). Aber die im Kontext von Leserreporter oder Open-Source-Software angesprochenen (medien-)ästhetischen Umsetzungsmöglichkeiten treffen auch auf den 3D-Drucker und auf die mit ihm übersetzten Artefakte zu. So gewinnt der mediennutzende Mensch neue Ausdrucks- und Rezeptionsmöglichkeiten und kann sich auch hier selbst kreativ, d.h. entwerfend betätigen. Dabei greift der Anwender allerdings nur selten auf völlig neue Ideen und Vorstellungen zurück. Meist sind es Versatzstücke und Modulteile, die in neuer Kombination zusammengeführt werden. Im Verlauf des nächsten Kapitels soll dieser Prozess genauer in den Blick genommen und ein Augenmerk auf das Spielen mit Möglichkeiten zur Hervorbringung solcher digitaler Artefakte gelegt werden.

5. Denken in Modulen – Medienästhetik, Kreativität und das Neue[129]

Im vorherigen Kapitel wurde beschrieben, wie Medieninhalte z.b. durch Leserreporter oder allgemein den Alltagsmenschen produziert, distribuiert und rezipiert werden. Der Titel dieses Kapitels beinhaltet bereits die wesentlichen Begriffe, um die es im weiteren Verlauf gehen wird. Und *merkwürdigerweise* scheinen sie – die Ästhetik, Kreativität und das Neue – schon auf den ersten Blick eine gewisse Beziehung untereinander zu besitzen. Das Neue scheint per se eine gewisse Form der Wahrnehmung anzustoßen, die Sinne zu affizieren.

Ästhetische Artefakte sind oft Ergebnis von Kreativität und können besonders dann ästhetisch wirksam werden, wenn sie etwas Ungewohntes, Ungewöhnliches und Neues offerieren oder Altbekanntes in neue Kontexte stellen. Hier zeigt sich der in der Moderne sich durchsetzte romantische Impetus des Originellen, das Verlangen nach Neuem. Aber wir finden – z.b. bei Søren Kierkegaard – auch eine Hervorhebung und ästhetische Betonung der Wiederholung. In seiner Schrift „Die Wiederholung" (vgl. Kierkegaard 1955), die er unter dem sinnfälligen Pseudonym Constantin Constantius veröffentlichte, steht die Wiederholung – neben Erinnerung und Hoffnung – als eine Hauptmöglichkeit der Zeiterfahrung der Menschen. Erinnerung und Hoffnung stehen jeweils für die Vergangenheit bzw. die Zukunft und sind für eine erfüllte und unmittelbare Gegenwart nicht geeignet, da sie entweder alles Gegenwärtige an die Vergangenheit knüpfen und mit Wehmut füllen (Erinnerung) oder in fortlaufender Aktion aus der Gegenwart neue Konfigurationen für die Zukunft suchen (Hoffnung). Nur die Wiederholung liegt gänzlich in der Gegenwart. „Die Wiederholung, sie ist die Wirklichkeit und des Daseins Ernst" (Kierkegaard 1955: 5). Die Wiederholung zielt dergestalt nicht auf eine reine Wiedererinnerung vergangener Erlebnisse und Situationen, sondern auf eine situative Erneuerung schon mal Gewesenen. Daher ist nach Kierkegaard die Wiederholung keine unveränderte Wiederkehr eines schon Gewesenen (vgl. auch Goldmann 2011). „Die Dialektik der Wiederholung ist leicht, denn das was sich wiederholt, ist

---

[129] In gekürzter und angepasster Form abgedruckt in Bidlo 2017a.

gewesen, sonst könnte es sich nicht wiederholen; aber eben dies, daß es gewesen ist, macht die Wiederholung zu dem Neuen" (Kierkegaard 1955: 22). Dergestalt steckt in der Wiederholung zugleich eine Differenz – wie in dem Pseudonym, das er nutzte. Und diese Differenz kann zugleich als Konkurrenz zum Neuen oder aber als das Neue per se verstanden werden. Eine Verbindung von Wiederholung (Kopie) und performativen Elementen findet sich in der zeitgenössischen Kunst in der *Appropriation Art* z.B. bei einem seiner Vertreter dem New Yorker Künstler Mike Bidlo. Sein künstlerisches Konzept ist u.a. gekennzeichnet von der Kopie ganzer Werkgruppen und der personalen Nachstellung von Kunstwerken, die solcherart performativ und installativ erweitert werden (vgl. auch M. Bidlo 1989).

Das Bild von der ewigen Wiederkehr[130] des Gleichen verweist bekanntlich auf Nietzsche und bildet in seiner Philosophie einen Grundgedanken. Zudem ist die Wiederkehr bei ihm positiv konnotiert. Er selbst hob diesen bejahenden Impuls hervor: „Die Grundconception des Werks [Also sprach Zarathustra], der Ewige-Wiederkunfts-Gedanke, diese höchste Formel der Bejahung, die überhaupt erreicht werden kann –, gehört in den August des Jahres 1881: er ist auf ein Blatt hingeworfen, mit der Unterschrift: ‚6000 Fuss jenseits von Mensch und Zeit'" (Nietzsche 1908: o.S.). Nietzsche versucht in Anlehnung an Heraklits „Alles fließt", die Welt als einen fortdauernden Prozess des Werdens und des Vergehens zu verstehen. In diesem Prozess, in diesem Strom des Werdens und Vergehens können sich alle *Gestalten* bilden, um sich daran anschließend im Strom der Zeit wieder aufzulösen. Da die Zeit unendlich ist, hat es jede mögliche Anordnung der Dinge bereits irgendwann gegeben, mehr noch alles muss schon unzählige Male gewesen sein.[131] Die Wiederholung nicht als Kreislauf mit der Hervorbringung des Gleichen zu denken, sondern als Prozess, der zugleich Differenz hervorbringt, ist Gilles Deleuze' (vgl. Deleuze 2007) Lesart von Nietzsches

---

[130] Nietzsche spricht selbst von *Wiederkunft*.

[131] Hier würde Henri Bergson insofern widersprechen, da er zwei Mannigfaltigkeiten unterscheidet, die temps méchanique (Zeit der „Dinge") und die temps vécu (innere Dauer, dureé) und damit den Wesensunterschied zwischen Raum und Zeit verdeutlicht. Während die innere Dauer jeden Augenblick zu etwas Einzigartigem macht und nicht wiederholbar ist, weil der Mensch in der Zeit lebt und „dauert" (und dadurch frei wird), können bei den temps méchanique gleiche Anfangsbedingungen hergestellt werden. Bei diesen wäre dann eine ewige Wiederkehr des Gleichen in der Zeit möglich. Vgl. zu Henri Bergsons Zeitkonzeption Bergson 1994: 106 ff.

„Ewige Wiederkehr", die dieser in *Zarathustra* erstmals vorgestellt hat. Die Differenz findet statt im *Empirischen*, in der „Aktualität des Hier-und-Jetzt" (Baugh 1996: 37), so dass z.b. die wiederholte Aufführung von Beethovens Siebenter Symphonie trotz einer Einheit von Form und Inhalt des Werkes differiert. „Das Empirische ist die Aktualität des Hier-und-Jetzt, die zwischen den Aufführungen differenziert und die Wiederholung des gleichen Werks möglich macht" (Baugh 1996: 37). Damit wird eine solche Aufführung trotz ihrer inhaltlichen Wiederholung zu einem *Ereignis*, zu einem Augenblick des Singulären. Bei Derrida (vgl. Derrida 2004) wird aus der Wiederholung die *Iterabilität*, eine Wiederholbarkeit und Zitathaftigkeit, aus der heraus die Andersartigkeit entspringt, da sie kontextbrechend ist.

Um was aber handelt es sich nun bei dem Neuen? Handelt es sich bei dem Neuen um eine Erfindung oder eine Entdeckung? Wird es entdeckt (vgl. Schröer/Bidlo 2011), ist es immer schon vorhanden, nur verhüllt und es muss *entdeckt* werden. Dann ist das Neue nicht neu im Sinne von Noch-nie-da-gewesen, sondern etwas immer schon Vorhandenes, das bisher noch nicht entdeckt wurde. Aus dieser Perspektive war Amerika neu, als Kolumbus es für die westliche Welt entdeckte. Etwas anderes ist es, wenn das Neue erfunden bzw. *geschöpft* werden muss: Etwas, was noch nicht da war, wird erfunden im Sinne des Erschaffens; das Neue steht dann dem Schöpfen näher (vgl. auch Bidlo 2011d: 45). Neues lässt sich damit zweifach fassen: Es lässt sich „als eine analytisch reduzierbare Kombination von bereits bestehenden Eigenschaften, Strukturen etc. verstehen" (Pape 1994b: 10). Oder es tritt etwas ursprünglich Neues auf, „das durch seine Eigenschaften, Strukturen, Relationen usw. nicht auf seine Ausgangsbedingungen rückführbar ist" (Pape 1994b: 10). Das wäre in gewisser Hinsicht ein *creatio ex nihilo*, das man in der Logik des Schließens in Anlehnung an Peirce dann Abduktion nennen kann, ein gedanklicher Sprung, „der das zusammenbringt, von dem man nie dachte, dass es zusammengehört" (Reichertz 2006a: 190), und zum Begriff der Kreativität führt. Der Begriff der Kreativität beinhaltet das Kreieren, das Schöpfen und Entwerfen und weist damit auf ein Etwas, das *kreiert*. Gebildet wurde das Wort „Kreativität" nach dem lateinischen Wort *creare*. Es tauchte zunächst fast ausschließlich in der Theologie auf mit dem Bezug zu einem Schöpfergott, einem Creator. Aber die Menschen sind nach der Lehre des Alten Testaments auch ein Abbild Gottes. Und so wurde im christlichen Abendland dem Menschen zumindest eine Nachahmung jener göttlichen Fähigkeit zugetraut. Übertrug sich diese göttliche Tugend des Schöpferischen zunächst auf einen besonderen Menschentypus, auf das Genie – so war die Überzeugung der Romantiker und ihre Verehrung für das Genie zu erklären – oder eben besondere Menschen, galt später jeder Mensch als mit einem Schöpfungspotential ausgestattet. Der Kultur- und Kommunikationsphilosoph Martin Buber nannte das wie erwähnt den Urhebertrieb im Menschen (vgl. Buber 1998: 17). Die Urheberkraft, die sich in der Kreativität ausdrückt, bringt das *Geschöpfte*, das Entworfene hervor. Das Geschöpf ist hier das durch den Künstler oder eines jeden Menschen Geschöpfte. Kreativität ist in dieser Perspektive an das Subjekt gebunden, wenngleich die Bewertung, ob etwas intersubjektiv als kreativ bezeichnet wird und sich durchsetzt, dann durch eine Gruppe oder Gesellschaft vorgenommen wird. Kreativität ist mit dem Prozess der „gesellschaftlichen Ästhetisierung" (Reckwitz 2012) verkettet, da sie Geschöpftes, Entworfenes, Neues oder *Anderes* hervorbringt und heutzutage besonders durch die neuen, digitalen Medien zur Rezeption anbietet. Die Gegenwartskultur beinhaltet gleichwohl eine anthropophagische Praxis. „Sie zeigt sich in Gestalt einer kannibalistischen *Remix*-Kultur, die [...] die ganze Welt umspannt. [...] Es gibt keinen echofreien Raum des Denkens" (Ramos-Velasquez 2013: 263). Die Gegenwart ist solcherart von einem Kreativitätsdispositiv gekennzeichnet. „[N]icht kreativ sein zu *wollen*, kreative Potentiale bewusst ungenutzt zu lassen, gar nicht erst schöpferisch Neues aus sich hervorbringen oder zulassen zu wollen, erscheint als ein absurder Wunsch, so wie es zu anderen Zeiten die Absicht gewesen sein mag, nicht moralisch, nicht normal oder nicht autonom zu sein" (Reckwitz 2012: 9; Herv. i. Original). Oder um es mit einem älteren Werbespruch von *Apple* zu sagen, der zugleich implizit auf die Bedeutung der neuen, digitalen Medien eingeht und einen Kreativitätsimperativ enthält: „Was wird dein Vers sein?"[132] Und damit werden die Medientechnologien im Allgemeinen und die digitalen Medien im Besonderen nicht mehr nur zu einer Rahmenbedingung für Ästhetisierungsformationen und Kreativitätsaufforderungen im Alltag, sondern gleichsam ihr Zentrum.

---

[132] Apple nutzt hier ein längeres Zitat aus dem Film „Der Club der toten Dichter" aus dem Jahr 1989 und verknüpft es in der Werbung mit unterschiedlichen *Geschichten* von Menschen, die mit einem Apple-Produkt *Besonderes* hervorbringen.

5.1 Kreativität und das Neue

Kreativität als zu behandelndes Thema ist ein altes Phänomen. In neuerer Zeit kann man sicherlich den Zeitraum vom Ende der 1980er Jahre bis heute nennen, in denen die Kreativität als wichtige Triebfeder für wirtschaftliches Wachstum verstanden wird. Richard Florida (vgl. Florida 2002) gründet auf dem mittlerweile etablierten Begriff der creative class eine Wirtschaftstheorie, in der u.a. die Kreativität bzw. das kreative Potential der arbeitenden Menschen ein zentrales Element für Wirtschaftswachstum darstellt. Und Joas sieht in seiner pragmatischen Handlungstheorie in jedem Handeln einen kreativen Charakter, den es zu berücksichtigen gilt (vgl. Joas 1996) Die „Kreativitätssemantik" (Albrecht 2015) besonders der letzten 20 Jahre führt nach Reckwitz (vgl. 2012) zu einem Kreativitätsdispositiv mit einer besonderen Aufmerksamkeit für das Neue. Gleichzeitig fragt Gumbrecht bereits 1988 „Kreativität – Ein verbrauchter Begriff?" Luhmann sieht für die Moderne, „da theologische Konnotationen ferner liegen, [...] die Kreativität ihre semantische Karriere [beginnen]. Kreativität scheint nichts anderes zu sein als demokratisch deformierte Genialität. Die Dreiheit neu/bedeutend/überraschend bleibt erhalten, aber die Ansprüche werden abgesenkt. Wer immer Talent hat und sich Mühe gibt, kann es zu Kreativität bringen" (Luhmann 1988: 16). Und Schmidt sieht die Unbestimmtheit des Begriffes: „‚Kreativität' gehört zu den allseits notorisch verwendeten und definitorisch notorisch unterbestimmten Mode-Wörtern vieler Wissenschaften wie der Alltagskommunikation, insbesondere in bestimmten ‚Szenen'" (Schmidt 1988: 35). Im weiteren Verlauf dient der Kreativitätsdiskurs vor allem als Hintergrundfolie für die Produktion – vor allem – digitaler Artefakte. Dabei geht es weniger um Originalität als vielmehr um die alltägliche Produktion und Distribution solcher Artefakte. Diese wiederum sind in einer Modularität angelegt und zielen nicht mehr auf ein gänzlich Neues, sondern in erster Linie auf eine variable Wiederholung bereits Bekanntem. Zudem bleiben sie prinzipiell unabgeschlossen und mit einem Aufforderungscharakter versehen, sie *weiterzuspinnen*. Sie integrieren solcherart das offene Kunstwerk (Eco) und den Tod des Autors (Barthes).

Die Kreativität bzw. das Schöpferische sind so alt wie die Menschengeschichte selbst, wenn man den Menschen selbst als einen *Tätigen* versteht, aber auch, wenn man den Menschen in einem metaphysischen Weltbild als eine Schöpfung, als das Geschöpfte versteht. Im christlichen Abendland gewann daher die Nachahmung jener göttlichen Fähigkeit des *creare* eine besondere Bedeutung. Zunächst übertrug sich diese göttliche Tugend des Schöpferischen auf einen besonderen Menschentypus, auf das *Genie*. Aber letztlich ist jedem Menschen der Schöpferdrang inhärent. Besonders in der europaweiten Epoche der Romantik nahm der Begriff des Schöpferischen und Kreativen eine hervorgehobene Stelle ein.

Der Prozess des Schaffens ist in der Romantik insofern *eigenartig,* als die erschaffene Wirklichkeit keine Kopie oder originalgetreue Wiedergabe der herkömmlichen Wirklichkeit sein sollte und der kreative Prozess der Schöpfung nie vollendet sein kann, sondern sich fortlaufend weiterschreibt. Wichtige Motive sind hier die Sehnsucht und der Auszug und Aufbruch in die Ferne, die Suche nach dem eigenen Ich, aber auch das Aufeinanderprallen verschiedener Wertvorstellungen, welche sich aus der Wanderung ins Neue und Unbekannte ergeben. Das Reisemotiv, „auf zu neuen Ufern", beinhaltet sowohl die Sehnsucht und Kreativität, als Haltung, Neues auf sich wirken zu lassen und dabei sich selbst neu zu schöpfen. Während es im Mittelalter die Queste war, ist es in der Romantik das Wander- bzw. Reisemotiv (vgl. Bidlo 2011e: 34f.). Bei Vilém Flusser (vgl. Flusser 2007) wird das Reisen, und in seiner Zuspitzung – da eine Heimkehr nicht mitgedacht ist – die Immigration zu einem kreativen Impetus (vgl. Flusser 2007: 103), aus dem heraus sich dem Neuen zu stellen ist und Neues gleichwohl anhaften bleibt. Das Neue, das durch Erfahrungen während der Reise erworben wird, muss in die alten Vorstellungen integriert werden. Der Mensch sollte in der Romantik durch das Reisen in die Lage versetzt werden Neuschöpfungen hervorzubringen. Dabei ist das entworfene Artefakt oder Kunstwerk keine Widerspiegelung der göttlichen Wirklichkeit der Welt, sondern ein tentativer Prozess, der vom Fragmentarischen und von Brüchen gekennzeichnet ist. Der Künstler in der Romantik kommentiert sein Werk, schreibt es weiter, korrigiert es und amüsiert sich auch teilweise selbst darüber oder tritt hinter dieses zurück und trifft erneut auf es wie auf eine unabhängige Schöpfung.

Springt man von der Romantik in die digitale Gegenwart, sind die der Romantik inhärenten Motive immer noch vorfindbar, wenngleich sich das Substrat der kreativen Entäußerung verändert hat. Denn die Dinge lösen sich auf und wandern ins elektromagnetische Feld der Informationen, die von Apparaten bzw. Computern gespeichert und von dort abgerufen, kombiniert und versendet werden können. Und der Mensch spielt mit diesen elektronischen Apparaten und synthetisiert aus Informationen neue Informationen. Informationen werden zu Spiel- und Springbällen, die ihre undingliche Form mit jedem neuen Impuls (den man als Dialog verstehen muss) eines anderen Menschen verändern. Daher wird der Mensch nicht mehr seine Hände in Gänze, sondern nur noch seine Finger benutzen, „um mit Symbolen zu spielen und um audiovisuelle Informationen aus Apparaten abzurufen. Der fingernde handlose Mensch der Zukunft wird nicht handeln, sondern tasten" (Flusser 2002c: 188). Wir werden dergestalt zu *Tastateuren*, wie man eindrücklich an den Handhabungen heutiger Smartphones und weiterer *Touchscreens* erkennen kann. Wir blättern dort durch Texte, Bilder oder Internetseiten, indem wir *tippen* und *wischen* oder mit den Fingern andere Gesten vollziehen. Hier zeigt sich, dass die medienästhetische Wirkung sich auch auf die Haptik ausgewirkt hat, insofern wir eine Kultur der Tastendrücker, eben von Tastateuren geworden sind. Wir werden gewissermaßen alle potentielle Klavierspieler, nur dass sich die zu spielende *Klaviatur* insoweit geändert hat, als es mittlerweile die Computer-*tastatur* oder der Touchscreen ist, auf dem sich unsere Finger gleichsam einer neuen Kulturtechnik bewegen.

Derzeit liegt das *Tasten* noch zwischen dem Eindrücken von Tasten z.B. einer herkömmlichen Computertastatur, die analog gedrückt wird, und dem Tasten der berührungsempfindlichen Touchscreens, die solcherart komplett elektronisch-digital über eine durch die Hautberührung hervorgerufene Spannungsveränderung funktionieren. Der nächste Schritt wäre dann die komplette Auflösung körperlich-externer Gesten durch die rein gedankliche Steuerung (Gehirnscanner) eines Mediums (z.B. Computer).[133]

Das besprochene Reisemotiv bleibt in seiner Essenz auch in der digitalen Welt erhalten, gleichwohl verkoppelt sich das *Gewohnte* mit dem Ungewohnten, insofern die Notwendigkeit zur physischen Abfahrt (vgl. auch

---

[133] Dies wiederum ist heute bereits in der (experimentellen) Praxis angekommen. So nutzte z.B. der an einer Nervenkrankheit leidende und 2018 verstorbene Astrophysiker Stephen Hawkings probeweise ein solches Gerät. Das sog. „iBrain" wird als Stirnband getragen und nimmt Biosignale auf, die dann anschließend in Buchstaben oder Worte umgewandelt werden. Vgl. z.B. den Beitrag unter: http://www.stern.de/wissen/technik/gehirns-canner-forscher-koennen-stephen-hawkings-gedanken-lesen-1849286.html [05.05.19]

Virilio 1998) hinfällig wird. Bereits der Wohnwagen beinhaltet diesen Widerspruch: „‚Wohnen' hat mit Gewohnheit und mit dem Gewöhnlichen zu tun, also mit einer Stimmung, bei der man seiner Umgebung vertraut und daher nicht auf sie achtet. Und ‚Wagen' hat mit Wagnis zu tun (wenn auch vielleicht nicht etymologisch), mit Fahren und mit Erfahrung, also mit einer Stimmung, bei der man seine Umgebung beobachtet, weil sie nicht vertraut ist" (Flusser 2007: 45). Aus dem Wohnwagen ist in der digitalen Welt zunächst das mit (sichtbaren und unsichtbaren) reversiblen Kabel ausgestattete Haus geworden, von dem aus digitale Erkundungsreisen ohne Notwendigkeit einer Abfahrt möglich wurden. Heute wiederum koppeln und durchdringen sich digitales und physisches *Reisen* durch das Potential mobiler, mitführbarer Geräte und der Produktion, Rezeption und Distribution entsprechender Artefakte.

Das Kreativitätsdispositiv bleibt solcherart durch die digitalen Medien nicht nur erhalten, sondern beschleunigt sich und ist geknüpft an die Forderung zum Spiel und die Förderung des Spiels. Der mediale Mensch von heute „ist kreativ vernetzt" (Wunden 2003: 49). Hierdurch ist die Welt des Alltags und der digitalen Medien heute in hohem Maße angestoßen von ästhetisch Neuem.

> „Im Rahmen des Kreativitätsdispositiv wird das Neue nicht als Fortschritt oder als quantitative Steigerung verstanden, sondern als ästhetischer, das heißt als perzeptiv-affektiv wahrgenommener und positiv empfundener *Reiz*, besser gesagt als eine fortwährende Sequenz von Reizen, die jenseits von zweckrationaler Verwendung *als* Reize affizieren" (Reckwitz 2012: 40; Herv. i. Original).

Dabei zielt das Neue dann nicht mehr notwendig auf eine Verbesserung des Alten, vielmehr intendiert es ein sinnliches Erleben und situatives sich Ereignen. Die sich hier aufspannende Wiederholung zeigt eine andere Orientierung am Neuen, die an eine Sichtweise auf Zeit (vgl. neben Kapitel 4.1 auch Bidlo 2002 und 2009a, Rosa 2005) gekoppelt ist, die „Vergangenheit, Gegenwart und Zukunft voneinander unterscheidet und das Neue gegenüber dem Alten vorzieht. Wenn ‚alt' der Gegenbegriff zu ‚neu' ist, dann ist das Gegenmodell zur neu/alt-Unterscheidung ein Denken in Reproduktionen, Wiederholungen und Zyklen" (Reckwitz 2012: 43). Der Wert und die Tragfähigkeit des Neuen für den Alltag bemisst sich hernach weniger an seiner Stelle auf der Fortschrittslinie, „sondern über seinen momenthaften ästhetischen Reiz in der Gegenwart, der immer wieder von einer nächsten sinnlich-affektiven Qualität abgelöst wird" (Reckwitz 2012: 45). Das Neue wird dergestalt über die Differenz im Rahmen der Wiederholung bestimmt (vgl. auch Deleuze 2007).

Maffesoli (z.b. Maffesoli 1986) sieht in diesem Zusammenhang den Alltag in seiner postmodernen Soziologie situationistisch aufgeladen. Der Alltag wird durch die Herstellung von Situationen, die das Leben *kunstvoll* aufladen und ausgestalten sollen, zum zentralen Ort der *Aisthesis*, die für Maffesoli in der dionysischen Vergemeinschaftung ihren Ausdruck findet. Die dionysische Vergemeinschaftung – durch orgiastische und rauschhafte Erlebnisse gekennzeichnet, wie man sie auf Rockkonzerten, in Fußballstadien, aber auch dem Flash-Mob oder anderen Massenveranstaltungen exemplarisch beobachten kann – flankiert die weitere Darstellung, indem sie einen Kreuzungspunkt mit der situativen und performativen Verflechtung der (postmodernen) Alltagswelt und Ästhetik anzeigt. Die postmoderne Ordnung „zeichnet sich durch Prozesse der dionysischen Vermischung und Verschmelzung auf allen Ebenen sozialer Phänomene aus" (Keller 2006: 33). Gerade durch die digitalen sozialen Netzwerke hat z.B. der Flash-Mob eine neue Qualität erhalten. Kennzeichnend für einen Flash-Mob ist das kurzfristige Verabreden an öffentlichen Orten und das *Tun* einer gemeinsamen Sache bzw. Handlung. Das kann das Betätigen der Fahrradklingel sein oder das gleichzeitige Abheben von Geld bei einer Bank. Gemeinsam ist ihnen das Generieren von Situationen, die verstören sollen und z.B. durch das Aufbrechen herkömmlicher Handlungsmuster zur Reflexion über dieselben zwingen.

Eine Durchdringung von Aisthesis, Kunst und Alltagswelt findet sich besonders in den unterschiedlichen künstlerischen Strömungen, die seit den 1950er Jahren in unterschiedlichen Ausprägungen das Leben selbst zu einem Kunstwerk machen wollten, die Auflösung der Grenze zwischen Kunst und Alltag und künstlerisches Handeln im Alltag verankern bzw. alltägliches Handeln als bereits mit ästhetischem Potential versehenes Handeln ausweisen wollten (vgl. Gallissaires/Mittelstädt/Ohrt 2008). Die linksradikale situationistische Internationale, die sich ab Mitte der 1950er Jahre tentativ inhaltlich und theoretisch ausbildete, wurde angetrieben durch eine „fragmentarische(.) Suche nach einer neuen Lebensweise" (Debord 1955: 17).

Der Ausgangspunkt war der Blick auf die gegenwärtige Kultur. Kultur wurde dabei verstanden als die Organisationsmöglichkeiten des Lebens und „eine aus der Ästhetik, den Gefühlen und Lebensweisen zusammengesetzte Gesamtheit, die Reaktion einer Epoche auf das alltägliche Leben" (Debord 1957: 29). Eine Quelle des situationistischen Denkens war der Dadaismus, welcher einen Versuch darstellte, die bürgerlichen Werte, die sich auch in der Kunst und Literatur zeigten, aufzulösen und ihre Fehlerhaftigkeit aufzuzeigen. Daneben spielte die lettristische Bewegung, aus der auch einer der zentralen Figuren der Theoriebildung der situationistischen Internationalen – Guy Debord – entsprang, eine wichtige Rolle. Debord definierte das Ziel der aufkommenden Situationisten: „Das Ziel einer revolutionären Aktion auf dem Gebiet der Kultur kann nicht sein, das Leben wiederzugeben oder zu erklären, sondern es zu erweitern. [...] Es muss jetzt eine organisierte kollektive Arbeit begonnen werden, die eine einheitliche Anwendung aller Mittel zur Umwälzung des alltäglichen Lebens anstrebt. [...] Wir müssen neue Stimmungen konstruieren, die zugleich Produkt und Werkzeug neuer Verhaltensweisen sind" (Debord 1957: 37-38). Dabei wirkten sie vor allem verknüpfend im Rahmen der Kunst, Architektur, Stadtplanung und der Alltagswelt. Vor allem die ästhetische Ausgestaltung des Alltags bzw. von Alltagssituationen, genauer die Auflösung zwischen Kunst und Alltag durch die Gestaltung performativer Situationen galt ihnen als Methode und Ziel. Diese Auflösung zwischen Kunst und Alltag verstand sich als Kritik an den herkömmlichen Verhältnissen, die man aufzuheben suchte und neue *Anordnungen*, neue Formatierungen für das Leben, für Gegenstände, Formen, Verhaltensweisen und Lebensgewohnheiten zu finden. „Unser Hauptgedanke ist der einer Konstruktion von Situationen – d.h. der konkreten Konstruktion kurzfristiger Lebensumgebungen und ihrer Umgestaltung in eine höhere Qualität der Leidenschaft. Wir müssen eine geordnete Intervention in die komplizierten Faktoren zweier großer, sich ständig gegenseitig beeinflussender Komponenten durchführen: die materielle Ausstattung des Lebens und Verhaltensweisen, die diese Ausstattung hervorbringt und durch die sie erschüttert wird" (Debord 1957: 39). Die Situation sollte durch ein situationistisches Spiel zu neuen Verhaltensweisen führen. Eine solche neue Verhaltensweise sahen die Vertreter der situationistischen Internationale in der Praxis des *Umherschweifens*, einem Ortswechsel, der zugleich eine Stimmungsvariation zulässt aufgrund der fortlaufenden neuen Eindrücke. „Wir müßen versuchen, Situationen zu konstruieren, d.h. kollektive psychogeographische Stimmungen, eine Gesamtheit von Eindrücken, die die Qualität eines Moments bestimmen" (Debord 1957: 41). Debord beschrieb die Gesellschaft der modernen Produktionsbedingungen als ein Spektakel (vgl. Debord 1996), in dem die Menschen von der Oberflächlichkeit des Konsums zu reinen Funktionsträgern reduziert werden und die Medien und ihre Produktion von Bildern dem Menschen die Welt enteignen und durch Schein – Bilder und Waren – ersetzen. „Das Spektakel kann nicht als Übertreibung einer Welt des Schauens, als Produkt der Technik der Massenverbreitung von Bildern begriffen werden. Es ist vielmehr eine tatsächlich gewordene, ins Materielle übertragene *Weltanschauung*. Es ist eine Anschauung der Welt, die sich vergegenständlicht hat" (Debord 1996: 14). Die Haltung der Menschen in einer Gesellschaft des Spektakels ist daher die der Passivität und der passiven Rezeption. Vor diesem Hintergrund zielt die Sichtweise der Situationisten auf die Wiederaneignung, das Erleben und Gestalten von Welt und die Hinführung zum Zusammenbruch des Spektakels. Die Menschen sollen aus ihrem Status des Publikums selbst zu Konstrukteuren von Situationen werden. Diese Situationen sind ästhetische Situationen, da sie die Welt in einer unmittelbaren Form erfahrbar machen sollen.

„Die Konstruktion von Situationen beginnt jenseits des modernen Zusammenbruchs des Begriffs des Spektakels. Es ist leicht zu sehen, wie sehr gerade das Prinzip des Spektakels – die Nichteinmischung – mit der Entfremdung der alten Welt verknüpft ist. […] So ist die Situation dazu bestimmt, von ihren Konstrukteuren erlebt zu werden. In ihr soll die Rolle des – wenn nicht passiven, so doch zumindest als bloßer Statist anwesenden – ‚Publikums' ständig kleiner werden, während der Anteil derer zunehmen wird, die zwar nicht Schauspieler, sondern in einem neuen Sinn des Wortes ‚Lebe-Männer' genannt werden können" (Debord 1957: 41). Die sich mit den Situationisten zeitlich und inhaltlich an einigen Stellen überlappende Fluxus-Bewegung zielte in ähnlicher Weise auf eine Dekonstrukti-on der bürgerlichen und elitären Kunst und setzte an deren Stelle die Akti-onskunst.

Einen fließenden Übergang zwischen der (künstlerischen) Ästhetik und der Alltagswelt wollte auch die Fluxus-Bewegung durchsetzen, die sich an den Situationismus anlehnt. Besonders prägnant waren ihre collagenartigen Werke und ihre Aktionskunst, die Kombination von klang-, bild- und akus-tischen Elementen, die durch Improvisation und unmittelbarer Performan-ce ihren situativen und spielerischen Charakter erhielten.

„Formen des *Happenings, Fluxus, body-Art* [sic], *der Aktions- und der Performance-Kunst* stellen die Entdifferenzierung von Kunst und Le-ben, die Inszenierung des Körpers und der Sinnlichkeit, den Aus-druck von Emotionen sowie physische und psychische Dynamik der Aktionsgruppe in den Mittelpunkt. Sie brechen mit vertrauten Thea-tertraditionen und schaffen neue Arrangements kultisch-ritueller Theatralik" (Wulf/Zirfas 2005b: 9-10).

Kreativität hat hier die Doppelbindung an das Neue und Andere, das ge-genüber dem Alten und Gleichen bevorzugt wird, und das Schöpferische des (Alltags-) Menschen als Künstlers, das etwas Neues hervorbringen kann. „Es geht dabei um mehr als um eine rein technische und affektive Erregung durch das produzierte Neue. [Es] wird mit Lebendigkeit und Experimen-tierfreude in Verbindung gebracht, und sein Hervorbringen erscheint als ein schöpferisches Selbst" (Reckwitz 2012: 10).

Hier sei nochmals an John Dewey erinnert, der bereits 1931 in einer Vorle-sungsreihe die als Grundlage diente für den Band „Kunst als Erfahrung" (Dewey 1980), darauf verwies, dass es eine irrige Annahme sei, Kunst und Alltag trennen zu wollen. „Denn die verbreitete Auffassung leitet sich her von einer Trennung zwischen der Kunst und den Dingen beziehungsweise den Situationen der alltäglichen Erfahrung, und viele Theoretiker und Kritiker rühmen sich, diese Trennung aufrechtzuerhalten oder gar zu vertie-fen" (14).

Gleichwohl limitiert sich das Kreativitätsdispositiv durch ein sich in der Moderne etabliertes Moduldenken, das zwar nicht erst durch Computer und ihre Software entstand, aber sich durch ihre Ausbreitung im Alltag und ihre fortwährende Nutzung in Form einer Tiefenästhetisierung verfestigt hat. So erscheint uns oberflächenästhetisch durch den Kreativitätsimperativ das Neue im Alltag fortwährend zu begegnen. Wendet man sich tiefenästhetisch solchen neu-ästhetischen Artefakten zu, verlieren sie einen guten Teil ihrer kreativen wie innovativen Strahlkraft und rekurrieren in ihrer Form im Wesentlichen auf das, was zuvor als eine auf Wiederholung von Ähnlichem zielende Kreation von Neuem beschrieben wurde. Die *Wiederholung* ist dabei nicht nur eine rein intendierte Wiederholung der Handlungspraxis eines Akteurs, wie es sich z.B. bei dem Internetmem *Ice Bucket Challenge* darstellt, sondern bereits im modularen Aufbau und der eigenen Modulproduktion von digitalen Medien angelegt. Erst die digitale „Organisation von Informationsprozessen auf fast allen Ebenen der Gesellschaft [...,] die digitale Transformation der traditionellen Massenmedien und der individuellen Informationsmedien" (Hickethier 2013: 13-14) lässt nicht nur die Medien *konvergieren*, sondern ermöglicht in einfacher Art und Weise die Implementierung und den Austausch von Formen und Inhalten der verschiedenen Medien untereinander. Solche medialen Adaptionsprozesse unterstreichen die oben angesprochene Dialektik von Wiederholung und Differenz und ermöglichen über ihren produktiven und distributiven Charakter gleichzeitig ein Unterminieren kultureller Hierarchisierung und unterstützen ein Verlustiggehen von Deutungshoheiten und Distinktion hinsichtlich Kunst und Kultur. „Langfristig führen diese medialen Transformationen zu einer Nivellierung der Differenz zwischen der niederen und der hohen Kultur, zu einer Verwischung der Grenzen zwischen dem Populären und dem Elitären" (Hickthier 2013: 19).

5.2 Module als Spiel- und Bausteine

Im nachfolgenden Kapitel soll die Modularisierung im Zusammenhang mit der durch die alltäglich verfügbare digitale Medientechnik produzierten Artefakte und ihre Bedeutung für den Alltag behandelt und ausgewiesen werden. Module sind schlüssige Bedeutungscontainer, sind aber dennoch Teil einer übergeordneten Struktur. Ein Modul ist nicht das Ganze, es ist ein Teil von etwas Anderem. Visuelle bzw. kulturelle Stereotype (vgl. z.b. Petersen/Schwender 2009a), Kollektivsymbole (vgl. z.b. Link 1978), Topikforschung (z.b. Fischer 1976), das Klischee (vgl. Holzberger 1995), sog. Internet-Meme (vgl. Shifman 2014, Xiao Mina 2019) oder die hier als Eigenschaft der digitalen Zeit und digitaler Medienartefakte deklarierte Modularisierung bezeichnen nicht alle das gleiche Phänomen, gleichwohl finden sich Ähnlichkeiten und Überschneidungen. Nichtsdestoweniger soll im weiteren Verlauf gezeigt werden, dass die Modularisierung ein ausgezeichneter Teil einer digitalen Medienästhetik ist, die sich mit den o.g. Konzepten und Begriffen nicht fassen lässt.

Unter Topik wird das auf Aristoteles und die klassische Rhetorik zurückgehende Konzept von standardisierten Argumentations- oder Darstellungsmustern und eine „verpflichtende[.] Basis alles gestalteten Sprechens" (Fischer 1976: 157) verstanden. Ein Topos lässt sich dann als ein wiederkehrendes und vorgeprägtes Bild, Redewendung oder Gemeinplatz verstehen. „Im antiken Lehrgebäude der Rhetorik ist die Topik das Vorratsmagazin. Man fand dort Gedanken allgemeinster Art: solche, die bei allen Reden und Schriften überhaupt verwendet werden konnten" (Curtius 1984: 89). Curtius sieht neben dem normativen Charakter der klassischen Topik, in den Topoi eine Archetypus- bzw. Struktur-Funktion, die eine Grundlage der Vorstellung und des Denkens bilden.

Das Klischee und Stereotype sind ähnlich und werden manches Mal synonym – aber mithin nicht immer einheitlich – gebraucht. Man kann mit Lippmann (vgl. Lippmann 1922), der den Begriff „Stereotyp" als Erster einführte, diesen vom Klischee abgrenzen, insofern Klischee rein negativ konnotiert ist und durch seinen häufigen Gebrauch abgenutzte Verhaltensmuster und Eigenschaften bezeichnet, während das Stereotyp bei Lippmann zunächst eine wertungsfreie Bezeichnung für eine notwendige Reduktion und Vereinfachung in einer komplexen und mit vielen Sinnenreizen versehenen

318

Welt war. Interessanterweise stammen beide Begriffe aus der Drucker-sprache (vgl. Petersen/Schwender 2009b: 9): Beim Stereotyp wurde der „aus beweglichen Lettern zusammengesetzte Bleisatz auf eine starre, unveränder-bare Druckplatte übertragen [...], von der dann nahezu beliebig viele iden-tische Drucke hergestellt werden konnten." In der Druckersprache bezeich-net das Klischee „eine Hochdruck-Vorlage, also einen Druckstock, von dem viele Kopien gezogen werden" (Petersen/Schwender 2009b: 8 und 9) konn-te. Aber auch Stereotype dienen der Komplexitätsreduktion, der schnellen, augenblicklichen Einschätzung von Situationen und den in ihnen enthalte-nen Wahrnehmungsartefakten. Ihre *Neutralität* verlieren sie z.b. im Kontext politischer Propaganda (vgl. N. Grube 2009) oder immer dort, wo vor dem normativen und moralischen Kanon einer Gesellschaft Komplexitätsreduk-tionen zu herablassenden Vereinfachungen führen. Die Funktion von Ste-reotypen, Komplexität zu reduzieren, findet eine eher neutrale oder zumin-dest nicht moralisch negative Anwendung beispielsweise in TV-Werbung. „Werbung ist kurz und muss sich darum auf wenige ästhetische Konstrukte beschränken. Sie hat zudem keine Zeit, komplexe Argumentationsstränge aufzubauen" (Schwender 2009: 81). Aufgrund der Vielzahl der Rezipienten ist Werbung daher einerseits angehalten, relativ eindeutige und weitgehend akzeptierte Stereotype zu verwenden, gleichzeitig werden sie damit ein wichtiger Teil der Stabilisierung vorhandener Stereotype.

Im Gegensatz dazu sind Kollektivsymbole nicht negativ konnotiert, wenn-gleich sie Negatives versinnbildlichen oder in negative Kontexte gestellt wer-den können. Sie sind komplexe und soziohistorisch etablierte Symbole und Sinnbilder, die zu einem kommunikativen Allgemeinbesitz gehören und entsprechend in unterschiedlichen Verwendungskontexten geäußert und verstanden werden. Link definiert Kollektivsymbole als „die Gesamtheit der sogenannten 'Bildlichkeit' einer Kultur, die Gesamtheit ihrer am weitesten verbreiteten Allegorien und Embleme, Metaphern, Exempelfälle, anschauli-che Modelle und orientierenden Topiken, Vergleiche und Analogien" (Link 1997: 25).

Beispiele hierfür sind der Ausspruch „Wir müssen den Gürtel enger schnal-len", das noch gültige *Bild* der Bücherwand, vor der Experten und *Wissende* interviewt werden oder Sherlock Holmes als Kollektivsymbol (vgl. auch Reichertz 2006b) für scharfsinniges Kombinieren und Deduzieren. Der

Fundus bzw. das Repertoire an Kollektivsymbolen einer Gesellschaft bildet zugleich die Grundlage dafür, wie die Menschen Welt und Wirklichkeit deuten. Ihre Visualisierungsmöglichkeit – zumal in der Moderne – spielt eine zentrale Rolle ebenso wie ihre Eigenschaft semantisch sekundär zu sein. „D.h. sie haben eine indirekte Bedeutungsfunktion. Das Bezeichnete, z.B. Eisenbahn, wird zu einem Signifikanten eines anderen Signifikanten. Eisenbahn steht für ‚Fortschritt'. ‚Der Zug in eine bessere Zukunft darf nicht verpasst werden'" (Jäger/Jäger 2007: 43). Im Gegensatz dazu haben Internet-Meme in der Regel nur eine kurze Halbwertzeit. Der Begriff schließt sich inhaltlich an den von Richard Dawkins 1976 vorgestellten Begriff *meme* an (vgl. Dawkins 1978/1976), der einen Bewusstseinsinhalt durch Kommunikation weitergibt, dadurch auf andere Gehirne kopiert und damit – ähnlich wie Gene für körperliche Attribute – erworbene Fertigkeiten an die Nachkommen weitergeben kann. Meme konkurrieren ganz ähnlich wie Gene um Berücksichtigung, um *Überleben*. Bei den Memen ist es die „begrenzte Kapazität der Aufmerksamkeit" (Rötzer 1996: o.S.), die sie zur Replikation benötigen. Der biologischen Evolution durch Gene steht dergestalt eine soziokulturelle Evolution durch Meme gegenüber, denn bei der Verbreitung solcher Meme finden immer auch Transformationsprozesse (z.B. im Sinne des Stille-Post-Spiels) statt, verändert sich ein Mem, was letztlich zu Weiterentwicklung führt. Aus dem Kopieren entwickelt sich ein Mix und Remix des Ausgangsmems, das durch die Haltung des Computersubjekts (vgl. Reckwitz 2010: 578) zum kreativen Probieren befördert wird. Hieran schließt sich das Phänomen der Internet-Meme an, das in der Regel Texte, Fotos oder auch Videos als Inhalt hat. In den 1990er Jahren übernahmen Internetpioniere das Vokabular von Dawkins. „Dabei wurde die Menge der Phänomene, die das Wort ‚Mem' bezeichnet, langsam eingeengt: von allen kulturellen Informationen, die sich durch Nachahmung verbreiten […], auf jene, bei denen es mit auffälliger bis verwunderlicher Stärke geschieht" (erlehmann/plomlompom 2013: 11). Aufgrund der beschleunigten Verbreitungsmöglichkeit des Mediums Internet wurde den Internet-Memen das Attribut *viral* vorangestellt, eine digitale Mund-zu-Mund-Propaganda, die sich über die Gehirne und Computertastaturen entsprechend weiterverbreitet[134] und zugleich eine variable Halbwertszeit von flüchtig bis langlebig

---

[134] Für die Geschichte der Internet-Meme und eine Reihe von Beispielen vgl.

beinhaltet. Im Vergleich zu diesen o.g. genannten Konzepten steht die Modularisierung nun besonders der Topik noch am nächsten. Denn hier gibt es ebenfalls eine Begrenzung durch eine Art Repertoire. Mit den Kollektivsymbolen verbindet die Modularisierung ihre Bedeutung für die Weltdeutung und -erfassung und mit dem Internet-Mem seinen – nicht ausschließlichen – Verbreitungsweg über digitale Netzwerke.

Die Gegenwart ist in diesem Zusammenhang auch davon gegenzeichnet, dass wir zunehmend in Modulen denken, selbst Module bzw. Container produzieren und verbreiten. Die selbst Hervorgetretenen und *Herausgeworfenen* (der Mensch als *Existierender*) werden zu Entwerfern und Spielern mit digitalen Möglichkeiten, die ihnen von den Apparaten zur Verfügung gestellt werden. Sie synthetisieren und verwirklichen aus einer sehr großen, aber endlichen Anzahl von digitalen Möglichkeiten und die Versatzstücke, die Module, auf die sie dabei zurückgreifen, sind diesbezüglich hard- und softwareseitig vorstrukturiert. Content-Management-Systeme, die Inhalte erstellen und organisieren können, Baukastensysteme oder Modularisierung der Welt sind entsprechende Schlagwörter, die ihren Ursprung in der industriell-maschinellen Fertigung und damit in der Ökonomie haben. Eine Definition aus einem beliebigen Wirtschaftslexikon verdeutlicht die ökonomischen Vorteile:

„Das Baukastensystem wird durch die Normung der Produktteile und die Typung der Endprodukte ermöglicht. Beim Baukastensystem handelt es sich um die Herstellung und Verwendung von Bauteilen und/ oder Baugruppen für verschiedene Typen des Produktionsprogrammes. Die einzelnen Typen lassen sich dabei baukastenartig aus einigen Bausteinen zusammensetzen. Das Baukastensystem erlaubt es, mit einer bestimmten Anzahl von Bausteinen eine größere Vielfalt von Typen zu produzieren, wobei einmal dem Verlangen der Produktion nach Beschränkung des Produktionsprogrammes und damit zur Nutzung der Auflagendegression entgegengekommen wird und zum anderen dem Verlangen des Absatzes nach einer Typenvielfalt und damit zur Steigerung der Attraktivität des Absatzsortiments beigetragen wird. [Es] ist ein Verfahren, mit dem eine möglichst große Vielfalt

---

erlehmann/plomlompom 2013, Shifman 2014, Xiao Mina 2019.

von Produkttypen (insbesondere technische Produkte) mit einer möglichst kleinen Anzahl von Unter-Baugruppen gefertigt werden kann. Die Grundzwecke des Produkts werden dann von normierten Baugruppen abgedeckt; die Spezialzwecke nach Kundenwunsch von Sonder-Baugruppen"[135].

Analoge Beispiele sind Regalsysteme, z.b. IKEAs Billy-Reihe, der modulare Querbaukasten der Volkswagen AG, Fertighäuser oder das gleichnamige Baukastensystem des Spielwarenherstellers LEGO. In struktureller Hinsicht ist sicherlich auch die fortschreitende gleichnamige Modularisierung des Studiums zu nennen, das aus einer gewissen Anzahl von Modulen besteht, aus denen sich dann das gesamte Studium zusammenfügt. Eine Beschreibung der Universität Hildesheim fasst dies prägnant zusammen:

„Modularisierung eines Studiums bedeutet, dass Studieninhalte und Veranstaltungen zu größeren, in sich abgeschlossenen und abprüfbaren inhaltlichen Einheiten zusammengefasst werden. Ein Modul kann aus mehreren Veranstaltungen unterschiedlichen Typs bestehen, deren Gemeinsamkeit darin bestehen soll, dass sie gemeinsame Kompetenzen vermitteln. Ein Studium in einem modularisierten Aufbau besteht aus mehreren Modulen [...]. Jedes Modul wird mit einer Modulabschlussprüfung abgeschlossen und mit einer bestimmten Anzahl an Kreditpunkten und gegebenenfalls Noten versehen. Der Vorteil der Modularisierung besteht darin, dass beim Design der Module und beim Aufbau des Studiums auf die zu erwerbenden Kompetenzen und damit auf die 'Learning Outcomes' der Studierenden fokussiert wird."[136]

Offensichtliche Beispiele aus dem digitalen Bereich sind Softwareangebote, die im Feld der Webseitenerstellung einfache Auswahlangebote offerieren, die nur mit den eigenen Inhalten „gefüllt" werden müssen.

---

[135] http://www.wirtschaftslexikon24.com/d/baukastensystem/baukastensystem.htm, Stichwort Baukastensystem. [Zugriff 06.05.19].
[136] www.uni-hildesheim.de/wiki/qm/glossar/modularisierung [Zugriff 30.10.16].

Mit LivePages in 4 einfachen Schritten zur eigenen Website

Wunschname wählen   Design aussuchen   Inhalte einbinden   Homepage: fertig!

Abbildung 17: Schritte zur Erstellung einer Website auf der Grundlage eines Baukastensystems.

Module lassen sich als abgeschlossene Container verstehen, die entsprechende Schnittstellen bieten, um schnell mit anderen Modulen kombiniert zu werden (Lego-Prinzip). Die Nutzung von Containern selbst – zuvorderst im Bereich Warenaustausch und wirtschaftlichen Belangen – ist alt, hat aber zunächst durch die Globalisierung und durch den Computer und die Verbreitung von digitalen Netzwerken eine neue Qualität und Dynamik erreicht. Klose (vgl. Klose 2009) geht in diesem Zusammenhang vom kapitalistischen Warenaustausch und Güterverkehr aus und bleibt seiner Darstellung stärker bei den physischen Containern,[137] um den Siegeszug der – wie er es nennt – „Containerisierung" zu erklären. Eine m.E. zentrale Unterscheidung von Modulen und Containern – zumindest in digitaler Hinsicht –, ist die Verlustmöglichkeit des Wissens darüber, dass Modul, *Module* sind und etwas *beinhalten*. Container verweisen auf ihren Inhalt, ihre Oberflächenästhetik verweist auf den nicht sichtbaren Inhalt. Module sind in dieser Hinsicht *Behälter,* sie *behalten* Dinge (zum Beispiel ihre Einschränkungen) *zurück*, so dass sie den Blick auf ihre oberflächenästhetische Funktion lenken und die Modulinhalte *anästhetisch* werden. So wirken Module *diaphan,* sind es aber gerade nicht. Tatsächlich soll ihr Inhalt[138] in der Regel verborgen bleiben gleichsam einer Blackbox und ausschließlich oberflächenästhetisch wahrnehmbar sein. So ist Klose in Bezug zu Containern zuzustimmen und gilt Nachfolgendes auch für Module:

---

[137] Man findet dort zugleich eine sehr anschauliche Darstellung der Geschichte des Containers.

[138] Z.B. der Quellcode von Programmen, Apps, aber auch die Algorithmen, welche Helligkeiten, Kontraste oder die Farbdarstellung bei Bildern berechnen. Ausnahmen sind hier die bereits über die Open Source Bewegung angesprochene Quellcode offene Software.

„Container spielen in der Organisation von Menschen, Programmen und Informationen eine ebenso entscheidende Rolle wie in der von Waren. Container tauchen nicht nur, physisch, an allen möglichen Orten und Un-Orten in Stadt und Land auf, sondern auch in so unterschiedlichen kulturellen Bereichen wir Architektur und Urbanistik, Psychologie, Philosophie, Pädagogik, Betriebswirtschaft, Informatik, Film, Fernsehen, Theater und Kunst" (Klose 2009: 11).

Modularität spielt dabei nicht auf ein (veraltetes) Containermodell von Kommunikation an, in dem zwischen Sender und Empfänger ein mit Bedeutung gefüllter „Container" hin und her transportiert wird. Auch allein eine „the medium is the message"-Perspektive umfasst das Prinzip der *Modularität* nicht gänzlich. Vielmehr ist damit ein Prozess der Formatierung und Organisation von Informationen angesprochen, den man als Matroschka-Prinzip bezeichnen kann und der schlussendlich zu immer weiteren *Abstraktionen*, d.h. Vereinfachungen, führt. Der Urpunkt der Abstraktionen ist die materialistische wie auch idealistische Blackbox, ein nicht mehr Einsehbares, das zusammengefasst und organisiert als Modul hervortritt. Für Flusser (vgl. z.B. Flusser 1983) ist es das Apparathafte, das Nichteinsehbare, das letztlich den Menschen zum Spiel herausfordert. Während der Apparat möglicherweise in seiner Physis selbst als Black Box erkannt werden kann, wirkt die Modularität in der digitalen Welt gleichsam als *natürlich*. „Es stellt sich also die Frage, ob nicht auch in den Prozessen des Programmierens ontologische Metaphern konstitutiv einfließen, wie Behältervorstellungen und deren historischen Konkretisierungen etwa in bestimmten modernen Verkehrstypen wie Omnibussen oder Standardcontainern. Hätte [...] ein Programm, das dem ‚Transport' bestimmter ‚Dateiinhalte' wie Filmen oder Musikstücken dient, im ausgehenden 20. Jahrhundert anders konzipiert werden können" (Klose 2009: 64). Hinsichtlich der hier besprochenen Medienästhetik ist von Bedeutung, dass die Entwürfe, d.h. die digitalen Artefakte selbst ‚materiell' wie semantisch auf Module zurückgreifen.

Gerade in der heutigen medialen Praxis greift man vermehrt auf vorgeformte Versatzstücke zurück, so beispielsweise in der Bildproduktion, bei der Erstellung von Internetseiten, bei Textversatzstücken, im Studium, Apples Garagenband oder den sonstigen Loops, aus denen Songs erstellt werden können. Die Kunst besteht dann darin, die richtigen Module miteinander zu kombinieren und so zu einem (neuen) Entwurf zusammenzufügen. Filme, Musik, Studium, unser Denken und Handeln werden daran anschließend immer weiter *modularisiert*. Der natürliche *Gegenspieler* dazu wäre die *Kreativität*, zumindest bis das moderne Kreativitätsdispositiv Mittel und Medien bot, aus bereits großen, vorgegebenen Modulen, vermeintlich Neues zu entwerfen. Ein Kennzeichen der digitalen Medienästhetik ist u.a., dass die digitalen Erzeugnisse modular aufgebaut sind, dass sie extensiv Modularität aufseiten der *Prodisumenten* fördern und fordern.

Gleichwohl lassen sich auch diese Module kreativ miteinander kombinieren. Aber je größer die Teile sind (und je höher dergestalt ihr Vereinfachungsgrad ist), aus denen Neues geschaffen werden soll desto geringer wird die Originalität des entworfenen und (re-)kombinierten Artefaktes. Zugleich steigt der Wiedererkennungswert im Prozess der ewigen Wiederkehr des Ähnlichen. Die Versatzstücke lassen sich, wie erwähnt, als Symbolcontainer (*Symbol* = das Zusammengeworfene, Zusammengefügte) fassen, die immer wieder zu neuen, größeren Modulen zusammengefasst werden können. Hieraus ergibt sich eine interessante Dialektik: Zum einen reduzieren diese Versatzstücke die Wahlmöglichkeiten. Zum anderen ermöglichen sie erst die Produktion neuer digitaler Artefakte (aber die Produktion ist nicht nur auf digitale Artefakte reduziert). Wie hätte man früher ohne das Internet und die dargebotenen Content Management Software Radio- oder Fernsehsendungen, Podcasts, Zeitschriften, Bücher, Videoclips, Musikstücke usw. als Durchschnittsbürger erstellen sollen, ohne zugleich Drucker, Layouter, Schnitt-, Video- und Tontechniker, ausgebildeter Redakteur oder Musiker zu sein? Heute ist dies alles ohne tiefergehende Kenntnis möglich, man muss nur entsprechende Anwenderkenntnisse der Software haben, die wiederum durch intuitive Bedienoberflächen schnell zu erlernen sind. Frei nach dem postmodernen Motto: Alles ist möglich und nichts ist gewiss.

Die heutigen Menschen, zumal die *digital natives* sind damit nur bloße Anwender, aber keine *Umwender*. Sie sind oft digitale *Analphabeten*, da sie die digitalen Module nicht aufschlüsseln respektive dekodieren können. Sie nutzen Module – zum Beispiel bei der Erstellung von Internetseiten, die auf dem besagten Baukastensystem fußen –, die ihnen von den *Programmatoren*

(Flusser), also jenen wenigen Menschen, die in der Lage sind, die einzelnen Module zu entwerfen, zu entwickeln und zu verändern (heutige Programmierer[139]), zur Verfügung gestellt werden. Da die Anwender den Aufbau und die inhaltliche Struktur der Module nicht verstehen, können sie diese selbst nicht verändern. Mehr noch: Das Wissen darum, dass diese Module und Symbolcontainer etwas Zusammengesetztes sind, geht verloren. Es mangelt schließlich nicht mehr nur an der Fähigkeit, die Module zu verändern, sondern auch am Wissen, dass sie überhaupt veränderbar sind. Sie treten dem Menschen als kaum veränderbare Einheit entgegen, sie erscheinen als *Monas* bzw. *Monade* oder auch *átomos*, die Unteilbarkeit – und damit in gewisser Hinsicht auch Alternativlosigkeit – suggerieren. Ein solcher modularer Aufbau, das *Patchworken* von Handlungsroutinen zu neuen, übergeordneten *Einheiten*, findet sich, wie oben bereits angedeutet, nicht nur in der digitalen Welt, sondern z.B. auch im Theater. Denn auch die theatrale Kunstform der Commedia dell'arte, des italienischen Stehgreiftheaters, deren erste schriftliche Zeugnisse erstmals Mitte des 16. Jahrhunderts auftauchen (vgl. Bidlo 2007b: 18), kann als Beispiel für eine Form und Anwendung modularen Handelns angeführt werden. Ein zentrales Merkmal der Commedia dell'arte neben ihren vier immer wiederkehrenden Masken ist die Improvisation.

Dieser besonderen Form des Theaterspiels liegt bei den Aufführungen und Dialogen kein geschriebenes Stück zugrunde. Weiterhin folgt es inhaltlich keinem philosophischen Anspruch, ist kein Psychogramm eines Charakters oder liefert unmittelbar praktische Antworten auf Fragen des Alltags. Vielmehr liegt der Schwerpunkt in der unmittelbaren Situation, im Augenblick des Spielens. Daher steht die Commedia dell'arte auch für sich selbst und zielt auf eine szenische Wirkung, nutzt mitunter auch das Spektakuläre für dieses Anliegen.

Die Commedia dell'arte steht bei genauer Betrachtung in einem Netz von Zusammenhängen, die sich wechselseitig bedingen, ohne unmittelbar kau-

---

[139] Die Programmierung selbst wird heute immer öfter bei großen Softwareprojekten modular aufgebaut (modulare Programmierung), um so die Übersichtlichkeit zu fördern, aber auch, um es einem Programmiererteam leichter zu machen, gemeinsam an einem Projekt zu arbeiten. Die Nutzung von Programmbibliotheken, eine Sammlung von (Unter-)Programmroutinen, zur Lösung von wiederkehrende Aufgabenlösungen, ist heute obligatorisch.

sal zu wirken: so sind dies besonders das nicht auf Text basierende und bot-schaftsfreie Spiel, die hervorgehobene Körperlichkeit der Schauspieler, dazu die Masken und die improvisierte szenische Darstellung (vgl. Bidlo 2007b: 20). Hier stehen sich gleichwohl Wiederholung und Improvisation als Spannungsfeld gegenüber. So droht fortwährend die Gefahr der Gewöh-nung an die eigene Spielweise und routiniertes Spielen. Die Improvisation geschieht umgekehrt nicht voraussetzungsfrei, denn kurze Handlungs- und Verlaufsskizzen geben zumindest einen gliedernden Effekt. Die Improvisati-on bestand darin, aus diesem Fundus eine geeignete Handlung oder Reakti-on zu erzeugen und ins Spiel zu bringen. So verbleibt immer ein kreativer Funke in jeder Spielsituation, der zu Überraschungen für Zuschauer und Darsteller führen kann. Die Schauspieler bilden einen Fundus von Gelegen-heitsphrasen und -handlungen aus, die in jeder Situation angebracht wer-den können, um so etwaige Folgehandlungsabbrüche im improvisierten Spiel zu überbrücken und sich eine Replik zu überlegen.

Der große Erfolg solcher *Module* – seien es Handlungen, Bildversatzstücke, Datenpools oder Programmteile usw. – mag nun auch an der zunehmenden Pluralität der Welt, der Sichtweisen, Perspektiven und Möglichkeiten liegen, die die Gegenwart heute bietet und die selbst wiederum Teil einer Modul-kombinatorik sind. Zugleich sind diese Symbolcontainer aber auch Teil die-ses Möglichkeitsraumes, der sich durch sie erst eröffnet. Warum lohnt es sich nun, diese Module in den Blick zu nehmen? Weil sie das Wissen in fes-te Formen gerinnen lassen und die Welt dadurch vorformen und kodifizie-ren. Durchschauen können diese Kodifizierungen nur die wenigen – wie Vilèm Flusser sagen würde – Programmatoren, die die Kenntnisse und die Fähigkeit haben, die kleinen Einheiten, aus denen die Module bestehen, herzustellen, zu verstehen und zu verändern: das können einzelne Pro-grammzeilen, -routinen, musikalische Loops oder Bilder von Videosequen-zen sein. Aber nicht nur in der digitalen Welt zeigen sich Module als größe-re Sinneinheiten. Auch schon vor der digitalen Revolution, ja schon zu An-beginn des gemeinschaftlichen und gesellschaftlichen Seins hat es solche größeren Sinneinheiten gegeben. Der Prozess der Modularisierung führt gleichwohl zu einer Verschiebung von polytetischem hin zu monothe-tischem Wissen (vgl. Schütz 1982: 115ff.).[140] Es ist nicht nur so, dass poly-

---

[140] Diese Verschiebung ist insgesamt kennzeichnend für den Prozess der Technisierung und

327

thetische Erfahrungen – in Anlehnung an Schütz hier verstanden als den schrittweisen Aufbau von Erfahrungs- und Wissenszusammenhängen – in monothetische (also *gesamtheitliche*) Einheiten übertragen werden, sondern dass solche polythetischen *Einheiten* bereits monothetische Zusammenfassungen beinhalten und die einzelnen Fragmente (Module) als solche nicht mehr sichtbar und rückführbar sind, da z.b. auf der Anwendungsebene sehr wohl polythetisches Anwendungswissen abgefragt wird.

„Der Wahrscheinlichkeitsgrad unserers Wissens, von der Überzeugung durch empirische Gewißheit bis zum blinden Glauben kann [...] entsprechend bestimmt werden, wie jenes Wissen durch klare und deutliche Schritte erworben wurd, die man polythetisch rekonstruieren kann. In der Alltagssprache ausgedrückt: es kommt darauf an, ob wir die Herkunft unseres Wissens angeben und die einzelnen Handlungen des Wahrnehmens, Begreifens, Verstehens und Lernens aufzeigen können, durch die wir von einem Wissenselement erfahren oder mit ihm bekannt werden" (Schütz 1982: 119).

Und damit liegt eine Gefahr der Modularisierung in ihrem Verschleierungspotential bei gleichzeitiger Unkenntnis bzw. mangelnder Fähigkeit der Anwender zum *Umwenden* und Aufbrechen solcher Module. Und in einer Perspektive lassen sich auch die bewusst manipulativen Vorgänge darunter fassen, die man als *fake* bezeichnet. Fake News, Fake Profile aber besonders der Aspekt des „Deep Fake" sind in diesem Zusammenhang zu nennen, die eine neue Form der Medienkompetenz erfordern. Mit Deep Fake sind die Manipulation von Bildern und heute vor allem von Videos (mitunter schon in Echtzeit) gemeint, die reale Personen simulieren (vgl. z.B. Marx 2019: 27, Brauer 2019: 287). Über moderne Software können Videos z.B. von politischen Akteuren so verändert oder sogar erstellt werden, dass ihre Aussage komplett verändert oder Aussagen gemacht werden, die tatsächlich nicht getätigt wurden. Die dahinterstehende Technik ist mittlerweile in der App-Welt angekommen (z.B. *FakeApp*) und erlaubt es auch mit gängiger Hard- und Software – und damit für den Alltagsanwender – solche Verän-

---

spiegelt sich gleichwohl auch im Rahmen des Prozesses der Institutionalisierung wider (vgl. hierzu Berger/Luckmann 1971).

derungen vorzunehmen. Technische Manipulation und semantische Modulation gehen hier Hand in Hand.

Das Nachspüren, Re- und Dekonstruieren solcher Sinneinheiten auf seman-
tischer Ebene ist überdies wesentlicher Teil des Literaturbetriebs. Auf gesellschaftlicher Ebene ist ein solches Nachspüren von Bedeutung, um gewisse
vorgefundene Module bzw. Motive zu dekonstruieren, die Fundierung –
durch Module – des Handelns nachvollziehen und die Gründe für ihre
Deutungsmacht erklären zu können. Roland Barthes hat das exemplarisch
in seinem Buch „Mythen des Alltags" mittels einer semiologischen Analyse
aufgezeigt. Er offenbart dabei auch die Machtstrukturen und -verhältnisse,
die gewissen Mythen oder Motiven zugrunde liegen. Diese Mythen lassen
sich im Sinne des hier verstandenen Moduldenkens als eben diese verstehen.
Kulturelle Figurationen und Wissensordnungen sind immer auch mit
Macht- und Herrschaftsformen verbunden. Solche Figurationen und Ordnungen des Wissens begründen, fundieren und produzieren gesellschaftliche Herrschaftsverhältnisse. Daher erfolgt die Analyse solcher kulturellen
Ordnungen und Formationen unabhängig davon, ob man die Analyse Dekonstruktion (Derrida), Semiologie (Barthes) oder Diskursanalyse (Foucault)
nennt: Die Analysen zielen darauf, die dahinterliegenden Machtformen und
Sinnsetzungsprozesse aufzudecken.

Der *Mythos* ist bei Roland Barthes in diesem Kontext kein Objekt, Begriff
oder Idee, sondern eine Aussage, eine Weise des Bedeutens, des Deutens
und der Form (vgl. Barthes 2003: 85). Die Form bzw. die Ausdrucksweise
ist dabei nicht auf die Schrift reduziert, sondern umschließt alle „bedeutungsvollen Einheiten" (Barthes 2003: 87) und damit letztlich alle Zeichenträger einer Gesellschaft, z.B. Autos, Bilder, Schilder, Texte oder auch
gewisse Praktiken. Im Rahmen des semiotischen Systems stellt der Mythos
eine Bedeutung zweiter Ordnung dar, die sozusagen parasitär auf ein vorhandenes System aufsteigt und dieses als Trägermedium nutzt: „[D]er Mythos ist insofern ein besonderes System, als er auf einer Kette aufbaut, die
bereits vor ihm existierte" (Barthes 2003: 92). Der Mythos beinhaltet damit
zwei semiotische Systeme.

1. Bedeutendes (Sprache)	2. Bedeutetes (Sprache)	
3. Zeichen (Sprache)		
I. BEDEUTENDES (MYTHOS)	II. BEDEUTETES (MYTHOS)	
III. ZEICHEN (MYTHOS)		

Abbildung 18: Nach Barthes 2003: 93

Das erste System ist das linguistische System, die Objektsprache (Sprache, Bild etc., d.h. die Darstellungsweise). Dieses nutzt der Mythos, um sein eigenes semiotisches System zu etablieren. Barthes bezeichnet den Mythos daher auch als Metasprache. Die Darstellungsweisen, besonders die der modernen Massenmedien – Fotografie, Text, Video – erhalten so neben ihrer denotativen Bedeutung auf der konnotativen Ebene polysemische Bedeutungspotentiale, die Barthes vor dem Hintergrund moderner Kulturen ideologisch aufgeladen sieht (vgl. Bidlo 2010: 35). Die Bedeutung entsteht erst durch die Interaktion des Rezipienten mit dem Gegenstand vor dem Hintergrund gewisser Diskurse. Die polysemischen Bedeutungspotentiale sind dabei zwar offen, aber nicht willkürlich, da sie vor dem Hintergrund kultureller Figurationen und Wissensordnungen erzeugt werden. Der Mythos, und das ist eine seiner wichtigen Funktionen, verkehrt Geschichte in Natur und suggeriert damit ein unweigerliches Faktensystem. Damit führt der Mythos eine Notwendigkeit und vor allem Kausalität ein, wirkt durch sie und wird so zu einem drängenden und alternativlosen Erklärungsmodell, aus dem heraus dann wieder gesellschaftliche Zustände legitimiert werden.

Die Entlarvung einer Darstellungsweise und die damit einhergehende Analyse des Mythos veranschaulichen dann den (nicht deterministischen) Zusammenhang von Bedeutung und Erklärungspotential des Mythos für eine Gesellschaft. Erleichtert wird die Herstellung und Verbreitung solcher Mythen mit Erklärungs- und Geltungspotential für eine Gesellschaft nicht nur durch die Verbreitung und Nutzung technischer Kommunikationsmedien im Alltag, sondern durch ihre strukturelle Tendenz zur Modularisierung, zum *Content-Management* und damit auch zur oben angespro-

330

chenen Wiederholung. Durch das Andocken an andere Module kann die ursprüngliche Bedeutung des Mythos verschleiert werden, ohne seine Wiedererkennung zu beeinträchtigen. In einem anderen Zusammenhang macht dies Pierre Bourdieu mit dem Argumentationsmodul der Globalisierung in seinem Buch „Gegenfeuer 2" (Bourdieu 2001) und stellt dar, wie sich aus einer wissenschaftlichen Theorie ein Glaubenssystem entwickelt und sich hermetisch gegen Gegenargumente abriegelt. Auch wenn dieses Versatzstück zwischenzeitlich durch die weltweite Finanzkrise an Deutungsmacht verloren hat, zeigt sich daran sehr gut, wie sich eine unwidersprechliche Wirkung und Deutungsmacht entwickeln kann. Foucaults Arbeit liegt eine zentrale Sichtweise zugrunde, die sich solchen Deutungen als Diskursen zuwendet: „Muss das, was selbstverständlich ist, wirklich selbstverständlich sein?" (Foucault 2005b: 828). Und nimmt man diese Selbstverständlichkeit nicht an, werden Soziologen dann auch – wie bereits angesprochen – zu „Mythenjäger[n]" (Elias 1993: 51).

Im Rahmen der Medienkultur haben Horkheimer und Adorno (vgl. Horkheimer/Adorno 2010) der darin befindlichen Kulturindustrie eine Standardisierung der Ästhetik vorgeworfen, zumindest, wenn man darunter die auf Standardisierung ausgerichteten Produkte von Film, Rundfunk oder Musik versteht. Für sie handelt es sich um die Wiederholung des Immer-Gleichen, denn „Kultur heute schlägt alles mit Ähnlichkeit" (Horkheimer/Adorno 2010: 128) mit dem „Stein der Stereotypie" (Horkheimer/Adorno 2010: 157).

Im Kontext der digitalen Technologien sind die Nutzer aber nicht nur Rezipienten, sondern auch Produzenten, so dass sich eine reine Gefolgschaft den Medieninhalten gegenüber ohne Weiteres nicht ausmachen lässt. Die *Mythenjagd* beginnt insofern früher, als das technische Medium als Hardware und die dazugehörige Software als Produktionsmittel digitaler Artefakte und die (möglicherweise) begrenzte Anwendungsfähigkeit der Nutzer Begrenzungen, Surrogate, Firnis oder Telos implizieren. Diesen möglichen Weisen gilt es, sich zu entgrenzen. Flusser sieht im Spiel die Möglichkeit das zu tun, Entwürfe hervorzubringen, die solchen Begrenzungen widersprechen. Der Entwurf ist das aus dem Spiel mit den in einer Situation angelegten Möglichkeiten und in die Wirklichkeit übersetzte, entstandene Werk. Für Flusser sind daher das Spielen und der Mensch als Spieler für den in der modernen digitalen Welt lebenden Menschen eine ausgezeichnete Perspektive: „Nicht eine Gesellschaft von Göttern, sondern eine von Spielern ist nämlich zu besprechen" (Flusser 1999: 95).[141] Damit wird das kreative Spiel, das einer Suchbewegung nach neuen Möglichkeiten gleicht, ein möglicher Versuch, die Begrenzungen durch Module zu überschreiten.

---

[141] Der Spielbegriff selbst hat eine lange Tradition in der Moderne (vgl. Bidlo 2008b). Zu allen Zeiten haben die Menschen gespielt. Aber erst zu Beginn des 18. Jahrhunderts wurden das Spiel und das Spielen genauer philosophisch betrachtet, auch wenn bereits Platon über das Spiel sprach. Das Spiel wird zunächst zu einem Entwicklungsmodell kindlichen Weltbegreifens, dann zu einem Handlungsbegriff und schließlich zu einem Schaubild für gesellschaftlich wünschenswerte Zustände oder sogar in Form des homo ludens zum Wesensmerkmal des Menschen in einer neu zu denkenden Gesellschaft. Denn das Spiel ist auch eine besondere Art der Weltzuwendung und kann damit eine bestimmte Folie für das Leben zu sein. Das Spiel steht für einen schöpferischen Gestaltungs- und Lernprozess, den der Mensch für sich fruchtbar machen kann, indem er ausprobieren, kombinieren und gestalten kann, ohne ernste Folgen befürchten zu müssen (vgl. Bidlo 2008b: 133ff). In dieser Form besitzt das Spiel einen situativen Charakter. Für die konstituierende Rolle des Spiels für die Kultur vgl. z.B. Huizinga 2004.

6. Vom Unbehagen der Ästhetik zur Ästhetik der Überwachung und Kontrolle

Ausgangspunkt dieser Arbeit war die Perspektive, dass „der Gebrauch der neuen Medien und Medientechniken – das Sehen, das Erleben und Arbeiten mit ihnen – die Wahrnehmungs- und Empfindungsmöglichkeiten verändert, denn die neuen Praktiken der Nutzung medialer Technologien schaffen andere Wahrnehmungsmuster und Sinnzuschreibungen" (Soeffner/Raab 2004: 279). Haben sich solche durch technische Apparate stimulierten Wahrnehmungsmuster und Sinnzuschreibungen etabliert, reproduzieren sie sich nicht nur im Rahmen der Mediennutzung, sondern schreiben sich „in menschliches Verhalten, die Sichtweisen und Beziehungen der Individuen zu sich selbst und zu den sozialen anderen und damit letztlich die Gesellschaft als Ganzes" (Soeffner/Raab 2004: 279) ein. *Eine* dieser Einschreibungen digitaler, vernetzter Medien ist die hier vorgestellte Dreiteilung ihrer Ästhetik in Produktion, Distribution und Rezeption. Diese Dreiteilung, die Jauß bereits für ein literarisches Werk konstatiert hat, ist dergestalt nichts völlig Neues. Unzweifelhaft ist aber die Dynamisierung und auch die (zeitliche wie räumliche) Zusammenstellung dieser drei Bereiche durch die digitalen Medien etwas Neues. D.h. die Hervorbringung eines digitalen Artefaktes, seine Distribution und die eigene wie fremde Rezeption bzw. der *Aufruf* zur Rezeption können in einer zeitlichen Nähe geschehen (und tun dies in der Regel auch). Wichtig ist die Verkettung dieses Prozesses, der zugleich Schnittstelle für weitere solcher Verkettungen bietet. Ich rezipiere ein Artefakt, ich produziere dadurch angestoßen ein Artefakt, ich verteile das produzierte Artefakt und biete es anderen (aber auch mir selbst) zur Rezeption an und diene damit zugleich als mögliche Schnittstelle und Anstoß für weitere Artefakte. Aus Tofflers Prosument ist heute ein *Prodisument* geworden. Eine Eigenschaft der digitalen Welt, wenngleich nicht auf sie beschränkt, die diese Dynamik von Produktion, Distribution und Rezeption ermöglicht, ist ihr bis auf tiefster Ebene hinein *modularer* Aufbau. Funktional dient er auf der tiefsten Ebene der Hardware der rationalen Maschinenprogrammierung und der geordneten *Formatierung* der Hardware, aus der sich heraus ein festes Muster ergibt, dass dann die Software darstellt. Je weiter sich diese Module von der untersten Ebene entfernen, je höher also die Abstraktions-, d.h. *Vereinfachungs*ebene wird, desto größer werden auch die Module bzw. Moduleinheiten, aus denen z.B. Artefakte oder Bedeutungseinheiten hervorgebracht werden. Auf der *makroskopischen* Ebene der wahrnehmbaren Computeroberfläche sind es dann große Modulcontainer, aus denen sich heraus digitale Artefakte herstellen lassen. Das besondere dieser Artefakte, die selbst abstrahierte Module darstellen, ist ihr Verkettungspotential, aus dem sich heraus weitere, ähnliche, aber differente Artefakte bilden können.

Module sind nicht oder nur bedingt einsehbar und damit verstehbar. Der Akt der Umformung von Daten oder Material ist nur über den Entwurf, also über das, was durch bzw. über das Modul entäußert wird, sichtbar. Und genau dieser „Spalt" lässt negativen Raum für den Mythos, indem eine Form von kausaler Natürlichkeit impliziert wird – und damit Formen der Alternativlosigkeit –, die es so gar nicht gibt.

Das digitale Zeitalter wird damit auch und besonders ein Zeitalter der Wiederholung, aus dem heraus nicht zufällig der Wunsch und die „Sehnsucht" nach Authentizität und unmittelbaren, einzigartigen Erfahrungen (vgl. Daur 2013) erwachsen und damit ein „Zurückfallen" hinter das postmoderne Emblem der Wiederholung auf *moderne* Sichtweisen von Einzigartigkeit. „Während das Authentische im allgemeinen Verständnis Wahrhaftigkeit, Originalität, Einmaligkeit und Echtheit impliziert, wird Wiederholung mit Aneignungen, Kopien und Fakes verbunden" (Dauer 2013: 7).

Diese Widersprüchlichkeit konvergiert in den digitalen Medien, die Einzigartigkeit und Authentizität durch kreative Einzigartigkeit („Was wird dein Vers sein") verheißen, aber aufgrund ihrer modularen Limitierung und ihrer *prodisumentischen* Ästhetik zu Wiederholungen führen. Der Aspekt der Wiederholung ist gleichwohl nicht auf die Ära des Digitalen begrenzt, es gab ihn natürlich schon vorher. Aber der modulare Aufbau der digitalen Welt ermöglicht (und beschränkt) es in besonderem Maße, Wiederholungen (im Sinne von Ähnlichem) und Collagen und Montagen hervorzubringen. Bereits im 19. und zu Beginn des 20. Jahrhunderts reagierten Künstler mit Collagen auf die zunehmend unübersichtlicher werdende Alltagswelt, die die Industrialisierung und die damit zusammenhängenden Veränderungen mit sich brachten. Paul Citroen visualisierte beispielsweise die Unübersichtlichkeit der Großstadt in seinem Bild *Metropolis* (1923).

Abbildung 19: Paul Citroen, *Metropolis* (1923)

Gleichwohl wird hier der wesentliche Unterschied zwischen beiden Formen deutlich. Während in der Kunst die Collage bzw. die Fotomontage auch und vor allem Bruchstellen aufzeigte und Neuordnungen anbot, um durch die dargebotene Diskontinuität, alte, eingegrabene Sicht- und Wahrnehmungsweisen aufzubrechen, fehlen *Bruchstellen* in digitalen (Teil-)Modulen. Ihr Ziel ist gerade Kontinuität und Einheitlichkeit und keine Brechung. Damit bleiben die Modulteile ganzer Artefakte als solche anästhetisch bzw. verweisen zumindest nicht offensiv auf ihre Bruchstellen.

Die Widersprüchlichkeit zwischen Authentizität und Wiederholung konvergiert nicht nur durch die Modularität der digitalen Medien; sie kollidiert auch durch das In-Szene-setzen von vermeintlich Authentischem, durch die Inszenierung von Authentizität. Die Widersprüchlichkeit oder Spannungsgeladenheit zwischen diesen Begriffen findet sich in den sog. Scripted-Reality-Formaten, die bewusst Authentizität zu inszenieren suchen und damit immer wieder versuchen „Realitätseffekte" (Kleihues 2008) zu erzeugen. Dabei geht es ihnen aber gerade nicht um einen dokumentarischen Charakter, sondern um die Kollision zwischen erkennbarer laienhafter Darstellung und der Rahmung durch eine Geschichte. Während in Scripted-Reality-Formaten die Bruchstellen noch deutlicher zutage treten, verschwimmen sie bei der Anfertigung eigener Artefakte und zwar auf der oben bereits beschriebenen Ebene der Apparate und ihrer Programmierung, aber zugleich auf der Ebene der Handlungspraktiken. Die normierende Kraft digitaler Medien liegt auch in der Wiederholung von Handlungspraktiken, die sich überdies mit einem Prozess verknüpft und verfestigt, den Mau die „Quantifizierung des Sozialen" (Mau 2017) nennt und dem zugleich ein Kontrollaspekt, zumindest aber ein Normativitätsimperativ eingeschrieben ist.

Ein Beispiel hierfür, neben den angesprochenen Leser-, Festival- oder Bürgerreporter-Bildern, deren Bilder scheinbar nicht inszeniert sind, d.h. wenig kompositorischen Charakter besitzen, sind die heute gängigen YouTube-Formate der „Beauty-Gurus". In ihnen kann auf immer ähnlicher Art und Weise ein Blick auf den vermeintlichen Alltag normaler Menschen geworfen werden. Im Falle der Beauty-Gurus sind es Schmink-, Dekorations-, Rezept- oder allgemein Produkttipps, die aus dem Alltag der Blogger über einen Videoblog distribuiert werden und die sich häufig auch auf andere alltägliche Bereiche und Situationen des Lebens (Einkaufen, Reisen usw.) ausdehnen. Auf der einen Seite zeigt sich hier eine „Gesellschaft ohne Baldachin" (Soeffner 2000), auf der anderen Seite eine schleichende Auflösung herkömmlicher, alltäglicher Wahrnehmungsweisen, indem sich durch die Alltäglichkeits- und Authentizitätsimperative der digitalen Medien Inszenierungszwänge ergeben. Der eigene Alltag muss nicht nur dokumentiert (Youtube, Facebook, Instagram, Twitter), sondern in Szene gesetzt werden. Damit zeigt sich dann, dass in dem Maße, wie digitale Medien den Alltag durchdringen, umgekehrt der Alltag die digitalen Medien durchdringt. Im Ergebnis findet sich in diesem Prozess in den digitalen Medien dann die Inszenierung von Authentizität als Referenz zum Alltag.

Abbildung 20: Bildquelle Pixabay, smartphone-407108

Wenn, wie hier besprochen wurde, Wahrnehmung und Deutung, Bedeutung und Interpretation von Welt miteinander wechselseitig verschränkt sind, ist es nicht verwunderlich, dass die Weisen der Weltwahrnehmung auch politisch und ökonomisch von besonderem Interesse sind, dass man z.B. Deutungshoheit über gewisse Fragen oder relevante Diskurse[142] Transformationen in der Wahrnehmung und damit auch im Denken anschiebt und etabliert. Dieser Aspekt mag auch ein Umstand für die *immerwährende* Frage nach dem politischen wie ökonomischen Manipulationspotential von Medien sein, das man bereits in der klassischen Antike in Form der Rhetorik und ihrer negativen Überformung in der Sophistik – zumindest, wenn man Platons Urteil über die Sophisten folgt –, erkennen kann. Der Kunst, verstanden als eine im Rahmen der Aisthesis hervorgehobene oder zumindest speziell formatierte Form des Wahrnehmens, kam, man denke an Nietzsches „Privilegierung der Kunst vor Wahrheit" (Eberling 2009: 168), die Aufgabe einer kritischen Absetzung von Alltag, Politik und Wissenschaft zu, vielleicht sogar ausgestattet mit einer eigenen Zugangsweise zur Welt

---

[142] Man denke z.B. an den durch den 11. September 2001 angeschobenen Sicherheitsdiskurs (vgl. z.B. Baban 2013) und seine Folgen für die Sichtweise auf Sicherheit, die bis in die unmittelbare Gegenwart, z.B. über die Frage der Überwachung jeglicher (vorzugsweise elektronischer) Kommunikation, hineinreicht.

und der Wahrheit. In einer solchen Perspektive muss sich ein „Unbehagen in der Ästhetik" (Rancière 2007) ausbilden, wenn die Grenzen zwischen Kunst und Alltag, Kunst und Politik, Kunst und Wissenschaft sich zunehmend aufzulösen beginnen, so wie man es beispielsweise bei Debord bzw. dem Situationismus, Bourdieu oder der Fluxus-Bewegung erkennen kann.

„Mit Sicherheit symptomatisch für das zeitgenössische Hin und Her von Ästhetik und Politik sowie für die Umwandlung des avantgardistischen Denkens in Nostalgie ist die Entwicklung des situationistischen Diskurses, der aus der Nachkriegszeit hervorgegangen war, in den sechziger Jahren zur radikalen Kritik der Politik wurde und heute von der Gewöhnlichkeit jenes Diskurses aufgesogen wird, der die bestehende Ordnung ‚kritisch' verdoppelt" (Rancière 2008a: 22).

Rancière proklamiert nun selbst eine Nivellierung von Kunst und Politik bzw. eine grundlegende Interdependenz zwischen diesen beiden Weisen und damit die Gefahr eines Verlustes des emanzipatorischen Potentials der Kunst. Politik ist ästhetisch, weil sie die „Aufteilung des Sinnlichen" (Rancière 2008a) vornimmt. „Politik entsteht im *Dissens*, das heißt immer dann, wenn eine Aufteilung des Sinnlichen der polizeilichen Ordnung mit einer neuen Aufteilung des Sichtbaren und des Sagbaren – des sinnlich Wahrnehmbaren – innerhalb der Gesellschaft konfrontiert wird" (Muhle 2008: 9ff.). Die Politik ist mithin ein *Regime*, das bestimmt (aufteilt), was und mithin wie die gemeinschaftliche Welt wahrgenommen wird, wie sie sich ausformt, wer, wann, wo, wie etwas sehen, hören, tasten, riechen oder schmecken kann und darf bzw. dazu qualifiziert ist. Auch wenn das, was sichtbar wird und was unsichtbar bleibt, bei Rancière im Rahmen der Politik ausgehandelt wird, wirkt es anschließend als wirkungsmächtige Hintergrundfolie, die er analog zu Kants Formen a priori auffasst (vgl. Rancière 2008a: 26). Die Betonung liegt hier auf einer *analogen* (ähnlichkeitsbezogenen) Fassung. Denn die von Rancière dargestellten Wahrnehmungsweisen, die sich in Praktiken und Zuschreibungen niederschlagen, sind – so die hier vertretende Lesart Rancières – keine unveränderbaren Formen im Sinne Kants. Sie mögen zwar strukturell unhintergehbar sein, ihre eigenen Ausformungen (nicht die Ausformungen der Praktiken, die auf die Wahrnehmungsweisen zurückgehen) allerdings sind selbst veränderbar. Eine solche primäre Ästhetik „wirkt sich auf die Eigenschaften der Räume und die der Zeit innewohnenden Möglichkeiten aus" (Rancière 2008a: 27). Die Wahrnehmungsweisen, die Formen und die Aufteilung des Sinnlichen, die die „gemeinsame Erfahrung strukturieren" (Rancière 2008b: 38), sind daher wirkmächtig, insofern sie sich in die Sinne einschreiben und entsprechend wirken. Damit nimmt Rancière insofern eine mittlere Stellung bei der Bestimmung, was Ästhetik sei, ein, indem er in ihr weder eine bloße Wahrnehmungsweise, noch eine reine Theorie der Kunst sieht. Vielmehr ist die Ästhetik, die später in einem *ästhetischen Regime* gefasst wird, „eine spezifische Ordnung des Identifizierens und Denkens von Kunst. Ästhetik ist eine Weise, in der sich Tätigkeitsformen, die Modi, in denen sie sichtbar werden, und die Arten, wie sich die Beziehung zwischen beiden denken lässt, artikuliert, was eine bestimmte Vorstellung von der Wirksamkeit des Denkens impliziert" (Rancière 2008a: 23). Die Kunst muss im Rahmen eines „ästhetischen Regimes" als eine eigene Wahrnehmungsform verstanden werden, die sich nicht allein aus ihrer Produktionsweise ableiten lässt. „Ich nenne ästhetisches Regime ein Regime, welches keine Form der Entsprechung mehr, das heißt keine Hierarchie dieser Art voraussetzt. Dieses System qualifiziert die Dinge der Kunst nicht nach den Regeln ihrer Produktion, sondern nach ihrer Zugehörigkeit zu einem besonderen Sensorium und zu einem spezifischen Erfahrungsmodus" (Rancière 2008b: 40f.). Später konkretisiert er: „Das, was Kunst ‚eigen' ist, ist eine Sphäre einer spezifischen Erfahrung, und leitet sich nicht aus Gesetzen oder den Eigenschaften ihrer Objekte her" (Rancière 2008b: 41f.). Im Anschluss an Rancière und dem hier besprochenen Thema kann man insofern von einem *medialen Regime* sprechen, das gleichwohl bei Ranciére im Sinne der Öffentlichkeit Teil des politischen Systems ist, so dass Medien ebenso wie die Politik Sagbares und Unsagbares, Sichtbares und Unsichtbares durch Selektion mitbestimmen (vgl. auch Ranciére 2009). Und dies können sie – und das ist ihre besondere Wirkmacht – nicht nur über ihre angebotenen Inhalte, sondern ebenso über ihre damit verschränkte Materialität und die damit verbundenen Praktiken. Damit lenken und erzeugen Medien zugleich eine Kultur der Aufmerksamkeit, an deren implizierten Anfang übrigens sie selbst und ihre Nutzung stehen. Eine so gesteigerte Aufmerksamkeitskultur geht Hand in Hand mit entsprechenden medientechnischen Entwicklungen. Mit Bezug auf Rancié-re sind Medien selbst eine Gewandung der Kunst mittels derer Einspruch gegenüber Weisen und Ordnungen von Wahrnehmungen formuliert wer-den kann.

Ein anderer Aspekt, der gegenwärtig drängend geworden ist und zentral die hier besprochene Medienästhetik und ihre Verflechtung mit dem Alltag be-trifft, ist – so will ich sie nennen – eine *Ästhetik der Überwachung*. In der Tat wurde ein solcher Aspekt bisher ausgespart und nur im Zusammenhang mit dem *Leserreporter* angedeutet.[143] Im Zuge der Ausbreitung und Etablierung digitaler Medien, Techniken, Vernetzung alltäglicher Gegenstände und der mit ihnen verbundenen Praktiken in der Alltagswelt zeigt sich gegenwärtig ihr unverblümtes Potential zur Überwachung der Alltagswelt und der in ihr sich bewegenden Menschen. Es sind zum einen die sich ausbreitende staatli-che und private Überwachung des öffentlichen Raumes durch Videokame-ras, aber auch durch allgegenwärtige Smartphones, die unbemerkt ein Foto oder eine Videoaufnahme einer Situation machen können, die Tracking-möglichkeiten des Internets,[144] die Besuchs- und „Bewegungs"-profile von Internetnutzern ermöglichen und im weitesten Sinne eine Identifizierung des Nutzers ermöglicht. Aber auch die Abfrage der Sicherheitsbehörden, vor allem des Verfassungsschutzes, BKA und der Bundespolizei durch sog. „stil-le SMS" zur Ortung von Mobiltelefonen ist „en vogue".[145] Mobiltelefone werden hierdurch zu Ortungswanzen. Ebenso vermeintlich harmlose Syste-me wie das Maut-System Toll Collect, das Daten aller Fahrzeuge, die an den entsprechenden Aufzeichnungsstellen vorbeifahren, aufnimmt, wenngleich anschließend nur LKW-Daten zur Mautabrechnung herangezogen werden, werden immer wieder hinsichtlich ihres Potentials zur Überwachung disku-tiert.[146] Zum anderen sind es die Apparaturen der Hobby- und Amateur-

---

[143] Einige verstreute Aspekte diesbzgl. finden sich in Bidlo/Englert/Reichertz 2011 und 2012. Vgl. auch ausführlicher Bidlo 2011b.

[144] Die neueste Entwicklung im Tracking, das den meisten noch durch den Begriff *Cookies* bekannt ist, ist das sog. „Canvas Fingerprinting", das sich derzeit durch keine Software blocken lässt. Vgl. z.B. http://www.pcwelt.de/news/Neue_Tracking-Methode_laesst_sich_nicht_blocken_-Internet-8823506.html [Abruf 06.05.19].

[145] So der Titel einer Nachricht auf der auf Telekommunkations- und Nachrichtentechnik spezialisierten Nachrichtenseite Heise Online. http://www.heise.de/newsticker/meldung/Stille-SMS-ist-bei-Sicherheitsbehoerden-en-vogue-2287571.html [Abruf 06.05.19].

[146] Z.B. http://www.welt.de/politik/deutschland/article121617584/Toll-Collect-sammelt-

fotografen, die zu einer latenten Überwachungskamera werden, die zu jedem Zeitpunkt in Funktion gesetzt werden kann. Der explizite Akt des Aufnehmens ist unterlegt mit dem impliziten Akt der Überwachung. Dieser beginnt nicht erst mit dem tatsächlichen Akt des Aufzeichnens durch die Kamera und den Kamerafunktionär, sondern bereits mit dem Wissen um die Aufzeichenbarkeit. Das Besondere ist nun, dass der Umstand Gegenstand einer solchen Aufnahme zu werden, sich nicht mehr nur auf Personen von besonderem Interesse bezieht, sondern der Alltagsmensch potentielles Ziel eines Schnappschusses werden kann. Plattformen wie Twitter, Instagram, Youtube, MyVideo oder flickr nehmen dann auf, was nicht den Weg in die Zeitung oder ins Fernsehen findet oder dort aus national-rechtlichen Gründen möglicherweise nicht veröffentlicht werden darf. Mit Ronald Hitzler lässt sich konstatieren: „Quer zu Entwicklungen wie Disziplinierung, Verrechtlichung, Individualisierung, Industrialisierung, Globalisierung und anderen Etikettierungen sozialen Wandels ist die vielgestaltig anschwellende Überwachungspraxis ein keineswegs marginaler Aspekt der Modernisierung" (Hitzler 2009: 214).

Mit der Etablierung der Geste des Aufnehmens im Alltag wird soziale Kontrolle nicht mehr nur durch die staatliche Überwachung des öffentlichen Raumes geleistet, sondern auch durch den Alltagsmenschen selbst, der dadurch zur Verhaltenskonformität drängt und selbst gedrängt wird. Er ist damit auch unter dem Aspekt der Überwachung ein *Prodisument* und *Leihkörper* der Überwachung. Der Blick auf die Displays digitaler Aufnahmegeräte, mit denen sensorisch scannend die Umwelt und der Mitmensch dem Apparat zugeführt wird, verstärkt den Sartre'schen Blick, die Verobjektivierung des Anderen (vgl. Sartre 1993). Der Blick des Anderen lässt den Angeblickten – sofern er dessen gewahr wird – augenblicklich bewusst werden, *dass er* gerade tut, *was er* gerade tut und dass dieses wert ist, nicht nur augenblicklich angeblickt, sondern digital festgehalten und distribuiert zu werden. Der Einfluss auf den Alltagsmenschen liegt in der Sedimentierung gewisser Verhaltensweisen, die sich in seiner Selbstführung niederschlagen. Eine Reaktion auf eine solche Kontrolle ist auch der Prozess der zunehmenden Inszenierung und Präsentation des Selbst im öffentlichen Raum. D.h. die zunehmende private und staatliche Überwachung findet eine Antwort

laengst-Datenaller-Fahrzeuge.html [Abruf 06.05.19]

darin, dass die Bürger sich zunehmend medial selbst inszenieren und exhibitionieren und damit einer „Transparenzgesellschaft" (Han 2012) Vorschub leisten, in der für den Alltagsmenschen dennoch die wesentlichen digitalen Bausteine (Module) unsichtbar bleiben. Neu ist der Prozess der (medialen) Inszenierung natürlich nicht. Allerdings erfährt er durch das digitale Panoptikum eine neue Qualität. Hitzler hebt den doppelten Charakter dieses Panoptikums hervor: Während es im Disziplinar-Panoptikum darum geht, dass alle sich so verhalten, als würden sie ständig beobachtet, geht es im Kuriositäten-Panoptikum darum, dass sich die Menschen vermehrt so verhalten, als verdienten sie die Aufmerksamkeit und setzen sich entsprechend in Szene (vgl. Hitzler 2009: 216). Das sich freiwillige Sichtbarmachen in den digitalen Kommunikationsströmen vermittelt ein Gefühl vom In-der-Welt-sein und des Sich-Ereignens. Und das unfreiwillige, kontrollierende In-den-Blick-geraten der Anderen folgt derselben impliziten Logik und dem Wunsch nach (medialer) Aufmerksamkeit, die wiederum nur jener erhält, der es wert ist angeblickt zu werden. Der Alltagsmensch betrachten sich sozusagen aus der von ihnen unterstellten Sichtweise der „Big Public", der Öffentlichkeit, und das auch in seinen Privaträumen, auf Partys oder Feiern (vgl. Hitzler/Pfadenhauer 2000).

Kontrolle wird damit ebenso zu einem Effekt einer (digitalen) Medienästhetik, die auf Produktion, Distribution und Rezeption fußt.

Literaturverzeichnis

Abarbanell, Stephan (1993): Marshall McLuhan – Ein Rückblick auf den Propheten des Medienzeitalters. Unter: http://www.mediaculture-online.de/fileadmin/bibliothek/abarbanell_mcluhan/abarbanell_mcluhan.pdf [20.04.13]

Adorno, Theodor W. (1963): Eingriffe. Neun kritische Modelle. Suhrkamp, Frankfurt/Main.

Adorno, Theodor W. (1990): Ästhetische Theorie. Suhrkamp, Frankfurt/Main.

Albertz, Jörg (Hrsg.) (2002): Anthropologie der Medien – Mensch und Kommunikationstechnologien. Freie Akademie, Berlin

Albrecht, Jörg (1990): Vom Ende der bürgerlichen Kultur. Ein Gespräch mit Vilém Flusser. In: Rapsch, Volker (Hrsg.) (1990) S. 35-44

Albrecht, Felix (2015): Was ist das Feld – und was steckt dahinter? Zur Konstruktion von Forschungsfeldern am Beispiel von Kreativitätsbewertungen. In: Poferl, Angelika, Reichertz, Jo (Hrsg.) (2014): Wege ins Feld – methodologische Aspekte des Feldzugangs. Oldib Verlag, Essen, S. 300-312.

Anderson, Chris (2013): Makers. Das Internet der Dinge: die nächste industrielle Revolution. Hanser Verlag, München

Andree, Martin (2005): Archäologie der Medienwirkung. Faszinationstypen von der Antike bis heute. Wilhelm Fink Verlag, München

Aristoteles (2001): Poetik. Reclam, Stuttgart

Aristoteles (2017): Über die Seele – De anima. Felix Meiner Verlag, Hamburg

Ars Electronica (Hrsg.) (1989): Philosophien der neuen Technologie. Merve, Berlin

Assmann, Jan (2007): Religion und kulturelles Gedächtnis. Verlag C.H. Beck, München

Aufenanger, Stefan (2003): Invasion aus unserer Mitte. Perspektiven einer Medienanthropologie. In: Pirner, Manfred L., Rath, Matthias (Hrsg.) (2003a), S. 83-90

Azuma, Ronald T. (1997): A Suervey of Augmented Reality. Zu finden unter: www.cs.unc.edu/~azuma/ARpresence.pdf [30.10.13]

Baban, Constance Pary (2013): Der innenpolitische Sicherheitsdiskurs in Deutschland. Zur diskursiven Konstruktion des sicherheitspolitischen Wandels 2001-2009. SpringerVS, Wiesbaden

Baier, Andrea, Hansing, Tom, Müller, Christa, Werner, Karin (Hrsg.) (2016): Die Welt reparieren. Open Source und Selbermachen als postkapitalistische Praxis. Transcript, Bielefeld

Balke, Friedrich (2011): Schriftkörper und Leseübung. Nietzsche als Stichwortgeber der Medien- und Kulturwissenschaft. In: Zeitschrift für Medien- und Kulturforschung, Ausgabe 1/11, S. 11-28

Balke, Friedrich, Vogl, Joseph (Hrsg.) (1996): Gilles Deleuze. Fluchtlinien der Philosphie. Wilhelm Fink Verlag, München

Barth, Manuela (2009): „Die Stunde der Amateure". Zum Amateurbegriff im Prozess der Digitalisierung der Fotografie. In: Ziehe, Irene, Hägele, Ulrich (Hrsg.) (2009a), S. 85-99

Barthes, Roland (1980): Lektion/Leçon. Suhrkamp, Frankfurt/Main

Barthes, Roland (1985): Die Sprache der Mode. Suhrkamp, Frankfurt/Main

Barthes, Roland (1987): S/Z. Suhrkamp, Frankfurt/Main

Barthes, Roland (1989): Die helle Kammer. Bemerkungen zur Photographie. Suhrkamp, Frankfurt/Main

Barthes, Roland (2003): Mythen des Alltags. Suhrkamp, FrankfurtMain

Bastian, Till (1993): Tödliche Eile. Ein Essay über die neue Religion von Tempo und Beschleunigung. Publik-Forum, Oberursel

Baudrillard, Jean (1978): Kool Killer oder der Aufstand der Zeichen. Merve Verlag, Berlin.

Baudrillard, Jean (1989): Videowelt und fraktales Subjekt. In: Ars Electronica (Hrsg.) (1989), S. 113-131

Baudrillard, Jean (1994): Die Rückwendung der Geschichte. In: Sandbothe, Mike, Zimmerli, Walther (Hrsg.) (1994), S. 1-13

Baudrillard, Jean (2011): Der symbolische Tausch und der Tod. Matthes & Seitz, Berlin

Baugh, Bruce (1996): Deleuze und der Empirismus. In: Balke, Friedrich, Vogl, Joseph (Hrsg.) (1996), S. 34-54

Bauman, Zygmunt (1995): Postmoderne Ethik. Hamburger Edition, Hamburg

Bauman, Zygmunt (1997): Flaneure, Spieler und Touristen. Essays zu postmodernen Lebensformen. Hamburger Edition, Hamburg

Beck, Ulrich (1986): Risikogesellschaft. Auf dem Weg in eine andere Moderne. Suhrkamp, Frankfurt/Main

Beck, Klaus (1994): Medien und die soziale Konstruktion von Zeit. Über die Vermittlung von gesellschaftlicher Zeitordnung und sozialem Zeitbewusstsein. Westdeutscher Verlag, Opladen

Bek, Thomas (2011): Helmuth Plessners geläuterte Anthropologie: Natur und Geschichte: Zwei Wege einer Grundlegung Philosophischer Anthropologie verleiblichter Zweideutigkeit. Könighausen & Neumann, Würzburg

Benjamin, Walter (1963): Das Kunstwerk im Zeitalter seiner technischen Reproduzierbarkeit: Drei Studien zur Kunstsoziologie. Suhrkamp, Frankfurt/Main

Benjamin, Walter (2002): Medienästhetische Schriften. Suhrkamp, Frankfurt/Main

Benjamin, Walter (2011): Gesammelte Werke. Zwei Bände. Zweitausendeins, Frankfurt/Main

Bernard, Andreas: Leserreporter. In: Süddeutsche Zeitung Magazin. Heft 40/2006, unter: http://sz-magazin.sueddeutsche.de/texte/anzeigen/1819/ (28.04.19)

Bergelt, Martin, Völckers, Hortensia (Hrsg.) (1991): Zeit-Räume. Zeiträume – Raumzeiten – Zeitträume. Hanser Verlag, München, Wien

Berger, Peter L., Luckmann, Thomas (1971): Die gesellschaftliche Konstruktion der Wirklichkeit. Eine Theorie der Wissenssoziologie. S. Fischer, Frankfurt/-Main

Bermann, Frithjof, Friedland, Stella (2007): Neue Arbeit kompakt. Vision einer selbstbestimmten Gesellschaft. Arbor Verlag, Freiamt.

Bermann, Frithjof (2012): Bausteine für eine dezentrale Ökonomie. Unter: http://www.kolleg-postwachstum.de/sozwgmedia/dokumente/Thesenpapiere+und+Materialien/Bergman_BausteineDezentraleOekonomie.pdf (28.04.19)

Bergson, Henri (1994): Zeit und Freiheit. Europäische Verlagsanstalt, Hamburg

Bidlo, Mike (1989): Masterpieces. Bischofberger, Zürich

Bidlo, Oliver (2002): Zeitlose Werte? Wertvorstellungen in der Fortschrittsgesellschaft In: Büchergilde Gutenberg (Hrsg.) (2002), S. 73-85

Bidlo, Oliver (2004): Verbotene Pfade nach Mittelerde? In: Hither Shore, Band 1, 2004, Scriptotium Oxoniae, Düsseldorf, S. 25-36

Bidlo, Oliver (2006a): Martin Buber – Ein vergessener Klassiker der Kommunikationswissenschaft? Dialogphilosophie in kommunikationswissenschaftlicher Perspektive. Tectum Verlag, Marburg

Bidlo, Oliver (2006b): Friedrich Schiller – Der Verbrecher aus verlorener Ehre. Philosophische und soziologische Implikationen. In: Thepakos. Interdisziplinäre Zeitschrift für Theater und Theaterpädagogik. Heft August 2006, S. 29-35.

Bidlo, Oliver (2007a): Ästhetische Erfahrung. In: Thepakos. Interdisziplinäre Zeitschrift für Theater und Theaterpädagogik. Heft April/Mai 2007, S. 18-23.

Bidlo, Oliver (2007b): Commedia dell'arte. Ein Kurzüberblick über ihre Eigenarten. In: Thepakos. Interdisziplinäre Zeitschrift für Theater und Theaterpädagogik. Heft August/September 2007, S. 17-22.

Bidlo, Oliver (2008a): Vilém Flusser. Einführung. Oldib Verlag, Essen

Bidlo, Oliver (2008b): Das Leben ist ein Spiel. Anmerkungen zu einem Begriff der Moderne. In: Thepakos. Interdisziplinäre Zeitschrift für Theater und Theaterpädagogik. Ausgabe 7, 2008, S. 40-44

Bidlo, Oliver (2009a): Rastlose Zeiten. Die Beschleunigung des Alltags. Oldib Verlag, Essen

Bidlo, Oliver (2009b): Telematik und Dialog. Vilém Flussers Rekurs auf Martin Buber. In: Fahler, Oliver, Hanke, Michael (Hrsg.) (2009), S. 57-72

Bidlo, Oliver (2009c): Die Wanderbühne. Eine Kurzdarstellung. In: Thepakos. Interdisziplinäre Zeitschrift für Theater und Theaterpädagogik. Heft April 2009, S. 27-31.

Bidlo, Oliver (2010): Tattoo. Die Einschreibung des Anderen. Oldib Verlag, Essen

Bidlo, Oliver (2011a): Profiling. Im Fluss der Zeichen. Oldib Verlag, Essen

Bidlo, Oliver (2011b): 1414 – Ins elektronische Panoptikum der sozialen Kontrolle oder: Das Bild hat immer recht. In: Zurawski, Nils (Hrsg.) (2011), S. 35-46

Bidlo, Oliver (2011c): Von Lesereportern und Kontrolleuren. Medien und Bürger als Akteure der Überwachung. In: Bidlo, Oliver, Englert, Carina, Reichertz, Jo (2011) (Hrsg.), S. 111-134

Bidlo, Oliver (2011d): Kreativität, Abduktion und das Neue. Überlegungen zu

Peirce' Konzeption des Neuen. In: Schröer, Norbert, Bidlo, Oliver (Hrsg.) (2011), S. 45-53

Bidlo, Oliver (2011e): Mittelerde als Ausdruck romantischer Kreativität und Sehnsucht. In: Hither Shore, Band 7, 2010, Scriptotium Oxoniae, Düsseldorf, S. 32-47

Bidlo, Oliver (2011f): Wenn aus Medien Akteure werden. Der Akteurbegriff und die Medien. In: Bidlo, Oliver, Englert, Carina Jasmin, Reichertz, Jo (Hrsg.) (2011), S. 43-55

Bidlo, Oliver (2012): Mythos Mittelerde. Über Hobbits, Helden und Geschichte in Tolkiens Welt. Oldib Verlag, Essen [2002]

Bidlo, Oliver (2013a): Sehnsucht nach Mittelerde? Oldib Verlag, Essen [2003]

Bidlo, Oliver (2013b): Martin Buber reloaded – Vom Dialog zur Proxemik. In: Reichert, Thomas, Siegfried, Meike, Waßmer, Johannes (Hrsg.) (2013): Martin Buber neu gelesen. Martin-Buber-Studien 1. Verlag Edition AV, Lich, S. 133-158

Bidlo, Oliver (2013c): Medienästhetisierung des Alltags in der telematischen Gesellschaft. In: Hanke, Michael, Winkler, Steffi (2013) (Hrsg.), S. 193-208.

Bidlo, Oliver (2015): Für immer und ewig. Das Tattoo als konservatives Zeichen. In: Ette, Ottfried, Sanchez, Yvette (Hrsg.) (2015): Lebenslang Lebenslust. Der Lebensbegriff in den Literaturen, Künsten und Wissenschaften. Walter Frey Verlag, Berlin, S. 227-234

Bidlo, Oliver (2017a): Schriften zum Theater. Oldib Verlag, Essen.

Bidlo, Oliver (2017b): Methodologische Überlegungen zum Verhältnis von kommunikativem Konstruktivismus und hermeneutischer Wissenssoziologie. In: Reichertz, Jo, Tuma, René (Hrsg.) (2017): Der Kommunikative Konstruktivismus bei der Arbeit. Beltz/Juventa, Weinheim, S. 144-158.

Bidlo, Oliver (2018a): Vom Flurfunk zum Scrollbalken. Mediatisierungsprozesse bei der Polizei. Oldib Verlag, Essen.

Bidlo, Oliver (2018b): Medienästhetisierung und Mediatisierung des Alltags als Formen der kommunikativen Konstruktion der Wirklichkeit. In: Reichertz, Jo, Bettmann, Richard (Hrsg.) (2018): Kommunikation – Medien – Konstruktion. Braucht die Mediatisierungsforschung den Kommunikativen Konstruktivismus? SpringerVS, Wiesbaden, S. 171-192.

Bidlo, Oliver (2019a): Überlegungen zur Notwendigkeit einer phantastischen hermeneutischen Wissenssoziologie. In: Hitzler, Ronald, Reichertz, Jo, Schröer, Norbert (Hrsg.) (2019): Kritik der Hermeneutischen Wissenssoziologie – Problematisierung, Entwicklungen und Weiterführungen –. Beltz, Weinheim. In Vorbereitung.

Bidlo, Oliver (2019b): Tattoo als Werbung. Körperwerbung – Werbekörper. In: Dotzler, Bernhard/Reimann, Sandra: Mitteilungen des Regensburger Verbunds für Werbeforschung (RVW). Online-Magazin (ISSN 2198-0500 / http://epub.uni-regensburg.de/rvw.html/) – 6/2019: Autonomes Fahren im Visier der Werbung.

Bidlo, Oliver (2019c): Bildung im Schatten? Eine hermeneutisch-wissenssoziologische Untersuchung zu Nachhilfeinstituten und digitaler Nachhilfe. Oldib Verlag Essen, i.V.

Bidlo, Oliver, Englert, Carina (2009): Securitainment. Mediale Inszenierung von Innerer Sicherheit. In: MEDIENwissenschaft. Rezensionen und Reviews. Ausgabe 03/2009, S. 244-260

Bidlo, Oliver, Englert, Carina Jasmin (2013): Wissen verbindet – verbindet Wissen. Der Open-Source-Gedanke als Vergemeinschaftungsimpuls. In: Ohly, H. Peter (Hrsg.) (2013): Wissen - Wissenschaft - Organisation: Proceedings der 12. Tagung der Deutschen Sektion der Internationalen Gesellschaft für Wissensorganisation Bonn, 19. bis 21. Oktober 2009. Ergon Verlag, Würzburg, S. 266-271.

Bidlo, Oliver, Englert, Carina Jasmin, Reichertz, Jo (2011) (Hrsg.): Securitainment. Die Medien als eigenständige Akteure. VS Verlag, Wiesbaden

Bidlo, Oliver, Englert, Carina, Reichertz, Jo (2012): Tat-Ort Medien. Die Medien als Akteure und unterhaltsame Aktivierer. VS Springer, Wiesbaden

Bidlo, Oliver, Schröer, Norbert (2017): Technoimagination – Vilém Flussers Anregungen zur kreativen Interpretation von Technobildern. In: Eberle, Thomas (Hrsg.) (2017), S. 331-341

Biebert, Martina F., Schetsche, Michael T. (2016). Theorie kultureller Abjekte. Zum gesellschaftlichen Umgang mit dauerhaft unintegrierbarem Wissen. In: BEHEMOTH. A Journal on Civilisation, 2016, Volume 9, Issue No. 2, S. 97-123.

Bittner, Stefan (2001): Learning by Dewey? John Dewey und die Deutsche Pädagogik 1900-2000. Klinkhardt, Bad Heilbrunn

Blättel-Mink, Birgit, Hellmann, Kai-Uwe (Hrsg.) (2010): Prosumer Revisited. Zur Aktualität einer Debatte. VS Verlag, Wiesbaden

Blech, Thomas (2001): Bildung als Ereignis des Fremden. Freiheit und Geschichtlichkeit bei Jean-Paul Sartre. Tectum Verlag, Marburg

Blutner, Doris (2010): Vom Konsumenten zum Produzenten. In: Blättel-Mink, Birgit, Hellmann, Kai-Uwe (Hrsg.) (2010), S. 83-95

Boehm, Gottfried (Hrsg.) (1994): Was ist ein Bild. Wilhelm Fink, München

Böhme, Gernot (1995): Atmosphäre. Essays zur neuen Ästhetik. Suhrkamp, Frankfurt/Main

Böhme, Hartmut (1995): Einführung in die Ästhetik. Unter https://www.hartmut-boehme.de/static/archiv/volltexte/texte/aestheti.html (Zugriff 28.04.2019)

Bolten, Jürgen (1985): Friedrich Schiller. Poesie, Reflexion und gesellschaftliche Selbstdeutung. Wilhelm Fink Verlag, München

Bolz, Norbert (1998): Fernsehen als Leid/tmedium. In: Reichertz, Jo, Unterberg, Thomas (Hrsg.) (1998), S. 43-48

Bolz, Norbert, Münkel, Andreas (Hrsg.) (2003): Was ist der Mensch? Wilhelm Fink Verlag, München

Bonfadelli, Heinz (2004): Medienwirkungsforschung 1 und 2. UVK, Konstanz

Bourdieu, Pierre (1986): Ökonomisches Kapital, kulturelles Kapital, soziales Kapital. In: Kreckel, Reinhard (Hrsg.) (1983), S. 183-198
Bourdieu, Pierre (1998): Über das Fernsehen. Suhrkamp, Frankfurt/Main
Bourdieu, Pierre (1999): Die Regeln der Kunst. Genese und Struktur des literarischen Feldes. Suhrkamp, Frankfurt/Main
Bourdieu, Pierre (2001): Gegenfeuer 2. Für eine europäische soziale Bewegung. UVK, Konstanz
Bourry, Thomas (2004): Zwischen Kalkül und Sorger. Der Zuschauer als Wähler im publizistischen Diskurs der 70er Jahre. In: Schneider, Irmela et.al (Hrsg.) (2004), S. 83-195
Bukow, Gerhard Chr., Fromme, Johannes, Jörissen, Benjamin (Hrsg.) (2012): Raum, Zeit, Medienbildung. Untersuchungen zu medialen Veränderungen unseres Verhältnisses zu Raum und Zeit. Wiesbaden, Springer VS
Brauer, Gernot (2019): Die Bit-Revolution: Künstliche Intelligenz steuert uns alle in Wirtschaft, Politik und Gesellschaft. UVK, München
Brecht, Bertolt (1967): Radiotheorie. Dialektik von Produktivkraftentwicklung und Produktionsverhältnissen. In: Helmes, Günter, Köster, Werner (Hrsg.) (2002): Texte zur Medientheorie. Reclam, Stuttgart, S. 148-154
Breyer, Thiemo (2018): Soziale Wahrnehmung zwischen Erkenntnistheorie und Anthropologie. In: Hartung, Gerald, Herrgen, Matthias (Hrsg.) (2018), S. 141-160
Breyvogel, Wilfried (Hrsg.) (2005): Eine Einführung in Jugendkulturen. Veganismus und Tattoos. VS Verlag, Wiesbaden
Brünning, Jan (2009): Das Drama auf der Hinterbühne. Pressefotografen und die Digitalisierung der Pressefotografie. In: Ziehe, Irene, Hägele, Ulrich (Hrsg.) (2009a), S. 57-72
Bruhn, Matthias, Hemken, Kai-Uwe (Hrsg.) (2008): Modernisierung des Sehens. Sehweisen zwischen Künsten und Medien. Transcript, Bielefeld
Bruns, Karin (2012): Überlegungen zu Zeit-Raum-Modulationen in Film und Online-Medien. In: Bukow, Gerhard Chr., Fromme, Johannes, Jörissen, Benjamin (Hrsg.) (2012), S. 219-239
Buber, Martin (1962): Werke. Band I: Schriften zur Philosophie. Kösel, München und Lambert Schneider, Heidelberg
Buber, Martin (1998): Reden über die Erziehung. L. Schneider, Heidelberg
Buber, Martin (2008): Ich und Du. Reclam, Stuttgart
Buber, Renate, Holzmüller, Hartmut (Hrsg.) (2007): Qualitative Marktforschung. Konzepte - Methoden - Analysen. Gabler, Wiesbaden
Büchergilde Gutenberg (Hrsg.) (2002): Sehnsucht nach Sinn. Wertvorstellungen junger Menschen im vereinten Europa. Büchergilde Gutenberg, Frankfurt/Main, Wien
Büttner, Stefan (2006): Antike Ästhetik. Eine Einführung in die Prinzipien des Schönen. Verlag C.H. Beck, München

Büttner, Urs, Michaelis, Sarah (2019): Öffentlichkeiten. Theorie und Geschichte ästhetisch-politischer Praxen. Campus Verlag, Frankfurt/Main

Burow, Johannes F. u.a. (Hrsg.) (2019): Mensch und Welt im Zeichen der Digitalisierung. Perspektiven der Philosophischen Anthropologie Plessners. Nomos, Baden-Baden

Burri, Regula Valérie (2008): Bilder als soziale Praxis: Grundlegungen einer Soziologie des Visuellen. In: Zeitschrift für Soziologie, Jg. 37, Heft 4, August 2008, S. 342–358

Caillé, Alain (2007): Anthropologie der Gabe. Campus Verlag, Frankfurt/Main, New York

Capurro, Rafael (2017): Homo Digitalis. Beiträge zur Ontologie, Anthropologie und Ethik der digitalen Technik. SpringerVS, Wiesbaden

Cassirer, Ernst (1977a): Philosophie der symbolischen Formen. Erster Teil: Die Sprache. Wissenschaftliche Buchgesellschaft, Darmstadt

Cassirer, Ernst (1977b): Philosophie der symbolischen Formen. Zweiter Teil: Das mythische Denken. Wissenschaftliche Buchgesellschaft, Darmstadt

Cassirer, Ernst (1982): Philosophie der symbolischen Formen. Dritter Teil: Phänomenologie der Erkenntnis. Wissenschaftliche Buchgesellschaft, Darmstadt

Cassirer, Ernst (1995): Zur Metaphysik der symbolischen Formen. Meiner Verlag, Hamburg

Cassirer, Ernst (1996): Versuch über den Menschen. Einführung in eine Philosophie der Kultur. Meiner Verlag, Hamburg

Cassirer, Ernst (2010): Philosophie der symbolischen Formen: Dritter Teil: Phänomenologie der Erkenntnis. Meiner Verlag, Hamburg

Cassirer, Ernst (2011): Zur Logik der Kulturwissenschaften. Meiner Verlag, Hamburg

Castells, Manuel (2001): Bausteine einer Theorie der Netzwerkgesellschaft. In: Berliner Journal für Soziologie, Heft 4 2001, S. 423-439.

Castells, Manuel (2003): Der Aufstieg der Netzwerkgesellschaft. Das Informationszeitalter I. Lese+Budrich, UTB, Opladen

Childe, Verde Gordon (1959): Der Mensch schafft sich selbst. Verlag der Kunst, Dresden

Christmann, Gabriela B., (Hrsg.) (2016): Zur kommunikativen Konstruktion von Räumen. Theoretische Konzepte und empirische Analysen. SoringerVs, Wiesbaden

Curtius, Ernst Robert (1984): Europäische Literatur und lateinisches Mittelalter. Francke Verlag, Bern, München

D21-Digital Index (2013-2018/19): Der D21-Digital-Index ist das jährliche Lagebild zur Digitalen Gesellschaft. https://initiatived21.de/studien/ [28.04.19]

Daur, Uta (Hrsg.) (2013): Authentizität und Wiederholung. Künstlerische und kulturelle Manifestationen eines Paradoxes. Transcript, Bielefeld

Dawkins, Richard (1978): Das egoistische Gen. Springer Verlag, Berlin, Heidelberg, New York.

Davis, Paul (1997): Die Unsterblichkeit der Zeit. Sonderauflage Scherz-Verlag, Bern, Munchen, Wien

Debord, Guy (1955): Einführung in eine Kritik der städtischen Geographie. In: Gallissaires, Pierre, Mittelstädt, Hanna, Ohrt, Roberto (Hrsg.) (2008), S. 17-20

Debord, Guy (1957): Rapport über die Konstruktion von Situationen und die Organisations- und Aktionsbedingungen der internationalen situationistischen Tendenz. In: Gallissaires, Pierre, Mittelstädt, Hanna, Ohrt, Roberto (Hrsg.) (2008), S. 28-44

Debord, Guy (1996): Die Gesellschaft als Spektakel. Edition Tiamat, Berlin

Deleuze, Gilles (2007): Differenz und Wiederholung. Wilhelm Fink Verlag, München

Derrida, Jacques (1993): Falschgeld. Zeit geben I. Wilhelm Fink Verlag, München

Derrida, Jacques (2004): Die différance. Ausgewählte Texte. Reclam, Stuttgart

Descola, Philippe (2013): Jenseits von Natur und Kultur. Suhrkamp, Frankfurt/Main

Deuser, Hermann (1993): Gott: Geist und Natur. Theologische Konsequenzen aus Charles S. Peirce' Religionsphilosophie. de Gruyter, Berlin

Dewey, John (1980): Kunst als Erfahrung. Suhrkamp, Frankfurt/Main

Dewey, John (2000): Demokratie und Erziehung. Eine Einleitung in die philosophische Pädagogik. Hrsg. Von Jürgen Oelkers, Beltz, Weinheim und Basel

Drews, Friedemann (2011): Methexis, Rationalität und Mystik in der Kirchlichen Hierarchie des Dionysius Areopagita. LIT Verlag, Berlin

Dietrich, Cornelie, Krinninger, Dominik, Schubert, Volker (2012): Einführung in die Ästhetische Bildung. Beltz Juventa, Weinheim, Basel

Digitale Gesellschaft (2011): Die digitale Gesellschaft in Deutschland – Sechs Nutzertypen im Vergleich. Unter: http://www.initiatived21.de/wp-content/uploads/2011/11/Digitale-Gesellschaft_2011.pdf [25.08.14]

Dörner, Andreas (2001): Politainment. Politik in der medialen Erlebnisgesellschaft. Suhrkamp, Frankfurt/Main.

Dörner, Andreas, Vogt, Ludgera (2013): Literatursoziologie. Eine Einführung in zentrale Positionen – von Marx bis Bourdieu, von der Systemtheorie bis zu den British Cultural Studies. SpringerVS, Wiesbaden

Donath, Matthias, Mettler-v. Meibom, Barbara (1998): Kommunikationsökologie. Systema- tische und historische Aspekte. Lit, Münster.

Dreher, Jochen (2017): Versuch über eine Rezeptionsästhetik der Fotografie. Konstruktion und Konstitutionen des fotografischen Bildes. In: Eberle, Thomas S. (Hrsg.) (2017), S. 395-409

Dungs, Susanne (2003): Bildlichkeit bei Emmanuel Lévinas. In: Magazin für Theologie und Ästhetik 25/2003, unter http://www.theomag.de/25/sd1.htm [07.05.19]

Eberle, Thomas (Hrsg.) (2017): Fotografie und Gesellschaft. Phänomenologische und wissenssoziologische Perspektiven. Transcript Verlag, Bielefeld

Eberling, Knut (2009): Jenseits der Schönheit. Sieben Thesen zum Verhältnis von philosophischer Ästhetik und ästhetischer Theorie. In: Sachs, Melanie, Sander, Sabine (2009) (Hrsg.), S. 163-179.

Eco, Umberto (1977): Das offene Kunstwerk. Suhrkamp, Frankfurt/Main

Ehlert, Trude (Hrsg.) (1997): Zeitkonzeptionen, Zeiterfahrung, Zeitmessung. Stationen ihres Wandels vom Mittelalter bis zur Moderne. Verlag Ferdinand Schöningh, Paderborn, München, Wien, Zürich

Eisler, Rudolf (1912): Philosophenlexikon. Leben, Werke und Lehren der Denker. Köngl. Hofbuchhandlung, Berlin, digitalisiert durch Internet Archive, https://archive.org/details/philosophenlexik00eisl/page/n6 [07.05.19]

Elias, Norbert (1988): Über die Zeit. Arbeiten zur Wissenssoziologie II. Suhrkamp-Verlag, Frankfurt/Main

Elias, Norbert (1993): Was ist Soziologie? Juventa Verlag, Weinheim und München

Elias, Norbert (1997a): Über den Prozeß der Zivilisation. Wandlungen des Verhaltens in den westlichen Oberschichten des Abendlandes. Bd. 1, Suhrkamp, Frankfurt/Main

Elias, Norbert (1997b): Über den Prozeß der Zivilisation. Soziogenetische und psychogenetische Untersuchungen, Zweiter Band: Wandlungen der Gesellschaft: Entwurf zu einer Theorie der Zivilisation. Suhrkamp, Frankfurt/-Main

Elias, Norbert (2003): Engagement und Distanzierung. Suhrkamp, Frankfurt/Main

Elsbergen, Gisbert van (Hrsg.) (2004): Wachen, kontrollieren, patrouillieren. Kustodialisierung der Inneren Sicherheit, VS Verlag, Wiesbaden

Endres, Franz Carl, Schimmel, Annemarie (2001): Das Mysterium der Zahl. Zahlensymbolik im Kulturvergleich. Hugendubel (Diederichs) Verlag, München

Engell, Lorenz (1989): Vom Widerspruch zur Langeweile. Logische und temporale Begründungen des Fernsehens. Peter Lang, Frankfurt/Main, Bern

Engell, Lorenz (2009): Auf den Punkt gebracht: Die Ästhetik des Bildpunktes nach Vilém Flusser und Gilles Deleuze. In: Fahle, Oliver, Hanke, Michael, Ziemann, Andreas (Hrsg.) (2009), S. 237-256

Engell, Lorenz (2010): Playtime. Münchener Film-Vorlesungen. UVK, Konstanz

Engell, Lorenz (2013): The Boss of it all. Beobachtungen zur Anthropologie der Filmkomödie. In: Zeitschrift für Medien- und Kulturforschung, Volume 2013, Number 1, 2013, S. 101-117

Engell, Lorenz, Neitzel, Britta (Hrsg.) (2004a): Das Gesicht der Welt. Medien in der digitalen Kultur. Wilhelm Fink Verlag, München

Engell, Lorenz, Neitzel, Britta (2004b): Einleitung. In: Dieselb. (Hrsg.) (2004a), S. 7-12

Engell, Lorenz, Vogl, Joseph, Siegert, Bernhard (Hrsg.) (2006): Kulturgeschichte als Mediengeschichte (oder vice versa?). Universitätsverlag Weimar, Weimar

Engell, Lorenz, Siegert, Bernhard (Hrsg.) (2010): Zeitschrift für Medien- und Kulturforschung. Schwerpunkt Medienphilosophie. Heft 2/2010, Felix Meiner Verlag, München

Engell, Lorenz, Siegert, Bernhard (Hrsg.) (2013a): Zeitschrift für Medien- und Kulturforschung. Schwerpunkt Medienanthropologie. Heft 1/2013, Felix Meiner Verlag, München

Engell, Lorenz, Siegert, Bernhard (Hrsg.) (2013b): Editorial. In: Zeitschrift für Medien- und Kulturforschung. Schwerpunkt Medienanthropologie. Heft 1/2013, S. 5-10

Engelmann, Peter (Hrsg.) (1990): Postmoderne und Dekonstruktion. Texte französischer Philosophen der Gegenwart. Reclam, Stuttgart

Englert, Carina Jasmin, Roslon, Phillip (2011). Das Fernsehen – dein Freund und Helfer? Hermeneutisch-wissenssoziologische Videoanalyse von Fernsehsendungen zur Inneren Sicherheit in Deutschland. In: Bidlo, Oliver, Englert, Carina, Reichertz, Jo (2011), S. 145-195

Enzensberger, Hans Magnus (1970): Baukasten zu einer Theorie der Medien. In: Pias, Claus, Vogl, Joseph, Engell, Lorenz et. a. (Hrsg.) (2000): Kursbuch Medienkultur. Die maßgeblichen Theorien von Brecht bis Baudrillard. DVA, Stuttgart, S. 264-278.

erlehmann, plomlompom (2013): Internet-Meme – kurz & geek. O'Reilly, Köln.

Etzioni, Amitai (1995): Die Entdeckung des Gemeinwesens. Ansprüche, Verantwortlichkeiten und das Programm des Kommunitarismus. Schäffer-Poeschel, Stuttgart.

Etzioni, Amitai (1997): Die Verantwortungsgesellschaft. Individualismus und Moral in der heutigen Demokratie. Wissenschaftliche Buchgesellschaft, Darmstadt.

Euker, Johannes, Kämpf-Jansen, Helga (1980); Ästhetische Erziehung 5-10. Urban & Schwarzenberg Verlag, München, Wien

Fahle, Oliver, Hanke, Michael, Ziemann, Andreas (2009) (Hrsg.): Technobilder und Kommunikologie. Die Medientheorie Vilém Flussers. Parerga Verlag, Berlin

Faßler, Manfred (2003): Medienanthropologie oder: Plädoyer für eine Kultur- und Sozialanthropologie des Medialen. In: Pirner, Manfred L., Rath, Matthias (Hrsg.) (2003a), S. 31-48

Fechner, Gustav Theodor (1876): Vorschule der Aesthetik. Breitkopf & Härtel, Leipzig

Filk, Christian (2004) (Hrsg.): Media synaesthetics. Konturen einer physiologischen Medienästhetik. Herbert von Halem Verlag, Köln

Fischer, Ludwig (1976): Topik. In: Grundzüge der Literatur- und Sprachwissenschaft, Band 1: Literaturwissenschaft, DTV, München, S.157-164

Fischer, Joachim (2019): Philosophische Anthropologie im digitalen Zeitalter: Tier-/Mensch-, Maschine-/Mensch-, Mensch-/Mensch-Vergleich. In: Burow, Johannes F. u.a. (Hrsg.) (2019), S. 231-259

Fischer-Lichte, Erika (2004): Ästhetik des Performativen. Suhrkamp, Frankfurt/-Main

Fischer-Lichte, Erika (2012): Performativität. Eine Einführung. Transscript Verlag,

Bielefeld

Florida, Richard (2002): The Rise of the Creative Class. And How It's Transforming Work, Leisure and Everyday Life. Basic books, New York

Flusser, Vilém (1969): Auf der Suche nach Bedeutung. www.equivalence.com/labor/lab_vf_autobio.shtml, [07.05.2019]

Flusser, Vilém (1983): Für eine Philosophie der Fotografie. European Photography, Göttingen

Flusser, Vilém (1986): Das Foto als nach-industrielles Objekt. Zum ontologischen Status von Fotografien. In: Jäger, Gottfried (Hrsg.) (2001) S. 15-27

Flusser, Vilém(1989): Videowelt und fraktales Subjekt. In: Ars Electronica (Hrsg.) (1989), S. 113-131

Flusser, Vilém (1993a): Die Informationsgesellschaft als Regenwurm. In: Kaiser, Gerd, Matejovski, Dirk, Fedrowitz, Jutta (Hrsg.) (1993): Kultur und Technik im 21. Jahrhundert. Campus, Frankfurt/Main S. 69-78

Flusser, Vilém (1993b): Die Revolution der Bilder. Der Flusser-Reader zu Kommunikation, Medien und Design. Bollmann, Mannheim

Flusser, Vilém (1993c): Dinge und Undinge. Phänomenologische Skizzen. Carl Hanser Verlag, München, Wien

Flusser, Vilém (1993d): Gesten. Versuch einer Phänomenologie. Bollmann Verlag, Bensheim, Düsseldorf

Flusser, Vilém (1993e): Lob der Oberflächlichkeit. Für eine Phänomenologie der Medien. Bollmann Verlag, Bensheim, Düsseldorf

Flusser, Vilém (1993f): Nachgeschichte. Eine korrigierte Geschichtsschreibung. Bollmann Verlag, Bensheim, Düsseldorf

Flusser, Vilém (1993g): Vom Stand der Dinge. Eine kleine Philosophie des Designs. Herausgegeben von Fabian Wurm. Steidl Verlag, Göttingen

Flusser, Vilém (1996): Zwiegespräche. Interviews 1967-1991. Hrsg. von Klaus Sander, European Photography, Göttingen

Flusser, Vilém (1998): Vom Subjekt zum Projekt. Menschwerdung. Hrsg. von Stefan Bollmann und Edith Flusser, Fischer, Frankfurt/Main

Flusser, Vilém (1999): Ins Universum der technischen Bilder. European Photography, Göttingen

Flusser, Vilém (2000): Die Informationsgesellschaft: Phantom oder Realität? In: Matejovski, Dirk (Hrsg.) (2000), S. 11-18

Flusser, Vilém (2002a): Die Schrift. Hat Schreiben Zukunft? European Photography, Göttingen

Flusser, Vilém (2002b): Für eine Phänomenologie des Fernsehens. In: Derselbe (2002): Medienkultur. S. 103-123

Flusser, Vilém (2002c): Medienkultur. Fischer Taschenbuch, Frankfurt/Main

Flusser, Vilém (2003a): Kommunikologie. Fischer Taschenbuch, Frankfurt/Main

Flusser, Vilém (2003b): Gespräch mit Florian Rötzer, München 1991. In: Röller, Nils, Wagnermair, Silvia (Hrsg.) (2003), S. 7-21

Flusser, Vilém (2003c): Krise der Linearität. In: Röller, Nils, Wagnermair, Silvia

(Hrsg.) (2003), S. 71-84

Flusser, Vilém (2007): Von der Freiheit des Migranten. Einsprüche gegen den Nationalismus. Europäische Verlagsanstalt, Hamburg

Flusser, Vilém (2008): Kommunikologie weiter denken. Die Bochumer Vorlesungen. Fischer Taschenbuch, Frankfurt/Main

Flusser, Vilém: Sprache, Technik, Kunst. Gespräch mit Joachim Lenger. http://www.hjlenger.de/flusser.htm, [Zugriff 07.05.2019]

Fohler, Susanne (2003): Techniktheorien. Der Platz der Dinge in der Welt der Menschen. Wilhelm Fink Verlag, München

Foucault, Michel (1993a): Der Gebrauch der Lüste. Sexualität und Wahrheit 2. Suhrkamp, Frankfurt/Main

Foucault, Michel (1993b) : Die politische Technologie des Selbst. In: Luther, H. Martin, Gutman, Huck, Hutton, H. Patrick (Hrsg) (1993), S. 168-187

Foucault, Michel (2005a): Schriften in vier Bänden. Dits et Ecrits. Band 5, Suhrkamp, Frankfurt/Main

Foucault, Michel (2005b): Die Sorge um die Wahrheit. In: Derselb (2005a), S. 823-836

Foucault, Michel (2006): Sicherheit, Territorium, Bevölkerung. Geschichte der Gouvernementalität I. Suhrkamp, Frankfurt/Main

Foucault, Michel (2008): Die Hauptwerke. Suhrkamp, Frankfurt/Main

Fränkel, Hermann (1962): Dichtung und Philosophie des frühen Griechentums. Eine Geschichte der griechischen Epik, Lyrik und Prosa bis zur Mitte des fünften Jahrhunderts. Verlag C.H. Beck, München

Freud, Sigmund (2000): Vorlesung zur Einführung in die Psychoanalyse. Und neue Folge. Studienausgabe Band I. Fischer Verlag, Frankfurt/Main

Friedrich, Katja (2011): Publikumskonzeptionen und Medienwirkungsmodelle politischer Kommunikationsforschung. VS Verlag, Wiesbaden

Fritsch, Daniel (2009): Georg Simmel im Kino. Die Soziologie des frühen Films und das Abenteuer der Moderne. Transcript, Bielefeld

Fromm, Erich (1976): Haben oder Sein. Die seelische Grundlage einer neuen Gesellschaft. Deutsche Verlags-Anstalt, Stuttgart

Froschauer, Ulrike (2009): Artefaktanalyse. In: Kühl, Stefan, Strodtholz, Petra, Taffershofer, Andreas (Hrsg.) (2009), S. 326-347

Froschauer, Ulrike/Lueger, Manfred (2007): Film-, Bild- und Artefaktanalyse. In: Straub, Jürgen, Weidemann, Arne, Weidemann, Doris (Hrsg.) (2007), S. 428-439

Früchtl, Josef, Zimmermann, Jörg (2001): Ästhetik der Inszenierung. Dimensionen eines künstlerischen, kulturellen und gesellschaftlichen Phänomens. Suhrkamp, Frankfurt/Main

Fuchs, Christian (2005): Wissenskapitalismus und bedingungsloses Grundeinkommen. Vortrag auf dem Kongress „Grundeinkommen. In Freiheit tätig sein." 7.-9.10. 2005 in Wien, unter http://www.ksoe.at/ge2005/proceedings/Fuchs.pdf [letzter Abruf: 10.11.

2013)

Fürstenberg, Henrike (2017): Entweder ästhetisch – oder religiös?: Søren Kierkegaard textanalytisch. De Gruyter, Berlin

Gehlen, Arnold (1940): Der Mensch. Seine Natur und seine Stellung in der Welt.
Junker und Dünnhaupt, Berlin

Gehlen, Arnold (1953): Die Technik in der Sichtweise der Anthropologie. In: Derselb. (1961), S. 93-103

Gehlen, Arnold (1961): Anthropologische Forschung. Zur Selbstbegegnung und
Selbstentdeckung des Menschen. Rowohlt, Hamburg

Gehlen, Arnold (2004): Urmensch und Spätkultur: Philosophische Ergebnisse und
Aussagen. Klostermann, Frankfurt/Main

Gehring, Robert A., Lutterbeck, Bernd (Hrsg.) (2004): Open Source Jahrbuch
2004. Zwischen Softwareentwicklung und Gesellschaftsmodell. Lehmanns
Media, Berlin

Gethmann-Siefert, Annemarie (1995): Einführung in die Ästhetik. UTB/W. Fink
Verlag, Stuttgart

Giannetti, Claudia (2004): Ästhetik des Digitalen. Ein intermediärer Beitrag zu
Wissenschaft, Medien- und Kunstsystem. Springer Verlag, Wien, New York

Gimesi, Thomas, Hanselitsch, Werner (Hrsg.) (2010): Geben, Nehmen, Tauschen.
LIT Verlag, Wien, Münster.

Glasersfeld, Ernst von (1992): Einführung in den Konstruktivismus. Piper, München

Göcke, Benedikt Paul, Meier-Hamidi, Frank (Hrsg.) (2018): Die Agenda des
Transhumanismus auf dem Prüfstand. Herder, Freiburg, Basel, Wien

Goldhaber, Michael H. (1997): Die Aufmerksamkeitsökonomie und das Netz. Teil
2. Über das knappe Gut der Informationsgesellschaft.
https://www.heise.de/tp/features/Die-Aufmerksamkeitsoekonomie-und-das-
Netz-Teil-II-3446106.html [07.05.19]

Goldmann, Luzia (2011): Die Wiederholung als ästhetisches Prinzip. Überlegungen zur Bedeutung der Wiederholung im Werk Søren Kierkegaards und
Adalbert Stifters. https://anwesenheitsnotizen.wordpress.com/heft-3-winter-
2011-2/luzia-goldmann-die-wiederholung-als-asthetisches-prinzip-uberle-
gungen-zur-bedeutung-der-wiederholung-im-werk-soren-kierkegaards-und-
adalbert-stifters/ [07.05.19]

Grashöfer, Katja (2012) Planking – Von einem Phänomen und seiner Dysfunktio-
nalität. In: Spangenberg, Peter, Westermann, Bianca (Hrsg.) (2012), S. 11-
28

Grassmuck, Volker R. (1995): Die Turing-Galaxis. Das Universal-Medium auf dem
Weg zur Weltsimulation.In: Lettre International 28/1995 (Deutsche Ausgabe), S. 48-55.

Greschonig, Steffen (2007): Mensch und Medium. Ansätze medienanthropologischer Konvergenzen und Differenzen. Unter:
www.sicetnon.org/index.php/sic/article/download/77/77 [15.10.18]

Grimm, Jacob und Wilhelm (1854-1961): Deutsches Wörterbuch von Jacob und Wilhelm Grimm. 16 Bde. in 32 Teilbänden. Leipzig. Online zu finden unter http://woerterbuchnetz.de.

Groenemeyer, Axel (Hrsg.) (2010): Wege der Sicherheitsgesellschaft. Gesellschaftliche Transformationen der Konstruktion und Regulierung innerer Unsicherheiten. VS Verlag, Wiesbaden

Großklaus, Götz (1994): Medien-Zeit. In: Sandbothe, Mike, Zimmerli Walther (Hrsg.) (1994), S. 36-59

Großklaus, Götz (1995): Medien-Zeit – Medien-Raum. Zum Wandel der raumzeitlichen Wahrnehmung in der Moderne. Suhrkamp, Frankfurt/Main

Großklaus, Götz (1997): Zeitlichkeit der Medien. In: Ehlert, Trude (Hrsg.) (1997), S. 3-11

Grube, Gernot (2009): Die unsichtbare Rückseite der Bilder: ihre verborgene Herstellungsgeschichten. In: Fahle, Oliver, Hanke, Michael, Ziemann, Andreas (Hrsg.) (2009), S. 197-220.

Grube, Norbert (2009): Stereotype in der politischen Plakatpropaganda der Regierung Adenauer. In: Petersen, Thomas, Schwender, Clemens (Hrsg.) (2009), S.14-30

Gürpinar, Ates (2012): Von Kittler zu Latour. Beziehung von Mensch und Technik in Theorien der Medienwissenschaft. *Universi*, Siegen

Gugutzer, Robert (2004): Soziologie des Körpers. Transcript, Bielefeld

Gumbrecht, Hans (Hrsg.) (1988): Kreativität – Ein verbrauchter Begriff? Suhrkamp, Frankfurt/Main

Haag, Klaus (1997): Zeichen, ästhetisches Zeichen. Ein kritischer Beitrag zur Semiotik, Ästhetik und Interpretationstheorie. Königshausen & Neumann, Würzburg

Haarmann, Harald (1990). Universalgeschichte der Schrift. Campus Verlag, Frankfurt/Main

Habermas, Jürgen (1973): Erkenntnis und Interesse. Suhrkamp, Frankfurt/Main

Habermas, Jürgen (1992): Faktizität und Geltung. Beiträge zur Diskurstheorie des Rechts und des demokratischen Rechtsstaats. Suhrkamp, Frankfurt/Main

Hachmann, Gundela (2015): Zeit und Technoimagination. Eine neue Einbildungskraft in Romanen des 21. Jahrhunderts. Königshausen & Neumann, Würzburg.

Hägerle, Ulrich (2009) Über die Digitalisierung der Fotografie und ihre Bedeutung für die Kulturwissenschaft. In: Ziehe, Irene, Hägele, Ulrich (Hrsg.) (2009a), S. 23-38

Hagl, Richard (2015): Das 3D-Druck-Kompendium. Leitfaden für Unternehmer, Berater und Innovationstreiber. SringerGabler, Wiesbaden

Hahn, Kornelia, Schmidl, Alexander (Hrsg.) (2016): Websites & Sightseeing. Tourismus in Medienkulturen. SpringerVS, Wiesbaden

Hansen, Frank-Peter (Hrsg.) (1998): Philosophie von Platon bis Nietzsche. Directmedia, Berlin, CD-ROM

Hagenah, Jörg, Meulemann, Heiner (Hrsg.) (2012): Mediatisierung der Gesellschaft? Lit Verlag, Berlin

Hammel, Eckhard (Hrsg.) 1996: Synthetische Welten. Kunst, Künstlichkeit und Kommunikationsmedien. Verlag Die Blaue Eule, Essen

Han, Byung-Chul (2012): Transparenzgesellschaft. Matthes & Seitz, Berlin

Hanke, Michael, Winkler, Steffi (Hrsg.) (2013): Vom Begriff zum Bild. Medienkultur nach Vilém Flusser. Tectum Verlag, Marburg

Hartmann, Frank (2002): Das Versprechen der Medien(theorie). Unter: http://homepage.univie.ac.at/frank.hartmann/Essays/votiv.html [07.05.19]

Hartmann, Maren, Hepp, Andreas (Hrsg.) (2010): Die Mediatisierung der Alltagswelt. VS Verlag, Wiesbaden

Hartung, Gerald, Herrgen, Matthias (Hrsg.) (2019): Interdisziplinäre Anthropologie. Jahrbuch 6/2018: Das Eigene & das Fremde. SpringerVS, Wiesbaden

Hartung, Gerald, Herrgen, Matthias (Hrsg.) (2018): Interdisziplinäre Anthropologie. Jahrbuch 4/2016: Wahrnehmung. SpringerVS, Wiesbaden

Haring, Sabine A., Scherke, Katharina (Hrsg.) (2000a): Analyse und Kritik der Modernisierung um 1900 und um 2000. Passagen Verlag, Wien

Haring, Sabine A., Scherke, Katharina (2000b): Einleitung. In: Haring, Sabine A., Scherke, Katharina (Hrsg.) (2000a), S. 11-32

Harvey, David (1995): Die Postmoderne und die Vernichtung von Raum und Zeit. In: Kuhlmann, Andreas (Hrsg.) (1995), S. 48-78

Haug, Wolfgang Fritz (2009): Kritik der Warenästhetik. Gefolgt von Warenästhetik im High-Tech-Kapitalismus. Suhrkamp, Frankfurt/Main

Hasebrink, Uwe (2006): Vorwort. In: Hans-Bredow-Institut (2006): Medien von A bis Z. VS Verlag, Wiesbaden, S. 9-18

Hasse, Jürgen (1993): Heimat und Landschaft. Über Gartenzwerge, Center Parcs und andere Ästhetisierungen. Passagen Verlag, Wien

Hasse, Jürgen (1997): Mediale Räume. Bis, Oldenburg

Hasse, Jürgen (2007): Übersehene Räume. Zur Kulturgeschichte und Heterotopologie des Parkhauses. Transcript, Bielefeld

Havelock, Eric A. (1990): Schriftlichkeit. Das griechische Alphabet als kulturelle Revolution. VCH, Weinheim

Heidbrink, Ludger (2003): Kritik der Verantwortung. Zu den Grenzen verantwortlichen Handelns in komplexen Kontexten. Velbrück, Weilerswist.

Heidegger, Martin (1962): Die Technik und die Kehre. Verlag Günther Neske, Pfullingen

Heidegger, Martin (1963): Sein und Zeit. Niemeyer, Tübingen

Heidegger, Martin (1986): Der Ursprung des Kunstwerkes. Reclam, Stuttgart

Heisenberg, Werner (1979): Quantentheorie und Philosophie. Vorlesungen und Aufsätze. Reclam, Stuttgart

Hellmann, Kai-Uwe (2010): Prosumer Revisited: Zur Aktualität einer Debatte. Eine Einführung. In: Blättel-Mink, Birgit, Hellmann, Kai-Uwe (Hrsg.) (2010), S. 13-48

Henkel, Anna (2019): Digitalisierung der Gesellschaft. Perspektiven der reflexiven Philosophischen Anthropologie auf gesellschaftlichen Wandel durch Digitalisierung. In: Burow, Johannes F. u.a. (Hrsg.) (2019), S. 19-45

Hepp, Andreas (2011): Medienkultur. Die Kultur mediatisierter Welten. VS Verlag, Wiesbaden

Hepp, Andreas (2013): Die kommunikativen Figurationen mediatisierter Welten: Zur Mediatisierung der kommunikativen Konstruktion. In: Keller, Reiner, Knoblauch, Hubert, Reichertz, Jo (Hrsg.) (2013), S. 97-120

Hepp, Andreas, Breiter, Andreas, Hasebrink, Uwe (Hrsg.) (2018): Communicative Figurations. Transforming Communications in Times of Deep Mediatization. Palgrave Macmillan, London

Hepp, Andreas, Krönert, Veronika (2009): Medien – Event – Religion. Die Mediatisierung des Religiösen. VS Verlag, Wiesbaden

Hepp, Andreas, Kubitschko, Sebastian, Marszolek, Inge (Hrsg.) (2018): Die mediatisierte Stadt. Kommunikative Figurationen des urbanen Zusammenlebens. SpringerVS, Wiesbaden

Hepp, Andreas, Winter, Rainer (Hrsg.) (2008a): Kultur – Medien – Macht. Cultural Studies und Medienanalyse. 4. Auflage, VS Verlag, Wiesbaden

Hepp, Andreas, Winter, Rainer (2008b): Cultural Studies in der Gegenwart. In: Dieselb. (Hrsg.) (2008a), S. 9-20

Henseling, Christine, Blättel-Mink, Birgit, Clausen, Jens, Behrendt, Siegfried (2009): Wiederverkaufskultur im Internet: Chancen für nachhaltigen Konsum. APuz 32-33/2009, S. 32-38

Herder, Johann Gottfried (1978): Sturm und Drang. Weltanschauliche und ästhetische Schriften. Herausgegeben von Peter Müller, Bd. 1 und 2, Aufbau Verlag, Berlin und Weimar

Hieber, Lutz, Moebius, Stephan (Hrsg.) (2011a): Ästhetisierung des Sozialen. Reklame, Kunst und Politik im Zeitalter visueller Medien. Transcript, Bielefeld

Herrmann, Simon (2012): Kommunikation bei Krisenausbruch. Wirkung von Krisen-PR und Koordinierung auf die journalistische Wahrnehmung. SpringerVS, Wiesbaden

Hieber, Lutz, Moebius, Stephan (2011b): Einführung: Ästhetisierung des Sozialen im Zeitalter visueller Medien. In: Dieslb. (Hrsg.) (2011a), S. 7-14

Hickethier, Knut (2013): Mediale Wechselwirkungen – Modelle des medialen Zusammenwirkens. In: Höger, Iris, Oldörp, Christine, Wimmer, Hanna (Hrsg.) (2013): Mediale Wechselwirkungen. Adaptionen – Transformationen – Reinterpretationen. Reimer, Berlin, S. 13-27

Hitzler, Ronald (2008): Von der Lebenswelt zu den Erlebniswelten Ein phänomenologischer Weg in soziologische Gegenwartsfragen. In: Raab, Jürgen, Pfadenhauer, Michaela, Stegmaier, Peter et. al. (Hrsg.) (2008), S. 131-140

Hitzler, Ronald (2009): Im elektronischen Panoptikum: Über die schwindende Angst des Bürgers vor der Überwachung und seinem unheimlichen Wunsch nach Sichtbarkeit. In: Münkler, Herfried, Hacke, Jens (Hrsg.) (2009), S.

213-230

Hitzler, Ronald, Honer, Anne (Hrsg.) (2002): Sozialwissenschaftliche Hermeneutik. Leske und Budrich UTB, Stuttgart

Hitzler, Ronald, Honer, Anne, Pfadenhauer, Michaela (Hrsg.) (2009a): Posttraditionale Gemeinschaften. Theoretische und ethnografische Erkundungen. VS
Verlag, Wiesbaden

Hitzler, Ronald, Honer, Anne, Pfadenhauer, Michaela (2009b): Zur Einleitung:
„Ärgerliche" Gesellungsgebilde? In: Dieslb. (Hrsg.) (2009a), S. 9-31

Hitzler, Ronald, Pfadenhauer, Michaela (2000): Das elektronische Panoptikum –
simuliert. Zum 'spielerischen' Umgang mit Überwachung. Vortrag am
8.11.00, Medientage München

Hömberg, Walter, Schmolke, Michael (Hrsg.) (1992a): Zeit – Raum – Kommunikation. Ölschläger Verlag, München

Hömberg, Walter (1992b): Punkt, Kreis, Linie – Die Temporalstrukturen der Massenmedien und die Entdeckung der Zeit in der frühen Zeitungskunde. In:
Derslb. u.a. (Hrsg.) (1992a), S. 89-102

Hömberg, Walter (1990): Zeit, Zeitung, Zeitbewusstsein. Massenmedien und
Temporalstruktur. In: Publizistik, 35. Jahrgang 1990, S. 5-17

Hoffmann, Dagmar, Krotz, Friedrich, Reißmann, Wolfgang (Hrsg.) (2017): Mediatisierung und Mediensozialisation. Prozesse – Räume – Praktiken.
SpringerVS, Wiesbaden

Holzberger, Rudi (1995): Das sogenannte Waldsterben: Zur Karriere eines Klischees: Das Thema Wald im journalistischen Diskurs. Eppe Verlag, Aulen-
dorf

Hombach-Sachs, Klaus (Hrsg.) (2005): Bildwissenschaft. Disziplinen, Themen,
Methoden. Suhrkamp, Frankfurt/Main

Hombach-Sachs, Klaus (2006): Bild und Medium. Kunstgeschichtliche und philosophische Grundlagen der interdisziplinären Bildwissenschaft. Halem Verlag, Köln

Hombach-Sachs, Klaus (Hrsg.) (2009): Bildtheorien. Anthropologische und kulturelle Grundlagen des Visualistic Turn. Suhrkamp, Frankfurt/Main

Hooffacker, Gabriele (Hrsg.) (2008): Wer macht die Medien? Back to the Roots of
Journalism. Online-Journalismus zwischen Bürgerbeteiligung und Professionalisierung. Verlag Dr. Gabriele Hooffacker, München

Horkheimer, Max, Adorno, Theodor W. (2010): Dialektik der Aufklärung. Philosophische Fragmente. Fischer, Frankfurt/Main

Horton, Donald, Wohl, R. Richard: Mass communication and para-social interaction: Observations on intimacy at a distance. In: Psychiatry 19,3, 1956, S.
215-229

Hottner, Wolfgang (2010): Zu Derridas Unsagbarkeitsgaben. In: Helikon. A Multi-
disciplinary Online Journal, (1). 68-76, www.helikon-online.de/2010/Hott-
ner_Gaben.pdf [07.05.19]

Huber, Andreas (2001): Die Angst des Wissenschaftlers vor der Ästhetik. Zu Jo

Reichertz: Zur Gültigkeit von Qualitativer Sozialforschung. Forum Qualitative Sozialforschung, Vol 2, No 2 (2001), unter: http://www.qualitative-research.net/index.php/fqs/rt/printerfriendly/961/2098

Hülk, Walburga (2005): Paradigma Performativität? In: Erstic, Marijana, Schuhen, Gregor, Schwan, Tanja (Hrsg.) (2005): Avantgarde – Medien – Performativität. Inszenierungs- und Wahrnehmungsmuster zu Beginn des 20. Jahrhunderts. Transcript, Bielefeld, S. 9-25

Huizinga, Johan (2004): Homo Ludens: Vom Ursprung der Kultur im Spiel. Rowohlt, Hamburg

Hummel, Philipp (2018). „Künstliche Intelligenz" sucht nach neuer Physik. Unter: www.spektrum.de/news/physik-kuenstliche-intelligenz-entdeckt-neue-teilchen/1605434 [02.11.18]

Husserl, Edmund (1992): Die Krisis der europäischen Wissenschaften und die transzendentale Phänomenologie. Gesammelte Schriften, Band 8, Felix Meiner Verlag, Hamburg

Jäger, Gottfried (1993): Freiheit im Apparatenkontext. In: Flusser, Vilém (1993g), S. 223-224

Jäger, Gottfried (Hrsg.) (2001): Fotografie denken. Über Vilém Flussers Philosophie der Medienmoderne. Kerber Verlag, Bielefeld

Jäger, Margarete, Jäger, Siegfried (2007): Deutungskämpfe. Theorie und Praxis Kritischer Diskursanalyse. VS Verlag, Wiesbaden.

Jäckel, Michael, Mai, Manfred (Hrsg.) (2005): Online-Vergesellschaftung? Mediensoziologische Perspektiven auf neue Kommunikationstechnologien. VS Verlag, Wiesbaden

Jäckel, Michael (2011): Medienwirkungen kompakt. Ein Studienbuch zur Einführung. VS Verlag, Wiesbaden

Jäckel, Michael, Mai, Manfred (Hrsg.) (2008): Medienmacht und Gesellschaft. Zum Wandel öffentlicher Kommunikation. Campus, Frankfurt/Main, New York

Jauß, Hans Robert (1970): Literaturgeschichte als Provokation. Suhrkamp, Frankfurt/Main

Jauß, Hans Robert (1977): Ästhetische Erfahrung und literarische Hermeneutik. Band I: Versuche im Feld der ästhetischen Erfahrung. UTB/Wilhelm Fink Verlag, München

Jepsen, Per (2018): Über die Regression sinnlicher Wahrnehmung. Die Theorie der Kulturindustrie als negative Ästhetik. In: Niederauer, Martin, Schweppenhäuser, Gerhard (Hrsg.) (2018), S. 105-121

Joisten, Karen (1994): Die Überwindung der Anthropozentrizität durch Friedrich Nietzsche. Könghausen & Neumann, Würzburg

Joas, Hans (1996): Die Kreativität des Handelns. Suhrkamp, Frankfurt/Main

Jörissen, Benjamin (2002): Anthropologische Hinsichten, pragmatische Absichten. Kants ›Anthropologie in pragmatischer Hinsicht‹ und ihr Bezug zur Anthropologie des Pragmatismus. In: Paragrana 11, 2002, Heft 2, S. 153-176.

Jonas, Hans (1980): Das Prinzip Verantwortung. Versuch einer Ethik für die technologische Zivilisation. Insel Verlag, Frankfurt/Main

Jung, Ernst G. (2007): Phylogenese als Voraussetzung für eine kleine Kulturgeschichte der Haut. In: Derselb. (Hrsg.) (2007): Kleine Kulturgeschichte der Haut. Steinkopff Verlag, Darmstadt, S. 1-5

Jung, Thomas, Müller-Doohm, Stefan (Hrsg.) (1993): „Wirklichkeit" im Deutungsprozess. Verstehen und Methoden in den Kultur- und Sozialwissenschaften. Suhrkamp, Frankfurt/Main

Kaase, Max (1998): Demokratisches System und die Mediatisierung der Politik. In: Sarcinelli, Ulrich (Hrsg.) (1998a), S. 24-51

Käuser, Andreas (2007): Adorno – Gehlen – Plessner. Medien-Anthropologie als Leitdiskurs der 1950er Jahre. In Koch, Lars (Hrsg.) (2007): Modernisierung als Amerikanisierung? Entwicklungslinien der westdeutschen Kultur 1945-1960. Transcript Verlag, Bielefeld, S. 129-153

Kampen, Martin, Oehler, Klaus, Posner, Roland et.a. (Hrsg.) (1981): Die Welt als Zeichen. Klassiker der modernen Semiotik. Quadriga/Severin und Siedler, Berlin

Kamper, Dietmar (2002): Medien als zweite Natur. In: Helmes, Günter, Köster, Werner (Hrsg.) (2002): Texte zur Medientheorie. Reclam, Stuttgart, S. 304-305

Kant, Immanuel (1980): Anthropologie in pragmatischer Hinsicht. Meiner Verlag, Hamburg

Karpenstein-Eßbach, Christa (2004): Einführung in die Kulturwissenschaft der Medien. UTB/Wilhelm Fink Verlag, Paderborn

Keller, Reiner (2006): Michel Maffesoli. Eine Einführung. UVK, Konstanz

Keller, Reiner, Knoblauch, Hubert, Reichertz, Jo (Hrsg.) (2013): Kommunikativer Konstruktivismus. Theoretische und empirische Arbeiten zu einem neuen wissenssoziologischen Ansatz. SpringerVS, Wiesbaden

Kepplinger, Hans Mathias (2010): Medieneffekte. VS Verlag, Wiesbaden

Kergel, David (2018): Kulturen des Digitalen. Postmoderne Medienbildung, subversive Diversität und neoliberale Subjektivierung. Springer VS, Wiesbaden.

Kees, Alexandra (2015): Open Source Enterprise Software. Grundlagen, Praxistauglichkeit und Marktübersicht quelloffener ERP-Systeme. Springer Viewegg, Wiesbaden

Kierkegaard, Sören (1955): Die Wiederholung. Drei erbauliche Reden. Eugen Diederichs Verlag, Düsseldorf

Kittler, Friedrich A. (Hrsg.) (1980): Austreibung des Geistes aus den Geisteswissenschaften. Programme des Poststrukturalismus. Schöhning, Paderborn, München, Wien

Kittler, Friedrich A. (1986): Grammophon, Film, Typewriter. Brinkmann & Bose, Berlin

Kittler, Friedrich A. (1987): Aufschreibesysteme 1800/1900. Wilhelm Fink Verlag, München

Kleiner, Marcus S. (2013): Populäre Kulturen, Popkulturen, Populäre Medienkulturen als missing link im Diskurs zur Performativität von Kulturen und Kulturen des Performativen. In: Kleiner, Marcus S., Wilke, Thomas (2013) (Hrsg.), S. 13-48

Kleiner, Marcus S., Wilke, Thomas (Hrsg.) (2013): Performativität und Medialität Populärer Kulturen. Theorien, Ästhetiken, Praktiken. SpringerVS, Wiesbaden

Kleihues, Alexandra (2008) (Hrsg.): Realitätseffekte. Ästhetische Repräsentationen des Alltäglichen im 20. Jahrhundert. Wilhelm Fink Verlag, München

Klemm, Michael (2016): „Ich reise, also blogge ich" Wie Reiseberichte im Social Web zur multimodalen Echtzeit-Selbstdokumentation werden. In: Hahn, Kornelia, Schmidl, Alexander (Hrsg.) (2016), S. 31-62

Klößen, Christian W.: Absoluter Zufall und kreative Aktivität bei Peirce. In: Pape, Helmut (1994a) (Hrsg.) S. 233-247

Kloock, Daniela, Spahr, Angela (2007): Medientheorien. Eine Einführung. UTB/Fink Verlag, München

Klose, Alexander (2009): 20 Fuß Äquivalent Einheit – Die Herrschaft der Containerisierung. Diss., Weimar, unter: https://doi.org/10.25643/bauhausuniversitaet.1426 [07.05.19]

Knoll, Michael (2011): Dewey, Kilpatrick und „progressive" Erziehung. Kritische Studien zur Projektpädagogik. Julius Klinkhardt, Bad Heilbrunn

Knoblauch, Hubert (2005): Wissenssoziologie. UVK, Konstanz

Knoblauch, Hubert, Schnettler, Bernt (2007): Videographie. Erhebung und Analyse qualitativer Videodaten. In: Buber, Renate, Holzmüller, Hartmut (Hrsg.) (2007), S. 583-600.

Koch, Gertraud (2016): Städte, Regionen und Landschaften als Augmented Realities. Rekonfigurationen des Raums durch digitale Informations- und Kommunikationstechnologien. In: Christmann, Gabriela B., (Hrsg.) (2016), S. 209-222

Köster, Ingo (2009): Mediale Maßverhältnisse in Raum und Zeit. Ein Versuch der Systematisierung. In: Köster, Ingo, Schubert, Kai (Hrsg.) (2009): Medien in Raum und Zeit. Maßverhältnisse des Medialen. transcript: Bielfeld, S. 23-45

Krämer, Sybille (Hrsg.) (2004a): Performativität und Medialität. Wilhelm Fink Verlag, München

Krämer, Sybille (2004b): Was haben 'Performativität' und 'Medialität' miteinander zu tun? Plädoyer für eine in der 'Aisthetisierung' gründende Konzeption des Performativen. In: Diesl. (2004a), S. 13-32

Krämer, Sybille (2007): Was also ist eine Spur? Und worin besteht ihre epistemologische Rolle? Eine Bestandsaufnahme. In: Krämer, Sybille, Kogge, Werner, Grube, Gernot (Hrsg.) (2007): Spur. Spurenlesen als Orientierungstechnik und Wissenskunst. Suhrkamp, Frankfurt/Main, S. 11-34

Krallmann, Dieter, Ziemann, Andreas (2001): Grundkurs Kommunikationswissenschaft. Fink (UTB), München

Kreckel, Reinhard (Hrsg.) (1983): Soziale Ungleichheiten. Schwartz Verlag, Göttingen

Kretzschmar, Sonja, Möhring, Wiebke, Zimmermann, Lutz (2009): Lokaljournalismus. VS Verlag, Wiesbaden

Kristeva, Julia (1982). Powers of Horror. An Essay on Abjection. New York: Columbia University Press.

Kröger-Bidlo, Hanna (2018): Zur Modellierung des auditiven Textverstehens und zu Perspektiven der Operationalisierung. Schneider Verlag, Hohengehren

Kröger-Bidlo, Hanna (2019): Der WhatsApp-Echtzeitstatus im Spannungsfeld von Identitätsbildung und medienpädagogischem Handeln im Deutschunterricht. In: MiDu – Medien im Deutschunterricht, Ausgabe Nr. 2, 2019, [neues E-Journal, im Erscheinen]

Kroß, Matthias (2009): Arbeit am Archiv: Flussers Heiddeger. In: Fahle, Oliver, Hanke, Michael, Ziemann, Andreas (Hrsg.) (2009), S. 73-91

Krotz, Friedrich (2001): Die Mediatisierung des kommunikativen Handelns. Der Wandel von Alltag und sozialen Beziehungen, Kultur und Gesellschaft durch die Medien. Westdeutscher Verlag, Opladen

Krotz, Friedrich (2007): Mediatisierung. Fallstudien zum Wandel von Kommunikation. VS Verlag, Wiesbaden

Krotz, Friedrich (2009): Posttraditionale Vergemeinschaftung und mediatisierte Kommunikation. Zum Zusammenhang von sozialem, medialem und kommunikativem Wandel. In: Hitzler, Ronald, Honer, Anne, Pfadenhauer, Michaela (Hrsg.) (2009a), S. 151-169

Krotz, Friedrich, Despotović, Cathrin, Kruse, Merle-Marie (Hrsg.) (2017): Mediatisierung als Metaprozess. Transformationen, Formen der Entwicklung und die Generierung von Neuem. SpringerVS, Wiesbaden

Kühl, Stefan, Strodtholz, Petra, Taffershofer, Andreas (Hrsg.) (2009): Handbuch Methoden der Organisationsforschung. Quantitative und Qualitative Methoden. VS Verlag, Wiesbaden

Kümmel, Albert, Scholz, Leander, Schumacher, Eckhard (Hrsg.) (2004): Einführung in die Geschichte der Medien. W. Fink/UTB, Paderborn.

Kuhlmann, Andreas (Hrsg.) (1995): Philosophische Ansichten der Kultur der Moderne. Fischer Verlag, Frankfurt/Main

Kurz, Robert (1999): Die Welt als Wille und Design. Postmoderne, Lifestyle-Linke und die Ästhetisierung der Krise. Verlag Klaus Bittermann, Edition Tiamat, Berlin

Kutschera, Franz von (1998): Ästhetik. Walter de Gruyter, Berlin, New York

Lange, Hans-Jürgen, Ohly H. Peter, Reichertz, Jo (Hrsg.) (2008): Auf der Suche nach neuer Sicherheit. Fakten, Theorien und Folgen. VS Verlag, Wiesbaden.

Latour, Bruno (1990): Drawing things together. In: Lynch, Michael, Woolgar, Steve (Hrsg.) (1990), MIT Press, S. 19-68

Latour, Bruno (1995): Wir sind nie modern gewesen. Versuch einer symmetrischen

Anthropologie. Akademie Verlag, Berlin

Latour, Bruno (1996): Der Berliner Schlüssel. Erkundungen eines Liebhabers der Wissenschaften. Akademie Verlag, Berlin

Latour, Bruno (2001): Eine Soziologie ohne Objekt? Anmerkungen zur Interobjektivität. Unter: http://www.bruno-latour.fr/sites/default/files/downloads/57-INTEROBJEKT-DE.pdf [Zugriff 07.05.19]

Latour, Bruno (2010): Eine neue Soziologie für eine neue Gesellschaft. Einführung in die Akteur-Netzwerk-Theorie. Suhrkamp, Frankfurt/Main

Lauschke, Marion (2007): Ästhetik im Zeichen des Menschen. Die ästhetische Vorgeschichte der Symbolphilosophie Ernst Cassirers und die symbolische Form der Kunst. Felix Meiner, Hamburg

Lehmann, Harry (2016): Ästhetische Erfahrung. Eine Diskursanalyse. Wilhelm Fink, Paderborn

Leibniz, Gottfried Wilhelm (1998): Monadologie. Reclam, Stuttgart

Leroi-Gourhan, André (1988): Hand und Wort. Über die Evolution von Technik, Sprache und Kunst. Suhrkamp, Frankfurt/Main

Lévy, Pierre (1997): Die kollektive Intelligenz. Für eine Anthropologie des Cyberspace. Bollmann, Mannheim

Lévinas, Emmanuel (1983): Die Spur des Anderen. Untersuchungen zur Phänomenologie und Sozialphilosophie. Alber Verlag, Freiburg

Lévinas, Emmanuel (1984): Die Zeit und der Andere. Meiner Verlag, Hamburg.

Liebau, Eckkhart, Zirfas, Jörg (Hrsg.) (2008a): Die Sinne und die Künste. Perspektiven ästhetischer Bildung. Transcript Verlag, Bielefeld

Liebau, Eckkhart, Zirfas, Jörg (2008b): Die Sinne, die Künste und die Bildung. In: Dieslb. (Hrsg.) (2008a), S. 7-15

Liebrand, Claudia, Schneider, Irmela, Bohnenkamp, Björn u.a. (Hrsg.) (2005): Einführung in die Medienkulturtheorien. LIT Verlag, Münster

Lippmann, Walter (1922): Public opinion. Macmillian, New York

Liessmann, Konrad Paul (2008): Die schönen Dinge. Über Ästhetik und Alltagserfahrung. Eröffnungsvortrag des Deutschen Kongresses für Ästhetik am 29. September 2008 in Jena. http://www.dgae.de/wp-content/uploads/2008/09/Konrad_Paul_Liessmann.pdf [07.05.2019]

Lieth, Winfried (1988): Martin Buber und Jürgen Habermas: Krise, Dialog und Kommunikation. Hartung-Gorre Verlag, Konstanz

Lindemann, Gesa (2019): Die Verschränkung von Leib und Nexistenz. In: Burow, Johannes F. u.a. (Hrsg.) (2019), S. 47-72

Lindner, Roland (2013): 3D-Drucker – Der Star-Trek-Replikator wird Realität. Zeit-Artikel, 05.03.2013, https://www.faz.net/aktuell/wirtschaft/unternehmen/3d-drucker-der-star-trek-replikator-wird-realitaet-12102690.html, [07.05.2019]

Link, Jürgen (1978): Die Struktur des Symbols in der Sprache des Journalismus. Zum Verhältnis literarischer und pragmatischer Symbole. Wilhem Fink Verlag, München

Link, Jürgen (1997): Versuch über den Normalismus. Wie Normalität produziert wird. Opladen Westdeutscher Verlag.

Liu, Ziming (2005): Reading behavior in the digital environment: Changes in reading behavior over the past ten years. In:, Journal of Documentation, Vol. 61 Iss: 6, S. 700-712

Lobstädt, Tobias (2005): Tätowierung in der Nachmoderne. In: Breyvogel, Wilfried (Hrsg.) (2005), S. 165-236

Lobstädt, Tobias (2011): Tätowierung, Narzissmus Und Theatralität: Selbstwertgewinn durch die Gestaltung des Körpers. VS Verlag, Wiesbaden

Loos, Stefan (1998): Schriftlichkeit – Mündlichkeit. Unter: www.medienobservationen.lmu.de/artikel/theorie/Schriftmund.html [07.05.19]

Lorenz, Thomas (2012): Das Zittern des Körpers. Medien als Zeitmaschinen der Sinne. In: Bukow, Gerhard Chr., Fromme, Johannes, Jörissen, Benjamin (Hrsg.) (2012), S. 23-45.

Luckner, Andreas (2008): Heidegger und das Denken der Technik. Transcript Verlag, Bielefeld

Lueger, Manfred (2000): Grundlagen qualitativer Feldforschung, Methodologie – Organisation – Materialanalyse. WUV, Wien

Luhmann, Niklas (1988): Über „Kreativität". In Gumbrecht, Hans-Ulrich (Hrsg.) (1988), S. 13-19

Luhmann, Niklas (1996): Die Realität der Massenmedien. Westdeutscher Verlag, Opladen

Lynch, Michael, Woolgar, Steve (Hrsg.) (1990): Representation in Scientific Practice. MIT Press, Cambridge MA

Maeder, Christoph, Brosziewski, Achim (2011): Ethnosonopgraphie: Ein neues Forschungsfeld für die Soziologie? In: Schröer, Norbert, Bidlo, Oliver (Hrsg.) (2011), S. 153-170

Mädler, Inken (2009): Grenzüberschreitung als Phänomen populärer Religionskultur: Die Tätowierung als Arbeit an der Grenze. In: Schweitzer, Friedrich (Hrsg.) (2009), S. 710-722

Maffesoli, Michel (1986): Der Schatten des Dionysos. Zu einer Soziologie des Orgiasmus. Syndikat, Frankfurt/Main

Mahr, Peter (2016): „Für eine Phänomenologie des Fernsehens" I: Edmund Husserl, Martin Heidegger, Jean-Paul Sartre, Immanuel Kant und Günther Anders. In: Flusser Studies 22, Dezember 2016, unter http://www.flusserstudies.net/sites/www.flusserstudies.net/files/media/attachments/mahr-fur-eine-phanomenologie-des-fernsehens-1.pdf (zuletzt 18.03.19).

Martin, Luther H., Gutman, Huck, Hutton, Patrick H. (Hrsg.) (1993): Technologien des Selbst. S. Fischer Verlag, Frankfurt/Main

Marx, Stefan A. (2019): Medienkompetenz: Vom selbstbestimmten Umgang mit den Medien. Academia, Baden-Baden

Marx, Karl, Engels, Friedrich (1971): Werke. Band 13, Dietz Verlag, Berlin

Maturana, Humberto R., Varela, Francisco J. (1987): Der Baum der Erkenntnis.

Die biologischen Wurzeln des menschlichen Erkennens. Goldmann, Bern, München

Mau, Steffen (2017): Das metrische Wir. Über die Quantifizierung des Sozialen. Suhrkamp, Berlin

Mauss, Marcel (1990): Die Gabe. Form und Funktion des Austauschs in archaischen Gesellschaften. Suhrkamp, Frankfurt/Main

Mauss, Marcel (2006): Gift-Gift. In: Moebius, Stephan, Papilloud, Christian (Hrsg.) (2006), S. 13-17

Mayer, Hans (1987): Versuche über Schiller. Suhrkamp, Frankfurt/Main.

McLuhan, Marshall (1968a): Die magischen Kanäle. Understanding Media. Econ Verlag, Düsseldorf

McLuhan, Marshall (1968b): Die Gutenberg-Galaxis. Das Ende des Buchzeitalters. Econ Verlag, Düsseldorf

McLuhan, Marshall (1978): Wohin steuert die Welt? Massenmedien und Gesellschaftsstruktur. Europa Verlag, München, Wien, Zürich

Mead, George Herbert (1993): Geist, Identität und Gesellschaft. Suhrkamp, Frankfurt/Main

Mehler-Bicher, Anett, Steiger, Lothar (2014): Augmented Reality. Theorie und Praxis. Oldenbourg, München

Menke, Christoph (2002): Wahrnehmung, Tätigkeit, Selbstreflexion: Zu Genese und Dialektik der Ästhetik. In: Sonderegger, Ruth, Kern, Andrea (Hrsg., 2002), S. 19-48

Merleau-Ponty, Maurice (1974): Phänomenologie der Wahrnehmung. Walter de Gruyter, Berlin

Mersch, Dieter (2001): Aisthetik und Responsivität. Zum Verhältnis von medialer und amedialer Wahrnehmung. In: Fischer-Lichte, Erika, Horn, Christian u.a. (Hrsg.) (2001): Wahrnehmung und Medialität. A. Francke Verlag, Tübingen, S. 273-299

Mersch, Dieter (2002): Ereignis und Aura. Untersuchungen zu einer Ästhetik des Performativen. Suhrkamp, Frankfurt/Main

Meyer, Heinz (1975): Die Zahlenallegorese im Mittelalter. Methoden und Gebrauch. Wilhelm Fink Verlag, München

Meyer, Thomas (2002): Mediokratie. Auf dem Weg in eine andere Demokratie? In: Aus Politik und Zeitgeschichte. Ausgabe 16/2002, S. 7-14

Mitchell, William J. T. (1994): Picture Theory. The University of Chicago Press, Chicago, London

Mitchell, William J. T. (2008): Bildtheorie. Suhrkamp, Frankfurt/Main

Moebius, Stephan, Papilloud, Christian (Hrsg.) (2006): Gift – Marcel Mauss' Kulturtheorie der Gabe. VS Verlag, Wiesbaden

Mörtenböck, Peter, Mooshammer, Helge (2003) (Hrsg.): Visuelle Kultur. Böhlau Verlag, Wien, Köln, Weimar

Morris, Charles William (1988): Grundlagen der Zeichentheorie – Ästhetik der Zeichentheorie. Fischer, Frankfurt/Main

Müller-Doohm, Stefan (1993): Visuelles Verstehen. Konzepte kultursoziologischer Bildhermeneutik. In: Jung, Thomas, Müller-Doohm, Stefan (Hrsg.) (1993), S. 438-457.

Münker, Stefan (2009): Philosophie nach dem »Medial Turn«. Beiträge zur Theorie der Mediengesellschaft. Transcipt, Bielefeld.

Münkler, Herfried, Hacke, Jens (Hrsg.) (2009): Strategien der Visualisierung. Campus, Frankfurt/Main

Muhle, Maria (2008): Einleitung. In: Rancière, Jacques (2008a), S. 7-19

Muñoz Pérez, Enrique V. (2008): Der Mensch im Zentrum, aber nicht als Mensch: Zur Konzeption des Menschen in der ontologischen Perspektive Martin Heideggers. Ergon Verlag, Würzburg

Neuenfeld, Jörg (2005): Alles ist Spiel: Zur Geschichte der Auseinandersetzung mit einer Utopie der Moderne. Königshausen & Neumann, Würzburg

Neverla, Irene (1992a): Fernsehzeit. Zuschauer zwischen Zeitkalkül und Zeitvertreib. Ölschläger-Verlag, München

Neverla, Irene (1992b): Mediennutzung zwischen Zeitkalkül und Muße. In: Hömberg, Walter, Schmolke, Michael (Hrsg.) (1992a), S. 30-43

Neverla, Irene (1994): Zeitrationalität der Fernsehnutzung als Zwang und Emanzipation. In: Sandbothe, Mike, Zimmerli, Walther (Hrsg.) (1994), S. 79-88

Niederauer, Martin, Schweppenhäuser, Gerhard (Hrsg.) (2018): „Kulturindustrie": Theoretische und empirische Annäherungen an einen populären Begriff. SpringerVS, Wiesbaden

Nielsen, Jakob (2006): F-Shaped Pattern For Reading Web Content. http://www.nngroup.com/articles/f-shaped-pattern-reading-web-content/ [07.05.19]

Nietzsche, Friedrich (1878): Menschliches Allzumenschliches. Ein Buch für freie Geister. In: Derslb. (o.J.): Friedrich Nietzsche. Werke in zwei Bänden. Band 2, Phaidon Verlag, Essen

Nietzsche, Friedrich (1882): Die fröhliche Wissenschaft. In: Derslb. (o.J.): Friedrich Nietzsche. Werke in zwei Bänden. Band 1, Phaidon Verlag, Essen

Nietzsche, Friedrich (1908): Ecce homo Unter: https://gutenberg.spiegel.de/buch/ecce-homo-7354/1 [07.05.19]

Nietzsche, Friedrich (1954): Werke in drei Bänden. Hanser, München

Nietzsche, Friedrich (1998a): Die Geburt der Tragödie oder Griechentum und Pessimismus. Auf Hansen, Frank-Peter (Hrsg.) (1998), CD-ROM

Nitsch, Wolfram (2005): Anthropologische und technikzentrierte Medientheorien. In: Liebrand, Claudia, Schneider, Irmela, Bohnenkamp, Björn u.a. (Hrsg.) (2005), S. 81-98

Nolting, Tobias, Thießen, Ansgar (Hrsg.) (2008): Krisenmanagement in der Mediengesellschaft. Potenziale und Perspektiven der Krisenkommunikation. VS Verlag, Wiesbaden

Nowotny, Helga (1989): Eigenzeit. Entstehung und Strukturierung eines Zeitgefühls. Suhrkamp Verlag, Frankfurt/Main

Nowotny, Helga (1994): Das Sichtbare und das Unsichtbare: Die Zeitdimension in den Medien. In: Sandbothe, Mike, Zimmerli, Walther (Hrsg.) (1994), S. 14-28

Oehler, Klaus: Idee und Grundriß der Peirceschen Semiotik. In: Kampen, Martin u.a. (Hrsg.) (1981), S. 15-49

Ohno, Christine (2003): Die semiotische Theorie der Pariser Schule. Ihre Grundlegung und ihre Entfaltungsmöglichkeiten. Königshausen & Neumann, Würzburg

Oldemeyer, Ernst (2007): Leben und Technik. Lebensphilosophische Positionen von Nietzsche zu Plessner. Wilhelm Fink Verlag, München

Ong, Walter (1987): Oralität und Literalität. Die Technologisierung des Wortes. Westdeutscher Verlag, Opladen

Ostermann, Eberhard (2002): Die Authentizität des Ästhetischen. Studien zur Transformation der Rhetorik. Wilhelm Fink Verlag, München

Ott, Michaela (2010): Affizierung. Zu einer ästhetisch-epistemischen Figur. Edition Text und Kritik, München

Paetzold, Heinz (1990): Profile der Ästhetik. Der Status von Kunst und Architektur in der Postmoderne. Passagen Verlag, Wien

Pape, Helmut (Hrsg.) (1994a): Kreativität und Logik. Charles S. Peirce und das philosophische Problem des Neuen. Suhrkamp, Frankfurt/Main

Pape, Helmut (1994b): Zur Einführung: Logische und metaphysische Aspekte einer Philosophie der Kreativität. C.S. Peirce als Beispiel. In: Pape, Helmut (Hrsg.) (1994a), S. 9.-59

Parmentier, Michael: Das Schöne als Wirkung. Die Experimente des Jan Vermeer. In:Wulf/Zirfas (Hrsg.) (2005), S. 300-321

Paßmann, Johannes (2018): Die soziale Logik des Likes. Eine Twitter-Ethnografie. Campus, Frankfurt/Main.

Peirce, Charles S. (1931-34) Collected Papers of Charles Sanders Peirce. Vol. 1-6, Harvard University Press, Cambridge, London

Peres, Constanze (2009): Die Grundlagen der Ästhetik in Leibnitz' und Baumgartens Konzeption der Kontinuität und Ganzheit. In: Sachs, Melanie, Sander, Sabine (Hrsg.) (2009), S. 139-162

Petersen, Thomas, Schwender, Clemens (Hrsg.) (2009a): Visuelle Stereotype. Herbert von Halem Verlag, Köln

Petersen, Thomas, Schwender, Clemens (2009b): Einleitung. In: Dieselb. (Hrsg.) (2009a), S. 7-11.

Pfeiffer, Christian, Mößle, Thomas, Kleimann, Matthias, Rehbein, Florian (2007): Die PISA-Verlierer – Opfer ihres Medienkonsums. Eine Analyse auf der Basis verschiedener empirischer Untersuchungen. KFN, Hannover

Pietraß, Manuela, Funiok, Rüdiger (Hrsg.) (2010a): Mensch und Medien. Philosophische und sozialwissenschaftliche Perspektiven. VS Verlag, Wiesbaden

Pietraß, Manuela, Funiok, Rüdiger (2010b): Medialität als Ausgangspunkt für die Frage nach dem Menschen. In: Dieslb. (Hrsg.) (2010b), S. 7-21

Pirner, Manfred L., Rath, Matthias (Hrsg.) (2003a): Homo medialis. Perspektiven und Probleme einer Anthropologie der Medien. Kopaed Verlag, München

Pirner, Manfred L., Rath, Matthias (2003b). Einführung. In: Dieslb. (Hrsg.) (2003a), S. 11-16

Platon (1998): Sämtliche Dialoge. Sieben Bände, Felix Meiner Verlag, Hamburg

Plessner, Helmuth (1932): Wiedergeburt der Form im technischen Zeitalter. Rede zum 25. Jubiläum des Deutschen Werkbundes 1932. Zu finden unter: http://www.archplus.net/home/archiv/artikel/46,1999,1,0.html [08.05.19]

Plessner, Helmuth (1975): Die Stufen des Organischen und der Mensch. Einleitung in die philosophische Anthropologie. de Gruyter, Berlin, New York

Plessner, Helmuth (1981): Die Stufen des Organischen und der Mensch. Einleitung in die philosophische Anthropologie. In: Ders: Gesammelte Schriften IV, Suhrkamp, Frankfurt/Main

Plessner, Helmuth (1982): Mit anderen Augen. Aspekte einer philosophischen Anthropologie. Reclam, Stuttgart

Plessner, Helmuth (1985): Die Utopie in der Maschine. In: Ders: Gesammelte Schriften X, Suhrkamp, Frankfurt/Main

Posselt, Gerald (2003): Performativität. Unter: http://differenzen.univie.ac.at/glossar.php?sp=4 [08.05.19]

Publizistik – Vierteljahreshefte für Kommunikationsforschung. 35. Jahrgang 1990. Universitätsverlag Konstanz, Konstanz

Prensky, Marc (2001): Digital Natives, Digital Immigrants, in: On The Horizon, MCB University Press, Vol. 9 No. 5, Oktober 2001. Online-Seiten 1-6, unter http://www.marcprensky.com/writing/Prensky%20-%20Digital%20Natives,%20Digital%20Immigrants%20-%20Part1.pdf [08.05.2019]

Raab, Jürgen (2008): Visuelle Wissenssoziologie. Theoretische Konzeption und materiale Analysen. UVK, Konstanz

Raab, Jürgen, Pfadenhauer, Michaela, Stegmaier, Peter et. al. (Hrsg.) (2008): Phänomenologie und Soziologie. Theoretische Positionen, aktuelle Problemfelder und empirische Umsetzungen. VS Verlag, Wiesbaden

Rademacher, Lars (Hrsg. (2005): Politik nach Drehbuch: Von der Politischen Kommunikation zum Politischen Marketing. LIT Verlag, Münster

Rammert, Werner (2016): Technik – Handeln – Wissen. Zu einer pragmatistischen Technik- und Sozialtheorie. SpringerVS, Wiesbaden

Ramos-Velasquez, Vanessa (2013): Digitale Anthropophagie und das Anthropophagische ReManifesto für das digitale Zeitalter. In: Hanke, Michael, Winkler, Steffi (Hrsg.) (2013), S. 261-268

Rancière, Jacques (2007): Das Unbehagen in der Ästhetik. Passagen Verlag, Wien

Rancière, Jacques (2008a): Die Aufteilung des Sinnlichen. Die Politik der Kunst und ihre Paradoxien. b_books Verlag, Berlin

Rancière, Jacques (2008b): Ist Kunst widerständig? Merve Verlag, Berlin

Rancière, Jacques (2009): Der emanzipierte Zuschauer. Passagen Verlag, Wien

Rapsch, Volker (Hrsg.) (1990): Über Flusser. Die Festschrift zum 70. von Vilém

Flusser. Bollmann, Düsseldorf

Rath, Matthias (2003): Homo medialis und seine Brüder – zu den Grenzen eines (medien-) anthropologischen Wesensbegriffs. In: Pirner, Manfred L., Rath, Matthias (Hrsg.) (2003a), S. 17-30

Rautenberg, Ursula, Schneider, Ute (Hrsg.) (2015): Lesen. Ein interdisziplinäres Handbuch. De Gruyter, Berlin

Reckwitz, Andreas (2008): Unscharfe Grenzen. Perspektiven der Kultursoziologie. Transcript Verlag, Bielefeld

Reckwitz, Andreas (2010): Das hybride Subjekt. Eine Theorie der Subjektkulturen von der bürgerlichen Moderne zur Postmoderne. Velbrück Wissenschaft, Weilerswist

Reckwitz, Andreas (2012): Die Erfindung der Kreativität. Zum Prozess gesellschaftlicher Ästhetisierung. Suhrkamp, Berlin

Regele, Stephan (2018): mach as mit 3D-Druck! Entwickle, drucke und baue deine DIY-Objekte. Hanser Verlag, München

Reichertz, Jo (1994): Selbstgefälliges zum Anziehen. Benetton äußert sich zu Zeichen der Zeit. In: Schröer, Norbert (Hrsg.) (1994), S. 253-280

Reichertz, Jo (2005): Institutionalisierung als Voraussetzung einer Kultur der Performativität. In: Wulf, Christoph, Zirfas, Jörg (Hrsg.) (2005a), S. 169-188

Reichertz, Jo (2006a): Was bleibt vom göttlichen Funken? Über die Logik menschlicher Kreativität. In: Reichertz, Jo, Zaboura, Nadia (Hrsg.) (2006): Akteur Gehirn – oder das vermeintliche Ende des handelnden Subjekts. Eine Kontroverse. VS Verlag, Wiesbaden, S. 189 – 207

Reichertz, Jo (2006b): „Meine Mutter war eine Holmes". Über Mythenbildung und die tägliche Arbeit der Crime-Profiler. In: Musolff, Cornelia, Hoffmann, Jens (Hrsg.) (2006): Täterprofile bei Gewaltverbrechen. Springer Verlag, Heidelberg, S. 27-50

Reichertz, Jo (2006c): Das Fernsehen als Akteur. In: Ziemann, Andreas (Hrsg.) (2006): Medien der Gesellschaft – Gesellschaft der Medien, Konstanz, UVK S. 231-246

Reichertz, Jo (2007a): Der marodierende Blick. Überlegungen zur Aneignung des Visuellen. In: Sozialer Sinn. Zeitschrift für hermeneutische Sozialforschung, Heft 2/2007, S. 267-286

Reichertz, Jo (2007b): Die Medien als selbständige Akteure. In: Aus Politik und Zeitgeschichte, Ausgabe 12/2007 (19. März 2007), S. 25-31

Reichertz (2009): Kommunikationsmacht. Was ist Kommunikation und was vermag sie? Und weshalb vermag sie das? VS Verlag, Wiesbaden

Reichertz, Jo (2010): Mediatisierung der Sicherheitspolitik oder: Die Medien als selbständige Akteure in der Debatte um (mehr) Sicherheit. In: Groenemeyer, Axel (Hrsg.) (2010), S. 40-60

Reichertz, Jo, Bettmann, Richard (Hrsg.) (2018): Kommunikation – Medien – Konstruktion. Braucht die Mediatisierungsforschung den Kommunikativen Konstruktivismus? SpringerVS, Wiesbaden

Reichertz, Jo, Englert, Carina Jasmin (2010): Kontrolleure in der Trambahn. Zur Methode und Methodologie einer hermeneutischen Fallanalyse. In: Corsten, Corsten, Michael, Krug, Melanie, Moritz, Christine (Hrsg.) (2010): Videographie praktizieren. Herangehensweisen, Möglichkeiten und Grenzen. VS Verlag, Wiesbaden, 25-51

Reichertz, Jo, Bidlo, Oliver, Englert, Carina Jasmin (2011): Die Führung zur Selbstführung. In: Bidlo, Oliver, Englert, Carina Jasmin, Reichertz, Jo (Hrsg.) (2011), S. 255-260

Reichertz, Jo, Tuma, René (Hrsg.) (2017): Der Kommunikative Konstruktivismus bei der Arbeit. Beltz/Juventa, Weinheim

Reichertz, Jo, Unterberg, Thomas (Hrsg.) (1998): Tele-Kulturen. Fernsehen und Gesellschaft. Media-Lectures in der Ausstellung „Der Traum vom Sehen". Edition Triad, Berlin

Reuber, Rudolf (1988): Ästhetische Lebensformen bei Nietzsche. Wilhelm Fink Verlag, München

Renger, Rudi (2008): Populärer Journalismus. In: Hepp, Andreas, Winter, Rainer (Hrsg.) (2008a), S. 269-283

Richter, Jean Paul (2012): Vorschule der Ästhetik: über die Parteien der Zeit. Tredition, Hamburg.

Riedel, Wolfgang (1985): Die Anthropologie des jungen Schiller. Zur Ideengeschichte der medizinischen Schriften und der „Philosophischen Briefe". Königshausen & Neumann, Würzburg

Rieger, Stefan (2013): Medienanthropologie. Eine Menschenwissenschaft vom Menschen? In: Engell, Lorenz, Siegert, Bernhard (Hrsg.) (2013), S. 191-205

Rinderspacher, Jürgen P. (1985): Gesellschaft ohne Zeit. Individuelle Zeitverwendung und soziale Organisation der Arbeit. Campus Verlag, Frankfurt/Main, New York

Ritzer, Ivo (2017): Medialität der Mise-en-scène. Zur Archäologie telekinematischer Räume. SpringerVS, Wiesbaden

Röcke, Werner, Schaefer, Ursula (Hrsg.) (1996): Mündlichkeit – Schriftlichkeit – Weltbildwandel. Literarische Kommunikation und Deutungsschemata von Wirklichkeit in der Literatur des Mittelalters und der frühen Neuzeit. Gunter Narr Verlag, Tübingen

Röller, Nils, Wagnermaier, Silvia (Hrsg.) (2003): Absolute Vilém Flusser. Orange Press, Freiburg

Röser, Jutta, Thomas, Tanja, Peil, Corinna (Hrsg.) (2010a): Alltag in den Medien – Medien im Alltag. VS Verlag, Wiesbaden

Röser, Jutta, Thomas, Tamja, Peil, Corinna (2010b): Den Alltag auffällig machen. Impulse für die Medienkommunikationsforschung. In: Dieselb. (Hrsg.) (2010a), S. 7-21

Rötzer, Florian (1996): Memetik und das globale Gehirn. Unter: http://www.heise.de/tp/artikel/2/2079/1.html [10.09.14]

Rolke, Lothar, Wolff, Volker (Hrsg.) (1999): Wie die Medien die Wirklichkeit steuern und selber gesteuert werden. Westdeutscher Verlag, Opladen, Wiesbaden

Rousseau, Jean-Jacques (o. J.): Emile oder Über die Erziehung. Frei aus dem Französischen übersetzt von Hermann Denhardt. Band 1 und 2, Reclam, Leipzig. Auf Hansen, Frank-Peter (1998), CD-Rom

Rosa, Hartmut (2005): Beschleunigung. Die Veränderung der Zeitstrukturen in der Moderne. Suhrkamp, Frankfurt/Main

Rosa, Hartmut (2012): Weltbeziehungen im Zeitalter der Beschleunigung – Umrisse einer neuen Gesellschaftskritik. Suhrkamp, Frankfurt/Main

Rosa, Hartmut (2016): Resonanz. Eine Soziologie der Weltbeziehung. Suhrkamp, Berlin

Rosa, Hartmut, Endres, Wolfgang (2016) Resonanzpädagogik. Wenn es im Klassenzimmer knistert. Beltz, Weinheim und Basel

Rothe, Matthias (2005): Lesen und Zuschauen im 18. Jahrhundert. Die Erzeugung und Aufhebung von Abwesenheit. Königshausen & Neumann, Würzburg

Rump, Mark C. (2001): Denkbilder und Denkfotografien. In: Jäger, Gottfried (Hrsg.) (2001), S. 39-60.

Rupp, Gerhard (Hrsg.) (1998): Ästhetik im Prozeß. Westdeutscher Verlag, Opladen, Wiesbaden

Sachs, Melanie, Sander, Sabine (Hrsg.) (2009): Die Permanenz des Ästhetischen. VS Verlag, Wiesbaden

Sachs-Hombach, Klaus (Hrsg.) (2001): Bildhandeln. Interdisziplinäre Forschungen zur Pragmatik bildhafter Darstellungsformen. Scriptum Verlag, Magdeburg

Sandbothe, Mike (1996a): Mediale Temporalitäten im Internet. Zeit- und Medienphilosophie nach Derrida und Rorty. http://www.sandbothe.net/41.98.html [08.05.19]

Sandbothe, Mike (1996b): Mediale Zeiten. Zur Veränderung unserer Zeiterfahrung durch die elektronischen Medien. In: Hammel, Eckhard (Hrsg.) (1996), S. 133-156

Sandbothe, Mike, Zimmerli, Walther Ch. (Hrsg.) (1994): Zeit – Medien – Wahrnehmung. Wissenschaftliche Buchgesellschaft, Darmstadt

Sander, Klaus, Werner, Jan St. (2005): Vorgemischte Welt. Suhrkamp, Frankfurt/Main

Sarcinelli, Ulrich (Hrsg.) (1998a): Politikvermittlung und Demokratie in der Mediengesellschaft. Beiträge zur politischen Kommunikationskultur. Bundeszentrale für politische Bildung, Bonn

Sartre, Jean Paul (1993): Das Sein und das Nichts. rororo, Reinbek

Ssaretzki, Anja (2016): Tourismus auf den Spuren der Schatten des Windes: Vom Zusammenspiel medialer Bedeutungskonstruktion und performativer touristischer Praxen. In: Hahn, Kornelia, Schmidl, Alexander (Hrsg.) (2016), S. 205-254

Sartre, Jean Paul (1993): Das Sein und das Nichts. rororo, Reinbek

Schabacher, Gabriele (2004): 'Tele-Demokratien'. Der Widerstreit von Pluralismus und Partizipation im medienpolitischen Diskurs der 70er Jahre. In: Schneider, Irmela et.al (Hrsg.) (2004), S. 141-180

Schäfer, Bernhard (Hrsg.) (1995): Grundbegriffe der Soziologie. Leske + Budrich, Opladen

Schäffer, Burkhard (2009): Mediengenerationen, Medienkohorten und generationsspezifische Medienpraxiskulturen. Zum Generationeneinsatz in der Medienforschung. In: Schorb, Bernd, Hartung, Anja, Reißmann, Wolfgang (Hrsg.) (2009), S. 31-50

Schändlinger, Robert (1998): Erfahrungsbilder. Visuelle Soziologie und dokumentarischer Film. UVK, Konstanz

Scheiter, Barbara (2009): Ist das noch Fotografie? Analog/Digital: Ein Versuch des Vergleichs zweier Techniken und ihrer Nomenklatur. In: Ziehe, Irene, Hägele, Ulrich (Hrsg.) (2009a), S. 39-46

Scheler, Max (1962): Die Stellung des Menschen im Kosmos. Francke Verlag, Bern, München

Schelske, Andreas (2008): Transparente Märkte in interaktiven Wertschöpfungsketten. Synchrone Konsumforschung mit vernetzten Konsumenten. In: Schrage, Dominic, Friederici, Markus R. (Hrsg.) (2008), S. 167-190

Schenk, Hans Georg (1970): Geist der europäischen Romantik. Ein kulturhistorischer Versuch. Minerva, Frankfurt/Main

Schneider, Irmela, Bartz, Christina, Otto, Isabell (Hrsg.) (2004): Medienkultur der 70er Jahre. Diskursgeschichte der Medien nach 1945. Band 3, VS Verlag, Wiesbaden

Scherke, Katharina (2000): Die These von der 'Ästhetisierung der Lebenswelt' als eine Form der Analyse des Modernisierungsprozesses. In: Haring, Sabine A., Scherke, Katharina (Hrsg.) (2000a), S. 109-131

Scherke, Katharina (2011): Ästhetisierung des Sozialen heute und in der „Wiener Moderne" um 1900. Zur Auflösung und neuen Verfestigung sozialer Unterschiede. In: Hieber, Lutz, Moebius, Stephan (Hrsg.) (2011a), S. 15-32

Schiller, Friedrich (1997): Über die ästhetische Erziehung des Menschen in einer Reihe von Briefen. Reclam, Stuttgart

Schiller, Friedrich (1998): Der Verbrecher aus verlorener Ehre. In: Derselb., Sämtliche Werke. Weltbild, Augsburg.

Schlögel, Karl (2003): Im Raume lesen wir die Zeit. Carl Hanser Verlag, München

Schmidt, Siegfried J. (1988): Kreativität – aus der Beobachterperspektive. In: Gumbrecht, Hans-Ulrich (Hrsg.) (1988), S. 33-51

Schmidt, Siegfried J. (Hrsg.) (1991): Gedächtnis. Probleme und Perspektiven der interdisziplinären Gedächtnisforschung. Suhrkamp, Frankfurt/Main

Schmidt, Siegfried J. (Hrsg.) (1992): Kognition und Gesellschaft. Der Diskurs des Radikalen Konstruktivismus 2. Suhrkamp, Frankfurt/Main

Schmidt, Siegfried J. (Hrsg.) (1996): Der Diskurs des Radikalen Konstruktivismus. Suhrkamp, 2. Auflage, Frankfurt/Main

Schmied, Gerhard (1985): Soziale Zeit. Umfang, „Geschwindigkeit" und Evolution. Dunker & Humblot, Berlin

Schmincke, Imke (2009): Gefährliche Körper an gefährlichen Orten. Eine Studie zum Verhältnis von Körper, Raum und Marginalisierung. Transcript, Bielefed

Schneider, Irmela (1998): Medialisierung und Ästhetisierung des Alltags – Einige Überlegungen. In: Rupp, Gerhard (Hrsg.) (1998), S. 143-178

Schneider, Irmela (2006): Zur Archäologie der Mediennutzung. Zum Zusammenhang von Wissen, Macht und Medien. In: Becker, Barbara, Wehner, Josef (Hrsg.) (2006): Kulturindustrie reviewed. Ansätze zur kritischen Reflexion der Mediengesellschaft. Transcript, Bielefeld, S. 83-100

Schneider, Norbert (2005): Geschichte der Ästhetik von der Aufklärung bis zur Postmoderne. Eine paradigmatische Einführung. Reclam, Stuttgart

Schneidewind, Friedhelm (2008): Mythologie und phantastische Literatur. Oldib Verlag, Essen

Schnettler, Bernt (2007): Auf dem Weg zu einer Soziologie des Wissens. In: Sozialer Sinn. Zeitschrift für hermeneutische Sozialforschung, Heft 2/2007, S. 189-210

Schnettler, Bernt, Knoblauch, Hubert (Hrsg.) (2007): Powerpoint-Präsentationen. Neue Formen der gesellschaftlichen Kommunikation von Wissen. UVK, Konstanz

Schorb, Bernd, Hartung, Anja, Reißmann, Wolfgang (Hrsg.) (2009): Medien und höheres Lebensalter. Theorie – Forschung – Praxis. VS Verlag, Wiesbaden

Schönhagen, Philomen (2017): Participatory Journalism (Partizipativer Journalismus). In: Deutscher Fachjournalisten-Verband (Hrsg.) (2017): Journalistische Genres. Harlem Verlag, Köln, S. 347-358

Schöps, Martina (1980): Zeit und Gesellschaft. Enke Verlag, Stuttgar

Schrage, Dominic, Friederici, Markus R. (Hrsg.) (2008): Zwischen Methodenpluralismus und Datenhandel. Zur Soziologie der kommerziellen Konsumforschung. VS Verlag, Wiesbaden

Schröder, Ingo W., Voell, Stéphane (2002a): Moderne Oralität. Kommunikationsverhältnisse an der Jahrtausendwende. In: Dieslb (Hrsg.) (2002b), S. 11-49

Schröder, Ingo W., Voell, Stéphane (Hrsg.) (2002b): Moderne Oralität. Ethnologische Perspektiven auf die plurimediale Gegenwart. Curupira, Marburg.

Schröer, Norbert (Hrsg.) (1994): Interpretative Sozialforschung. Auf dem Wege zu einer hermeneutischen Wissenssoziologie. VS Verlag, Wiesbaden

Schröer, Norbert, Bidlo, Oliver (Hrsg.) (2011): Die Entdeckung des Neuen. Qualitative Sozialforschung als Hermeneutische Wissenssoziologie. VS Verlag, Wiesbaden

Schroer, Markus (Hrsg.) (2005): Soziologie des Körpers. Suhrkamp, Frankfurt/-Main

Schüßler, Werner (1992): Leibniz' Auffassung des menschlichen Verstandes (intellectus). Eine Untersuchung zum Standpunktwechsel zwischen „système commun" und „système nouveau" und dem Versuch ihrer Vermittlung. de Gryuter, Berlin

Schütte, Yannick (2019): Richtungslose Relationen. Über die Beziehung von Mensch und technischem Objekt. In: Burow, Johannes F. u.a. (Hrsg.) (2019), S. 165-183

Schütz, Alfred (1982): Das Problem der Relevanz. Suhrkamp, Frankfurt/Main

Schütz, Alfred (1993): Der sinnhafte Aufbau der sozialen Welt. Eine Einleitung in die verstehende Soziologie. Suhrkamp Verlag, Frankfurt/Main

Schütz, Alfred, Luckmann, Thomas (1994a): Strukturen der Lebenswelt. Band 1, Suhrkamp Verlag, Frankfurt/Main

Schütz, Alfred, Luckmann, Thomas (1994b): Strukturen der Lebenswelt. Band 2, Suhrkamp Verlag, Frankfurt/Main

Schulz, Martin (2005): Ordnung der Bilder. Eine Einführung in die Bildwissenschaft. Wilhelm Fink, München

Schulze, Gerhard (1995): Die Erlebnisgesellschaft. Kultursoziologie der Gegenwart. Campus Verlag, Frankfurt/Main

Schweitzer, Friedrich (Hrsg.) (2009): Kommunikation über Grenzen: Kongressband des XIII. Europäischen Kongresses für Theologie. Gütersloher Verlagshaus, Gütersloh

Schwender, Clemens (2009): Alter als audio-visuelles Argument in der Werbung. In: Petersen, Thomas, Schwender, Clemens (Hrsg.) (2009a), S. 79-95

Seel, Martin (2003): Ästhetik des Erscheinens. Suhrkamp, Frankfurt/Main

Seel, Martin (20007): Die Macht des Erscheinens. Suhrkamp, Frankfurt/Main

Shifman, Limor (2014): Memes in Digtial Culture. MIT Press, Cambridge

Silver, David, Huang, Aja und 18 weitere (2016). Mastering the game of Go with deep neural networks and tree search. In: Nature, Vol. 529, Januar 2016, 484-503.

Simanowski, Roberto (2002): Interfictions. Vom Schreiben im Netz. Suhrkamp, Frankfurt/Main

Simmel, Georg (1983): Soziologie. Untersuchungen über die Formen der Vergesellschaftung. Duncker & Humblot, Berlin

Simmel, Georg (1998): Philosophie des Geldes. Duncker & Humblot, München, Leipzig. Auf: Hansen, Frank-Peter (Hrsg.) (1998): Philosophie von Platon bis Nietzsche. Directmedia, Berlin, CD-ROM

Simmel, Georg (2008a): Jenseits der Schönheit – Schriften zur Ästhetik und Kunstphilosophie. Suhrkamp, Frankfurt/Main

Simmel, Georg (2008b): Philosophische Kultur. Zweitausendeins, Frankfurt/Main

Simmel, Georg (2009): Soziologische Ästhetik. VS Verlag, Wiesbaden

Situationistische Internationale (2008): Der Beginn einer Epoche. Texte der Situationisten. Edition Nautilus, Hamburg

Soeffner, Hans-Georg (2000): Gesellschaft ohne Baldachin. Über die Labilität von Ordnungskonstruktionen. Velbrück, Weilerswist

Soeffner, Hans-Georg (2004): Auslegung des Alltags – Der Alltag der Auslegung.

Suhrkamp, Frankfurt/Main [1989]

Soeffner, Hans-Georg, Raab, Jürgen (2004): Sehtechniken. Die Medialisierung des Sehens: Schnitt und Montage als Äthetisierungsmittel medialer Kommunikation. In: Soeffner, Hans-Georg (2004), S. 254-284

Sonderegger, Ruth, Kern, Andrea (Hrsg.) (2002): Falsche Gegensätze. Zeitgenössische Positionen zur philosophischen Ästhetik. Suhrkamp, Frankfurt/Main

Sommer, Gerlinde (1997): Institutionelle Verantwortung. Grundlagen einer Theorie politischer Institutionen. Oldenbourg, München, Wien.

Spahn, Andreas (2011): Moralische Maschinen? – 'Persuasive Technik' als Herausforderung für rationalistische Ethiken. DGPhil-Kongress 2011, http://epub.ub.uni-muenchen.de/12596/1/A_Spahn-Moralische_Maschinen-DGPhil_2011.pdf [08.05.19]

Spangenberg, Peter M., Westermann, Bianca (Hrsg.) (2012): Im Moment des 'Mehr' Mediale Prozesse jenseits des Funktionalen. LIT Verlag, Münster

Stadler, Michael, Kruse, Peter (1991): Visuelles Gedächtnis für Formen und das Problem der Bedeutungszuweisung in kognitiven Systemen. In: Schmidt, Siegfried J. (Hrsg.) (1991), S. 250-266

Staubmann, Helmut (2017): Ästhetik – Aisthetik – Emotionen: Soziologische Essays. Halem, Köln.

Staudte, Adelheid (1980): Ästhetische Erziehung 1-4. Urban & Schwarzenberg Verlag, München, Wien

Stoepel, Beatrix (1998): Falsche Erinnerungen. In: bild der wissenschaft, Heft 10/1998, S. 64-72.

Straub, Jürgen, Weidemann, Arne, Weidemann, Doris (Hrsg.): Handbuch interkulturelle Kommunikation und Kompetenz. Grundbegriffe – Theorien – Anwendungsfelder. J.B. Metzler, Stuttgart, Weimar

Sturm, Thomas (2009): Kant und die Wissenschaft vom Menschen. Mentis Verlag, Paderborn

Suter, Beat (2004): Das neue Schreiben. In: Engell, Lorenz, Neitzel, Britta (Hrsg.) (2004), S. 51-66

Szoka, Berin, Marcus, Adam (Hrsg.) (2010): The Next Digital Decade. Essays on the Future of the Internet. TechFreedom, Washington, D.C.

Tänzler, Dirk, Knoblauch, Hubert, Soeffner, Hans-Georg (2006): Neue Perspektiven der Wissenssoziologie. Eine Einleitung In: Dieselb. (Hrsg.) (2006): Neue Perspektiven der Wissenssoziologie. Konstanz, UVK

Thepakos. Interdisziplinäre Zeitschrift für Theater und Theaterpädagogik. Oldib Verlag, Essen

Tönnies, Ferdinand (1963): Gemeinschaft und Gesellschaft. Grundbegriffe der reinen Soziologie. Darmstadt, Wissenschaftliche Buchgesellschaft

Toffler, Alvin (1980): Zukunftschance. Perspektiven für die Gesellschaft des 21. Jahrhunderts. Goldmann, München

Uhl, Matthias (2009): Medien, Gehirn, Evolution. Mensch und Medienkultur verstehen. Eine transdisziplinäre Medienanthropologie. Transcript, Bielefeld

Unterberg, Thomas (1998): Die Medienwirkforschung als Spiegel gesellschaftlicher Veränderungsprozesse. In: Reichertz, Jo, Unterberg, Thomas (Hrsg.) (1998), S. 17-28

Urry, John (2002): The Tourist Gaze. Sage, London.

Vandekerckhove, Lieven (2006): Tätowierung. Zur Soziogenese von Schönheitsnormen. Anabas-Verlag, Frankfurt/Main

Vatimo, Gianni (1992): Die transparente Gesellschaft. Passagen Verlag, Wien

Villa, Paula-Irene (2007): Der Körper als kulturelle Inszenierung und Statussymbol. In: APuZ, 18/2007, 30. April 2007, S. 18-26

Virilio, Paul (1986): Ästhetik des Verschwindens. Merve Verlag, Berlin

Virilio, Paul (1989): Der negative Horizont. Bewegung-Geschwindigkeit-Beschleunigung. Hanser-Verlag, München, Wien

Virilio, Paul (1991): Der echtwahre Augenblick. In: Bergelt, Martin, Völckers, Hortensia (Hrsg.) (1991), S. 91-101

Virilio, Paul (1993): Revolution der Geschwindigkeit. Merve Verlag, Berlin

Virilio, Paul (1998): Rasender Stillstand. Fischer Verlag, Frankfurt/Main

Volkmann, Ute (2008): Leser-Reporter: Die neue Macht des Publikums? In: Jäckel, Michael, Mai, Manfred (Hrsg.) (2008), S. 219-240

Volkmann, Ute (2010): Sekundäre Leistungsrolle. Eine differenzierungstheoretische Einordnung des Prosumenten am Beispiel des „Leser-Reporters". In: Blättel-Mink, Birgit, Hellmann, Kai-Uwe (Hrsg.) (2010), S. 206-220

Volkmer, Ingrid (1991): Medien und ästhetische Kultur. Zur gesellschaftlichen Dynamik ästhetischer Kommunikation. Leske + Budrich, Opladen

Volli, Ugo (2002): Semiotik. Eine Einführung in ihre Grundbegriffe. UTB/A. Francke, Tübingen, Basel

Voss, Christiane (2010): Auf dem Weg zu einer Medienphilosophie anthropomedialer Relationen. In: Engell, Lorenz, Siegert, Bernhard (Hrsg.) (2010), S. 169-184

Voss, Christiane (2013a): Der Leihkörper. Erkenntnis und Ästhetik der Illusion. Fink, München, Paderborn.

Voss, Christiane (2013a): Der dionysische Schalter. Zur generischen Anthropomedialität des Humors. In: Engell, Lorenz, Siegert, Bernhard (Hrsg.) (2013), S. 119-132

Voss, Christiane, Engell, Lorenz (Hrsg.) (2015): Mediale Anthropologie. Fink, München, Paderborn.

Weber, Max (1968): Gesammelte Aufsätze zur Wissenschaftslehre. Mohr, Tübingen

Weber, Max (1980): Wirtschaft und Gesellschaft. Grundriß der verstehenden Soziologie. Mohr, Tübingen.

Wellershoff, Dieter (1981): Die Auflösung des Kunstbegriffs. Suhrkamp, Frankfurt/Main.

Welsch, Wolfgang (Hrsg.) (1988): Wege aus der Moderne – Schlüsseltexte der Postmoderne-Diskussion. Acta humanaria, VCH-Verlagsgesellschaft, Weinheim

Welsch, Wolfgang (1996): Grenzgänge der Ästhetik. Reclam, Stuttgart

Welsch, Wolfgang (1993): Ästhetisches Denken. Reclam, Stuttgart

Welsch, Wolfgang (2006): Kreativität durch Zufall. Das große Vorbild der Evolution und einige künstlerische Parallelen. Unter: http://www2.uni-jena.de/welsch/KREATIVI.pdf [Zugriff 03.02.19]

Welsch, Wolfgang (2011): Immer nur der Mensch? Entwürfe zu einer anderen Anthropologie. Akademie Verlag, Berlin

Werner, Hans-Joachim (1994): Martin Buber. Campus, Frankfurt/Main, New York

Werner, Micha H. (2003): Hans Jonas' Prinzip Verantwortung. In: Düwell, Marcus / Steigleder, Klaus (Hrsg.) (2003), S. 41-56

Weyer, Johannes (2019): Die Echtzeitgesellschaft. Wie smarte Technik unser Leben steuert. Campus, Frankfurt/Main

Wiegerling, Klaus (2006): Leib und Medialität. Zum Leib als symbolischer Form. Vortrag Cassirer-Tagung 09.11.2006, Eichstätt, unter www.pocul.de/texte/strela/26_wiegerling_leib_und_medialitaet.pdf [Zugriff 08.05.19]

Wieser, Matthias (2012): Das Netzwerk von Bruno Latour. Die Akteur-Netzwerk-Theorie zwischen Science & Technology Studies und poststrukturalistischer Soziologie. Transcript, Bielefeld

Wiesing, Lambert (2007): Phänomene im Bild. Fink, München

Wiethölter, Waltraud, Pott, Hans-Georg, Messerli, Alfred (Hrsg.) (2008): Stimme und Schrift. Zur Geschichte und Systematik sekundärer Oralität. Fink, München

Wilke, Jürgen (1992): Mediennutzung und Zeitgefühl. In: Hömberg. Walter, Schmolke, Michael (Hrsg.) (1992a), S. 257-276.

Wilz, Sylvia M. (2010): Entscheidungsprozesse in Organisationen. Eine Einführung. VS Verlag, Wiesbaden.

Wilz, Sylvia M., Reichertz, Jo (2008): polizei.de oder: Verändert das Internet die Praxis polizeilichen Arbeitens? In: Lange, Hans-Jürgen, Ohly H. Peter, Reichertz, Jo (Hrsg.) (2008), S. 221-230

Winkler, Harmut (2003): Winkler, Hartmut: Flogging a dead horse? Zum Begriff der Ideologie in der Apparatusdebatte bei Bolz und bei Kittler. In: Riesinger, Robert F. (Hrsg.) (2003): Der kinematographische Apparat. Geschichte und Gegenwart einer interdisziplinären Debatte. Nodus, Münster, S. 217-235

Winkler, Harmut (2004): Diskursökonomie. Versuch über die innere Ökonomie der Medien. Suhrkamp, Frankfurt/Main.

Winter, Rainer (1995): Der produktive Zuschauer. Medienaneignung als kultureller und ästhetischer Prozess. Quintessenz, München

Winter, Scarlett (2008): Sehen auf Reisen. Sartres Italienfragmente La reine d' Albemarle ou le dernier touriste. In: Lommel, Michael, Roloff, Volker (Hrsg.) (2008): Sartre und die Medien. Transcript Verlag, Bielefeld, S. 191-209

Winterhoff-Spurk, Peter (1989): Fernsehen und Weltwissen. Der Einfluß von Medien auf Zeit-, Raum- und Personenschemata. Westdeutscher-Verlag, Opladen

Wöhler, Karlheinz (2011): Touristifizierung von Räumen. Kulturwissenschaftliche und soziologische Studien zur Konstruktion von Räumen. VS Verlag, Wiesbaden

Wöhler, Karlheinz (2016): Dispositive Konstruktion des touristischen Blicks – offline und online. In: Hahn, Kornelia, Schmidl, Alexander (Hrsg.) (2016), S. 109-148

Wulf, Christoph (2005): Zur Performativität von Bild und Imagination. In: Wulf, Christoph, Zirfas, Jörg (Hrsg.) (2005b), S. 35-49

Wulf, Christoph, Zirfas, Jörg (2005a): Bild, Wahrnehmung und Phantasie. Performative Zusammenhänge. In: Diesl. (Hrsg.) (2005b), S. 7-32

Wulf, Christoph, Zirfas, Jörg (Hrsg.) (2005b): Ikonologie des Performativen. Wilhelm Fink Verlag, München

Wunden, Wolfgang (2003): Der „mediale Mensch" ist kreativ vernetzt. Beiträge aktueller Kulturanthropologie, Medienphilosophie und Theologie zu einer entstehenden Medien-Anthropologie. In: Pirner, Manfred L., Rath, Matthias (Hrsg.) (2003a), S. 48-62

Wunsch, Matthias (2010): Heidegger – ein Vertreter der Philosophischen Anthropologie? Über seine Vorlesung Die Grundbegriffe der Metaphysik. Deutsche Zeitschrift für Philosophie: Vol. 58, Nr. 4, S. 543-560

Wurtzbacher, Jens (2008): Urbane Sicherheit und Partizipation. Stellenwert und Funktion bürgerschaftlicher Beteiligung an kommunaler Kriminalprävention. VS Verlag, Wiesbaden

Wyss, Balthasar A. (1995): Zur Phänomenologie medientechnologischer Ästhetik. Der Zusammenhang von Medientechnologien und menschlicher Erfahrung. Bern, Berlin: Peter Lang

Xiao Mina, An (2019): Memes to Movements. How the World's Most Viral Media Is Changing Social Protest ans Power. Beacon Press, Boston

Ziehe, Irene, Hägele, Ulrich (Hrsg.) (2009a): Digitale Fotografie. Kulturelle Praxen eines neuen Mediums. Waxmann, Münster

Ziehe, Irene, Hägele, Ulrich (2009b): Vorab: Paradigmenwechsel – Ja oder Nein? In: Dieslb. (Hrsg.) (2009a), S. 9-11

Ziemer, Gesa (2008): Verletzbare Orte. Entwurf einer praktischen Ästhetik. Diaphanes, Zürich, Berlin

Zillien, Nicole (2009): Digitale Ungleichheit. Neue Technologien und alte Ungleichheiten in der Informations- und Wissensgesellschaft. VS, Wiesbaden

Žižek, Slavoj (2005): Körperlose Organe. Bausteine für eine Begegnung zwischen Deleuze und Lacan. Suhrkamp, Frankfurt/Main

Zug, Betatrix (2007): Kunst als Handeln. Aspekte einer Theorie der schönen Künste im Anschluss an John Dewey und Arnold Gehlen. Ernst Wasmuth Verlag, Berlin

Zurawski, Nils (Hrsg.) (2001): Überwachungspraxen – Praktiken der Überwachung. Analysen zum Verhältnis von Alltag, Technik und Kontrolle. Budrich UniPress, Opladen

Thomas A. Fischer
Mediengewalt in der
Lebenswelt Jugendlicher

Eine Analyse von Wahrnehmungen, Deutungen
und Bewertungen fiktionaler Gewalt vor dem
Hintergrund eines interaktionalen Modells der
Medien(gewalt)rezeption im Jugendalter

OLDIB VERLAG

Thomas A. Fischer
Mediengewalt in der Lebenswelt Jugendlicher

Die Nutzung gewalthaltiger Medien durch Jugendliche ist immer wieder Gegenstand medial-öffentlicher und fachlicher Diskussionen. Oftmals fokussiert auf eine rein aggressions- und wirkungszentrierte Fragestellung bleiben diese Thematisierungen jedoch nicht selten einem reduktionistischen Problemverständnis verhaftet und berücksichtigen kaum die Bedingungen und Zusammenhänge der Rezeption von Mediengewalt durch Jugendliche.

Grundlegend für die vorliegende Arbeit ist das Verständnis von Medienrezeption als Interaktion zwischen Medieninhalt und Rezipient. Basis hierfür – und gleichsam eine Kontrastierung zu reduktionistischen Vorstellungen von Medienrezeption und -wirkung – ist der aktive Rezipient, der sich mit den in den Medieninhalten immanenten Botschaften vor dem Hintergrund der eigenen lebensweltlichen Erfahrungen auseinandersetzt und Deutungen wie auch Bedeutung(en) schafft. Die Nutzung von gewalthaltigen Medien steht dabei – wie die Nutzung jeglicher Medien – unter alltäglichen und kulturellen, individuellen und sozialen sowie biographischen und aktuellen Deutungszusammenhängen der Jugendlichen.

Ziel der vorliegenden Studie ist es, vor dem Hintergrund einer solchen handlungs- und subjekttheoretischen Rahmung, eine sowohl die strukturellen als auch prozessualen Elemente umfassende Perspektive auf die Rezeption gewalthaltiger Medieninhalte durch Jugendliche theoretisch zu entwickeln und empirisch zu fundieren. Im Rahmen der empirischen Analyse kombiniert der Autor das Verfahren der Filmanalyse (als Produkt- und Kontextanalyse) mit einer Rezeptionsanalyse, bestehend aus Gruppendiskussionen sowie Einzelinterviews. Im Fokus stehen hierbei die Wahrnehmungen, Deutungen und Bewertungen fiktionaler Gewalt durch jugendliche Rezipienten in ihren je spezifischen lebensweltlichen Bezügen, wodurch nicht zuletzt auch mögliche funktionale (sozialadäquate und entwicklungsfördernde) und dysfunktionale (sozialschädliche und entwicklungsbeeinträchtigende) Aspekte der Rezeption von Mediengewalt herausgearbeitet werden können.

508 Seiten, ISBN 978-3-939556-70-1, 34,- Euro

oldib-verlag.de – info@oldib-verlag.de